国家社科基金后期资助项目
出版说明

后期资助项目是国家社科基金设立的一类重要项目，旨在鼓励广大社科研究者潜心治学，支持基础研究多出优秀成果。它是经过严格评审，从接近完成的科研成果中遴选立项的。为扩大后期资助项目的影响，更好地推动学术发展，促进成果转化，全国哲学社会科学工作办公室按照“统一设计、统一标识、统一版式、形成系列”的总体要求，组织出版国家社科基金后期资助项目成果。

全国哲学社会科学工作办公室

尊经书院与近代蜀学研究

Zunjing Academy and Modern Shu Learning

李晓宇　著

上海三联书店

序

尊经书院的创办，是四川近代文化史上的一件大事，它标志着精英文化在四川地区的再度兴起。但是，与四川历史上其他几次精英文化的兴起有所不同，尊经书院创办于同光之际，内忧外患的时局使尊经学人深深地卷入到中国近代化的进程中，因而也使尊经学术具有四川文化现代转型的特点。从整体上看，尊经书院的创生与发展的进程不仅对四川社会现代转型产生了重要的推动作用，也对整个中国社会的现代转型具有不可忽视的重要影响。

综观清代四川的书院，虽然从乾隆年间开始数量激增，几乎遍布省内各道府州县，但是办学质量普遍不高，长期落后于长江中下游地区。这主要是因为明末清初的战乱使四川社会经济遭到严重破坏，四川地区陷入了一段漫长的恢复期。经过近八十年的移民、开荒，直到康熙末年，四川的社会经济才基本恢复。所以，乾隆年间四川书院的激增不是偶然的，除了朝廷的政策支持，地方财政的殷实也为书院的普及提供了重要的物质保障。这一时期，四川省内最重要的书院是锦江书院，它创建于康熙四十三年(1704)，是清代四川地位最高、资格最老的省会书院。锦江书院以汉代文翁兴学的典故作为其兴教崇文的口号，实际上推行的是清代官学的办学主张，学术上奉理学为圭臬，主要承担着地方科举教育的职能。虽然锦江书院在乾嘉时期造就出李调元等一批知名文人，但总体上科举教育的成效并不大，学术倾向也与当时流行的乾嘉汉学大相径庭。随着清代理学的衰落，锦江书院难以延聘名师，学风逐渐败坏，不能再担负起兴学的使命。在此背景下应运而生的尊经书院再次以“绍先哲，起蜀学”为号召，试图重振低靡的四川士林风气。

尊经书院的成功创办，得益于道咸以降出现的新的历史契机。首先是四川移民社会经过长期融合，人口结构趋于稳定，“五方杂处，俗尚各从其乡”的移民文化逐渐趋同为一种新形态的巴蜀地方文化。道光二十年(1840)，四川人口达到3800多万，仅次于江苏，占全国人口总量的十分之一。按照中国传统"庶、富、教"的社会发展理念，富庶的阶层对文化教育提出了新的要求，他们渴望建构一种新"蜀学"作为地方精英文化的载体。其次，太平天国战乱打破了长江流域的学术格局，湖湘经世派崛起，江浙考据派式微，而"自东南军起，四川独称完富"。这种局面为川省带来了两个意想不到的结果：一是为躲避战乱，江浙士人流寓到四川，金石考据的学术风气随之传入；二是战后四川的综合实力由中省提高到大省，学额大幅增加，精英教育的规模扩大势在必行。

为因应新形势的需要，同光之际，川省创办了一所"不课时文"的新型省级书院——尊经书院。近代"蜀学"的酝酿、产生都与这所书院有着很深的渊源关系。通过本书作者的研究，我们知道，所谓近代"蜀学"的发展始于同光之际江浙考据学风在尊经书院的传授，继而又引入湖湘经世学风，在两种地域学术的冲突融合中，尊经学人产生了建构自己"蜀学"体系的意识。这种"蜀学"意识的觉醒在维新运动中达到了一个高潮，奠定了今天我们所谓近代"蜀学"这一观念范式的基础。

2013 年，在川大望江校区东门附近出土了《四川尊经书院举贡题名碑》，从实物的角度证明了四川大学与尊经书院之间的学脉传承，此碑今已成为川大校史馆的镇馆之宝。作为四川大学的前身之一，尊经书院很早就受到校内专家学者的关注。隗瀛涛教授主编的《四川近代史稿》、胡昭曦教授所著的《四川书院史》，都对尊经书院做过开创性的研究。但他们的研究路径不同，前者从近代史的角度较详述及尊经书院的历史面貌，后者从专门史的角度探究尊经书院的创生发展与内部管理。李晓宇《尊经书院与近代蜀学研究》则是将二者结合起来进行综合系统研究的第一部力作，阐论深刻，创见颇丰。第一，尊经书院的创办和发展处于中国社会急剧现代转型时期，作者不是一般性地呈现其历史背景，而是经过深入考察，具体阐明尊经书院各个重要发展阶段的历史环境，从大历史视角呈现尊经书院各个发展阶段形成的必然性和产生的重要影响。第二，尊经书院整体处于四川和中国社会大转型浪潮之中，但其发展也并非一帆风顺、直线前行，而是曲折回环、错综复杂的。本书作者发掘大量历史资料，并以独到眼光加以剖析解读，深刻阐明了尊经书院发展进程中各学派此消彼长的历史景象。第三，尊经书院尽管只存在了 20 多年，但由于处在风云际会的历史转折时期，产生了众多彪炳史册的历史人物，主持书院的山长和培养出的一大批著名学生都已青史留名。本书作者并非一律给予高度评价，而是依据史实和当时的历史走向作出恰当评判，给读者以历史冷峻无私的认知启示。本书建树颇多，兹不赘举。总之，本书作为全面研究尊经书院第一书，已达到较完整地填补空白的水平，是继续研究尊经书院史的后学必读之作。

《尊经书院与近代蜀学研究》一书，尽管是我指导晓宇攻读博士学位期间所做学位论文的精心修订本，但我本人对尊经书院史和整个中国书院史并未做过深入研究。当年，我的博士生导师，已故胡昭曦先生做四川书院史研究时，我仅协助他做过一些资料搜集工作，对书院史有些了解，但还说不上稍入书院史学术之门。

术有专攻，不可妄言。今应晓宇之请为序，也就仅凭支离之见，略作评说，聊以为序。

陈廷湘

2022 年 8 月 7 日于川大华西新村

目　录

绪 论

一、研究缘起

四川省城尊经书院是四川近代学术、政治、文化、教育兴起的重要标志，它对晚清巴蜀文化的新旧交割，乃至整个中国社会的近现代转型产生过巨大的推动作用，并形成了深远的历史影响，是四川近代史上一座不朽的丰碑。回顾近一百五十年来四川历史的变迁，许多重大思想、社会变革的产生和兴起都可以从尊经书院的历史中寻找到源头。例如，在学术上，尊经院生们奉《书目答问》为指南，广泛吸收、整合当时江浙、湖湘、岭南各大学术流派的思想精华，海纳百川，独辟蹊径，形成精于《春秋》、长于礼制的学术风格。其代表人物廖平所著的《今古学考》，以礼制区分汉代今、古文经学，与顾炎武发现古音、阎若璩证伪《古文尚书》，并称清代学术的“三大发明”[①]，成为中国近现代疑古思潮的主要源头之一。在政治上，晚清四川地区两大政治运动（“维新运动”、“保路运动”）的发动者和中坚力量大多出自尊经书院，除了众所周知的“戊戌六君子”之一的杨锐、位居“早期改良主义者”之首的宋育仁[②]，还有，邮传部参议、督办川汉铁路事宜的李稷勋、川汉铁路公司总理曾培、川汉铁路公司股东会副会长张澜、四川通省师范学堂监督周凤翔等，皆是尊经书院学生。如果不了解尊经书院的经世思想，就无法正确理解这两场政治运动的发动背景，以及邹容《革命军》等激进的民族主义的思想源头。在文化上，尊经书院既是复兴中华文化的“桥头堡”，又是引进西方文化的“风向标”，一方面，它通过古典经史教育，深入研究中国传统思想文化；另一方面，部分院生在出使欧洲、留学日本的过程中，接触、引进了大量西方思想文化，加速了四川内地的近代化进程，如宋育仁出使英、法、意、比等国，被誉为“四川睁眼看世界的第一人”[③]，还有吴

---

① 蒙文通：《议蜀学》，蒙文通：《经史抉原》，成都：巴蜀书社，1995 年，第 101 页。

② 中国社会科学院近代史研究所编：《中国近代史稿》第 3 册，北京：人民出版社，1978 年，第 24 页。

③ 黄宗凯等：《宋育仁思想评传》，成都：西南交通大学出版社，2007 年，第 3 页。

虞在新文化运动中被称作“只手打孔家店的老英雄”[①]。在教育领域，尊经院生骆成骧是清代二百六十八年中，四川唯一的状元，他在科举制度行将结束之际，不仅为全川的读书人争回了面子，也为整个四川的科举教育划上了一个句号。此外，尊经建院二十八年间，为四川造就众多人才，他们散布全川各处，仅成都一地，民国初年社会声望最高的“五老七贤”中，尊经书院肄业者就占一半以上。因此，我们可以毫不夸张地说，尊经书院承载了四川近代历史的诸多荣耀与辉煌，凝聚了川人独特的品格与精神，是近代巴蜀文化的象征和典范。

古人有言：“天下未乱蜀先乱，天下已治蜀未治。”任鸿隽曾感叹：“哀哉！川人何其受祸之独长，而享治之独短也？”[②]那么，蜀之治乱，根本何在？张之洞《劝学篇序》有一段著名的表述：“古来世运之明晦、人才之盛衰，其表在政，其里在学。”[③]后来蒙文通先生作《北宋变法论稿》，借王安石变法讽喻康有为、梁启超，其中将“政”与“学”互为表里的关系阐发得极为精当。蒙先生认为：“北宋士风专重道德文章，故皆难以为政。南宋之学深究历代制度，故其论北宋弊政，颇能切中实际。……自北宋之学术言之，于北宋法制之变革实恐无人能胜任也。”[④]由此可见，政之治乱实系于学之兴废。所以，朱子《资治通鉴纲目·凡例》特别标明：“凡学校兴废皆书。凡事关道术者，皆书。”[⑤]本书选取“尊经书院与近代蜀学”为题，所关注的对象、考察的范围，上承这一史学固有传统之余绪，下探四川地方文化百年之嬗变，也有合于史家“见盛观衰”、“承敝通变”之意者。故先将选题立意之缘由叙述于下：

1. 推求晚清变局的轨迹

学术与政治的休戚相关、血脉相连，构成了晚清变局的二重奏。道咸以降，清代学术风气开始发生明显的变化。在此之前，主导学术潮流的是盛极一时的乾嘉汉学。汉学家们潜心考据、埋头注疏，以实事求是的精神钻研学术，取得了前人望尘莫及的学术成绩。但是，他们的学术研究远离现实，罕言政治，面对即将到来的近代社会大转型束手无策。于是，在理学

---

① 胡适：《〈吴虞文录〉序》，欧阳哲生编：《胡适文集》第2册，北京：北京大学出版社，1998年，第610页。

② 任鸿隽：《四川与大局之关系》，《申报》1923年5月29日，第3版。

③ [清]张之洞著、李凤仙评注：《劝学篇》，北京：华夏出版社，2002年，第2页。

④ 蒙文通：《北宋变法论稿》，蒙文通：《蒙文通全集》第3册，成都：巴蜀书社，2015年，第263页。

⑤ [宋]朱熹：《资治通鉴纲目》(肆)，朱杰人、严佐之、刘永翔主编：《朱子全书》第11册，上海：上海古籍出版社、合肥：安徽教育出版社，2002年，第3487页。

长期式微，而汉学行将衰落之际，时代迫切需要一种通经致用的学问，来完成这次社会大转型。沉寂已久的今文经学因此再度复兴。清代的今文经学可谓“起于前人一时学术趋向之细微”[①]，从庄存与、刘逢禄、龚自珍、魏源，到王闿运、戴望、廖平、康有为、皮锡瑞，他们稽经议礼、讥弹时政，经过一百年的演化发展，奠定了学术与政治结合的近现代思想传统。但在中西学术文化的碰撞中，“今文经学”又被“新学”取代。尊经书院创办二十八年，正好经历了清代学风的上述变迁，同时，也见证了晚清政局的各种纷繁变化。

2. 探讨近代教育的转型

在西方，“早期大学的前身是修道院和主教座堂学校”[②]。其中主教座堂的性质决定了早期大学位于人口稠密的中心城市，人才聚集，文化发达，容易发展为学术中心。中国自唐代以来逐步完善的书院教育体系与西方大学的形成有一定的共通性。例如，明代书院的“城市化”和清代书院的“官学化”已具备了书院发展为大学的可能性，尤其是发展到清代的省会书院这一阶段，和西方早期大学在性质和形式上都有可比性。如果追溯当今中国几所著名高校的起源，我们就不难发现它们的前身都是一些清代省会书院，例如，湖南大学的前身是岳麓书院(960 年创建)，武汉大学的前身是两湖书院(1890 年创建)、自强书院(1893 年创建)，浙江大学的前身是求是书院(1897 年创建)，而四川大学也不例外，其前身是两座著名的省会书院，一个是锦江书院(1704 年创建)，一个是尊经书院(1875 年创建)。这些书院中的绝大多数都属于清代后期创建的新兴的省会书院。同一时期，西方人也陆续开始在中国创办大学，不谋而合的是，西方人最初为大学选择的接轨形式也是书院。例如，解放前上海著名的教会大学圣约翰大学，1879 年创建时称“圣约翰书院”，它是由圣公会属下的培雅书院和度恩书院合并而成。[③] 由此可见，在中国近代教育转型的过程中，从书院到大学是至关重要的一环。

3. 剖析尊经学人的境遇

“蜀士三万，而院额百名”[④]，1∶300 的录取比例，使尊经书院在光绪年

---

① 陈寅恪：《朱延丰突厥通考序》，陈寅恪：《寒柳堂集》，北京：生活·读书·新知三联书店，2001 年，第 163 页。

② [美]查尔斯·霍默·哈斯金斯：《12 世纪文艺复兴》，夏继果译，上海：上海人民出版社，2005 年，第 297 页。

③ 熊月之、周武主编：《圣约翰大学史》，上海：上海人民出版社，2007 年，第 405 页。

④ [清]王祖源：《尊经书院初集序》，[清]王闿运编：《尊经书院初集》，光绪十一年尊经书局刻本。

间荟萃了四川地区最顶尖的科举精英，他们的人生际遇是这一时期四川士人生活的缩影，他们的精神风貌展现了四川士人的性情和品格。一百多年前，他们遭遇“数千年来未有之变局”①，在时代的激流中辗转徘徊，脸上充满惊惧、忧虑、激愤和苦闷。他们曾引经据典，断言：“不及百年，此其戎乎！”（《左传》）“中国亦新夷狄也。”（《公羊传》）然而，当剧烈的社会变革与他们持守的文化立场碰撞时，尊经学人们终于分道扬镳了。“辨章学术，考镜源流”，我们今天研究“尊经书院与近代蜀学”，就是试图追踪当时人物的足迹，回到最初的那个“三岔路口”，即有人选择保守，有人选择改良，而有人选择革命的地方。

二、学术史回顾

由于尊经书院建院二十八年间成材甚众，名流辈出，一些在近代历史上产生过重要影响的人物都曾在此深造，于是尊经书院变成了他们人生轨迹的一个交集，因而备受历史研究者的关注。但是，这种对尊经书院的研究，视角往往不能脱离与某位历史人物的关系，故有关尊经书院的研究并不罕见，而立足尊经书院本身的规制章程、学术思想的考察却少之又少。下面拟分两个方面回顾和述评既往关于尊经书院的研究成果。

1. 直接涉及尊经书院与近代蜀学的研究成果

以尊经书院为中心的研究经历大致经历了一个由粗到精的过程，最初的成果依据的文献资料非常有限，论断多而史实少，概述多而发微少，辗转借鉴的痕迹比较明显。在早期的研究中，只有胥端甫《王湘绮与尊经书院》和徐仁甫《振兴蜀学人才辈出的尊经书院》参考价值最高。

胥端甫的《王湘绮与尊经书院》发表于 1960 年，是近世以尊经书院为题的著述中最早的一篇。② 此文以王闿运与尊经书院为切入点，回顾了晚清蜀地学风衰颓的原因，归纳了王闿运掌教后尊经学风的显著变化。作者认为王闿运入主尊经书院，为今文经学由湘入蜀之始。王闿运在教学上提倡“崇本达用”，将今文经学与经世之学贯通为一，其学术思想由弟子廖平等人传于康有为，遂衍于国事，酿成政治上之戊戌变法。王闿运入蜀，成材甚众，奠定了尊经书院为近代蜀学重镇的核心地位。这篇文章为后来大多数学者的研究定下了一个基调：尊经书院的主要成就是振兴蜀学、造就人

① ［清］李鸿章：《筹议海防折》（同治十三年十一月初二日），［清］李鸿章著：《李鸿章全集》第 2 册，海口：海南出版社 1997 年，第 825 页。

② 胥端甫：《王湘绮与尊经书院》，《民主评论》，1960 年 11 卷 2 期。

才，后来的研究者考察尊经书院史，基本上因循此文所划定的范围，谓此篇为尊经书院研究的开山之作，实不为过。

徐仁甫先生的《振兴蜀学人才辈出的尊经书院》①是大陆研究尊经书院最早的一篇，其中收集的资料常被后来的研究者明引或暗引。徐文先以时间为序，罗列1874—1903年间尊经书院发生的大事，尽管不太完整，但至少包括了书院的创建规模、学务课程、山长更替、佳话轶闻等重要内容。后半部分简要介绍岳森、刘子雄、胡从简、刘复礼、杜翰藩等数位尊经学人的事迹。可能这是徐仁甫先生匆匆草就的一篇底稿，全文叙事散乱，仅能粗见眉目，引文芜杂，汇抄各种文献而未经笔削，或有修撰长编之意，终成堆砌饤饾之憾。

以上两篇论文各自拉开了台湾和大陆研究尊经书院的序幕。此后，相关的研究成果层见叠出，从成果数量地域分布来看，大陆最多，台湾和海外偏少。以下按发表的时间顺序逐一介绍。

黄新宪的《张之洞与尊经书院》②作于上世纪八十年代末，文章试图通过对张之洞创办尊经书院的考察，探索张氏早期教育思想。作者认为，创办人张之洞思想保守，竭尽心力利用教育为维护封建统治服务。严格地说，尊经书院还未完全摆脱旧式书院的范畴，与同时代的洋务教育，“没有必然联系，也不同于张之洞后来设立的一系列新式学堂”③。但是，张之洞在书院中倡导经世致用的“实学”，反对专习帖括时文，具有进步意义。此文所据材料有限，核心文献仅张之洞《创建尊经书院记》一篇，及徐仁甫《振兴蜀学人才辈出的尊经书院》一文的史料。另外，史实讹误也较多，如因袭徐文“中厅有‘石室重开’匾额，大门刊‘考四海而为俊’、‘纬群龙之所经’的联文”，称这“反映了创办者欲仿效汉代文翁重视教育兴办石室的事迹”④。殊不知“石室重开”乃光绪二十年皇帝御赐之匾，“考四海而为俊，纬群龙之所经”乃光绪六年年底王闿运所撰春联，皆与尊经书院创办者无关。

上世纪九十年代，关于尊经书院最有价值的两篇论文均出自川内学者之手，无论在学术水平，还是研究的视角上，都较前人有很大的突破。

---

① 徐仁甫：《振兴蜀学人才辈出的尊经书院》，中国人民政治协商会议四川省委员会文史资料研究委编：《四川文史资料选辑》第35辑，成都：四川人民出版社，1985年，第1页。

② 黄新宪：《张之洞与尊经书院》，《教育评论》，1989年第3期，第70页。

③ 黄新宪：《张之洞与尊经书院》，《教育评论》，1989年第3期，第70页。

④ 徐仁甫：《振兴蜀学人才辈出的尊经书院》，中国人民政治协商会议四川省委员会文史资料研究委编：《四川文史资料选辑》第35辑，成都：四川人民出版社，1985年，第1页。

何一民《试论尊经书院与四川士林风气的变化》①,后收入隗瀛涛主编的《四川近代史稿》。何文探讨近代蜀学的兴起与尊经书院的创建之间的关联。文章首先从战争、移民、制度等方面剖析了清代中前期四川学术凋敝的原因,继而归纳列举了热衷科举、作弊盛行、聚讼滋事、保守褊狭等败坏四川士林风气的表现。作者认为,尊经书院的创建开四川近代教育之先河,在学习内容、学术风气、管理方式、山长聘任等方面一洗陋规,整肃了四川士林风气,培养出大量优秀人才,为蜀学的振兴起了重要作用。此文对尊经书院创建发展的轮廓梳理得比较清晰,但是,也存在一些明显的疏忽和讹误。例如,将主讲钱保塘,误作山长。刘岳云,误作刘狱云。刘洙源,误作刘沫原。刘咸荥,误作刘咸荣。另外,将蒲殿俊、傅增湘、方鹤斋(方旭)、林思进列为尊经书院学生,也缺乏足够的依据。

黄海明《概述四川尊经书院的刻书》②是一篇取材严谨、论证充分的论文。文章围绕尊经书院的刻书事业,论述了尊经书院对四川近代文化、教育和出版史上的显著作用和影响。作者认为,尊经书院刻书并取得成就决不是偶然的,它与当时的社会需求、当政者的高度重视密不可分。尊经书院的刻书活动在造就人才、传播蜀学、宣传维新思想等方面功不可没。此外,作者依据四川高等学堂档案编制的"四川尊经书院刻书一览表",用四部分类法统计了尊经书院所刻绝大部分书的书名、著者、卷数、册数、出版时间、书板数目,分门别类,收罗详尽。

本世纪,尊经书院研究走出四川,进入一些海外和台湾地区学者的研究视野中。

Yu Li 的"Training Scholars not Politicians (Zunjing Academy and the Introduction of Han Learning to Sichuan in the Late Nineteenth Century)"(《训练学者而非政客:尊经书院与十九世纪后期汉学传入四川》)③是一篇用英文撰写的尊经书院的论文,此文从学术与政治的角度考察尊经书院的办学宗旨和历史地位。作者认为,跟过去的朝代一样,清代

---

① 何一民:《试论尊经书院与四川士林风气的变化》,《四川师范大学学报》,1991 年第 1 期,第 87 页。

② 黄海明:《概述四川尊经书院的刻书》,《四川大学学报(哲学社会科学版)》,1992 年第 4 期,第 102 页。

③ Yu Li:"Training Scholars not Politicians (Zunjing Academy and the Introduction of Han Learning to Sichuan in the Late Nineteenth Century)"(《训练学者而非政客:尊经书院与十九世纪后期汉学传入四川》),Modern Asian Studie 37,4(2003). p. 950. Cambridge University Press.

知识界对传统智慧的传授是一种政治行为。无论是今文经学家，还是古文经学家，在他们的经世致用之学背后，都含有强烈的政治诉求。尊经书院推崇汉学也不例外，其意图与康有为的维新变法、章太炎的排满革命殊途同归。

台湾“中研院”近代史研究所研究员苏云峰的《尊经书院：四川大学的前身 1875～1903》[①]试图对尊经书院的历史作全景式的展示，从同治末年蜀地日益败坏的学风说起，首推张之洞创设之功，次述王闿运经营之劳。作者认为，二人均欲力救颓风，挽狂澜于既倒，于四川人才培养及全国学术风气，实有深远影响。文末还简单介绍了杨锐、廖平、张森楷等十二位与尊经书院有密切关系之人。此文前两节，因有张之洞《创建尊经书院记》、王闿运《湘绮楼日记》等资料为论据，又参考了隗瀛涛《四川近代史稿》、胡昭曦《四川书院史》的相关部分，故内容比较翔实。至“王氏离蜀后的变迁”一节则虎头蛇尾，无所发明，与前面张之洞、王闿运两节的长篇大论颇不相称。又由于材料不足，加之考据不精，多有谬误。文末将刘光第、傅增湘、向楚、蒙文通混杂在尊经弟子中一并介绍，也不太妥当。

随着四川大学 110 周年校庆的到来，作为四川大学前身之一的尊经书院再次成为关注的热点。

朱振国、王东杰的《尊经书院与近代中国》[②]是迎接四川大学 110 周年校庆而作的纪念文字。文章回顾了尊经书院在张之洞、王闿运、宋育仁三个时期的办学特点，略微提及了尊经书局刻书的成就。作者认为，“正是因为具备了汇四海于一家的魄力，尊经书院才能够在短短二十几年的办学生涯中，培养出了一大批在近代中国史上影响深远的人物”[③]。就历史意义而言，尊经书院不仅是一所学校，也是社会教化的一个“策源地”。

四川大学方志史、书院史专家胡昭曦先生的《振兴近代蜀学的尊经书院》[④]是关于尊经书院的研究中较为全面细致的一篇。全文从六个方面讨论了尊经书院与近代蜀学的关系：“‘绍先哲，起蜀学’的办学宗旨”、“‘课艺集’与培养蜀学之秀的教学”、“首次建立蜀学学统架构的《蜀学编》”、“‘振兴蜀学’‘昌明蜀学’的‘蜀学会’和《蜀学报》”、“‘保存国粹’传播蜀学的尊

---

① 苏云峰：《尊经书院：四川大学的前身 1875～1903》，李国祁主编：《郭廷以先生百岁冥诞纪念史学论文集》，台北：台湾商务印书馆，2005 年，第 271 页。

② 朱振国、王东杰：《尊经书院与近代中国》，《光明日报》2006 年 4 月 9 日，第 5 版。

③ 朱振国、王东杰：《尊经书院与近代中国》，《光明日报》2006 年 4 月 9 日，第 5 版。

④ 胡昭曦：《振兴近代蜀学的尊经书院》，《蜀学》(第 3 辑)，成都：巴蜀书社，2008 年，第 1 页。《振兴近代蜀学的尊经书院》与胡昭曦的另一篇《尊经书院与近代蜀学》类似，见舒大刚主编：《儒藏论坛》(第 2 辑)，成都：四川大学出版社，2007 年。现以后发表的一篇为准。

经书局”、“培养出大批蜀学名家等人才”。这六个方面基本上囊括了尊经书院对四川近代学术、教育、文化的主要贡献。其中，对《蜀学编》的考察是全文的一大重点。在辨析了《蜀学编》的作者、版本、学术渊源、传记人物之后，作者认为，尊经书院编纂《蜀学编》，如此着力系统梳理蜀学发展源流，并意图建立蜀学学统架构，在中国学术史上还是第一次。

2013 年 4 月，在成都市四川大学望江东区滨江楼附近出土一通《四川尊经书院举贡题名碑》，为研究尊经书院史提供了新的资料。随后，四川大学档案馆、校史馆组织专家对《题名碑》的出土地点、碑文内容、碑刻书法等进行研究，论文汇编为《四川尊经书院举贡题名碑》一书①。

成都大学文学与新闻传播学院魏红翎《成都尊经书院史》②梳理了尊经书院建院的规制、历代山长、知名尊经弟子的资料，强调了尊经书院的建立对于近代四川乃至中国政治、经济、文化的发展作出的重要贡献。

2. 间接涉及尊经书院的研究成果

由于长期以来，大多数学者的研究视角都停留在尊经书院与某某人物、事件的关系上，少有单独以尊经书院为中心的研究，所以，大量有关尊经书院的研究成果夹杂在近代学术思想、书院教育、人物评传的某章某节中，吉光片羽，得之不易。以下就见闻所及，对一些著述中与本选题相关的部分进行简要的评述。

（1）概论介绍尊经书院的著述

胡昭曦《四川书院史》③第六章第三节“四川省尊经书院”，简要介绍了尊经书院的创建缘起，张之洞的办学方针、课程设置、学规章程，以及王闿运、宋育仁的事迹。全文收录张之洞的《四川省城尊经书院记》，系根据沔阳卢氏慎始斋刊本与四川省图书馆、四川大学图书馆藏拓本互校而成，有较高的参考价值。除此之外，张正藩《中国书院制度考略》④、隗瀛涛《四川近代史稿》⑤、张廷茂《百年名校——四川大学》⑥、《四川大学史稿》⑦的一些章节也涉及尊经书院，均属概论性质。《中国书院辞典》⑧、《四川百科全

① 党跃武主编：《四川尊经书院举贡题名碑》，成都：四川大学出版社，2013 年。

② 魏红翎：《成都尊经书院史》，成都：巴蜀书社，2016 年。

③ 胡昭曦：《四川书院史》，成都：四川大学出版社，2006 年，第 349 页。

④ 张正藩：《中国书院制度考略》，台北：台湾中华书局，1981 年。

⑤ 隗瀛涛主编：《四川近代史稿》，成都：四川人民出版社，1990 年。

⑥ 张廷茂主编：《百年名校——四川大学》，成都：四川大学出版社，1996 年。

⑦ 四川大学史稿编审委员会：《四川大学史稿》第 1 卷，成都：四川大学出版社，2006 年。

⑧ 季啸风主编：《中国书院辞典》，杭州：浙江教育出版社，1996 年，第 292 页。

书》[①]、《成都城坊古迹考》[②]列有"尊经书院"条，则属介绍性质。

（2）涉及尊经书院与晚清学术的著述

北京师范大学王建梁的博士论文《清代书院与汉学的互动研究》[③]第七章"尊经书院与四川汉学的互动研究"，从晚清四川汉学传播的角度考察尊经书院的地位和作用，作者认为，清代汉学与书院之间存在着一种互动的现象，张之洞、王闿运等人利用尊经书院培养汉学人才，再以尊经书院的影响波及全蜀，起到了"泽教所及，全川化之"的作用。在尊经书院的带动下，四川书院对四川学术思想的发展、汉学人才的产生有着极其重要的启导作用。

李殿元《从文翁石室到尊经书院》[④]第五章"尊经书院及新学"，通俗地介绍了张之洞、王闿运的作用和影响，以及维新时期宋育仁创办"蜀学会"的情况。作者认为，尊经书院的历史作用显现在两个方面：一是尊经书院为近代四川培养了大量人才，二是尊经书院为维新思想的传播开辟了道路。其内容大多采自《四川大学史稿》。

罗检秋《嘉庆以来汉学传统的衍变与传承》[⑤]第二章"汉学走向经世致用"有"尊经书院：偏远地区的学术倾向"一小节。这是尊经书院研究中视角比较独特的一篇。作者将尊经书院的学术倾向纳入整个清代学术风气的变化中进行考察，文章指出，虽然存在学术流变和地域性等特殊原因，但是，尊经书院并没有超越时代共性。一则尊经书院与苏、粤等地书院教学宗旨并无大异，张之洞创办的诸多书院、学堂中，尊经书院与广雅书院、两湖书院等并无多大差异。二则尊经书院就读的士子虽有一定的学术成就，但很难称得上"蜀学"复兴。四川士人并没有专注复兴传统的经、史及文辞之学，其经世致用的学术凭借多是新旧混杂的时务政论或一知半解的西学。应当承认，作者的这些观点很有真知灼见，但是，持论较为偏颇，过度关注经世致用的时代潮流，低估甚至无视尊经书院在传统经史辞章之学方面的成就。

（3）涉及尊经书院与近代人物的著述

杨布生《王闿运掌教尊经、船山两书院考》[⑥]介绍了王闿运掌教尊经书

---

① 四川百科全书编纂委员会编：《四川百科全书》，成都：四川辞书出版社，1997 年，第 1200 页。

② 四川省文史研究馆编：《成都城坊古迹考》，成都：成都时代出版社，2006 年，第 338 页。

③ 王建梁：《清代书院与汉学的互动研究》，博士学位论文，北京师范大学，2002 年。

④ 李殿元：《从文翁石室到尊经书院》，成都：巴蜀书社，2004 年，第 62 页。

⑤ 罗检秋：《嘉庆以来汉学传统的衍变与传承》，北京：中国人民大学出版社，2006 年，第 285 页。

⑥ 杨布生：《王闿运掌教尊经、船山两书院考》，《湘潭师范学院学报》1990 年第 4 期，第 38 页。

院的一些主要事迹，作者认为，王闿运在尊经书院主要以经史词章等实学来教化学生。同时，也做了一些矫正学风、禁食洋烟、开设书局之类的实事，成绩斐然，在四川文教界和学术界留下了很好的印象，故有“蜀承湘学，公举大昌”的说法。同时，作者也指出，“王氏的书院教育思想，从总的倾向来看，是处在严重的矛盾之中，既有维新反帝的爱国主义的一面，也有守旧维护封建思想体系的一面”[①]。

谢放《中西体用之梦：张之洞传》[②]的第二章“学官开风气”用较大篇幅介绍了张之洞在四川任学政期间，创办尊经书院的经过，尤其介绍了《辅轩语》《书目答问》的内容，从中可以看到张之洞的经世思想与对西学的引荐之功。

华东师范大学朱洪举的博士论文《王湘绮诗学思想研究》[③]第四章第三节“尊经书院的诗学教育”探讨王闿运对尊经院生的诗教问题。近代蜀中诗学昌明，诗人辈出，汪辟疆《近代诗派与地域》有专门论述。从尊经书院课艺集不难看出，诗学是尊经教育的一项基本内容。王闿运掌教时期，尊经诗文摹仿魏晋绮靡之风，以钟嵘《诗品》为圣经，曾被陈衍谑称为“湖外伪体”、“伪魏晋体”，但是，湘绮诗学毕竟自成一个与世俗诗学不同的古典诗学思想体系，杨锐、宋育仁、岳森、刘子雄、顾印愚等尊经院生，以及张祥龄、曾彦夫妇皆深受其影响。此外，作者认为，湘绮诗学是通向“天下”的诗学，其“为政”之旨与尊经书院经世致用之旨相合，非寻常怡情雅致之作。

李赫亚《王闿运与晚清书院教育》[④]第二章“王闿运与晚清四川书院教育”有较大篇幅涉及尊经书院创设、延革、改制等问题，但引证的材料多采自前人论著和一些现成的文献，少有新意。唯独“明礼”一节，言王闿运重视礼制，经常亲自率领学生演习各种礼仪仪式，前人少有论及。作者认为，王闿运教学生习礼，是希望通过礼教使院生养成重视师承、揖让和相互友爱的良善之风。“倡经、史、词章，以实学育人”一小节，初步归纳了王闿运在尊经书院经学教育、史学教育和词章之学，认为这些教学内容播下了通经致用的种子，导引院生走上了崇实尚用的为学之路。最后一节“王闿运与晚清四川书院改制”认为王闿运开四川书院改制之先声，在王氏的影响下，尊经院生逐渐养成了忧患国运的学术品格，书院内亦形成了关切时政

① 杨布生：《王闿运掌教尊经、船山两书院考》，《湘潭师范学院学报》1990 年第 4 期，第 38 页。

② 谢放：《中西体用之梦：张之洞传》，成都：四川人民出版社，2004 年。

③ 朱洪举：《王湘绮诗学思想研究》，博士学位论文，华东师范大学，2007 年，第 115 页。

④ 李赫亚：《王闿运与晚清书院教育》，北京：光明日报出版社，2007 年，第 58 页。

的风气。在一定程度上为川省书院教育以后的开通风气、引进新学起到了积极作用。全书最后还有“尊经书院弟子与中国近代社会”一小节，分学术(经学、史学)、政治、教育三大类介绍王闿运在尊经书院掌教时期育出的众多弟子。作者初衷甚好，然考证不精，除忽略了擅长文学的一类弟子，如刘子雄、张祥龄、曾彦等，还将刘洙源误归入湘绮尊经弟子之列。刘洙源生于1875年，王闿运掌教尊经书院时，年仅11岁，尚未入尊经书院。

另外，刘少虎《经学以自治:王闿运春秋学思想研究》①第一章“晚清学术流变中的王闿运”有“掌教尊经书院”一小节，与李赫亚《王闿运与晚清书院教育》第二章第二节“王闿运掌教尊经书院”所论大致相同。

黄开国的《张之洞在川兴学述论》②与八十年代末黄新宪的《张之洞与尊经书院》一文主题相近。此文从整饬学风、创建书院、奖拔俊秀三个方面论述了张之洞在川兴学的功绩。作者认为，张之洞在川兴学，不仅改变了四川文化教育的落后面貌，而且为四川成为近代中国文化教育发达的地区，奠定了坚实的基础。此外，黄开国《廖平评传》③第一章“廖平的青少年时代”有“就读尊经书院”“师从王闿运”两小节介绍廖平在尊经书院学习的一些情况，也可归入尊经书院研究的间接成果。

刘复生、徐亮工、王东杰等著《近代蜀学的兴起与演变》④是近年来关于四川地方学术史的一部力作，在学界引起了广泛关注。该书梳理了从尊经书院到四川大学的学术传承、演变，分析了近代四川学人的学术成就与学术取向，提出近代蜀学的特征是“以经史为根柢，顺世变而日新”。

综上所述，近五十年来，学界前辈、同仁对尊经书院的研究主要涉及如下五个方面:

1. 尊经书院的历史地位和作用

研究者大多认为，尊经书院一方面是四川大学的前身(或存在渊源关系)，另一方面是四川近代学术、教育、文化的重要源头，并对中国近代历史产生过深远影响。尊经书院创建以前，四川地区学术风气衰颓，读书人只重科举时文，助长了追名逐利的社会风气。尊经书院创建后，以经史辞章之学课士，造就了大批人才，扭转了败坏的世风，开启了四川近代文化的新局面。

---

① 刘少虎:《经学以自治:王闿运春秋学思想研究》，北京:华夏出版社，2007年，第61页。

② 黄开国:《张之洞在川兴学述论》，《国学与巴蜀哲学探索》，成都:巴蜀书社，2008年，第276页。

③ 黄开国:《廖平评传》，南昌:百花洲文艺出版社，1993年，第14页。

④ 刘复生、徐亮工、王东杰等:《近代蜀学的兴起与演变》，成都:四川大学出版社，2016年。

2. 尊经学术的基本特征

这个问题相对比较复杂，研究者们从不同的角度探讨了尊经书院的学术倾向。有的学者认为，它是近代蜀学兴起的象征；有的学者认为，它是清代汉学互动的产物；有的学者则侧重考察它在吸收新学方面的作用和成就。此外，尊经书院与近代今文经学的关系，以及与湘学的关系，也是学者们关注的热点。从总的方面来看，大多数研究者都承认尊经书院的学风具有“经世致用”的特点。

3. 对尊经书院有杰出贡献的人物

对这个问题的研究，基本上集中在张之洞、王闿运、宋育仁三人。其中研究王闿运的人最多，研究者从书院教育、诗学教育、春秋学思想等视角切入，考察了王闿运的教育风格，及其对尊经书院和四川学术的影响。对张之洞的研究仅次于王闿运，黄新宪《张之洞与尊经书院》、黄开国《张之洞在川兴学述论》，皆从整饬学风、创建书院、奖拔俊秀等方面论述了张之洞在川兴学的功绩。关于宋育仁与尊经书院的专题研究目前暂时没有，但无论是研究宋育仁生平思想，还是研究尊经书院的历史延革，都会提及宋育仁在尊经书院的这段经历，尤其是在介绍四川地区的维新运动时。

4. 尊经学人的事迹

关于尊经院生及其后学的生平事迹，是尊经书院研究中的一个重难点。从最初胥端甫、徐仁甫的研究开始，学者们就一直在尝试统计尊经院生的名录，并介绍他们每个人的生平。此后，何一民、苏云峰在前人的基础有所开拓。但是，由于这项工作异常繁重，研究者大多没有深入下去，通常出于文章内容和结构的需要，着重介绍一下杨锐、廖平、宋育仁、吴虞、张澜、吴玉章等著名人物的事迹，而且考证也不精密。近年来，在这一领域贡献最突出的是胡昭曦先生“尊经书院生员名单”①和李赫亚“王闿运部分弟子名录”的“尊经书院”部分②，但仍然存在疏漏和讹误。

5. 尊经书院档案文献的发现和整理

长期以来，尊经书院的研究停滞不前，缺少突破性的进展，一个重要原因是遇到了材料方面的瓶颈。由于可供研究者凭据的文献资料非常匮乏，部分研究论文引用的文献甚至还没有超出徐仁甫《振兴蜀学人才辈出的尊经书院》的范围。黄海明的《概述四川尊经书院的刻书》一文首次利用了档

---

① 胡昭曦：《振兴近代蜀学的尊经书院》，《蜀学》（第3辑），成都：巴蜀书社，2008年，第15页。

② 李赫亚：《王闿运与晚清书院教育》，北京：光明日报出版社，2007年，第266页。

案文献，补充了长期对尊经书局研究的不足。胡昭曦先生对《蜀学编》的发现和研究，为我们提供了一个重新审视尊经学术特征的视角。此外，胡昭曦先生校对的《四川省城尊经书院记》和朱维铮先生主编的《书目答问二种》[①]也对尊经书院文献的整理研究大有裨益。

三、研究思路与方法

1. 研究思路

本书以尊经书院为中心，探究“蜀学”在近代是如何逐步建构起来的。总体而言，晚清的区域学术互动型塑了“蜀学”的近代形态。这种自觉的型塑过程，始于晚清同光之际，至维新运动时期基本定型，大致经历三个阶段：

(1) 江浙考据学风的兴起。同光之际流寓四川的一批外省籍官宦名士，他们以江浙派学术为主导，考察巴蜀地区的文化史迹，将“巴蜀”作为一个特定的研究区域。例如，钱保塘《涪州石鱼题刻》对重庆白鹤梁遗址的早期研究，王懿荣对成都万佛寺南朝造像的早期发掘，以及张澍对大足石刻宝顶山造像的早期研究等。

(2) 湖湘经世学风的引入。光绪四年(1878)至光绪十二年(1886)，四川总督丁宝桢礼聘王闿运入蜀掌教尊经书院，推行“湖湘派”的经世学风以取代“江浙派”考据学风。这一时期关于“蜀学”的认同发生了重大转向，“蜀学”的内涵从对巴蜀史地名物的考据，转为蜀地、蜀人、蜀学三位一体的身份自觉。

(3) “蜀学”学统的构建与形成。光绪十三年(1887)开始，蜀地名宿伍肇龄在四川学政高庚恩的支持下编纂《蜀学编》，构建以宋学为核心的蜀学学统。王闿运弟子廖平的今文经学则传播至岭南，康有为受其影响撰《新学伪经考》，成为维新变法的重要思想来源。在“蜀学”学统构建的过程中，逐渐形成了“巴蜀文化”的观念认同。

因此，本书拟从咸同之际四川地方政治与学术的关系入手，探讨尊经书院的创建与近代蜀学兴起的原因；介绍尊经书院的规模建置、学规章程、建筑布局、经费收支，以及在筹建过程中，满汉地位升降、官绅利益调整等深层次的政治博弈对尊经书院的影响；归纳尊经建院的主事者张之洞的各项兴学举措，以及他对尊经书院乃至近代蜀学的贡献，并介绍在张之洞的

① [清]张之洞：《中国近代学术名著丛书：书目答问二种》，北京：生活·读书·新知三联书店，1998年。

提携下，尊经创建初期出现的一些知名院生。

由于尊经书院建成以后，学术风格并非一成不变，而是随着山长的进退和时局的推移屡屡发生转变。所以，本书拟着重梳理以下五任山长或主讲掌教时期尊经书院学风的特征及其嬗变："江浙派"二钱主讲（钱保塘、钱宝宣）时期、"湖湘派"王闿运时期、"锦江派"伍肇龄时期、"宝应学派"刘岳云时期、"维新派"宋育仁时期。其中，王闿运掌教时期是尊经学风形成的重要时期，他与"江浙派"、"槐轩派"的分歧与冲突，及其教学风格都是本书试图研究的问题。

除了历任山长的变化，尊经院生在科举制下的沉浮也是本书研究的重点。本书拟从尊经院生的选拔与肄业、尊经院生的身份构成、参加乡试会试的经历等方面，不仅全面展现尊经院生的风貌，并进而探讨尊经书院的三大学术派别：成均派、南皮派、湘绮派，他们各自的特点、主张、学术倾向，以及他们相互的关联与分歧。

最后，分析在清末民初动荡的社会背景下，尊经学术发展的不同走向。其中对尊经后学影响最大的有日本留学生潮、激进的民族主义。在这些影响下，以骆成骧、邹容、吴虞、刘复礼、蒙文通为代表的尊经后学所作出的各自不同的政治、文化、学术选择，构成了"近代蜀学"的不同面相。

通过研究，本书希望解决以下问题：

（1）研究晚清巴蜀学人与江浙、湖湘、岭南等地的学术交往；

（2）解释在近代学人的话语中，"蜀学"认同产生、形成、演变的主要过程；

（3）探究区域学术互动在构建"蜀学"近代形态的过程中所产生的复杂影响。

此外，还包括一此具体问题，例如，尊经书院的创建以及四川汉学的兴起为什么出现在同治末年，而非更早的乾嘉时期？在晚清书院改制的过程中，尊经书院如何从一个同光之际的新兴省会书院变成一个光宣之际被裁撤的旧式书院？张之洞、王闿运的教育思想、教学风格、学术倾向是什么？尊经书院的教育对杨锐、廖平、宋育仁等近代人物产生了哪些影响？科举制下，尊经院生沉浮对他们的学术会产生哪些影响？尊经后学的不同倾向和选择，如何导致了尊经学术的分裂和瓦解？此外，还附带研究了两个历来比较有争议的问题：《书目答问》的著作权问题，以及王闿运受聘尊经书院的真实原因。

2. *研究方法*

本书力图在前人研究的基础上，从一个更深更细的层面，全景式展现尊经书院的历史，故涉及书院史、教育史、学术史、经学史、思想史、政治史、文化史等多方面的内容。因此，在最大限度占有相关材料的前提下，拟运用历史学、文献学的理论，采取文献考据、排列图表、事实叙述、对比论证、逻辑推理、综合归纳等方法，辨章学术，考镜源流，实事求是地反映尊经书院历史上的重要事件、学术变化和人物风貌。其中，最主要的研究方法有：

(1) 文献分析法：重点收集晚清地域学术代表人物的诗文、日记、档案等，进行细致的梳理、分类和归纳。

(2) 比较研究法：对相关人物、交游、著述等进行对比分析，比较其差异性，并分析原因。

(3) 定性定量法：采用定性研究和定量研究相结合的方法，研究晚清巴蜀学人区域学术交往的阶段、类型、特点，基于定量研究的结果，尝试对其中的特殊性和共通性做出定性研究的结论。

(4) 系统研究法：对晚清巴蜀学术的产生、形成、演变进行系统整合的研究，分析与其他地域学术的互动关系，从近代学术整体发展脉络出发，归纳"蜀学"近代形态的特点。

同时，在论证上注意详人所略，略人所详。对前人研究中较少涉及的四川地方政治背景、"江浙派"与"湖湘派"之争、《书目答问》的编撰、科举制度对书院学术的影响等等，则着力探讨。对于前人已有出色研究的成果，如尊经书院刻书事业、张之洞的兴学举措、王闿运与书院教育、构建学统的《蜀学编》、维新时期的"蜀学会"《蜀学报》等等，则尽量精简。以期将尊经书院作为一个反映近代四川学术文化转型的标本，通过对其历史的研究，深化对中国社会近代化转型的认识和理解。

四、概念界定

何谓"蜀学"？何谓"近代蜀学"？以下就这两个概念作一综述。

今天，我们将"蜀学"视为巴蜀文化的结晶，但在历史上，"蜀学"却有过许多不同的指称。关于"蜀学"一词，据考证，文献上最早的出处是《三国志·蜀志·秦宓传》的"蜀学比于齐、鲁"①，是对文翁在蜀郡兴学，教化蜀地蛮夷风俗的评价。从句式上看，应该化用自《汉书·文翁传》"蜀地学于京师者比齐鲁焉"②。"文翁兴学"是汉代郡国教育的开端，文翁创办地方教育与孔子开创平民教育并称，是中国古代教育史上的两件大事。蜀地在全

① [晋]陈寿撰、[宋]裴松之注：《三国志》卷 38，北京：中华书局，1971 年，第 973 页。

② [汉]班固撰、[唐]颜师古注：《汉书》卷 89，北京：中华书局，1962 年，第 3626 页。

国得风气之先，有“郡国之学，最盛于成都”的说法。但是，一般认为，文翁所兴之蜀学是指蜀郡的官学，并不具有学派的意义，大致相当于清代四川学政的“督蜀学”。

在众多对“蜀学”范畴的研究中，胡昭曦先生的观点最具代表性。早在1997年出版的《宋代蜀学研究》一书中，他就已对“蜀学”概念的流变进行过精到的辨析和阐释。胡先生认为，“‘蜀学’开始具有学派的意义则是在北宋中期”[①]。北宋的“洛蜀党争”，主要是洛学和蜀学之争在政治上的表现。但是，当时“蜀学”仅仅作为三苏学派的代称，实际上是指“苏学”。从《宋元学案》开始，“‘蜀学’就不只指苏氏之学，而是泛指宋代四川的儒学思想状况”[②]。但是，“蜀学”往往也泛指整个古代四川的学术文化，而非独指四川的儒学。至少在近代，傅增湘《宋代蜀文辑存》、刘咸炘《蜀学论》所谓的“蜀学”，是指蜀人所创造的学问的统称。此外，1898年维新运动时期出现的“蜀学会”、《蜀学报》，又为“蜀学”注入了变法维新、传播西学的时代意义。

总的来说，“蜀学”的“蜀”作为空间范围含义比较明确，就是今天的四川地区包含重庆直辖以前的地区，称为“蜀”。这是“蜀学”的主要地域范围。胡昭曦先生认为，“对‘蜀学’的理解关键在‘学’上。对于‘学’的理解，一类是指学校，尤其是在四川建立的官办学校；一类是学术”[③]。从广义上讲，“蜀学”应该包括四川地区的各种学术。但在特定时空下，“蜀学”又有四川地区的儒学、经学，以及三苏之学等狭义的指称。

2007年，胡昭曦先生在《蜀学与蜀学研究》一文中，对“蜀学”的概念有进一步的澄清。胡先生指出：“古人谓‘蜀学’者甚广，大体有：(1)官学、学官、蜀地赴京学者或蜀中儒学；(2)蜀地学人或蜀地官员；(3)蜀地的学术名人；(4)某方面的学术或学派；(5)泛指属地学术文化。”[④]

在《近代蜀学的兴起与演变》一书中，刘复生教授接续胡先生的观点对“近代蜀学”作过一个界定：“所谓完整的而一致认可的蜀学概念并不存在。不仅因时代不同，即使是同时代之人，其所指称也并不一致。……即使是同时代的蜀学也不必是一个，这是论者需要注意分辨的。不同时代不同学者的认知，各有不同的内涵，本书所论的‘近代蜀学’同样如此。我们从宽

---

① 胡昭曦、刘复生、粟品孝：《宋代蜀学研究》，成都：巴蜀书社，1997年，第2页。

② 胡昭曦、刘复生、粟品孝：《宋代蜀学研究》，成都：巴蜀书社，1997年，第3页。

③ 胡昭曦、刘复生、粟品孝：《宋代蜀学研究》，成都：巴蜀书社，1997年，第6页。

④ 胡昭曦：《蜀学与蜀学研究》，胡昭曦：《旭水斋存稿续集》，成都：四川大学出版社，2017年，第153页。

泛的意义上,把以成都为中心的近代四川学术文化称为“近代蜀学”,尽管近代学者个人的指向可能并不一致,内涵也可能大不相同。”[①]例如,清末民初,经学家廖平和史学家刘咸炘都有复兴蜀学的宏愿,但廖平想要兴起的“蜀学”是指经学,尤其是经今文学派,而刘咸炘所说的“蜀学”,则以文史之学为大要。

同时,正如“史学”一词包含“对历史本身的认识”和“对史学本身的认识”这两层意思,“蜀学”也要区分“蜀学发展”与“蜀学研究”这两个概念。夏君虞说:“蜀学,当然以四川一省的学问为对象。……凡是四川人创造的,或者是别人创造而为四川人奉行的,可谓之蜀学。”[②]“蜀学发展”是自发的,而“蜀学研究”则是自觉的。不管“蜀学”这一概念在历史发展中有过多少指称,“关键在于,蜀学概念广泛使用,表明四川学人正在自觉构建一个带有地域性特点的学术系统。这虽然看起来只是几个学者的工作,却在更广泛的社会层面上反映出四川作为一个移民社会已完成了‘本土化’过程,‘四川人’这一新的身份认同被普遍接受,并且进一步希望在全国的视野中寻求地位。”[③]纵观近一百多年来的蜀学研究,也是从尊经书院开始兴起的。

因此,本书在探究“近代蜀学”时,有两个不同的指向:一是在近代历史上,蜀人所尊崇或学习的各种学问,比如《书目答问》《𬨎轩语》、廖平的今文经学、宋育仁的经世之学等。二是巴蜀学人自觉构建的带有巴蜀地域特色的学术系统,例如蜀学会、《蜀学报》《蜀学编》《蜀秀集》等。

---

① 刘复生、徐亮工、王东杰等:《近代蜀学的兴起与演变》,成都:四川大学出版社,2016年,“前言”第2页。

② 夏君虞:《宋学概要》,上海:商务印书馆,1937年,第93页。

③ 刘复生、徐亮工、王东杰等:《近代蜀学的兴起与演变》,成都:四川大学出版社,2016年,第79页。

第一章 近代蜀学兴起的前奏

约公元前143年前后，蜀郡守文翁开始在成都兴办学校。据《汉书·循吏传》："天下郡国皆立学校官，自文翁为之始云。"[①]作为文化史、学术史和教育史上的一个标志性事件，"文翁兴学"被认为是中国地方教育的开端，它不仅确立了此后延续两千多年的官学传统，还将四川本地的学术推到了"蜀学比于齐鲁"[②]的地位。这种至高无上的学术地位在此后的两千多年中，不断被蜀地学者拔高和强化，例如，北宋张俞曰："三代之学由秦废，蜀郡之学由汉兴，而天下之学由蜀起。"[③]欲将蜀地兴学视为汉代以后天下学术的起点。总的来说，办学的官方化和学术的区域化是"文翁兴学"的双重历史遗产。一方面，文翁举公家之力"修起学官于成都市中，招下县子弟以为学官弟子"，[④]并"遣隽士张叔等十八人东诣博士受七经"，[⑤]接受统一的国家学说；另一方面，"文翁兴学"又形成了一门区域性的学术——"蜀学"。自张宽、司马相如以降，又有王褒、严遵、李弘、扬雄、谯周等，蜀中人才辈出，自成一派。所以，三国秦宓曰："蜀本无学士，文翁遣相如东受七经，还教吏民，于是蜀学比于齐、鲁。"[⑥]

由于"文翁兴学"的典故兼有"官学"和"蜀学"的双重属性，为官场和学界树立起一种互动共赢的典范。不仅在四川，而且在全国的其他地方，由文翁所确立的这套教育制度也受到推崇和效法，例如，清陈蓉镶在《狮山书院记》中，对云南武定知府原衷戴即以文翁相期许："昔文翁守蜀，以建学课士为最，人文直埒邹鲁。公为今之文翁，安知武不为昔人蜀地？"[⑦]从官方

---

① [汉]班固撰、[唐]颜师古注：《汉书》卷89，北京：中华书局，1962年，第3626页。

② 任乃强：《华阳国志校补图注》，上海：上海古籍出版社，1987年，第141页。

③ [宋]张俞：《华阳县学馆记》，傅增湘原辑、吴洪泽补辑：《宋代蜀文辑存校补》第2册，重庆：重庆大学出版社，2014年，第775页。

④ [汉]班固撰、[唐]颜师古注：《汉书》卷89，北京：中华书局，1962年，第3626页。

⑤ 任乃强：《华阳国志校补图注》，上海：上海古籍出版社，1987年，第141页。

⑥ [晋]陈寿撰、[宋]裴松之注：《三国志》卷38，北京：中华书局，1971年，第973页。

⑦ 《(光绪)武定直隶州志》卷5，民国间抄本。

的角度来说，兴学可以移风易俗、提升政绩；从读书人的角度来说，兴学可以改善地方办学环境，并从中获得经济实惠。所以，无论是官员还是学者都乐意将其视为共享的话语资源。于是，当历史积淀成传统，传统又指引着现实，历朝历代对文翁的祭祀绵绵不绝，乃至尊崇他像孔子一样"为万世法、遗百世利"①。相应的，四川学术教育的兴废，都围绕"文翁兴学"所蕴含的双重传统展开。

第一节　康雍乾时期的书院普及

四川地方文教事业在明末清初的战乱中遭受沉重打击，长期低迷。戴纶喆《四川儒林文苑传·引首》曰：

> 国朝文教昌明，超越古初，经列圣培养以来，涵濡渐被，遍于垓埏。独四川于岳、杨、张、曾诸公铭勋异域，著绩封疆外，曾无一人达于国史，以列诸《儒林》《文苑》者。岂其江汉炳灵，顾至今寂寂也欤？良以蜀当献贼之乱，孑遗无几，文献已荡如矣。嗣后吴藩煽逆，科举较迟，而其时隐逸之征、经学之选、博学鸿词之科，际其盛者亦最后，仅一许如（儒）龙赴试，而卒不遇，文运举可知也。乾嘉以降，士气非不振兴，而又以金川、西藏日构兵戎，教匪、盐枭相继稔乱，蓬荜岩穴之中，复何暇撄大府怀乎？况其地距京师数千里，声华之盛，汲引之宏，生既不能与齐鲁吴越诸行省相埒，比其殁也，尘编蠹简，几解收藏；郡县志乘，率多简略，又鲜有明于义法者，勒之志传，以表襮而恢奇之。纵揭德振华之士挺起一时，未几而风徽顿歇，姓字模糊，在子孙且有不知其祖父之为何如人也者。以故其志莫白，其书莫传矣。②

尽管戴纶喆的论述十分详尽，但是，却忽略了清代四川文教发展的两个重要时期，一个是康雍乾时期的书院普及，一个是同光时期的蜀学复兴。二者均以"文翁兴学"为号召，但兴学的目的、内容和结果却迥然不同。

康雍乾时期，遵照朝廷构建官办书院体系的政策，四川逐渐开始普及书院教育，省内一些知名的书院，如重庆东川书院、双流潜溪书院、金堂绣川书院等，都是在这一时期兴建的。其中最著名的当数成都锦江书院。锦江书院由四川按察史刘德芳创建于康熙四十三年（1704），院址设在文翁石

---

① ［清］何鹏霄：《文翁论》，［清］伍肇龄编：《尊经书院二集》卷7，光绪十七年尊经书局刻本。

② ［清］戴纶喆：《四川儒林文苑传》，卷首，1922年刻本。

室的旧址。刘德芳《锦江书院碑记》开宗明义就是要“继石室之流风于无穷”。[①] 锦江书院掌院敬华南更直截了当地说：“汉文翁石室讲堂，今之锦江书院也。”[②]从《锦江书院纪略》所载的各种碑记来看，此后的继任者皆反复申明“文翁兴学”的传统，无一例外。由于锦江书院特殊的地理位置和历史传统，雍正十一年(1733)，锦江书院被正式确立为全国二十三所省会书院之一，并获朝廷所“赐帑金一千两”。[③] 到乾嘉时期，锦江书院成为全川首屈一指的大书院，所以，嘉庆十一年(1806)，掌教杨彦青称“锦江书院为全川书院之首，规制崇宏，他无与比。”[④]这一时期，“文翁兴学”的历史意义继续被强化，其中最具代表性的是嘉庆《四川通志》对书院始于四川的层累式追溯：“蜀自文翁倡其教，相如为之师，受以七经，而岷络之地风教大行，人才蔚起。班氏谓天下郡国皆立学官，自文翁始，然则谓书院之设亦始于蜀，无不可以。”[⑤]咸丰八年(1858)，《锦江书院纪略》的编撰者李承熙对此进一步阐述说：“考古无书院之名，翁开‘温故’、‘时习’二堂，诏左右生，后之书院殆仿于此。《通志》谓‘书院之设自翁始’，可也。”[⑥]

清代中期四川的学术依托锦江书院，产生了一批知名学者。例如，张晋生、彭端淑、顾汝修掌教锦江书院，培养了“锦江六杰”李调元、何明礼、张翯、姜锡嘏、孟邵、张邦伸等学术人材。还有时代稍晚一点的李惺(1787—1864)。李惺，字伯子，号西沤，四川垫江人(今重庆市垫江县)，嘉庆二十二年(1817)进士。主讲锦江书院二十余年，造士众多。晚年修嘉庆《四川通志》，病逝于成都。其门人刻《西沤全集》，其中《药言》、《冰言》、《老学究语》等颇为学界所称道。林思进《题西沤先生函稿册子》曰：“有清二百余载，蜀中无学术之可言，言学术必自西沤先生始。”[⑦]

可惜，这种夜郎自大的心理，无助于改变川省文教落后的状况，相反，四川地方学术与清代主流学术的差距却在逐渐拉大。在乾嘉汉学鼎盛之

① [清]刘德芳：《锦江书院碑记》，[清]李承熙、谭体迨编：《锦江书院纪略》卷中，咸丰八年锦江书院刻本。

② [清]敬华南：《诰授资政大夫四川布政使司布政使德宪钱公教士纪略》，[清]李承熙、谭体迨编：《锦江书院纪略》卷中，咸丰八年锦江书院刻本。

③ [清]鄂尔泰等纂：《世宗宪皇帝实录》卷127，《清实录》第八册，北京：中华书局，1985年，第666页。

④ [清]杨彦青：《重修锦江书院三公堂东西斋并后院碑记》，[清]李承熙、谭体迨编：《锦江书院纪略》卷中，咸丰八年刻本。

⑤ [清]常明修、杨芳灿纂：《(嘉庆)四川通志》卷97，清嘉庆二十一年木刻本。

⑥ [清]李承熙：《锦江书院纪略序》，[清]李承熙、谭体迨编：《锦江书院纪略》卷上，咸丰八年锦江书院刻本。

⑦ 林思进：《清寂堂集》，成都：巴蜀书社，1989年，第661页。

际，蜀中学人均不曾预流。清廷开馆编《四库全书》、《全唐文》，蜀中竟无共襄其事者；正续《皇清经解》收录作者 135 人，著作 398 部，也无一个四川人。[①]

一方面是书院教育的大规模普及，另一方面是学术水平的停滞落后，这是康雍乾时期四川文教的一大悖论。通过对这一时期四川书院各种学规、章程的考察，不难发现，当时阻碍四川书院学术发展的主要有经费和教学两方面的问题。[②]

清代书院虽号称官办，但除省级书院的经费从国库和本省公帑支出外，各府州县创办书院的经费均需地方上自筹。按筹建的步骤：先要购买基地、修建斋舍；再购置学田、筹款生息；最后靠收取田租、放贷生息维持书院的日常运转。对于地方来说，要做到上述每一步均属不易。首先，由于地方财力有限，很多情况下，某个知府或知县无法在任内独立建成一座书院，有时要通过好几任地方官的努力，才能初具规模。如江北厅（今重庆市江北区）嘉陵书院，从嘉庆十一年（1806）同知张瑞溥购地，至嘉庆二十年（1815）同知张复集绅耆捐款建成[③]，历时 9 年。蓬州（今四川省南充市蓬安县）玉环书院，道光二十六年（1846）姚莹始建，道光二十九年（1849），由继任者高士魁最后创建完成，[④]历时 3 年。书院建造时间的拖延，一定程度上造成了各地书院林立的假象，但实际上能及时发挥作用的书院不多。有的地方无力购买基址、修建校舍，就干脆没收庙产，改建书院。例如，著名的华阳潜溪书院，原为祭祀宋濂的潜溪祠，有祀田八百亩，明末兵乱为寺僧侵占百余年，乾隆十二年（1747）由县令安洪德追还，改建为书院。[⑤] 又如郫县岷阳书院，本为何公祠旧址，被寺僧侵占，乾隆二十七年（1762），知县任履素借口住持僧某清规不谨，予以驱逐，改建书院。[⑥]

上述困难还仅仅是在建院之始，而购置学田、筹款生息才是建院款项的大宗。今天所存清代四川地方志中，关于书院的记载，最多的不是带有学术性的学规院训、讲义课艺，而是一些规则细密、强调可操作性的书院章程，它详细规定了山长的聘金、待遇；院生的甄别、录取、考课、奖赏；员工的

---

① 徐仁甫：《廖季平经学思想的衍化》，中国人民政治协商会议四川省委员会文史资料研究委编：《四川文史资料选辑》第 28 辑，成都：四川人民出版社，1984 年，第 11 页。

② 邓洪波主编：《中国书院学规集成》，上海：中西书局，2011 年，第 1445—1581 页。

③ 胡昭曦：《四川书院史》，成都：四川大学出版社，2006 年，181 页。

④ [清]方旭修、张礼杰纂：《（光绪）蓬州志》卷 7《学校篇》，清光绪二十三年刻本。

⑤ 胡昭曦：《四川书院史》，成都：四川大学出版社，2006 年，135 页。

⑥ 佚名：《岷阳书院田亩膏火原委》，李之青纂、戴朝纪纂：《（民国）郫县志》卷 2，1948 年铅印本。

配备、责任与工食；书院的祭祀、修缮等一切可能支出的费用。而执行这些规定的前提是章程中关于经费的筹措、管理与开支的部分。大多数章程都不厌其烦地开列出书院的每一处田产、房产的地点、大小，佃户每年应缴田租的数目，粜卖的价钱，如遇灾荒的减免办法，以及每一笔借贷生息的款项数目，以防止有人私吞侵蚀。由于山长的聘金、院生的膏火奖赏、杂役的工食费等各项支出全部仰仗每年的田租和息银，而一般建院之初经费本来就拮据，不可能有太多的田产和捐款，这样一来，就大大限制了书院的学生名额。康乾时期，川省各地书院（锦江书院除外①）每年经费换算为白银，只有二百两至四百两，肄业院生二十至四十名左右。这一时期，虽然书院遍地开花，但规模小、招生少，难成气候。

道光以后，四川书院的经费开始逐渐充裕，至同光之际达到鼎盛，故《蜀乱纪闻》有言："自东南军起，四川独称完富。"②例如，夔州莲峰书院，最初肄业生童只有生员三十人、童生十人。道光四年（1824），知府恩成以旧额人少，又无升降，不足以示鼓励，故每逢科场年分，生员于三十人之外，多取二十余名；小考年份，童生于十人之外，多取二十余名，谓之内课，均与膏火。③ 又如，清道光十三年（1833），华阳知县高学濂汇集各处乡学和潜溪书院的余银共钱一百三拾一千文，为添补潜溪书院附课膏火之资。④ 再如，金堂绣川书院的培风会，创始于嘉庆五年（1800），利用绣川书院每年的馀租十石，子母权息，至同治初年，蓄积饶裕，不断置买田地，拟至二三百亩，又添设书院一所，以广教化。⑤

按照清制，各省举人数目皆有定额。乾隆年间，四川为中省，每科举额仅六十名。⑥ 但是，道光以后，随着川省书院经费的充裕和院生名额的增加，对乡试举额的需求急剧攀升。据《蜀海丛谈·取士》：

> 川省乡试举额，道光以前，每科定为六十三名，内有三名为成都驻防旗籍之举额。后又增为七十三名，再增为九十三名，最后增至一百零三名。清时旧例，凡本省有报效巨款者，如请增广本省举额，大约每

---

① 锦江书院作为省内唯一的省级书院，经费充裕，不仅一切办院经费、院长束修、院生膏火均由总督、学政从公帑中支付，而且还有雍正十一年朝廷所赐一千两银所得的利息供日常支出，此外，还经常得到官员的捐廉和士绅的捐赠。锦江书院院额为一百人左右。

② 祝介：《蜀乱纪闻》，辜鸿鸣、孟森等：《清代野史》第 4 卷，成都：巴蜀书社，1998 年，第 2155 页。

③ [清]恩成修、刘德铨纂：《（道光）夔州府志》卷 17《学校》，清光绪十七年刻本。

④ [清]高学濂：《改迁书院章程》，[清]朱霞堂辑：《潜溪书院志略》卷 4，光绪三年刊本。

⑤ 佚名：《培风会记》，[清]王树桐修、米绘裳纂：《（同治）续金堂县志》卷 7《学校》，清同治六年刻本。

⑥ 徐珂：《清稗类钞》第 2 册，北京：中华书局，1986 年，第 636 页。

> 银三十万两，可以增广举额一名。川省举额之增，闻其初系因杨忠武公遇春，及鲍忠壮公超，先后将朝廷积欠所部饷项银数百万两，一律奏明报效，故得广额。后则因捐输、新捐输，每年约共银三百万两，虽属按粮摊派，然在清时，迄未视作田赋正供，仍认为全省人民特别之输将，故又请广举额两次。[①]

杨遇春增广举额在道光年间，鲍超在同光之际，正好与这段时期四川书院的发展状况相符。与此同时，省内各地书院的规模和数量也在不断扩大，如胡昭曦先生的《清代四川书院建立时间一览表（成绵龙茂道）》[②]所示，仅成都府一处，同光两朝新增书院 14 所，而康雍乾三朝所建书院才 20 所。如果说康雍乾时期四川书院的修建，"与当时清廷的政策有密切关系"，[③]是为了贯彻朝廷构建官办书院体系的需要，那么，同光时期，"富而后教"的新兴书院则有了新的诉求。

《学思录序目》曾记录陈澧写给儿子陈宗谊的一段话："吾不敢望尔读万卷书，但望尔读《论语》、《孟子》，且但望尔读《论语》第一句、《孟子》第一句，九字而已。诵之行之，便是士人。若天下士皆诵行此二句，天下天平矣。今以二砚屏各刻此九字置吾室中，一以畀尔日日读之。呜呼，勉之哉！"[④]在儒家的思想体系中，"学而时习之，何必曰利"固然是自身修养的入门第一义。但是，对于教育来说，充足的财力却是一个重要的前提。尊经院生何鹏霄在他的课艺《文翁论》中，一语道出了教化与财力之间的正比关系："强阻饥之众，而与言亲逊之风，虽尧舜不为功也。驭雕敝之民，而与讲睢麟之治，虽文武且坐困也。孔子曰'富而后教'，岂虚语哉！"[⑤]康乾时期的四川书院教育，虽然以"文翁兴学"的传统为号召，但是，在朝廷政策的催促下，片面普及书院，并未得到文翁"富而后教"的真谛。

清代四川书院教育的转机出现在道咸以后，但这并不意味着雄厚的财力一定能产生一流的教育，相反，却暴露出"文翁兴学"的诸多弊端。班固早在《汉书·地理志》中，就已经意识到"文翁兴学"的一些负面效应："景、武间，文翁为蜀守，教民读书法令，未能笃信道德，反以好文刺讥，贵慕权势。及司马相如游宦京师诸侯，以文辞显于世。乡党慕循其迹。"[⑥]后来尊

---

① 周询：《蜀海丛谈》，成都：巴蜀书社，1986 年，第 46 页。
② 胡昭曦：《四川书院史》，成都：四川大学出版社，2006 年，第 190 页。
③ 胡昭曦：《四川书院史》，成都：四川大学出版社，2006 年，第 207 页。
④ [清]陈澧：《学思录序目》，《陈澧集》第 2 册，上海：上海古籍出版社 2008 年，第 777 页。
⑤ [清]何鹏霄：《文翁论》，[清]伍肇龄编：《尊经书院二集》卷 7，光绪十七年尊经书局刻本。
⑥ [汉]班固撰、[唐]颜师古注：《汉书》卷 28 下，北京：中华书局，1962 年，第 1645 页。

经书院山长王闿运也多次在四川总督丁宝桢面前指出这些弊端，他说："凡国无教则不立，蜀中教始文翁遣诸生诣京师，意在进取，故蜀人多务于名。"[①]"文翁教泽未善，务于显明其门生，遂有题桥之陋。"[②]在王闿运看来，蜀学长期不振的根源在于"文翁兴学"这一传统中所暗含的教人以学术为手段、功名为目的的错误教育观念，造成了蜀士对功名利禄趋之若骛、不能潜心研究学问的恶劣后果。如果没有同光之际尊经书院的创建，纠正了四川书院教育的诸多弊病，近代蜀学的面貌很难想像。

第二节　非主流的槐轩学派

清代前两百年，蜀中并非无教无学。清初，北学有受知于孙奇逢的新繁费密；关学有与李二曲交游的射洪杨甲仁；论思想之革命性，达州唐甄的《潜书》也不逊于南学黄宗羲的《明夷待访录》。[③] 因此，在清初，蜀中学术的起点其实并不低。所以，甘蛰仙认为：

> 清初蜀学界，受二曲影响最深者，杨愧庵也。受夏峰影响最深者，费燕峰也。燕峰之特色，在研究历史上学术变迁之迹，能说明宋学所自出。愧庵之特色，在提挈本体，能得王学之受用。亦有唐铸万者，与王崐绳、魏冰叔、顾景范为友，而自为学则宗尚阳明。其自得之乐，与心斋木崖绝相似。而文笔之高古雅赡，则又过之。此吾述论清初蜀学，所为举唐、杨、费三先生为重要代表也。[④]

清代蜀学与全国主流学术拉开差距，大约是在乾嘉时期。此时的蜀学开始走上了一条与乾嘉汉学风格迥异的道路，虽有段玉裁撰《说文解字注》于富顺、巫山，丹棱彭蕙芰被纪昀延馆于家[⑤]，也未对蜀地的学术产生太大影响。张之洞《辅轩语》描述蜀地学术的状况说："近年川省陋习，扶箕之风大盛。为其术者，将理学、释老、方伎合而为一。昨在省会，有一士以所著

---

① 王闿运：《湘绮楼日记》，长沙：岳麓书社，1996年，第720页。

② 王闿运：《湘绮楼日记》，长沙：岳麓书社，1996年，第820页。

③ 清初显学有三派，《清稗类钞·教育类》"北学南学关学"条："孙夏峰奇逢讲学苏门，号为北学。余姚黄梨洲宗羲教授其乡，数往来明、越间，开塾讲肄，为南学。关中之士，则群奉西安李二曲颙为人伦模楷，世称关学。"（徐珂编：《清稗类钞》，长沙：中华书局，1986年，第571页）费密、杨甲仁、唐甄事迹，参阅徐世昌等编：《清儒学案》，北京：中华书局，2008年，第8043、1128、8075页。

④ 甘蛰仙：《新蜀学史观》，《重庆商务日报十周年纪念刊》，1924年，第3—4页。

⑤ ［清］顾汝萼、袁桂芳修：《（光绪）丹棱县志》卷7，光绪十八年刻本。

书来上，将《阴骘文》、《感应篇》、世俗道流所谓《九皇经》、《觉世经》与《大学》、《中庸》杂糅牵引，忽言性理，忽言易道，忽言神灵果报，忽言丹鼎符箓，鄙俚拉杂，有如病狂。"[①]张之洞所斥的即是当时蜀中风头最盛的槐轩学派，从《近代名人小传》"王闿运"条可以得到印证："清世蜀学晦塞，有刘沅者，自谓通三教，取俗所传文昌《阴骘文》教士，号'文昌教'。"[②]

那么，槐轩之学究竟是不是旁门左道、惑众妖言？张之洞的斥责是否合理？这些问题我们暂且搁置一边。重要的是槐轩之学原是蜀中固有之学，体现了四川书院普遍供祀文昌帝君的地方特色。[③] 此派渊源有自，特点为融合三教，最迟在苏辙著《老子解》之时已初具形态，[④]此后这一思想在四川学术中根深蒂固，直至民国段正元、近人南怀瑾，遗风尤存。与清代汉学的严谨笃实相比，槐轩学派偏重性理之学，较多非理性特征。承平之世，或可起到一定的教化人心、导人向善的功用，若逢社会动荡，其宗教色彩的教化方式极易变为引发暴乱的催化剂。故嘉道之际，乱象未著，陶澍尚能欣然为《感应篇集证》、《阴骘文引蒙》作序[⑤]，等到同光之际，历经太平天国、蓝李之乱，槐轩学术的副作用开始显现，难怪张之洞要视之如病狂了。

此外，新近发现的晚清成都士绅孙培吉的《孙氏日记》记载槐轩学派代表人物刘沅、刘枧文、刘咸荥、刘咸焌等人事迹甚详。尤其是反映出槐轩学派发展到第二代刘枧文、第三代刘咸荥、刘咸焌时，发展宗教、传授气功、诊断疾病、参加科举、投身教育，在近代巴蜀地区产生了很大的影响。《〈孙氏日记〉所见槐轩学派事迹》认为，"刘沅所创立的中医火神派医学已经得到充分的发展，为时人诊脉看病已经成为了槐轩学派发展壮大、扩大影响的助推力"。[⑥]

要之，同治末年，以槐轩学派为代表的蜀中固有之学与清代主流学术圆凿方枘，格格不入，刘沅虽号称"川西夫子"，但被摈于《清史稿・儒林传》之外，卢前《槐轩学略》所列槐轩门人刘芬、刘鸿典、余俊元、杨钰、李成玉、李成勋、孙廷槐等十余人，皆名不见经传。[⑦] 故吴棠、张之洞等主政者有鉴

① [清]张之洞：《輶轩语》卷一，苑书义、孙华峰、李秉新主编：《张之洞全集》第 12 册，石家庄：河北人民出版社，1998 年，第 9777 页。

② 费行简：《近代名人小传》，周骏富辑：《清代传纪丛刊》第 202 册，台北：台湾明文书局，1986 年，第 334 页。

③ 参阅胡昭曦：《四川书院史》，成都：四川大学出版社，2006 年，第 299 页。

④ 参阅李宗吾：《中国学术之趋势》，李宗吾：《厚黑大全》，北京：今日中国出版社，1997 年，第 418 页。

⑤ [清]陶澍：《陶澍集》下册，长沙：岳麓书社，1998 年，第 79 页。

⑥ 尤潇潇、舒大刚：《〈孙氏日记〉所见槐轩学派事迹》，《文史杂志》，2018 年第 5 期，第 32 页。

⑦ 卢前：《槐轩学略》，《卢前文史论稿》，北京：中华书局，2006 年，第 170 页。

于此，欲图将蜀学导入乾嘉汉学的主流，这是创建尊经书院，“以通经学古课蜀士”的重要原因之一。

第三节　同光之际的政治余波与近代蜀学兴起的契机

同光之际的政局对四川地区的学术发展产生过深刻的影响。学术与政治的纠葛是探究这一时期“蜀学”兴起的一个重要维度。辛酉政变中被罢黜的“肃党”，有的后来成为复兴“蜀学”的著名人物。太平天国战局打破了地域学术之间的均势，川省学额激增，人才培养的规模迅速扩大，而江浙士人流寓蜀中，为四川学术注入了一股新风。近年来，对于近代“蜀学”兴起原因的探讨，[①]比较偏重于学术发展的内在理路，而对外部社会政治因素的影响较少涉及。这种研究进路固然有其合理性，但是也存在明显的不足，即过度偏向于内因的审视，很可能遮蔽和无视一些来自外部的重要机缘。历史总是以千变万化的表象和错综复杂的原因呈现在我们面前，学术与政治的纠葛就是这种复杂性的具体体现。同光之际的政局对四川地方学术的演进存在草蛇灰线、潜移默化的影响，以下从同光之际的政局入手，列举几个对近代“蜀学”兴起产生过重要影响、发挥过显著作用的人物和事件。其中有些人物和事件或许在整个同光政局中微不足道，同时跟思想学术本身的关系也不大，但值得注意的是，这些特殊而难以预料的因素却是近代“蜀学”产生的必要前提。

一、辛酉政变后弃仕从教的两位“肃党”

发生在咸丰十一年(1861)的辛酉政变是晚清历史上一场著名的宫廷政变，慈禧太后通过这场政变开始了对中国长达四十七年的统治。在这场权力的角逐中，满族权贵肃顺、载垣等人身败名裂，同时也使一些与他们过从甚密的小人物受到牵连。这些小人物被扣上“肃顺奸党”的罪名，其实不过是一些平素与肃顺有来往的普通士人。后来分别成为锦江书院和尊经书院山长的伍肇龄、王闿运就是此类所谓的“肃顺奸党”。

伍肇龄(1827—1915)，字崧生(一作嵩生)，晚字椿年，号逸叟。邛州大

① 胡昭曦：《振兴近代蜀学的尊经书院》，《蜀学》(第3辑)，成都：巴蜀书社，2008年版；舒大刚：《晚清“蜀学”的影响与地位》，《社会科学研究》，2007年第3期；王东杰：《地方认同与学术自觉：清末民国的“蜀学”论》，《四川大学学报》(哲学社会科学版)，2010年第6期。

邑(今四川省成都市大邑县)人。道光二十三年(1843)举人,二十七年中二甲第23名进士时,才刚满二十岁,选翰林院庶吉士。二十九年散馆,咸丰元年(1851)授编修,二年以编修充顺天乡试同考官。后授侍讲、侍讲学士。咸丰十一年回乡主讲邛崃书院。同治十三年(1874)至光绪十二年(1886)任锦江书院山长,王闿运离任后又兼任尊经书院山长。伍氏从教大半生,造士颇多。川西地区光绪年间的名士文人,多出其门,其中包括后来的国家副主席张澜。故李鸿章对其有“天下翰林皆后辈,蜀中名士半门生”之赞誉。据说光宣之际,俞樾尝刻一章曰:“海内翰林第二。”即因伍氏中进士尚早他一科。由此也可见伍肇龄在当时的资历、声望之高。光绪十七年(1891)伍氏开复原官为编修,二十九年(1903)晋升翰林院侍讲,三十三年(1907)又晋升翰林院侍讲学士。年八十六卒,晚年被视为“清季川省人文之瑞”。著有《石堂藏书》、《石堂诗钞》,编有《尊经书院二集》,又与文棨、董贻清合修同治《直隶绵竹志》。①

伍肇龄十六岁中举、二十岁中进士,二十四岁授编修,正可谓少年科第,前途无量,为何会突然由京返乡,再也不肯出仕了呢?对此伍肇龄生前一直讳莫如深。张森楷《清翰林院侍讲衔编修伍君肇龄墓铭》只说他辞官返乡是为了尽孝道:“重亲且衰,念当归首,书请解组。帝(咸丰)曰:‘俞哉!孝子锡类,予不尔阻。养送既终,起佐南征(从军讨太平天国)。’始然如火,惊闻父讣,望星奔归,遂卧林下。”②李劼人在小说《暴风雨前》中讽刺伍氏回家尽孝是贪生怕死的借口,“正当英、法联军的兵船攻陷天津时,他(伍肇龄)曾赶快由翰林院上过一封折子,奏请回家终养父母,咸丰皇帝奕詝便同他开了个玩笑,亲笔硃批:‘伍肇龄是治世之忠臣,乱世之孝子,着他回去罢!’从此,他不敢再到北京求官做,甚至在成都充当了几十年的书院山长。”③但事情可能并非如此。关于伍肇龄回川的时间,史无明文。同治《大邑县志》载云南学政张锡荣(一作嵘)《谒伍崧生房师夜宿大邑清源市》一首,④从诗句“春夜一街灯”来看,应该是在春季写的。张锡荣任云南学

---

① 以上伍肇龄生平综合了以下五种资料:崇彝:《道咸以来朝野杂记》,北京:北京古籍出版社,1982年,第15页;周询:《蜀海丛谈》,成都:巴蜀书社,1986年,第238页;李朝正:《清代四川进士征略》,成都:四川大学出版社,1986年,第50页;《近代巴蜀诗钞》编委会编:《近代巴蜀诗钞》上册,成都:巴蜀书社2005年,第155页;王晓波主编:《清代蜀人著述总目》,成都:四川大学出版社,2009年,第598页。

② 张森楷:《清翰林院侍讲衔编修伍君肇龄墓铭》,王铭新修、钟毓灵纂:《(民国)大邑县志》附《文征卷》,1930年铅印本,第39页。

③ 李劼人:《暴风雨前》,北京:人民文学出版社,2008年,第216页。

④ [清]赵霦纂修:《(同治)大邑县志》卷18上,清同治六年刻本。

政在咸丰十年(1860)七月至同治元年(1862)七月之间,有《翁同龢日记》、《清代职官年表》等资料为证。但张氏是在这期间的哪一年春季拜谒伍氏的,却很难判定。

周询《蜀海丛谈》对伍肇龄回川有截然不同的说法:

清穆宗即位之初,杀肃顺一狱,当时慑于朝廷之尊严,及孝钦垂帘之权威。论者无不以肃为可杀。其实肃以贵胄跻相位,初无不轨事迹,因穆宗生后,曾劝文宗行钩弋故事,为孝钦所知,遂贾杀身祸。肃当权时,曾力保湘乡,文宗由是倚任益专,实有荐贤功。今即此两事论之,亦足见其才识之卓越。戊午科场案,大学士柏葰本有应得之咎,亦不能谓肃之枉杀,不过柏屡掌文衡,门生众多,遂集矢于肃耳。肃杀后,籍其家。凡朝官素有往来者,悉列为奸党,概予罢黜。四川邛崃伍嵩生太史,亦其一也。[①]

《蜀海丛谈》"凡朝官素有往来者,悉列为奸党,概予罢黜"的说法与《录祺祥故事》"名治肃党,以常酒食往来者当之"的说法吻合[②]。至于伍肇龄为何成为肃顺奸党而罢归,史无明文,只有《苌楚斋随笔》"伍肇龄掌教事"条提到一则怪异的故事:

相传太史(伍肇龄)在京,寓某寺,狐仙欲以女妻之,辞以已聘妻。又欲以为妾,太史坚辞,致触狐仙之怒,谓汝不肯,终身莫想再入京。言时声色俱厉,太史为之胆寒,是以自十七岁入词林后,并未入都。[③]

如果抛开志怪的成分不论,假材料中往往也有真历史。按照陈寅恪先生《顺宗实录与续玄怪录》的思路[④],把这则故事作为史料来读,其中似乎隐喻的就是伍肇龄在辛酉政变中的遭遇。声色俱厉的"狐仙"疑影射慈禧。在一本不太可靠的慈禧传纪《御香缥缈录》中,也有一大段慈禧关于"狐仙"的论述[⑤],可以参证。但伍氏在自己的故事中为何要以"狐仙"指代慈禧,尚有待进一步的研究。至于"狐仙"要"以女妻之"、"又欲以为妾"具体所指何事,更无从考证。但伍氏以触怒"狐仙"(慈禧)终身不能入京,很可能是实情。因为伍肇龄在咸丰朝仕途畅达,符合肃顺重用汉臣的条件。例如,

① 周询:《蜀海丛谈》,成都:巴蜀书社,1986年,第237—238页。

② 王闿运:《录祺祥故事》,马积高主编:《湘绮楼诗文集》第1册,长沙:岳麓书社,1996年,第474页。

③ [清]刘声木:《苌楚斋随笔续笔三笔四笔五笔》上册,北京:中华书局,1998年,第39页。

④ 陈寅恪:《金明馆丛稿二编》,北京:生活·读书·新知三联书店,2001年,第81页。

⑤ [清]德龄著、秦瘦鸥译:《御香缥缈录》第19回《狐仙塔》,昆明:云南人民出版社,1980年,第168—175页。

肃顺说过:“满人暮气深,非重用汉人,不能已乱。”[①]咸丰皇帝也对伍肇龄说过“养送既终,起佐南征”这样的话。可见重用汉人平定乱局,是咸丰与肃顺君臣之间达成的共识。但是,俗话说“一朝天子一朝臣”,揆以常情,慈禧上台后,对京城里肃顺曾经重用的汉人必不能完全放心,罢黜像伍氏这样的“肃党”是情理之中的事。

另一位与伍肇龄有着类似遭遇的人是湖南湘潭的王闿运。王闿运(1833—1916),字壬秋,又字壬父,号湘绮,是清末民初的一代名士。他早年入曾国藩幕,因意见不合退出。咸丰七年(1857)中举人,咸丰九年入京,受到肃顺的倚重。王闿运与肃顺的交情很深,一方面肃顺对王闿运有知遇之恩,另一方面,王闿运也是个知恩图报的人,同治十年(1871)王闿运曾借入京会试的机会,专程探望肃顺的家人。还写了《录祺祥故事》,为肃顺鸣冤叫屈。这些事迹早已为当时人所知。《一士类稿》有一篇长文《王闿运与肃顺》[②],综合多种史料,考论王闿运与肃顺的关系,认为肃顺荐曾国藩任两江总督、解左宗棠之狱,都有王闿运幕后的功劳。

辛酉政变是王闿运和伍肇龄人生的转折点。肃顺被诛后,慈禧垂帘听政,统治中国长达四十七年之久。这四十七年间,慈禧没有给“肃党”任何在政治上翻身的机会,却因此为四川造就了两位著名的山长。

王闿运在政变后不久归隐衡阳石门,避祸十年后才敢借会试之机进京探望肃顺的家人,此后遂绝意仕途,“强收豪杰作才人”[③],一心从事书院教育活动,成都尊经书院就是其掌教的第一所书院。王闿运入川,开创了四川近代学术教育的一番新局面、新气象,他所选拔培养的杨锐、廖平、宋育仁、吴之英、岳森、胡从简、刘子雄、张祥龄、戴光等硕彦鸿才,不仅使尊经书院声名大噪,而且弘扬光大了近代“蜀学”,使之成为维新变法和新文化运动的重要思想来源之一,对中国近现代历史产生了深远的影响。

伍肇龄也在政变后断送了政治前程,罢黜回乡后,从事书院教育,先后主持邛崃书院、锦江书院、尊经书院,直至终老。伍氏一生对近代“蜀学”的贡献,除培养了大批“蜀学”人才之外,还参与了一件为“蜀学”正本清源的大事——编撰《蜀学编》。胡昭曦先生认为,《蜀学编》“首次集中系统梳理蜀学人物与学术,倡振蜀学,彰显地域文化”,“探求蜀学源流,

① ［清］薛福成:《庸盦笔记》,南京:江苏人民出版社,1983年,第17页。
② 徐一士:《一士类稿》,沈阳:辽宁教育出版社,1997年,第17页。
③ 钱仲联主编:《清诗纪事》第19册,南京:江苏古籍出版社,1989年,第13844页。

构建蜀学学统"[1],对近代"蜀学"的形成居功甚伟。

如果没有辛酉政变这场突然的变故,王闿运和伍肇龄的人生轨迹以及近代"蜀学"的进程可能会完全不同。王闿运也许会由肃顺的举荐而转入仕途,伍肇龄则仍旧留在京城里做官。结果,政局的变化使他们二人的仕途意外中断,从官场"肃党"变成了"蜀学"名宿。

二、太平天国战乱与流寓蜀中的学人

明清两代,江、浙两省文教兴盛,人才辈出,非其他省份所能望其项背。但咸同年间,江浙一带饱受太平天国战乱的摧残,文化上遭受重创。例如,"江苏等省自遭兵燹以后,各府州县学中旧藏书籍大半散佚,经史板片,亦皆毁失无存。"[2]"浙江自遭兵燹,从前尊经阁、文澜阁所存书籍均多毁失,士大夫家藏旧本,连年转徙亦成乌有。"[3]相反,像四川这样偏远的省份,却因远离战乱而获得了长足稳定的发展,故《蜀乱纪闻》曰:"自东南军起,四川独称完富。"[4]江浙的式微和四川的崛起,导致了两个重要的后果:一是川省学额激增,人才培养的规模迅速扩大;二是江浙士人流寓蜀中,为四川学术注入了一股新风。

清代地方政务,利益争夺最激烈的一项是学额。作为人文渊薮的江浙因战乱而衰落,从地方政治的角度审视,它首先意味着一场关于学额分配的利益关系调整。按照清制,各省举人、贡生、文童人数皆有定额,其中,举人名额尤其珍贵。举贡名额越多,说明该省经济越富庶、文化越昌明,故又能集中体现该省官员之政绩。所以,增广学额,乃是清代地方政治的一件大事。《清稗类钞》"额定诸生乡试之名数"条曰:"乾隆甲子,议定直隶、江南、浙江、江西、湖广、福建为大省,八十名;山东、河南、山西、广东、陕西、四川为中省,六十名;广西、云南、贵州为小省,五十名。丁卯,议定直隶改照山东例,取六十名。又敕加恩,每副榜一名,应试诸生,大省加取四十名,中省加取三十名,小省加取二十名。"[5]

---

① 胡昭曦:《振兴近代蜀学的尊经书院》,《蜀学》(第3辑),成都:巴蜀书社,2008年,第6、8页。

② 《同治六年五月初六同治帝上谕》,《清实录》第49册《穆宗实录》第202卷,北京:中华书局,1985年,第604页。

③ [清]龚嘉儁修、李榕等纂:《(光绪)杭州府志》卷19《公署》二,台北:成文出版社,1974年,第539页。

④ 祝介:《蜀乱纪闻》,辜鸿鸣、孟森等:《清代野史》第4卷,成都:巴蜀书社,1998年,第2155页。

⑤ 徐珂:《清稗类钞》第2册,北京:中华书局,1986年,第636页。

由此可知，清代各省举额的多少，由两个基本条件决定[①]：一是该省综合实力的大小，大省八十名，中省六十名，小省五十名，四川至清代中期仍属中省。二是该省某科中进士的数量，副榜每中一名进士，大省可增加四十名举额，中省加三十名，小省加二十名。因此，某省官员要增广举额，提高政绩，就需要在两个方面着力：一是征收巨款向朝廷捐纳，购买举额；二是兴学育材，增加每科中进士的人数。

光绪《兴文县志》曰：

> 兴文学额原设文武各八名，建武各四名，自乾隆元年裁建入兴，仍文武各八名。至咸丰十年，薛焕请加文武学各一名，自是岁试取入文武学各九名，科试取入文学九名，将来人文日盛，未必不可复请也。[②]

川省学额的增广与川人的军功有关，除杨遇春在道光年间之外，薛焕在咸丰年间，鲍超在同光之际，都与太平天国之乱有关。薛焕以镇压上海小刀会和筹办洋务起家，鲍超是湘军系将领，镇压太平军、捻军不遗余力，他们凭借这些军事、政治上的资本，为川省换来更多的学额。随着学额激增，又要创建高水平的学校，汇聚蜀中精英，集中培养，提高全省的进士考中率，借此再增加额外的举人名额。所以，就有士绅和总督、学政联手创建书院的举措。

而在另一边，江浙一带遭兵燹之后，十室九空，寒士艰难，甚于往昔。部分躲避太平天国战乱的江浙士人涌入四川，投靠官宦，充当幕僚。所以，1864—1874 年成为清代士人四处游幕的鼎盛时期[③]，据不完全统计，这一时期入川的名士有：会稽章寿康（硕卿）、江阴缪荃孙（筱珊）、海宁钱保塘（铁江）、嘉兴钱仪吉幼子钱宝宣（徐山），以及山东福山王懿荣之父王祖源[④]、蕲春黄侃之父黄云鹄[⑤]、遵义郑珍之子郑知同（伯庚，一字伯更）[⑥]。这些士人的到来，为蜀中学术注入了一股新风。据《清稗类钞·鉴赏类》"章硕卿刻

① 各省的旗人子弟（旗学）和商人子弟（商学）不包括在内。

② ［清］江亦显修、黄相尧纂：《（光绪）兴文县志》卷 2《学校》，光绪十三年刻本。

③ 尚小明：《清代士人游幕表》，北京：中华书局，2005 年，第 4 页。

④ ［清］王祖源：《尊经书院初集序》，［清］王闿运编：《尊经书院初集》，光绪十一年尊经书局刻本。又，光绪二年（1876），张之洞娶王祖源女。（胡钧：《张文襄公年谱》，《张之洞诗文集》附录五，上海：上海古籍出版社，2008 年，第 580 页。）另外，《湘绮楼日记》也多处记载与王莲翁（王祖源）的交往。

⑤ 《奏为四川绅民公请捐建尊经书院并刊刻经史事》，同治十三年七月十八日，档号 04－01－38－0186－023，中国第一历史档案馆藏。

⑥ ［清］汪康年：《汪穰卿笔记》，北京：中华书局，2007 年，第 138 页。

书”条：

同治时，会稽章硕卿大令寿康，随宦蜀中。时蜀中游宦子弟，类皆鲜衣怒马，丝竹卢雉吟朋狎客，三五成群，号为豪举。章独单衣窘步，踯躅会府街后宰门书肆中。久之，书贾日集于门，自滇、鄂贩书来者，无不投之，各如其意以去，所收乃大富。又复广拓金石，鉴别书画，与缪筱珊、钱徐山、钱铁江、宣麓公①、沈吟樵辈交②，意气益发舒矣。光绪丁丑入都，广收书籍，扬、苏书贾闻风而来，捆百箱至鄂。乙酉，宰嘉鱼，以玩视民瘼，日以刻书为事被核解职。乃大困，因举所藏金石碑版、书板悉售之，遂郁郁以卒。③

这则记载反映的是咸同之际，江浙士人游幕入蜀的情况。这些人与日后“蜀学”的兴起有莫大的关联。例如，钱宝宣、钱保塘是尊经书院的首任主讲，而缪荃孙、章寿康则曾助张之洞编撰《书目答问》④。这些士人大多出身书香门第，酷好金石书画、目录校雠之学，既不同于游手好闲的纨绔子弟，又与蜀中讲求性理之学的治学取向差异很大。正统的理学家皆视金石书画为玩物丧志，所谓“诗文字画，乾坤四蠹”⑤。然而，清代汉学家则视之为一个重要的学术门类。支伟成《清代朴学大师列传》有“金石学家列传”、“校勘目录学家”两类，缪荃孙皆名列其中。

关于这批入蜀的江浙士人的来龙去脉，文献中有一些零星的记载。例如，钱宝宣，字徐山，浙江嘉兴人，钱仪吉的次子⑥，沈曾植早年曾受其教。⑦ 钱宝宣为避太平天国之乱举家来到成都。其著述，今已难得一见，但其家学背景渊源有自。《清代朴学大师列传》将嘉兴钱仪吉、钱泰吉兄弟列为“浙派史学家”，所谓“浙派史学家”，又称“作史学家”。这一派的产生是由于清自康熙以后，文网日密，文人噤若寒蝉，无人敢写近史，“其有抱龙

---

① 宣麓公，生平不详，或名宣少甫，又作“愃麓生”。（见[清]缪荃孙：《艺风老人日记》，北京：北京大学出版社，1986 年，第 685 页）

② 沈吟樵，生平不详，曾入骆秉璋幕，相传《骆文忠公奏稿》卷 6《石达开供词片》即出自其手笔。张之洞五古《沈松樵赠琴泉寺唐经二纸》中的“沈松樵”，疑即此人。

③ 徐珂编：《清稗类钞》第 9 册，北京：中华书局，1986 年，第 4305 页。

④ 尚小明：《清代士人游幕表》，北京：中华书局，2005 年，第 258 页。

⑤ [清]戴望：《颜氏学记》，北京：中华书局，1958 年，第 68 页

⑥ [清]缪荃孙：《艺风堂文漫存・癸甲稿》卷 4《钱衎石定庐集跋》，民国间艺风堂刻本。又引文中称“年丈为衎石给练之次子”，“给练”为“给谏”之误，给谏是给事中的别称，钱仪吉曾任工科给事中，原文做“给练”，盖刻误，附识于此。转引自杨洪升：《缪荃孙研究》，上海：上海古籍出版社，2008 年，第 30 页。

⑦ 沈曾植：《定庐集序》，许全胜：《沈曾植年谱长编》，北京：中华书局，2007 年，第 30 页。

门之识，具班、范之才，欲施诸著述者，亦只取往代旧史，重为理董。至若删繁衍于晋、宋，补疏于略于金、元，甚或杂霸偏隅，并加排纂，在后者易为功，往往较胜原本焉”[①]。钱氏家学源渊、生平学术，由此可以想见一二。此外，曾见坊间《椠古楼刊孤善本丛书》之岳珂《棠湖诗稿》，为覆刻南宋临安陈宅书籍铺本，书后有钱骏祥跋，提到此书“咸丰末，从父徐山先生携之蜀中”，是钱宝宣将家藏善本带到四川避乱之一证。

在游幕士人中，还有一些外省人值得一提。例如，光绪七年(1881)，王懿荣随宦到四川，遍访金石、古籍，并在成都西关发现万佛寺造像。[②] 又如，遵义郑珍之子郑知同(伯庚，一字伯更)。据《汪穰卿笔记》，张之洞任四川学政时，他是学幕中的幕客。[③] 从《莫友芝年谱长编》的记载来看，张之洞与黔学关系很深，早在咸丰九年(1859)，张之洞在京师之日，就与独山莫友芝、遵义郑珍交往[④]，此后交情益厚，《书目答问》受莫友芝《郘亭知见传本书目》的影响之处也甚多。所以，郑珍之子郑知同入张之洞幕，决非偶然。莫友芝和郑珍的黔学，除了诗文辞章外，学术上主要倾向阮元、程恩泽提倡的汉学，尤其是文字训诂、版本目录之学，与钱宝宣、缪荃孙等江浙派学风很接近。后面我们将看到，这种学术倾向对近代“蜀学”初期的发展影响很大。李榕《致张香涛学使》中谈到“主持尊经一席”，有“京兆之权”与“宾客之用心”等语，[⑤]可证学政与幕僚共同参与尊经书院的创建。可以认为，近代“蜀学”的兴起，除了执政的总督、学政鼎力支持外，他们手下的幕僚也是一支不可忽视的力量，没有他们的协助和推动，就没有四川学术风气的转变。

三、影响学风的会试进京路线

太平天国战乱以后，四川举子进京会试的路线发生了变化，对蜀地的学风也产生了一定的影响。从明代定都北京开始，至清代同治末年，四川举人进京赶考的路线一直是比较固定的，即从剑阁出川，经汉中至陕西西安，再经华山出潼关入山西，经临汾、平遥、榆次一线至太原，由井陉入河北，渡滹沱河，从保定进京。还有一条路线是从潼关入河南，经陕州、渑池、新安一线至洛阳，在孟津渡黄河，沿怀庆、汲县、邯郸一线入河北，经邢台、

① 支伟成：《清代朴学大师列传》，长沙：岳麓书社，1998 年，第 199 页。

② [清]王懿荣：《天壤阁杂记》，《丛书集成》初编本，上海：商务印书馆，1935 年，第 6 页。

③ [清]汪康年：《汪穰卿笔记》，北京：中华书局，2007 年，第 138 页。

④ 张剑：《莫友芝年谱长编》，北京：中华书局，2008 年，第 173 页。

⑤ 王显春、伏大庆主编：《十三峰书屋全集注释》上册，成都：巴蜀书社，2021 年，第 363 页。

赵县至石家庄，渡滹沱河，从保定进京。[①] 清代一般以第一条路线为主，嘉庆十五年(1810)陶澍入蜀主持乡试时所写的《蜀輶日记》可以为证。[②] 另外，《栈云峡雨日记》所记日本驻华使馆外交官竹添进一郎于明治九年(1876)五月出京，经河北、河南、陕西入蜀[③]，以及《张文襄公年谱》记录张之洞光绪二年(1876)岁末离蜀回京路线提到的汉中、凤翔、西安、华山等地名也可为证。[④]

由于太平天国之乱平定后，长江航运再度繁荣，尤其是"轮船招商局"成立后，从三峡出川，沿江而下，至上海转乘轮船，从海上"北洋航线"至天津塘沽登陆，沿永定河一线进京，成为四川举人入京赶考的首选路线。尊经院生丁树诚的《初度入京记》、《纪行杂诗》、《往留录》分别记载了光绪五年(1879)、光绪八年(1882)、光绪十四年(1888)他从合州出发进京参加会试的经历，其入京路线全部走的是水路。《初度入京记》记出夔门时的情景曰："申刻抵岸，贾船云屯，舣江滨无空隙。旗帜飘扬，各具款识，题奉旨会试者八九。谭学宪回籍船在焉，挂大旗簸风，行色甚壮。"[⑤]可见，不仅举人走水路，连学政谭宗浚离川也开始走水路，而他的前任张之洞离任时还走的是剑阁出川的陆路。

四川举人入京改走水路，还有一个重要原因是北方遇到了大灾荒。据《清史编年》：

> 光绪三年(1877)十一月初九日，以山西等省大旱，饥民塞途，诏廓尔喀(今尼泊尔)贡使毋庸来京，即由四川返回。先是，驻藏大臣松溎奏廓尔喀本届贡使行抵前藏，已派员护送照定例经四川、陕西、山西赴京。旋据川督丁宝桢奏，目前山西、陕西大旱，饥民塞途，既不便行走，复有碍观瞻，应请此届廓尔喀贡使毋庸进京，即由川省返回。至是谕称：目前山西等省荒旱异常，饥民甚多，道路阻滞，着丁宝桢等俟廓尔喀贡使抵达成都后，即派员护送反程。[⑥]

会试进京路线的这一重大变化，引起了四川地区学风的转变。因为举人入京的路程既是赶考之路，同时又是访学之路，沿途的所见所闻对其学

---

① 杨正泰：《明代驿站考》，上海：上海古籍出版社，2006年，第210页。

② [清]陶澍：《陶澍集》上册，长沙：岳麓书社，1998年，第503页。

③ [日]竹添进一郎：《栈云峡雨日记》，北京：中华书局，2007年。

④ 胡钧：《张文襄公年谱》，张之洞著：《张之洞诗文集》附录五，上海：上海古籍出版社，2008年，第580页。

⑤ [清]丁树诚：《丁治棠纪行四种》，成都：四川人民出版社，1984年，第8页。

⑥ 中国人民大学清史研究所编：《清史编年》第11册，北京：中国人民大学出版社，2000年，第98页。

术思想的影响不可小觑。如丁树诚的《纪行杂诗》记录了他光绪八年(1882)入京途中,在武昌购书的经历。[①] 又如,他的《上海邸送廖季平、曾笃斋之苏州》则记录了廖平、曾培二位尊经院生入京途中顺道至苏州拜访俞樾的行踪[②]。在此之前,四川举人进京,所经陕西、山西等地,皆是关学、北学的地盘,故只知有性理之学。等到从水路进京,逐渐接触到江浙一带的学术,于是学风开始转向汉学。《廖季平年谱》记载光绪九年癸未(1883)廖平会试后谒张之洞于太原,见到令德堂院长王霞举,乃悟北学之所以名,曰:

> (廖平)自此屡称北学之善,欲以挽南学之弊。尝言"北学简要,纲目在心。学者学之,固易于入手,用之尤端委了然,以其精而不博,最便初学。南学繁杂,窾要在泛博,览观既难于默识,临事更乱于辨说,以其博而不精,故非初学所宜。"又曰:"北学中材以下尚可勉为之,南学则非上智不能谭。北学用三年功夫便有规矩,南学则非三十年不能成家。"[③]

可见,尊经院生的很多学术见解都由会试途中访学获得的。而像廖平这样走过陆路的越来越少,走水路的越来越多,故四川的学术风气也由偏向北学,逐渐转为偏向南学,这种变化皆由会试路线引起。

除此之外,四川举人沿江而下,上海是必经的中转之地。上海的新鲜事物对他们产生了巨大的震撼和刺激。例如,尊经院生邱晋成的五律《上海》描述了他回川路经上海的所见所思:"鹤唳海天秋,回帆沪渎游。银墙蕃客肆,金管美人讴。夜火翻龙窟,朝烟接蜃楼。十洲轮舶萃,凝望转生愁。"[④]院生欧阳世麟的《上海行》描写他所目睹的海上繁华:"我闻沪上号隩区,委输江汉滨海隅。地分扬越一都会,天假华夷繁有徒。四通鬻贸走良贾,鹾盐金铁珊瑚珠,山赆海物动维错。吴纨蜀锦来争趋,百工伎术水赴壑。"[⑤]吴之英《上海行》诗前小序曰:"癸未(1883)夏,计偕入都,经上海。上海,江苏一大都会,综十八省都会称首。诸夏所积,诸戎所聚,百货华实之所入也。然盛衰一再易矣,而风化淫丽,未知所节,生事日脊,厥何以利用、正德,昭视远人邪？时运之极,人道之忧也。"[⑥]又如,尊经院生丁树诚

① [清]丁树诚:《丁治棠纪行四种》,成都:四川人民出版社,1984 年,第 63 页。
② [清]丁树诚:《丁治棠纪行四种》,成都:四川人民出版社,1984 年,第 69 页。
③ 廖幼平:《廖季平年谱》,成都:巴蜀书社,1985 年,第 29 页。
④ 《近代巴蜀诗钞》编委会编:《近代巴蜀诗钞》上册,成都:巴蜀书社,2005 年,第 326 页。
⑤ [清]伍肇龄:《尊经书院课艺二集序》,[清]伍肇龄编:《尊经书院二集》,光绪十七年尊经书局刻本。
⑥ 吴洪武等校注:《吴之英诗文集》,成都:四川大学出版社,2008 年,第 37 页。

的《初度入京记》自述在上海首次见到西洋马车、东洋车（三轮车）、电线、高尔夫球、黑人、轮船等的情形，而在此之前，他关于西方的认知仅仅来自于《海国图志》[①]。丁氏游览上海后，深受震撼，大发了一通议论。这通议论应视为当时很多内地士人的普遍心态：

总之，洋鬼千方百计皆取中国财，华人贸贸，甘受愚弄，且转效其居室装束，若恐不得为夷也者，人心之坏已极。昔辛有适伊川，叹其百年为戎，此则眼前已为戎矣。[②]

又如，泸县人苏启元七律《上海》第二首曰：

西来潮汐涨洪流，铸错阿谁聚五洲？利益均沾成铁案，国家空叹缺金瓯。九华灯照珠宫满，百尺楼高玉笛横。楚舞吴歌朝暮乐，更无人解杞人忧。[③]

十五年后，张之洞撰《劝学篇》仍有类似见解：

近日微闻海滨洋界，有公然创废三纲之议者，其意欲举世放恣黩乱而后快，怵心骇耳，无过于斯。中无此政，西无此教，所谓非驴非马，吾恐地球万国将众恶而共弃之也。[④]

可见，在中国疲弱、西方强势的巨大反差下，强烈的文化冲突，给当时的内地士人造成了严重的心理不适。尽管上海繁花似锦、歌舞升平，但是，这种颓废的繁荣景象与儒家文化推崇的礼乐文明是背道而驰的，从而引起了内地士人们的警惕与敌视。但是，另一方面，上海的城市生活、基础建设、物质文化、现代风貌又深深刺激着这些路过的四川士人。这种既排斥又艳羡的心态，在维新运动中以"复古维新"的思想形态反映出来。

同光之际的政治对近代"蜀学"兴起所产生的诸多影响，除了上述三个方面之外，其实还有很多值得探讨的问题。例如，王闿运入川的原因与丁宝桢"欲经营西藏，通印度，取缅甸，以遏英、俄、法之窥伺"的谋略有关[⑤]，费行简《近代名人小传》甚至认为经营西藏的计策就是王闿运为丁宝桢出的[⑥]，至于聘王闿运出任尊经书院山长，在很大程度上不过是对王的一种

① [清]丁树诚：《丁治棠纪行四种》，成都：四川人民出版社，1984年，第39页。

② [清]丁树诚：《丁治棠纪行四种》，成都：四川人民出版社，1984年，第37页。

③ 《近代巴蜀诗钞》编委会编：《近代巴蜀诗钞》上册，成都：巴蜀书社，2005年，第587页。

④ [清]张之洞：《劝学篇》，上海：上海书店出版社，2002年，第13页。

⑤ 王代功：《湘绮府君年谱》，沈云龙主编：《近代中国史料丛刊正编》第596册，台北：台湾文海出版社，1966年，第116页。

⑥ 费行简：《近代名人小传》，周骏富辑：《清代传纪丛刊》第202册，台北：台湾明文书局，1986年，第335页。

权宜的安置而已。[①] 又如，创建尊经书院的两位重要人物川督吴棠和在籍侍郎薛焕之间互相利用的关系：吴棠借助薛焕与淮军系李瀚章、李鸿章兄弟的姻亲关系，结为政治同盟，压制骆秉章留在四川的湘军旧部；而薛焕因长期筹办洋务，以“崇洋媚外”既为朝廷清议所不齿，又不容于乡评，故借吴棠以兴学，讨好蜀中士人，博取一点好名声。

最后，作为中国地域学术文化的重要一支，近代“蜀学”兴起的原因、条件、过程值得我们从事长期而深入的研究。法国历史学家布洛赫“把比较特殊的、持续时间较长的前提称为‘条件’，而把那些与总体作用力相异的因素归到‘原因’名下”[②]。不难想像，没有历时十三年之久的太平天国战乱，以及它给晚清社会经济造成了巨大的破坏，就没有江浙、湖湘、巴蜀等地区实力的消长和地位的调整；在朝廷方面，没有慈禧和奕䜣发动的辛酉政变，打破了统治集团的政治格局，开始了长达四十七年的垂帘听政，就没有内政外交的重新洗牌，权力利益的重新分配。这些重大历史事件都为近代“蜀学”的兴起提供了难得的契机，是“蜀学”兴起的诸多原因中持续时间较长的、总体作用力较大的原因，却又往往是最容易被我们所忽视的原因。

---

① 李晓宇：《王闿运受聘尊经书院史事考》，《四川大学学报》（哲学社会科学版），2008 年第 2 期，第 23—27 页。

② ［法］马克·布洛赫：《为历史学辩护》，张和声、程郁译，北京：中国人民大学出版社，2006 年，第 163 页。

第二章　尊经书院的创建

"事不孤起，必有其邻"，尊经书院的创建并非一个孤立的事件，它是先前某些条件发生改变，而适逢另外一些条件逐渐具备之际，经过主事者精心策划、反复酝酿才着手创建的。这些发生变化的前提条件，有的关涉学术，有的关涉政治，通过当政者、首倡者的背景分析，以及他们对书院的理念、建置、规模的设计，不难发现，它是多股合力作用的结果，而非一项单纯的兴学举措。

第一节　创建书院的酝酿与倡议

伴随晚清四川乡试举额的骤增，贡生、童生的名额也相应骤增，这就需要扩大书院的规模和数量。从胡昭曦先生《清代四川书院建立时间一览表（成绵龙茂道）》[①]可以看出，仅成都府一处，同光两朝新增书院14所，而康雍乾三朝所建书院才20所。适应学额的增广是同光之际包括尊经书院在内的一大批书院兴建的原因。但创建尊经书院还有一个更重要的目的：汇聚蜀中精英，集中培养，提高全省的会试录取率，增加额外的举人名额。

这里再附带讨论一下锦江书院的问题。在尊经书院创建之前，成都已有一座省会书院——锦江书院。雍正初年清廷对书院实行压抑政策，后见各省大臣"崇尚实政"，设立书院能去"沽名邀誉"，"读书应举者，亦颇能去浮嚣奔竞之习"，故于雍正十一年（1733）颁布《建立省会书院谕》[②]，明令各省总督、巡抚，于其驻地建立省会书院，"择一省文行兼优之一七读书其中，使之朝夕讲诵，整躬励行，有所成就，俾远近士广观感奋发"。并各赐带金1000两，"资其膏火"，"其有不足者，在存公银内支用。"创建于康熙四十三

① 胡昭曦：《四川书院史》，成都：四川大学出版社，2006年，第190页。
② 《清文献通考》卷70，清文渊阁四库全书本。

年(1794)的锦江书院即是在此时升格为省会书院。但是,锦江书院为什么不能承担兴学的使命,而要在同光之际另建一所尊经书院呢?

从全国的形势来看,创建新兴省会书院的风气从东南一带波及到西南。例如,陕西关中、宏道二书院皆隶于官府,多习时文,除月课外师生不常见,故成效不大。陕西学政许振祎思于泾阳县另建味经书院以劝实学,于同治十二年(1873)十月十五日上《创修味经书院疏》[①],提出其办学设想:要以实学为主,令诸生逐日研究;令山长登堂讲说经史大义及小学,逐条讲贯,并察其课程,阅其札记,别其勤惰,严其出入,使知植品之为先;院务概由山长负责;择一方之望专理一方之学;日常经理、延师等权不归官,可免询情敷衍之弊。又对选拔第一任山长及其他各主要负责人之详情作了汇报,呈报朝廷批准。

从四川地区的具体情况分析,锦江书院的理学倾向根深蒂固,在清代理学式微的大背景下,所教内容已经落伍,与当时流行的汉学严重脱节。锦江书院院长伍肇龄曾说过:"国朝初,建锦江书院,大抵惟科举是务,虽曰习经,涉猎而已,未有专业教者,即欲以古学倡,其如规模之未具何?"[②]具体来看,从咸丰八年(1858)刊刻的《锦江书院旧藏书籍修整完全名目》中[③],我们几乎找不到一本乾嘉以来的学术著作,而集清代学术之大成的《皇清经解》中也找不到一部川籍学者的著作。1873 年,蜀督吴棠在《重刊诂经精舍文续集叙》中说:"迨移节来蜀,六载于兹,岁课锦江书院,率以制艺诸生有志学古,爰为重刊此集,俾见一斑。"[④]由此可以看出,锦江书院存在教学内容不能满足肄业诸生通今博古要求的问题,所以,吴棠才寄希望于通过重刊《诂经精舍文续集》来弥补一下诸生们学术知识方面的严重不足。但是,这些积弊难以在短期内消除,而对于合格人才的需求又刻不容缓。因此,新建一所"以通经学古课蜀士"的省级书院势在必行。

一、总督吴棠与士绅薛焕

据《创建尊经书院记》:

同治十三年四月,兴文薛侍郎偕通省荐绅先生十五人,投牒于总

---

① 宋伯鲁、吴廷锡纂修:《(民国)续修陕西通志稿》卷 36,1934 年铅印本。

② [清]伍肇龄:《尊经书院课艺二集序》,[清]伍肇龄编:《尊经书院二集》,光绪十七年尊经书局刻本。

③ [清]李承熙辑:《锦江书院纪略》卷中,咸丰八年锦江书院刻本。

④ [清]吴棠:《望三益斋诗文钞》第 4 册《杂体文》卷 2,同治甲戌成都使署刻本。

督、学政,请建书院,以通经学古课蜀士。[①]

要理解这段记载,首先要了解总督吴棠与荐绅薛焕二人的生平背景。

吴棠(1813—1876),字仲宣,安徽盱眙人(今安徽省明光市三界镇)。道光十五年(1835)举人,道光二十九年(1849)大挑知县,历任淮安府桃源、清河县令。咸丰十年(1860)招聚乡勇,抵抗捻军。此后吴棠迅速升迁,次年,即以江宁布政使之职代理漕运总督。同治二年(1863)实授漕运总督。同治五年(1866)调任闽浙总督,次年再调四川总督。川督任内兼署成都将军。光绪二年(1876)卒,谥勤惠[②]。著有《望三益斋诗文钞》。《清史稿》卷425有传。

综观吴棠一生,官运亨通,以区区一个八次会试不中的举人,居然在短短十四年间就做到封疆大吏,实在令人匪夷所思。以至民间盛传慈禧入宫之前,他曾误赠赙金,慈禧显赫后报恩于他。[③] 不管传闻是否属实,吴棠在晚清官场能节节高升,后台或背景是不可缺少的。据《清史稿·吴棠传》:

同治八年,云贵总督刘岳昭劾棠赴川时仆从需索属员馈送,言官亦劾道员锺峻等包揽招摇,命湖广总督李鸿章往按。鸿章覆奏:"川省习尚钻营,棠遇事整顿,猾吏造言腾谤。"诏责棠力加整饬,勿稍瞻顾,斥岳昭率奏失实,惟坐失察锺峻等薄谴。[④]

这可能是吴棠宦海生涯中遇到的最大一次麻烦。此事明显牵涉派系斗争。弹劾吴棠的刘岳昭是湘军大员,咸丰十一年(1861),骆秉章赴四川督师,疏请岳昭率所部从行[⑤],随后,刘在四川立下赫赫战功。吴棠不属于湘军一系,任川督后,又施行偃武修文的治蜀方略,《蜀海丛谈》曰:"节署机务清简,日惟从容坐镇。论者以戡定大乱,推文忠之功,然乱后得以休养生息,又未尝不以公之率循旧章,不急功利之为贤也。"[⑥]这极有可能招致在川的湘军旧部的不满,故有李鸿章所言的"川省习尚钻营,棠遇事整顿,猾吏造言腾谤"云云。另外,从李鸿章偏袒吴棠这一点来分析,吴棠即便不是淮军一系的人物,也可能与淮系人物关系密切。

---

① [清]张之洞:《创建尊经书院记》,[清]张之洞著:《张之洞诗文集》,上海:上海古籍出版社,2008年,第226页。

② 以上吴棠生平综合了以下两种资料:赵尔巽等撰:《清史稿》卷425,北京:中华书局,1977年,第12222页;林言椒、苑书义主编:《清代人物传稿》下编第2卷,沈阳:辽宁人民出版社,1985年,第76页。

③ 周询:《蜀海丛谈》,成都:巴蜀书社,1986年,第188页。

④ 赵尔巽等撰:《清史稿》卷425,北京:中华书局,1977年,第12224页。

⑤ 赵尔巽等撰:《清史稿》卷419,北京:中华书局,1977年,第12130页。

⑥ 周询:《蜀海丛谈》,成都:巴蜀书社,1986年,第187页。

薛焕(1815—1880),字觐堂,四川兴文人。道光二十四年(1842)举人,捐纳知县,后又报捐知府。历任苏州知府、江苏巡抚,因在上海"借师助剿"镇压太平天国和办理通商事务有功,同治二年(1863)五月授工部右侍郎,任总理各国事务衙门大臣[①]。同治三年(1864)四月,薛焕因与通政使王拯龃龉,降五级调用[②]。同治四年(1865)十二月,请假回家省亲,适逢其父母相继去逝,遂在家守制。薛氏是四川望族,家资富饶。又与当时位高权重的合肥李氏是姻亲,薛焕长女、三女分别嫁给李瀚章(李鸿章之兄)之子李经畬、李经楚。所以,薛焕虽是在籍丁忧的身份,但因后台强硬,在四川官场地位显赫。

吴棠和薛焕二人虽然职位悬殊,但有一个共同点,与淮系李鸿章有千丝万缕的联系,可视为同一派系。所以,由薛焕牵头,投牒吴棠,请建书院,恐怕并非一件单纯的兴学举措。从光绪二十九年(1903)正月初七日,薛焕的侄子薛华墀呈给四川总督岑春煊的一封函中,我们可知,早在同治十三年(1874)二月,薛焕就曾到成都谒见吴棠、张之洞,议修尊经书院[③],而薛焕偕通省荐绅先生十五人,投牒于总督、学政,请建书院是在当年四月。可见,倡建尊经书院一事,从头到尾都有薛焕参与其中。

尊经书院的创设倡议起于薛焕丁忧在籍的最后一年,这时他已回川八年。何以会在回川八年之后,才有创设书院的倡议呢?费行简《近代名人小传》的一段话颇值得注意:"焕当官无令望,颇通贿遗,去官日富致百万,为合肥李氏姻家。工鉴别,收藏之富,冠于全蜀。初以媚外不容于乡评,乃资助张之洞起尊经书院,以开蜀学。而至今里闬仍无颂其贤者。"[④]此段有两点值得注意:一是薛焕工鉴别,收藏之富,冠于全蜀,加之他又曾任苏州知府、江苏巡抚等职,很可能与具有同样爱好的避乱入川的江浙士人们关系非同一般。前文已经谈到,这群江浙幕僚在四川学术风气的转变中,是一支不可忽视的力量,他们的学术旨趣和偏好直接影响了尊经书院初期的学术风格。这些江浙幕僚与薛焕勾结,欲图创办宗汉学的书院,推行他们的学术品味,与蜀地固有的性理之学抗衡,并非没有这个可能。二是薛焕"以媚外不容于乡评"。清议、乡评是清代社会舆论的两大形式,清议出于

---

① 钱实甫:《清代职官年表》第1册,北京:中华书局1980年,第694页。

② 钱实甫:《清代职官年表》第1册,北京:中华书局1980年,第695页。

③ 《关于将尊经书院产权移交经高等学堂的函》,1903年1月10日,四川高等学堂档案165,四川大学档案馆藏。

④ 费行简:《近代名人小传》,周骏富辑:《清代传纪丛刊》第202册,台北:台湾明文书局,1986年,第466页。

士人,乡评出于闾里。薛焕以捐纳入仕,长期办理与洋人的通商事务,又与李鸿章结为亲家,在晚清政界属于典型的浊流。他既为清议所不齿,又不容于乡评,恐怕实在难为情,故决定以兴学办书院之举,博取一点声誉。

二、筹建过程

尽管作为当时蜀中上层士绅领袖的薛焕是个典型的浊流,但是,从官府一方来说,蜀督吴棠却是一位重视文教的地方大员。同治六年(1867),他在任闽浙总督时就曾上过《闽省建设书院疏》[①],着手创办正谊书院。任蜀督后,尽管从同治八年(1869)至光绪二年(1876)间,吴棠一直忙于镇压川、滇、黔交界处回、苗、汉民众起义[②],但这并未影响他对书院教育的重视与支持。张之洞《滁山书堂歌送吴仲宣尚书东归将寓滁州》即有概括吴棠对四川文教事业的贡献的句子:

> 衿佩青青附景来,杰阁隆隆切云起(创尊经书院,建经阁。)。自发琅环三十乘,善本流传亲勘定(设书局刊书,取坊行《说文》,为之校正。)。经例远绍金陀坊(刊岳本《五经》。),史阙重补汪文盛(刊《四史》,明汪文盛刊《三史》,号善本。)。其余秘衺何纷纶,都是昭裔传家珍(刊《文选》、诸子集之类。)。已赍刀布遗博士(捐巨金,增广锦江书院膏火。),更荐犬酒祀经神(尊经书院制木主,祀蜀中先贤、经师。)。石室礼壂没春草,安知继起非今人?[③]

其中虽然不乏张之洞将自己的业绩归美于吴棠之处,但慷慨捐资、刊刻要籍等事绝非溢美之辞。吴给书院的捐廉动辄就是成百上千两白银,皆有史料记载。[④] 尊经书院初期的重要教材《史记合评》(即《归方评点史记合笔》)所用的即是吴棠家刻的望三益斋本,张之洞在《创建尊经书院记》中曾让院生"将《归方合评史记》以五色笔照临,欲其将《史记》通阅五过也"。总之,与前任骆秉章相比,吴棠更擅长文教,并长期积累了一些办书院的经验。

在薛焕偕通省荐绅先生十五人,投牒于总督、学政之后,同治十三年七月十八日(1874年8月29日)吴棠为四川绅民公请捐建尊经书院并刊刻经史一事而上奏朝廷,这篇奏折今存中国第一历史档案馆,全文如下:

---

① 陈弢辑:《同治中兴京外奏议约编》卷5,清光绪元年刊本。

② 参阅[清]吴棠:《游蜀疏稿》,全国图书馆文献缩微复制中心2005年。

③ 苑书义、孙华峰、李秉新主编:《张之洞全集》第十二册,石家庄:河北人民出版社,1998年,第10496页。

④ 事见《改建少城书院札(辛未)》、《筹捐锦屏书院膏火札(壬申)》、《批汶川书院各绅禀(癸酉)》,[清]吴棠:《望三益斋诗文钞》第4册《杂体文》卷2,同治十三年成都使署刻本。

头品顶戴四川总督臣吴棠跪奏，为绅民请捐建尊经书院，并刊刷经史以裨实学，恭折仰祈圣鉴事。

窃臣据在籍候补京堂薛焕、翰林院编修伍肇龄等呈称："书院之设原为国家培养人才，士子在院读书，必期经明行修。我朝文治独隆，经学之盛，超轶前代。惟川省介在边隅，士子苦鲜师资，且无经史善本，致根柢之学未能实在讲求。绅民等公同集议，请于省城觅购基地，另建尊经书院，远延名师，讲习经学，并镌刻经史诸书，以资研究而育真才。惟建院镌板及预算、束修、膏火等费非集有巨款不敷办理，愿由合省绅民公同捐助，通力合作，俾易蒇事"等情。当经批行司道妥议。去后兹据署布政使英祥、署盐茶道黄云鹄[1]详称："查川省地方，省内向建有锦江书院，省外各府厅州县亦各分建书院，系专课诗文，其经义、古学阙焉未讲。是以各属士子能文者多、专经者少，今合省绅民以经学素乏师承，考订亦鲜依据，议于省城另建尊经书院讲习经义，并镌刻经史善本用资考证，所有一切经费议由合省绅粮公捐，分属措筹，尚属众擎易举。已据该绅等觅得城南基地一处，地尚宽敞，足敷修建，似应如请办理，并声明收支监修等事，均系民捐民办，将来工竣，请免造报"等情，详请会奏前来。臣查：经术为政事之根柢，经学实文艺之本源，蜀省虽僻处西陲，向为人文渊薮。近因叠罹兵燹，典籍罕存，师承日尠，虽有聪明之士，寡闻鲜见，不免贻诮空疏。臣于上年刊刻《朱子全书》、"四史"等书，发交通省各书院，俾资讲习，尚处不敷传布。该绅等所请系为讲求实学、造就真才起见，有裨作人雅化。其修院、刊书，经费既由民捐民办，不动官币，应请免其报销。且书院肄业各生，该绅等议请均由学臣按试各郡，随时拔取，咨送住院，尤足以昭慎重。除督率司道详议书院章程，并遴选公正绅董经理外，所有绅民公请捐建书院，并镌刻经史各缘由理合会同学政。臣张之洞合词恭折具奏。

伏乞皇上圣鉴训示

谨奏

同治十三年七月十八日[2]

---

① 黄云鹄(1819—1898)，字翔云，湖北省蕲春县青石岭乡大樟树村人。咸丰、同治、光绪年间著名学者，经学家、文学家、书法家。北宋黄庭坚第十七世孙，近代国学大师黄侃之父。咸丰三年(1853)进士出身，官至清廷二品大员，历任四川雅州太守、四川盐茶道、成都知府、四川按察使等职。晚年历任湖北两湖、江汉、经心三书院山长，并讲学江汉书院。

② 《奏为四川绅民公请捐建尊经书院并刊刻经史事》，同治十三年七月十八日，档号04-01-38-0186-023，中国第一历史档案馆藏。

这篇奏折包含两大部分，从“在籍候补京堂薛焕、翰林院编修伍肇龄等呈称”至“通力合作，俾易蒇事”即《尊经书院记》提到的“诸荐绅之公牒”，余下的部分为“吴公之奏牍”。也就是说，这份珍贵的档案材料不仅保存了薛焕等通省荐绅投牒的主要内容，而且还记录了官府一方总督、学政、布政使、盐茶道会商的经过。现对奏折分析如下：

首先，《尊经书院记》提到与薛焕联名投牒的荐绅共有十五人，但具体是哪些人却没有透露，从吴棠奏折可知，其中有一人为辛酉政变中以“肃党”罢归的伍肇龄。除此之外，早期的尊经院生中有一些年纪颇大的老生员和立有军功的世家子弟，可能也在投牒的荐绅之列。年纪大者即谭宗浚《尊经书院十六少年歌・序》提到的“其有绩学能文而年过三十者，均不在此数”。[①] 如，丁树诚，时已三十二岁。谭宗浚《将解任留别蜀中士子八首》之六称赞他：“丁生(树诚)学尤劬。”又如，张孝楷，谭宗浚《将解任留别蜀中士子八首》之六曰：“清河(张孝楷)齿较长，考订笺虫鱼。”再如，蓝观亮，《湘绮楼日记》光绪五年七月一日：“蓝生观亮来销假，已留须矣。”[②]这些人可能因为在蜀中旧有教育环境下，长期考取不了功名，试图另辟蹊径。《丁文简先生传略》即提到丁树诚“初入锦江书院，厌时学俗艺，不足以发扬学术，培育英才”[③]。军功世家子弟如成都岳氏家族的岳嗣仪、岳嗣佺、岳嗣儒，崇庆杨氏家族杨永清、杨永澍兄弟，万源张必禄的后人张遇枚，都出身军人世家；天津知县忠愍公谢子澄之婿彭毓嵩、黔江教谕李曾白之子李滋然，皆有上一辈在平定蜀乱或太平天国战乱中立下战功或阵亡。创建尊经书院，可乘机抚恤这批人，让他们的子弟弃武从文，平息他们对吴棠的不满，避免弹劾事件再次发生。这其实对双方皆有利。

其次，奏折中的“远延名师”，究竟指的是哪些人？据考证，尊经书院创建之初，张之洞、吴棠等人向俞樾、张文虎、李慈铭、王闿运等四位知名学者和文化名流发出过邀请：

(1) 光绪二十八年(1902)壬寅五月二十二日，俞樾之孙、俞平伯之父俞陛云简放四川副考官，俞樾得知后喜赋一律，意犹未尽，作《前诗意有未尽再成一律》：

往岁皋比谢蜀中，今看使竹即孙桐。(同治季年，蜀中设尊经书

---

① [清]谭宗浚：《荔村草堂诗钞》卷 8，《续修四库全书》第 1564 册，上海：上海古籍出版社，2002 年，第 258 页。

② 王闿运：《湘绮楼日记》，长沙：岳麓书社，1996 年，第 812 页。

③ 刘放皆：《丁文简先生传略》，[清]丁树诚著：《丁治棠纪行四种》，成都：四川人民出版社，1984 年，第 190 页。

院，延余主讲，谢不赴。闻蜀士颇似失望。今吾孙幸典蜀试，庶藉以联文字之缘。）计程官路五千里，编号家书四十通。（陛云闻命即发家书，书题第四十号。）戚许后尘追老辈，（吾邑典蜀试者二人，皆在乾隆时，一戚蓼生，一许祖京。）夔巫归棹盼衰翁。红牙曾谱文君曲，傥有前缘在梓潼。（余曾制《梓潼文君传传奇》。）[①]

其中一、二句及注即言当年延聘之事。同治十三年（1874）六月甲戌，[②]俞樾《致张之洞》："蜀中创设受经书院，俾多士从事根柢之学，甚善甚善。皋比一席，宜得其人。……樾老母在堂，未便远离，有负盛心，良用惭怍。"[③]同时，俞樾也有《致吴棠》一封，称"惟老母今年八十有九，晨昏奉侍，未敢远离。"[④]俞樾母生于乾隆五十一年（1786），至同治十三年，确已八十九岁高龄。

（2）张文虎《舒艺室诗存》中有首诗，也提到当年延聘之事，诗题为《蜀省新建尊经书院，制军吴公（棠）奏开书局，以张香涛学使（之洞）言，介李制军（宗羲）书来欲属予此席，辞之而副以诗》：

"昔岁书招游晋塞，自惭蒲柳已先秋。（同治八年李公抚晋，以书见招，制军马端敏公豉阁久之乃以见语。虎曰："奈老何？"端敏曰："然已属幕中，为君辞之矣。"）而今蜀道青天上，历井扪参奈远游。"

"少幕儒林学未成，误蒙卿相采虚声。头颅七十经荒久，孤负文翁化蜀情。"[⑤]张文虎此处用"文翁化蜀"的典故，也可作为前面所言尊经书院办学宗旨之一旁证。诗中的"文翁"究竟是比喻吴棠，还是张之洞，不甚明确。但在后来的尊经书院史料中，"文翁"则基本上都是指张之洞。

（3）樊增祥和李慈铭师生情谊甚笃，见李生活困难，特致函缪荃孙，托为推荐四川尊经书院讲席，其书云："昨得莼客先生京邸书，述及近况殆岌岌不可终日。盖自入春以来，仅得印结廿余金，此外则以典鬻自给。旧交邑子一无存问，言之可为痛心。伏念莼翁之在今日，论其所学，可云卓绝，徒以生不偶俗，嫉之者众，又孤介成性，罕通竿牍，以至五穷缠骨，百忧煎心，然犹杜门穷经，不废铅椠，可谓能自竖立者矣。今之公卿罕能汲引。朝中惟一潘侍郎（祖荫）是解事人，然已竭忠尽欢（去岁除以七十馀金见馈）；

---

① 事见[清]俞樾：《春在堂诗编》卷19《前诗意有未尽，再成一律》，《续修四库全书》第1551册，上海：上海古籍出版社2002年，第588页。

② [清]俞樾：《春在堂日记　曲园日记》，孙炜整理，南京：凤凰出版社，2021年，第343页。

③ [清]俞樾：《俞樾函札辑证》下册，张燕婴整理，南京：凤凰出版社，2014年，第634页。

④ [清]俞樾：《俞樾函札辑证》下册，张燕婴整理，南京：凤凰出版社，2014年，第461页。

⑤ 张文虎：《舒艺室诗存》卷7，沈云龙主编：《近代中国史料丛刊正编》第966册，台北：台湾文海出版社，1966年，第382页。

外任如朱学使(逌然)之款密,至于音书断绝,其它更可无论。大抵得意之士绝不留意冷局,相倚为命者独我辈同气数人,而又皆处极穷之遇。但分润虽则无力,而游扬或尚能为。湖北局面狭小,不足回翔,因念蜀中尊经书院,自孝达师创建以来,未有掌教。名山讲席,诚难其人,若以处莼师,则为两有裨益。前辈曩在都中,亦尝劝驾,此次莼师书来,颇复注意于此。盖阨穷之极,不惮险远,其志尤可悲矣。敢求执事鼎力玉成,切为推荐,大要以必成为主。夙知前辈玉堂清望,见重当途,又性情敦笃,接引气类,不遗馀力,此事自能力任,无待袢之谆谆也。"[①]但李慈铭最后未能受聘的原因不见史料提及。

(4) 尊经书院创建之初,曾邀请王闿运出任主讲,王在致张之洞的一封信中曾提到此事:"闿运于乙亥(1875)即得薛兴文(薛焕)致聘。"[②]

延聘以上四人,还可以从另外一些史料者得到旁证,如李榕《致张香涛学使》提到:"尊经之议,建自执事,延师外省,历聘四人不至。"[③]综观有史料可考的这四位名师,尊经书院创办之初延聘的条件有两个:一是首选江苏、浙江两省的学术名流,上述四人中,除王闿运是湖南湘潭人之外,其余三人皆为江浙人士,俞樾是浙江德清人,张文虎是江苏南汇人,李慈铭是浙江会稽人。二是只聘这些学术大师来做书院主讲,而非山长。俞樾已明说是去做主讲;张文虎收到的信是让他去主持尊经书局,而非尊经书院;推荐李慈铭的信上虽提到"掌教",却是来自推荐方,而非延聘方;王闿运的一句话虽然轻描淡写,却寓意丰富。按照清代省会书院延聘山长的惯例,如果是聘王闿运出任山长,则致函聘请的必须是蜀督吴棠,既然由山长薛焕出面聘请,则无疑是请王来做屈居于山长之下的主讲。条件一反映了尊经书院初期创办者在学术倾向上的偏好,条件二则可能是造成一些素有声望的学者拒绝受聘的重要原因。所以,最后被聘来担任主讲一职的是名不见经传的浙江海宁人钱保塘和嘉兴人钱宝宣。李榕《致张香涛学使》一札提到尊经书院创建之初苦于无师的尴尬:"乃知聘师不至,谋及委员,委员不称其选,流为迁就,复有假借中之假借,转注外之转注,以致百年之创举、盛举,甫经就绪,未及辅轩之去,颓坠凌杂,一至于此。"[④]直到丁宝桢出任四川总督后,一反前任的做法,废除这两条延聘条件,请王闿运出山,才纠正

① [清]缪荃孙编:《艺风堂友朋书札》下册,上海:上海古籍出版社,1980年,第109页。

② 事见[清]王闿运:《湘绮楼笺启》卷2,马积高编:《湘绮楼诗文集》第2册,长沙:岳麓书社,1996年,第845页。

③ 王显春、伏大庆主编:《十三峰书屋全集注释》上册,成都:巴蜀书社,2021年,第363页。

④ 王显春、伏大庆主编:《十三峰书屋全集注释》上册,成都:巴蜀书社,2021年,第363页。

了尊经书院初期在选聘掌教问题上的失策，彻底扭转了书院的学术气象。这一问题此不详述，容后再论。

第二节　规模与建置

一、书院的命名及其理念

尊经书院经通省荐绅倡议，再由总督、学政联名保奏，最后经朝廷同意，于光绪元年(1875)春正式落成，院址设在成都文庙西街石犀寺西(今四川省成都市青羊区文庙西街东口尊经广场，原为中国人民解放军第3508工厂所在地)，正对满城的南门(通皋门)[①]，处于成华分界的华阳一侧，隶属成都府华阳县[②]。据薛焕之侄薛华墀回忆："尊经书院原名受经书院，因有人议及受经须在京师，外省不可用'受经'字样。前督宪、前学宪始改为尊经书院，故原立契据有'受经'二字。"[③]薛华墀的说法可以从其他史料中获得印证，如《俞曲园先生年谱》曰："同治十三年夏，川督吴仲宣、学使张香涛(之洞)致书先生，请入蜀主讲受经书院。"[④]还有同治十三年(1874)俞樾《致张之洞》提到"蜀中创设受经书院"[⑤]，都可以证明书院最初拟名"受经书院"。

"受经"，典出《华阳国志》，是"(文翁)遣隽士张叔等十八人东诣博士受七经"中"受七经"的简称。[⑥]"受经书院"这一名称显白地表达出创办者效法文翁兴学的意图，在其他很多方面，我们也能看出尊经书院创办理念上刻意模仿文翁兴学的痕迹，它们都是一以贯之的。例如，将院址设在城南[⑦]，不是贸然决定的，而是依据《华阳国志》卷三："始文翁立文学精舍，讲

---

① 参阅光绪五年《成都地图》，四川省文史研究馆编：《成都城坊古迹考》，成都：成都时代出版社，2006年，书前附图。

② 陈法驾修、曾鉴纂：《(民国)华阳县志》卷29，1934年刻本。

③ 《关于裁辙锦江书院并将其经费、田产租谷移交高等学堂应用的函》，光绪二十八年十二月二十九日(1903年1月27日)，四川高等学堂档案165，四川大学档案馆藏。

④ 徐澂：《俞曲园先生年谱》，《民国丛书》第3编第76册，上海：上海书店，1991年，第15页。

⑤ [清]俞樾：《俞樾函札辑证》下册，张燕婴整理，南京：凤凰出版社，2014年，第634页。

⑥ 任乃强：《华阳国志校补图注》，上海：上海古籍出版社，1987年，第141页。

⑦ [清]吴棠《奏为四川绅民公请捐建尊经书院并刊刻经史事》："已据该绅等觅得城南基地一处，地尚宽敞，足敷修建。"(见《奏为四川绅民公请捐建尊经书院并刊刻经史事》，同治十三年七月十八日，档号04-01-38-0186-023，中国第一历史档案馆藏。)

堂作石室，在城南。”[①]又如，书院中门横匾有“石室重开”四个大字[②]，为光绪皇帝御笔所书，原因是“文翁石室实开郡国讲学之先，今四川书院为能继美，复援南省各书院新旧例，奏准钦颁御书匾额”[③]。再如，杨锐《湖广总督南皮张公》称颂张之洞是“举巴蜀而齐鲁之者”[④]，这句话用的也是《华阳国志》里“文翁兴学”的典故：“翁乃立学，……学徒鳞萃，蜀学比于齐鲁。”[⑤]实际上是把张之洞比为文翁再世了。另外，张之洞《輶轩语》，“本名《发落语》，或病其质，因取扬子云书《輶轩使者绝代语》释之，义谓与蜀使者有合，命曰《輶轩语》”[⑥]。此处也用了《华阳国志》的典故：“林闾，……善古学。古者，天子有輶车之使，自汉兴以来，刘向之徒但闻其官，不详其职，惟闾与庄君平知之，曰：‘此使考八方之风雅，通九州之异同，主海内之音韵，使人主居高堂知天下风俗也。’扬雄闻而师之，因此作《方言》。”[⑦]这是蜀学史上第一次出现“古学”的概念，因与张之洞等人创办尊经书院的主旨相合，故倍受青睐，选来作书名。由上可知，效法文翁兴学、推崇汉学，是创建尊经书院时的核心理念，这一理念决定了尊经书院的办学特色和学术风格是追求两汉经史之学，而非宋明性理之学。

从学术源流来看，尽管清代考据学以“反宋尊汉”为号召，但自清代以降，不断有研究者提出“清学实自宋学出”的看法，指出清代“汉学”中的诸种学术，如训诂、音韵、辑佚、校勘、金石，乃至广言之若经学、史学，莫不是由宋人开其先河、为其前导，而“乾嘉诸师，特承其遗绪而恢宏之耳”[⑧]。故所谓“汉学”，“即谓之宋学，亦无不可”。[⑨] 傅斯年乃至感慨“后人反以理学为宋学（自注：其实清朝所谓理学是明朝的官学，即‘大全’之学）、以宋学（自注：考订文籍、辨章器物，皆宋人造成之学）为汉学，直使人有‘觚不觚’

---

① 任乃强：《华阳国志校补图注》，上海：上海古籍出版社，1987年，第152页。

② 徐仁甫：《振兴蜀学人才辈出的尊经书院》，中国人民政治协商会议四川省委员会文史资料研究委编：《四川文史资料选辑》第35辑，成都：四川人民出版社，1985年，第1页。

③ ［清］岳森：《送别善化瞿先生（子玖）提学任满乞假还湘》，《癸甲襄校录》卷3，光绪二十年成都尊经书局刻本。

④ ［清］杨锐：《湖广总督南皮张公》，傅德岷等主编：《巴蜀人文天下盛》，北京：中国文史出版社，2004年，第564页。

⑤ 任乃强：《华阳国志校补图注》，上海：上海古籍出版社，1987年，第141页。

⑥ ［清］张之洞：《輶轩语》卷1，苑书义、孙华峰、李秉新主编：《张之洞全集》第12册，石家庄：河北人民出版社，1998年，第9772页。

⑦ 任乃强：《华阳国志校补图注》，上海：上海古籍出版社，1987年，第533页。

⑧ 张舜徽：《广校雠略》卷5“两宋诸儒实为清代朴学之先驱”条，武汉：华中师范大学出版社，2004年，第95页。

⑨ 姚永概：《慎宜轩笔记》卷10，转引自张舜徽《清人笔记条辨》卷10，沈阳：辽宁教育出版社，2001年，第395页。

之叹”。[1] 其实“反宋尊汉”的意识承自晚明诸儒。如蒙文通认为：“明代中叶……正德、嘉靖时候所谓‘前七子’、‘后七子’者出，在文学方面发生了一次革新运动，这次运动的方向，是反对传统的‘宋文’；而在同时，却也发生了反对传统的‘宋学’的新学术，而下开清代的考据、训诂之学——所谓的‘汉学’。”[2]

按照薛华墀的说法，“因有人议及受经须在京师，外省不可用‘受经’字样”，始改名“尊经书院”。这一点颇为可疑。第一，古人不避讳外省称“受经”，如元柳贯《尊经堂诗并序》曰：“尊其书犹尊先生（赵人安），即名其堂‘尊经堂’。曰：此先生之志也。太史属苏君伯修尝受经于先生之孙，最为得安氏之学者。”[3]赵人安为乡里一介布衣，尚且对其既称“受经”，又称“尊经”，创办一个省会书院为何要避讳“受经”？第二，晚清时期也不避讳外省称“受经”，如《学海堂志·石刻》即有“受经弟子”的称呼。[4] 学海堂远在广州，而且是尊经书院模仿学习的对象，它都不避讳，尊经书院为何要避讳？又如，尊经书院早期弟子张祥龄以“受经堂”颜其室、名其集，也无避讳之意，何以尊经书院独独要避讳“受经”呢？

从另一方面看，“尊经书院”一名也改得不太高明。与“尊经”相比，“受经”有典籍出处、有历史内涵，命意也切合四川地方文化，而“尊经”则显得非常空洞。而且使用过滥，且不论早在嘉庆十年（1805）江苏江宁（今江苏省南京市）就创建了一所同名的“尊经书院”，就凭当时全国各地书院的藏书楼通称“尊经阁”这一点，也应该避免重复。

因此，“尊经书院”的命名，可能出于另外的原因。例如，马一浮《复刘百闵》“论书院之名称旨趣及简要办法”曰：“书院，古唯以地名，如鹅湖、白鹿洞之类是也。近世始有以义名者，如诂经、尊经之类是也。以地名，虽得名胜之地如青城、峨眉，似含有地方性，不如以义名，使人一望而知其宗旨。”[5]那么，“尊经”的宗旨是什么呢？刘起釪先生有一段关于“尊经”的论述，虽不专为“尊经书院”的命名而发，但从中很能看出“尊经”一词的寓意：“传统经学首先是持‘尊经’态度的，传统经学的学派尽管很多，但其尊经的态度则是一致的。古代经学家的目的是‘昌明经术’‘宏扬圣道’，他们的是

---

① 傅斯年：《中国古代文学史讲义》，《傅斯年全集》第 2 卷，长沙：湖南教育出版社，2003 年，第 118 页。

② 蒙文通：《中国历代农产量的扩大和赋役制度及学术思想的演变》，蒙默整理：《蒙文通文集》第 5 卷《古史甄微》，成都：巴蜀书社，1999 年，第 372 页。

③ ［清］顾嗣立编：《元诗选·初集》中册，北京：中华书局，1987 年，第 1132 页。

④ ［清］陈澧：《学海堂志》，《陈澧集》第 5 册，上海：上海古籍出版社，2008 年，第 667 页。

⑤ 虞万里校点：《马一浮集》第 1 册，杭州：浙江古籍出版社，1996 年，第 748 页。

非标准是‘考信于六艺’,合于经文的就对,不合乎的就错。总之,他们以儒家经师的身份治经,是要论证儒家经典的绝对正确。”[①]

无论是“受经”还是“尊经”,理念上,都直接反映出这所书院上承文翁遗教、振兴汉学的办学宗旨。而究其实,其所试图承继的这种文翁所兴之“学”不过是清代官学,就好像“受经书院”所受的“七经”,与其说是汉代的七经,毋宁说是康熙钦定的《御纂七经》一样,[②]尊经书院在抽象理念上以文翁兴学为号召,而现实操作层面上则是效法嘉道以来出现的一些新兴省级书院。这一作法,实际上就是托古改制。今人研究晚清“托古改制”之风的产生,往往从学术上寻找其渊源,殊不知这也是当时诸多政治实践的反映,而创建尊经书院即是一个好的例证。

二、学规章程

川督赵尔巽《已故大学士兴学育材成效卓著,请宣付史馆折》引用川籍绅士伍肇龄等人的话,称颂张之洞创办尊经书院的业绩,其中有一条为:“院内章程及读书治经之法,皆该大学士手订,条教精密,略如诂经精舍、学海堂规模。”[③]张之洞当年手订的章程,至今尚未发现。后人有将《创建尊经书院记》所列的十八条学规说成章程的[④],实乃似是而非。《创建尊经书院记》明确写道:

> 督部盱眙吴公与薛侍郎使之洞议其章程。事属草创,未能画一,有所商略,或未施行。比之洞将受代,始草具其稿,商榷定议。诸生屡以记为请,曰:砻石三年矣。乃进诸生而语之曰:奚以记为哉?诸荐绅之公牒、吴公之奏牍缘起备具,是即记矣,不劳复出也。若夫建置书院之本义与学术教条之大端,愿得与诸生说之。[⑤]

这段话就是说张之洞受吴棠、薛焕之托草拟章程,章程拟好后,尊经书院诸生请张在章程前面再写一篇“记”。这是模仿阮元制订诂经精舍章程

① 汪高鑫主编:《〈史学史研究〉文选:人物志卷》下册,北京:华夏出版社,2017 年,第 253 页。

② 按:《御纂七经》指《周易折中》、《书经传说汇纂》、《诗经传说汇纂》、《春秋传说汇纂》、《周官义疏》、《仪礼义疏》、《礼记义疏》。这套书板藏于锦江书院,当时在成都很容易购置,《书目答问》曾著录此书。(参阅《批存古学堂收受二院书籍准予立案》后所附《锦江书院书目书板》,1911 年 6 月,四川公立国学专门学校档案 33,四川大学档案馆藏。)

③ 苑书义、孙华峰、李秉新主编:《张之洞全集》第 12 册,石家庄:河北人民出版社,1998 年,第 10652 页。

④ 《四川大学史稿》编审委员会编:《四川大学史稿》第 1 卷,成都:四川大学出版社,2006 年,第 10 页。

⑤ [清]张之洞:《创建尊经书院记》,苑书义、孙华峰、李秉新主编:《张之洞全集》第 12 册,石家庄:河北人民出版社,1998 年,第 10073—10074 页。

的体例[①],《诂经精舍志初稿规制》第二章"规制"曰:"精舍设教,本有规程,惜《揅经室文集》及《精舍文初集》,但载《诂经精舍记》,于章则独付阙如。"还有,张之洞《致谭叔裕》称:"章程有稿存案,《书院记》即学规。"[②]也是一个明证。总之,《创建尊经书院记》不是尊经书院章程,是写在章程前面的一篇长记(具体内容参见附录二)。不过张之洞手订章程时曾参考过诂经精舍和学海堂的规制,虽然尊经书院章程今已不存,但从《学海堂志》、《诂经精舍志初稿》中可以略窥端倪。

张崟《诂经精舍志初稿》曰:"大抵有清中叶以降……各地之踵设书院者,自广州学海堂同创于阮文达外,若上海之诂经精舍、龙门书院,江阴之南菁书院,武昌之经心书院,长沙之校经堂,成都之尊经书院等,无不唯诂经之成规是仿。"[③]然诂经章程今已不存,幸有《诂经精舍志初稿》略存其梗概,现酌引可与尊经书院规制相印证者于下:

(1) 诂经精舍"有主讲二人,即名儒王昶与孙星衍也"[④],尊经书院起初也设主讲二人,即浙江海宁人钱保塘、嘉兴人钱保宣。

(2) 诂经监院可由其他人员兼理[⑤],尊经书院也存在类似的职位,如《蜀秀集》跋语的落款即为"前任江津儒学训导兼管尊经书院监院事汉州张选青"[⑥]。

(3) 诂经精舍山长"即甄陶全舍生徒之教授,由抚台聘任。监院职掌监课,……由抚台委任"[⑦]。尊经山长由四川总督聘任,如丁宝桢礼聘王闿运,鹿传霖聘宋育仁。

(4) "精舍课试,初仅每月一番,'问以十三经三史疑义,旁及小学天部地理算法词章,各听搜讨书传条对,以观其识,不用扃试糊名之法'与省城敷文、崇文、紫阳三书院之专肄举子业者异趋。"[⑧]廖平《经学初程》曰:"尊经初议不考课,惟分校勘、句读各门以便初学,后以官府意,定为课试,于初学颇不甚宜。"[⑨]可见在课试的规程上,尊经最初与诂经不同。后来才按诂

---

① 张崟:《诂经精舍志初稿》,《文澜学报》第2卷,1936年,第21页。《西湖诂经精舍记》见[清]阮元:《揅经室集》上册,北京:中华书局,1993年,第574页。

② 苑书义、孙华峰、李秉新主编:《张之洞全集》第12册,石家庄:河北人民出版社,1998年,第10130页。

③ 张崟:《诂经精舍志初稿》,《文澜学报》第2卷,1936年,第3页。

④ 张崟:《诂经精舍志初稿》,《文澜学报》第2卷,1936年,第26页。

⑤ 张崟:《诂经精舍志初稿》,《文澜学报》第2卷,1936年,第28页。

⑥ [清]谭宗浚编:《蜀秀集》卷9,光绪五年刻本。

⑦ 张崟:《诂经精舍志初稿》,《文澜学报》第2卷,1936年,第34页。

⑧ 张崟:《诂经精舍志初稿》,《文澜学报》第2卷,1936年,第34页。

⑨ [清]廖平、吴之英:《经学初程》,成都存古书局本1914年刻本。

经之制，每月课试一次。尊经课试每月一次，有廖平《尊经题目》所记的时间为证。《尊经书院记》“释疑”第十八为诸生解答不课时文的原因，也可看出尊经与诂经旨趣相同，而与“专肄举子业者异趋”。

（5）诂经最初只有师课，而无官课，道光十三年（1833），始有会藩臬都转监司迭课之制，“所谓会藩臬都转监司者，即巡抚、布政、按察使、盐运使、督粮道、学政是也。……每月分朔望两课”①。这就是后来对尊经书院影响极大的“官师同课制”，因这一制度而引发过不少争端。如《湘绮楼日记》记载：“至稺公（丁宝桢）处久谈，略言书院规制变通，使官课不得夺主讲之权，主讲亦不宜久设，仍当改成学长，学长亦随课绌取，庶免争竞也。”②王闿运说的“主讲之权”即是指师课，所说的“学长制”则是仿效《学海堂章程》，容后再述。王闿运的提议是为了减少官府对书院教学的干预，争取一个相对宽松的学术氛围，结果这项改革引起了轩然大波。光绪五年（1879）三月廿四日，“程藩使以诸生课卷不齐，县牌来责。人言纷纷，有云盐道怒我而挑之者；有云钱宝宣怨望而激之者；有云司道合谋振兴文教，讲习经策，愠我以应试为教，而专相齮龁者。言皆有因，而皆无如何”③。

《学海堂章程》也是尊经书院制度设计时的参照对象，今存于《学海堂志》，现酌引可与尊经书院规制相印证者于下：

（1）“管理学海堂，本部堂酌派出学长……共八人同司课事，其有出仕等事，再由七人公举补额。永不设立山长，亦不允荐山长。”④“每岁分为四课，由学长出经解、文笔、古今诗题，限日截卷，评定甲乙，分别散给膏火。”⑤这就是王闿运所欲效法的“学长制”，但尊经书院最终并未完全照此执行，而是进行了变通。变通后的人事安排是设山长一人，襄校（相当于最初的“主讲”）二人，监院一人，斋长（相当于“学长”）六人⑥。而《学海堂章程》中“每岁分为四课，由学长出经解、文笔、古今诗题，限日截卷，评定甲乙，分别散给膏火”，在尊经书院的章程中变成了襄校的职权范围。

（2）在课程设置上，尊经书院与诂经精舍、学海堂最大的共同点是传

---

① 张崟：《诂经精舍志初稿》，《文澜学报》第2卷，1936年，第36页。

② ［清］王闿运：《湘绮楼日记》第2册，长沙：岳麓书社，1996年，第732页。

③ ［清］王闿运：《湘绮楼日记》第2册，长沙：岳麓书社，1996年，第765页。

④ ［清］林柏桐、陈澧编：《学海堂志》，［清］陈澧：《陈澧集》第5册，上海：上海古籍出版社，2008年，第616页。

⑤ ［清］林柏桐、陈澧编：《学海堂志》，［清］陈澧：《陈澧集》第5册，上海：上海古籍出版社，2008年，第616页。

⑥ 参阅《蜀学开会记》，《蜀学报》第1册，光绪二十四年闰三月望日，馆设尊经书局，四川省图书馆藏。另外，斋长初设四人，参见《尊经书院记》“约束”第十六，《湘绮楼日记》光绪五年八月二十八日。

授“古学”。所谓“古学”，指科举功令文字如策论、律赋、经义、八股文、试帖诗以外的经史学问。因为科举应试文体是时下流行的文体，通称“时文”，经史之学与时文相对，故称“古学”。又因为科举时文空疏浅陋，经史之学则偏重考据实证，比时文切实有用，所以经史之学又称“实学”。

张之洞创办尊经书院，提倡的就是这种“古学”或“实学”。如郑家相《张觐侯先生行述》就提到：“张士烈，字觐侯。崇庆人。清增广生。张文襄督蜀学时，拔取古学士也。”[①]

但这种“古学”或“实学”，在不同语境下所指并不完全相同。依据姜广辉先生《“实学”考辨》一文[②]，我们大致可以将尊经书院历史上所谓的“实学”分为“庙堂经世实学”、“浙东经史实学”、“西方科技实学”三层意思。“庙堂经世实学”是康熙君臣提倡的通经、修德、用世之学，代表清代官方的人材培养标准。吴棠《奏为四川绅民公请捐建尊经书院并刊刻经史事》所说的“讲求实学、造就真才”就是指的这层意思。“浙东经史实学”是浙东学派提倡的以史学补充经学，贯通经史的学术主张。张之洞《尊经书院记》开宗明义提出的“以通经学古课蜀士”，尊经书院“不试时文及试帖诗”[③]，以及尊经初期的江浙派学风，主要是指这层意思。“西方科学实学”是清末提倡的“新学”，指西方的社会政治学说和自然科学，相对于传统的“旧学”而言。尊经书院在维新运动时期传播的“新学”，就是用的这层意思。尊经书院名义上是官学，“庙堂经世实学”的招牌下，其学术趋向却是偏向“浙东经史实学”的。所以，张之洞《尊经书院记》要求：“所课为经、史、小学、辞章，尤重通经。人立日记一册，记每日看书起止及所疑所得。山长五日与诸生一会于讲堂。监院呈日记，山长叩诘而考验之。不中程者有罚。月二课，课四题。（经解一、史论一、赋与杂文一、诗一。）”[④]今重庆市博物馆藏《杨叔峤先生会课遗墨》为尊经书院创办初期的考卷，可与《尊经书院记》所提课士宗旨互相印证。会课试题共八道：“乾以惕无咎震以恐致福说”（《易经》）、“周公居东解”（《书经》）、“荀子法后王论”（子）、“政犹蒲卢赋”（《中庸》）、“拟崔子玉座右铭”（辞章）、“拟张孟阳剑阁铭”（辞章）、咏孔雀（七律

① 郑家相：《张觐侯先生行述》，私人收藏拓片。

② 姜广辉：《“实学”考辨》，汤一介编：《国故新知：中国传统文化的再诠释——汤用彤先生诞辰百周年纪念论文集》，北京：北京大学出版社，1993年，第313-324页。

③ ［清］周询：《芙蓉话旧录》，成都：四川人民出版社，1987年，第20页。按：尊经书院并非“不试时文及试帖诗”，临近乡试之时，尊经书院偶尔也会试一下八股文或试帖诗，但非尊经主课，《湘绮楼日记》中有记载。

④ 廖幼平：《廖季平年谱》，成都：巴蜀书社，1985年，第13页。

二首)(辞章)、咏鹦鹉(七律二首)(辞章)。[①] 另外,此处提到的人人写日记的学规,似仿照学海堂例:"于所颁日程簿首行注明习某书,以后按日作课,填注簿内。"[②]"课卷可备选刻者另钞一册,由学长收存,俟可以成集之日,照《学海堂初集》例选改发刻。"[③]尊经后来一直延用此学规,直至1898年戊戌变法时期。[④] 尊经书院也模仿了《学海堂集》和《诂经精舍文集》,将学生的课艺结集刊刻,此即《尊经书院记》"择术"第三所说:"学海堂之三集、诂经精舍文钞之三编,皆书院诸生所为也,何渠不若彼乎?"尊经课艺一共出了四集:《蜀秀集》九卷、《尊经书院初集》十二卷、《尊经书院二集》八卷、《尊经书院课艺三集》八卷。屈守元先生曾高度评价说:"《蜀秀集》可以说是19世纪空前绝后的一部结集四川知识分子的学术著作和文学创作的总集,它引起了近世蜀学的振兴。"[⑤]

此外,尚有一些散见于笔记史料的规章,足可与尊经书院的互相发明,现试举一例。《苌楚斋五笔》卷六《论天下书院》:

> 我朝书院之设,……以供士子考文习艺之用。其书院最大者俨若衙署,中有斋舍,可容士子数百人,文学为一省之冠,名闻遐迩,例归各省督抚或府尹主持。非高材生不得擅入,亦俨然如大学堂制度。以予所知者,如吾皖之敬敷书院,江宁之钟山书院,江西之豫章书院,浙江之诂经精舍,苏州之紫阳书院,福建之鳌峰书院,陕西之关中书院,山东之泺源书院,四川之尊经书院,保定之莲池书院,北京之金台书院,例由督抚或府尹出名具关书,延请硕学通儒任山长。每年春季开课,又例由督抚或府尹会同司道府县,亲自到书院送学,如私塾中父兄送子弟开学,礼节至为隆重。首县例须备酒食,大众同饮,亦俨如私家开学酒之意。馀则分归司道府县主持课事,延请山长及送学之礼如一。[⑥]

《湘绮楼日记》所记的尊经书院拜执、开学等情形正与此相合,如:

---

① 张荣祥:《杨叔峤先生会课遗墨介绍》,《四川文物》,1989年第4期,第70—73页。

② [清]林柏桐、陈澧编:《学海堂志》,[清]陈澧:《学海堂志》,《陈澧集》第5册,上海:上海古籍出版社,2008年,第639页。

③ [清]林柏桐、陈澧编:《学海堂志》,[清]陈澧:《陈澧集》第5册,上海:上海古籍出版社,2008年,第616页。

④ 《蜀学会章程》:"入会者自当习劳致用,每人各具日记一册,每日必有课程,每月册上至少亦须二十日,除会讲专条外,所有私居著述,均归其中。三月无日记者,会讲中所得新义即不送阅。"(《蜀学报》第一册,尊经书局光绪二十四年刻本。)

⑤ 屈守元:《〈蜀秀集〉跋》,《文史杂志》,1996年第5期,第34页。

⑥ [清]刘声木:《苌楚斋随笔续笔三笔四笔五笔》下册,北京:中华书局,1998年,第1000页。

光绪五年二月四日，稺公来，设拜执礼甚谦，近今大吏所难也。

十九日，院中开课，即于是日送学，黎明，恐外间早办，唤两仆令开门，则臬使已至矣，遽起要入，久谈。崇道台继至，设汤饼，共食讫。藩使、盐台并来，复坐久之。巳正稺公始至，入谈，顷之出，行礼于讲堂，请稺公亲点名。[①]

尊经书院的创建标志着另一套新官学在四川地区的确立，同光之际，它与以锦江书院为首的旧官学并立，形成了两派对峙的格局。二者的分歧主要体现在学术取向上，如果将乾隆二年（1737）张晋生的《锦江书院训士条约》（简称《条约》）与清光绪二年（1876）张之洞的《四川省城尊经书院记》（简称《院记》）进行对比，即可发现二者有很多针锋相对之处。例如，《院记》"本义第一"论创建尊经书院的缘起是教学生读书成才，以免试卷经策空疏，使"全蜀皆通博之士、致用之材也"。而《条约》则首重明伦，认为"士苟一行偶亏，即尔贻羞名教，虽学富酉藏，才高班、马，亦何足取"。又如，《条约》论治学门径曰："根柢'六经'，原本诸史，阐发乎《性理大全》，沐浴于《左》、《国》、《史》、《汉》、唐宋大家之膏腴。"《院记》则认为："经学必先求诸《学海堂经解》，小学必先求诸段注《说文》，史学必先求诸三史，总计一切学术，必先求诸《四库提要》。"再如，《条约》多谈八股文的写作技巧，《院记》则主张"不课时文"，认为"四书文大小场用之，各郡县书院课之，诸生无不习者，令复课之，赘也"。

总的来说，锦江书院偏重性理之学，从书院讲堂石刻明吕坤《理欲长生极至图说》、《身家盛衰循环图说》、冯从吾《善利图说》[②]很能说明其宗旨。尊经书院则偏重经史之学，推行乾嘉汉学的治学方法。在这两大省级书院的博弈中，尊经书院的学术取向渐渐占据了上风。"不课时文"的尊经院生反而在科举考试中大获成功，光绪五年（1879）己卯四川乡试，尊经书院"共中正榜廿一人，副榜二人"[③]。目前所知上榜者有廖平（中第二十四名举人）、宋育仁（芸岩）[④]、周道洽（润民）、曾培（笃斋）[⑤]、任国铨（篆甫）、丁树诚（治棠）、陈常（子经）、吴昌基（圣俞）、江淑（少淹）、顾印愚（华园）、陈光鼐

① ［清］王闿运：《湘绮楼日记》第2册，长沙：岳麓书社，1996年，第738页、第749页。

② ［清］李承熙辑：《锦江书院纪略》卷中，咸丰八年锦江书院刻本。

③ ［清］王闿运：《湘绮楼日记》，长沙：岳麓书社，1996年，第831页。

④ 廖幼平：《廖季平年谱》，长沙：巴蜀书社，1985年，第21页。

⑤ 丁树诚称他们为同年。见丁树诚：《丁治棠纪行四种》，成都：四川人民出版社1984年，第93页、第101页。

(容之)、周伯显(眉生)[①]、苏世瑜、张问惺[②]、孙彦成、邓宗岳等[③],其中很多人后来成为清末民初蜀中名宿。省内一些书院开始纷纷效仿尊经书院,如光绪十七年(1891),重庆黔江墨香"向尊经、锦江两书院购置正经、正史十馀种,存储院内,借资讲读"。[④] 此时尊经、锦江两院的排序已是尊经后来居上。又如,光绪十一年(1885),丁树诚"长合宗书院,……书院制度,多仿尊经,合州人文,一时蔚起。"[⑤]又如重庆东川书院,从光绪十九年(1893)开始添设经学,聘江翰为山长,订立学规,以经古课士,原因是"四川省城尊经书院建于同治末年,蜀境辽阔,如川东所辖酉、秀、夔、巫等处,距省至二千余里,寒士虽经调取,每不能赴,论者憾之。"[⑥]再如刘光谟《高石斋文钞》:"再拟请县主定一新章,于射邑三书院中酌留一院,仿尊经书院之规,聘延通经达史、博学能文(此谓骈散各体之文也;八比文起于近世,谓之'时艺',乃文中之末派耳)之士,讲求根柢之学,以期大成。"[⑦]

最后,尊经书院的官学地位还获得了朝廷的肯定,光绪皇帝认为"文翁石室实开郡国讲学之先,今四川书院为能继美,复援南省各书院新旧例,奏准钦颁御书匾额"[⑧],于光绪二十年(1894)十一月,御赐尊经书院匾额曰"风同齐鲁",而御赐锦江书院的匾额则是"大雅修明"[⑨]。"大雅修明"出自雍正十一年(1733)四月己未的上谕:"自古文教修明之日,必有瑰奇大雅之才。"[⑩]匾额内容是纪念这一年锦江书院被正式确立为全国二十三所省会书院之一。"风同齐鲁"则明显是用"文翁兴学"的典故,也即承认尊经书院是文翁传统的真正继承者。

作为新兴的省级书院,尊经书院还打破了四川旧式书院的许多陈规。例如,川省旧式书院非常排外,新都《龙门书院碑记》规定:"旧规永不聘外

---

① [清]王闿运:《湘绮楼日记》,长沙:岳麓书社1996年,第831—832页。

② [清]王闿运:《湘绮楼日记》,长沙:岳麓书社1996年,第833页。苏、张二人中副榜。

③ [清]王闿运:《湘绮楼日记》,长沙:岳麓书社1996年,第832页。孙、邓二人疑似中举,待考。

④ 佚名:《墨香书院规条》,[清]张九章修、陈藩垣纂:《(光绪)黔江县志》卷3《学校·书院》,清光绪二十年刻本。

⑤ 丁禹孝编纂:《清丁文简先生年谱》,成都华文堂藏钞本,第10页。

⑥ [清]江瀚:《东川书院学规》,清光绪十九年刊本。

⑦ 王葆心:《方志学发微》,湖北省地方志编纂委员会办公室注,湖北省地方志编纂委员会办公室,1984年,第215页。

⑧ [清]岳森:《送别善化瞿先生(子玖)提学任满乞假还湘》,[清]岳森撰:《癸甲襄校录》卷3,光绪二十年成都尊经书局刻本。

⑨ 林志茂修、汪金相纂:《(民国)简阳县志》卷4,1927年铅印本。

⑩ 王先谦、[清]朱寿朋撰:《东华录　东华续录》第3册,上海:上海古籍出版社,2002年,第501页。

县人当山长,今仍照旧。”[①]金堂绣川书院规定:“向议永不聘外县人当山长,前经禀明,批准在案,今仍照旧章。”[②]对外地院生也有歧视政策,如安岳龙泉书院规定膏火“外邑生童减半”。[③] 蓬州玉环书院《续修玉环书院序》所附《戒规十二则》曰:“书院不论本州外县人士,均准收录,但各州县皆有书院,如果其人品克端,读书有志,何不即在本处书院肄业,而乃弃家塾而远游,得毋为乡里所不容乎?查省中书院,全省中皆可肄业;府中书院,府属中皆可肄业,然尤必行文查明本籍,方准入院。倘素不认识而自称是某学生员,则凭证全无,安知非冒名而至,且本州亦何暇纷纷移查耶?凡外州县人士,理宜各赴本处书院肄业,不准搀入,致滋弊窦。”[④]

尊经书院则相反,建院初期拟聘的山长、主讲全部是外省人,如俞樾、张文虎、李慈铭、王闿运、钱保塘、钱宝宣等。而且,也容纳外省生员,以及满、蒙、回族人来书院肄业。丁树诚《仕隐斋涉笔》的“院中八景”中留下了“满洲问道”和“回国通经”的佳话,注曰:“满洲,谓调满城哲生(哲克登额),回国,谓西昌马生,以回人调院也。”[⑤]更为重要的是,尊经书院破除旧式书院的陈规,还触及到根深蒂固的“官师同课制”[⑥]。据《湘绮楼日记》记载,王闿运掌教后,“至稺公(丁宝桢)处久谈,略言书院规制变通,使官课不得夺主讲之权,主讲亦不宜久设,仍当改成学长,学长亦随课绌取,庶免争竞也。”[⑦]王闿运说的“主讲之权”即是指师课。官课繁重,是王闿运上任前尊经书院的实情,就连主讲钱宝宣对此也颇有微词,他在致缪荃孙的信中说:“谭叔裕学使到后,曾于书院观风。所出题皆繁重,翻检订录,计非数月不集。叔翁限两月交卷,为期已不甚宽,以作诗赋,固绰有馀裕,若经史三题,不免迫促矣。”[⑧]因此,王闿运提议减少官府对书院教学的干预,争取一个宽松的学术氛围。结果,光绪五年(1879)三月廿四日,“程藩使以诸生课卷

---

① [清]曾传缙:《龙门书院碑记》,陈习删修、闵昌术纂:《(民国)新都县志》第2编《政纪·学校》,1929年铅印本。

② 佚名:《公议章程十四则》,[清]王树桐修、米绘裳纂:《(同治)续金堂县志》卷7《学校》,清同治六年刻本。

③ 佚名:《节录龙泉书院及乡学条规》,[清]濮瑗修、周国颐纂:《(道光)安岳县志》卷4《学校下》,清道光十六年刻本。

④ [清]方旭修、张礼杰纂:《(光绪)蓬州志》卷7《学校篇》,清光绪二十三年刻本。

⑤ 丁治棠:《仕隐斋涉笔》,成都:四川人民出版社,1985年,第173页。

⑥ 书院课程一般分为“官课”和“师课”。官课则由地方官员出题考试,奖赏称“花红”;师课由山长命题、评卷,奖赏称“膏火”。

⑦ [清]王闿运:《湘绮楼日记》,长沙:岳麓书社,1996年,第732页。

⑧ [清]缪荃孙编:《艺风堂友朋书札》下册,上海:上海古籍出版社,1981年,第721页。

不齐，县牌来责。”[①]为此引发了一场不小的争端。

削弱官课，加强师课，有利于书院学术研究的开展，同时也造成了政治与学术的对立。后来赵尔巽曾斥责说：“四川学风，向来就太嚣张，这都由于办学诸君，没有忠君爱国宗旨，所以养成。”[②]

三、建筑布局

据前人描述，尊经书院的建筑“规模扩大，堂宇宏深，中厅有‘石室重开’匾额，大门刊‘考四海而为俊’，‘纬群龙之所经’联文”[③]。另据成都补习学堂兼优级师范学堂教习中野孤山的描述，他所见的尊经书院大门气势恢弘、装饰精美：

> “考四海而为隽”、“伟(纬)群龙之所经”、“明经饰行”、“肇启绝学、蜀奥同春”，这些是悬挂在门柱或门楣上的格言。字的大小，大多有两尺见方。他们只重视门口的装饰，在门前修筑巨大的影壁，并在影壁上刻画巨大的龙、虎、麒麟和狮子等等。[④]

悬在大门上的“考四海而为隽；纬群龙之所经”[⑤]，是一副集句联，乃光绪六年(1881)十二月二十三日，王闿运所撰。上联出自左思《蜀都赋》，下联出自班固《幽通赋》，两句合起来的意思是说，尊经书院这群学生堪称四海之内最卓越的人才，我们要用儒家的经典培养和造就他们。王闿运集完这副对联后，称这副对联“颇与此书院相称”。又据《仕隐斋涉笔》，王闿运还有一副集句题院联云：“尊德乐义见于世；经天纬地谓之文。”并题院额云：“洙泗岷峨”。[⑥]“尊德乐义见于世”典出《孟子·尽心上》，“经天纬地谓之文”典出《逸周书·谥法解》。从这些对联、匾额中，不难看出尊经书院培养学术精英的办学宗旨，正所谓“蜀士三万，而院额百名”[⑦]，到这里来读书的都是全省百里挑一的高材生。那么，这个容纳全蜀英才的书院，建筑布局究竟是什么样的呢?

---

① [清]王闿运：《湘绮楼日记》第2册，长沙：岳麓书社，1996年，第765页。

② 李劼人：《监督刘士志先生》，曾智中、尤德彦编：《李劼人说成都》，成都：四川文艺出版社，2007年，第225页。

③ 徐仁甫：《振兴蜀学人才辈出的尊经书院》，中国人民政治协商会议四川省委员会文史资料研究委编：《四川文史资料选辑》第35辑，成都：四川人民出版社，1985年，第1页。

④ [日]中野孤山：《横跨中国大陆—游蜀杂俎》，郭举昆译，北京：中华书局，2007年，第143页。

⑤ [清]王闿运：《湘绮楼日记》，长沙：岳麓书社，1996年，第976页。

⑥ 丁治棠：《仕隐斋涉笔》，成都：四川人民出版社，1985年，第211页。

⑦ [清]王祖源：《尊经书院初集序》，[清]王闿运编：《尊经书院初集》，光绪十一年尊经书局刻本。

中国传统书院的布局有着严格的规矩，这些规矩大大超出了建筑的技术因素，而完全出于一种文化思想的表达，可以说，从一座书院的布局就能看出它的思想倾向。今天，虽然尊经书院的建筑图纸早已不复存在，但传统书院布局的定式却可以使我们推测出它的基本轮廓。

传统书院的布局方式是庭院式组合，中轴对称，纵深发展。这样一来，古人“以左为尊”、“以后为尊”的观念，就把书院的布局分为两种：一种是按左右关系布局，以中轴线左边的位置最重要，地位最高；一种是按前后关系布局，以中轴线的中段和后部的位置最重要，地位最高。众所周知，传统书院的三大功能分别是讲学、藏书、祭祀，与这三大功能相对应的建筑是讲堂、藏经阁、文庙（祠堂）。这三种建筑是任何书院都不可或缺的，它的地位关系是文庙（祠堂）尊于藏经阁，藏经阁尊于讲堂。

现以锦江书院为例说明它们的排列位置。按照《锦江书院纪略》所绘的《锦江书院图》新旧两幅①，恰好分别体现了“以左为尊”和“以后为尊”两种布局形式。《锦江书院旧图》是“以后为尊”，书院的主要功能是讲学，故“讲堂”地位重要，所以位置靠后，而讲堂之后则是收藏珍贵典籍、文物的“奎阁”。但稍微有点变化的是祭祀场所“三公堂”在整个书院的中心位置，而不是在奎阁之后。这主要体现的是“以中为尊”的观念。到了嘉庆二十三年改建锦江书院的时候，书院的格局变成了“左庙右学”。锦江书院原来没有文庙，改建后添加了文庙，这样一来，书院中地位最崇高的祭祀场所文庙就建在了左边，形成了“左庙右学”的格局。右边则依然按“以后为尊”的原则，讲堂在前，奎阁在后。学生的学斋也按“以后为尊”的原则分成了上舍和下舍，下舍在前，上舍在后。在“以后为尊”的同时也体现出“以左为尊”的原则，学斋被中轴线分为东舍和西舍，东舍在左，西舍在右，因此，所有学斋中地位最高的是上东舍，山长居住的上院则在上东舍之后，即书院的左上角。

尊经书院没有文庙，主要是因为清制规定，一个县只许建一座文庙。成都虽是府县同城，有成都、华阳两个附郭县，但尊经书院与锦江书院都在华阳县境内，锦江书院已建文庙在先，而且是府文庙所在地，故尊经书院无法再建文庙。所以它的布局应该采用的是“以后为尊”，书院前半部的主要建筑为学斋和讲堂。尊经书院的学生宿舍按等级秩序依次为东上、东下、西上、西下四舍，环绕讲堂，与锦江书院的布局相同。

尊经师生有诗词描写院中景致，如，院生刘子雄《重经尊经讲舍后院二

---

①　[清]李承熙辑：《锦江书院纪略》卷上，咸丰八年锦江书院刻本。

首》：

亭边载酒更无人，檐角蛛丝网暗尘。今日彭宣还怅望，[①]黄梅开遍后庭春。

闲庭处处积荒落，尘满葳蕤寂不开。蕉叶有心还自展，一茎残绿过墙来。[②]

又如，山长伍肇龄《临江仙・过尊经书院》：

人去书留堂室静，琅玕左右亭亭。垂阴窗户碧珑玲。此君端不俗，幽韵孰来听？　忆创鸿规民力借，巍巍建阁储经。心期江汉有英灵。博文能约礼，邹鲁绍仪型。[③]

尊经书院的后半部为供祀和藏书的场所。最初，供祀场所是飨堂，如光绪元年(1875)春，“院中为飨堂，祀蜀中先贤、经师”[④]。祀蜀中先贤、经师反映出效仿文翁兴学的办学理念。后来逐渐以尊经阁和三公祠取代了飨堂。这从一些零星的记载中可以找到线索，并可与其他文献互相印证。尊经阁为书院藏书和祭祀之所，伍肇龄曰：“(张之洞)起尊经阁庋藏之，藉供生徒浏览。”[⑤]尊经阁的景致有吴之英的《哭杨锐》为证：“忆昔同簪尊经阁，香溢庭栏好芍药。”[⑥]尊经书院由于没有文庙，孔子的牌位供奉在尊经阁内，有《湘绮楼日记》为证，如“八日，寅正起，致祭尊经阁先师位，行九叩，盖凡学通祀先圣也”[⑦]。此外，2013 年 4 月，在成都市四川大学望江东区滨江楼附近出土一通《四川尊经书院举贡题名碑》，此碑最初竖立的地点在尊经阁下，见吴虞《题高蔚然丈(树)尊经书院课卷残本横看子四首》，其第二首诗下注曰：“尊经阁下题名为吴伯竭先生书。”[⑧]

尊经阁后为一座三公祠，这里是举行大型典礼、祭祀和集会的场所。例如，蜀学会成立之时，《蜀学开会记》记载：尊经书院师生“衣冠齐集尊经

① 彭宣，见《汉书・彭宣传》。此处所指不明。

② [清]刘子雄：《刘舍人遗集》卷 3，1929 年 1 月 16 日叙永郭延钞本，四川省图书馆藏。

③ 成都市文联、成都市诗词学会编：《历代诗人咏成都》下册，成都：四川文艺出版社，1999 年，第 262 页。

④ 胡钧：《张文襄公年谱》，[清]张之洞著：《张之洞诗文集》附录五，上海：上海古籍出版社 2008 年，第 579 页。

⑤ 苑书义、孙华峰、李秉新主编：《张之洞全集》第 12 册，石家庄：河北人民出版社，1998 年，第 10652 页。

⑥ [清]吴之英：《哭杨锐》，《近代巴蜀诗钞》编委会编：《近代巴蜀诗钞》，成都：巴蜀书社，2005 年，第 546 页。

⑦ [清]王闿运：《湘绮楼日记》第 2 册，长沙：岳麓书社，1996 年，第 741 页。

⑧ [清]吴虞：《题高蔚然丈(树)尊经书院课卷残本横看子四首》，《学艺杂志》，1922 年第 4 卷第 2 期，第 3 页。

阁前释奠先师，礼毕更衣就三公祠，列坐会讲。”[①]《蜀学会章程》也称“以三公祠为聚讲所”[②]。三公祠平时则供学生自习之用，如，廖平《赍园书钞序》曰：“又岁在己卯，湘潭倡诗法时，余与汉州子苾张君，同住尊经阁后三公祠，以便请问。”[③]另外，岳森《南学报廖季平第三书》也提到“壬午同砚三公祠，领益不少，至今念之。”[④]可见，三公祠既是祭祀场所，又是一个讲习之所。

那么，三公祠究竟指的是哪三公呢？《锦江书院旧图》原有“三公堂”一座，位于书院的中心，嘉庆二十三年（1818）改建后消失。此前于嘉庆十一年（1806）十月曾重修过，留下一篇《重修锦江书院三公堂东西斋并后院碑记》，但文中没有明说是哪三公。[⑤]《锦江书院匾联》清单中有“汉蜀郡太守高公联（躬）神位”、“汉蜀郡太守文公党神位”、“四川按察使刘公德芳神位”[⑥]，但刘德芳创办锦江书院，不太可能成为尊经书院供奉的对象。据推测，三公可能是指李冰、文翁、张咏。民国《华阳县志》“六公祠”条曰：

在城南江渎庙右，旧为三公庙，祀秦李冰、汉文翁、宋张咏。明洪武中建。见《大清一统志》。其后巡抚林元甫疏请增祀宋赵抃为四公祠。王大用又疏请增祀汉廉范宋崔与之为六公祠，张时徹有记。[⑦]

这条记载中的三公庙的位置与尊经书院的院址非常吻合。而且，李冰、文翁、张咏有一个共同点，均是外来任官，治蜀有功于后世者，这符合尊经书院提倡的官学传统。

供祀对象的差异，将尊经书院的办学宗旨和思想倾向与蜀中其他书院明显地区分开来。明清两代，四川地区的书院主要供祀“文昌帝君”，清代尤其普遍。文昌帝君“掌人间禄秩，司科甲权衡”，[⑧]满足了科举制度下人们追逐功名的心理需求，所以得到士子们的崇奉。而尊经书院的创办者和继任者则非常反感供祀文昌的习俗。如张之洞斥刘沅“文昌教”“鄙俚拉杂，有如病狂”[⑨]。王闿运也曾针对“题桥之陋”，大发议论，并以身作则，教

---

① 《蜀学报》第1册，光绪二十四年闰三月望日，馆设尊经书局，四川省图书馆藏。

② 《蜀学报》第1册，光绪二十四年闰三月望日，馆设尊经书局，四川省图书馆藏。

③ ［清］廖平：《赍园书钞序》，傅德岷等主编：《巴蜀人文天下盛》，北京：中国文史出版社，2004年，第686页。

④ ［清］岳森：《癸甲襄校录》卷5，光绪甲午尊经书局开雕，四川省图书馆藏。

⑤ ［清］李承熙辑：《锦江书院纪略》卷中，咸丰八年锦江书院刻本。

⑥ ［清］李承熙辑：《锦江书院纪略》卷中，咸丰八年锦江书院刻本。

⑦ 陈法驾修、曾鉴纂：《（民国）华阳县志》卷30，1934年刻本。

⑧ 胡昭曦：《四川书院史》，成都：四川大学出版社2006年，第299页。

⑨ ［清］张之洞：《辅轩语》卷1，苑书义、孙华峰、李秉新主编：《张之洞全集》第12册，石家庄：河北人民出版社，1998年，第9777页。

育蜀士“幡然改习注疏诸史文选之属”[①]。故尊经书院虽在四川，但并不盲目随俗，它是当时四川学界的一个另类，乡土习气少，外地学风浓厚，代表了清代中后期出现的一种新兴省级书院，这种书院“其创建的目的是以经史实学去救书院坠落为科举附庸的流弊，意在返回传统，推古求新，重振书院事业”[②]，故不能与传统的四川书院完全划等号。

四、经费收支

尊经书院是一座借总督之力创建的官办书院，其经费分为建院经费和日常经费两大部分。建院经费包括书院用地、用房、学田、图书、教学用具的配置等。日常经费包括山长聘金、程仪，主讲、襄校的酬金，斋长、劳务的薪金，院生的膏火费、伙食费、花红等。各种经费的收支非常复杂，下面就文献中有记载的内容进行一些探讨。

1. 建院经费

尊经书院虽是官办的省级书院，但其建院经费并未由官府全额支付，而是由士绅出资、官员捐廉、州县募集等方式筹措的。

(1) 士绅出资。费行简《近代名人小传》说薛焕“资助张之洞起尊经书院”[③]，这是可信的，可以从档案材料中得到印证：

> 卑职故叔焕前任江苏巡抚工部右侍郎于同治十三年二月因丁忧在籍，来省谒见前督宪吴、前学宪张议修尊经书院，筹款置买地基，购料兴工，年馀始行蒇事，专课经学、辞章、天文、地理等学。是时卑职适任成都府训导，前督宪、前学宪以尊经书院之创设倡议起自故叔，将书院契据收约饬交卑职存留在案。现既改为大学堂，添买地基，修造宿舍，所有同治十三年发下契据，自应呈缴。[④]

这是光绪二十九年(1903)正月初七日，薛焕的侄子薛华墀呈给四川总督岑春煊的一封函件。从中可以看出，薛焕是置买地基、购料兴工的主要

① 费行简：《近代名人小传》，周骏富辑：《清代传纪丛刊》第202册，台北：台湾明文书局，1986年，第334页。

② 陈谷嘉、邓洪波主编：《中国书院制度研究》，杭州：浙江教育出版社，1997年，第101页、第102页。

③ 费行简：《近代名人小传》，周骏富辑：《清代传纪丛刊》第202册，台北：台湾明文书局，1986年，第466页。

④ 《关于将尊经书院产权移交经高等学堂的函》，1903年1月10日，四川高等学堂档案165，四川大学档案馆藏。

出资者。抛开建造校舍的费用，按当时的地价每亩42两计算[①]，仅购买地基一项的钱已相当可观。若非如此，这些契据也不可能一直保存在薛氏家族手中近三十年之久。而薛家最终交出这些契据，是由于创办四川高等学堂经费不支，要裁撤尊经书院、锦江书院之时。

(2) 官员捐廉。川督赵尔巽《已故大学士兴学育材成效卓著，请宣付史馆折》引用川籍绅士伍肇龄等人的话说："(张之洞)复以边省购书不易，捐置四部书数千卷，起尊经阁庋藏之，藉供生徒浏览。"[②]当然，张之洞的捐廉还远不止这些，例如，《蜀海丛谈》曰：

> 缔造之初，需款殊巨。除构造精舍，镌置群书外，更须筹措基金生息，为每岁山长修脯及诸生膏火之常费。川省各邑，学田丰富，院考所至，例有棚费。故三年试竣，使者收入不下十万金。公(张之洞)悉以例得之资，捐作书院之用。不足，则又多方募集，意得蒇事。[③]

由此可知，张之洞除了出钱为尊经书院购置大量图书外，还捐出了十万两银子的棚费收入。但是，这些钱杯水车薪，仍然不足以建造一所大型的省级书院。

(3) 州县募集。在建院经费的筹措上，除了士绅、官员的捐款，官府还向四川各属州县征收了一笔巨款。据南部县档案中的《川督吴棠催款札》记载：

> 创建尊经书院一切置地、建院、延师、刻书等费，需款甚巨，议请按每粮一两捐银二钱，为数无多，众擎易举，合一年收数计之，似可足用。……现在尊经书院正值积料赶修，功亏一篑之际，并刊刷经史各书籍，需款□急，历次在于司库借拨款项接济工用，刻下稽核各属报解书院捐款，银两甚属寥寥。……合亟严札飞催，札到该县，速将尊经书院捐款赶紧收解，均限本年八月以前扫数解清。[④]

由此可见，当时创建尊经书院的很大一笔款项是向各州县强行摊派征收的。

2. 日常经费

尽管建院经费的筹集，已令当政者大费周折，但是维持书院日常运行

---

① 据《新都县地价史料》：同治十三年(1874)，亩价42两。光绪二年(1876)，亩价41.8两。转引自谭文熙：《中国物价史》，武汉：湖北人民出版社，1993年，第281页。

② 赵尔巽：《已故大学士兴学育材成效卓著，请宣付史馆折》，苑书义、孙华峰、李秉新主编：《张之洞全集》第12册，石家庄：河北人民出版社，1998年，第10652页。

③ 周询：《蜀海丛谈》，成都：巴蜀书社，1986年，第189页。

④ 《川督吴棠催款札》，同治十三年四月，清代四川南部县衙门档案Q1-7-81-2-1，四川省南充市档案馆藏。

的经费，如膏火、花红、聘金、程仪等，重要性决不亚于建院经费。《中国书院制度研究》指出："有了常用经费，即可保持久远，长兴而不废。"[①]就目前的资料来看，日常经费基本上是从官府的藩库、盐库拨出的，没有发现尊经书院有"学田"的记载，而锦江书院的常用经费则有部分来自"学田"的收益。[②]

由于尊经书院与锦江书院是同一级别的省会书院，并且在裁撤之时，处境基本相同，下面以档案中锦江书院日常收入的记载为参考，略窥尊经书院日常经费的情况。薛华墀曰：

> 锦江书院每年在藩库领银贰千零五十五两八钱，在盐库领银叁千零贰拾玖两零六分，合共支银五千零八十四两八钱六分。……又该院有田产三百亩，向由府、成、华三学教官经管，岁收租谷四百一十九石八斗二升，支作谷课及三教官夫马。[③]

书院的日常支出项目很多，计有[④]：

山长修脯银八百两、正附课膏火银一千二百一十五两。监院薪水、门役工食银四十三两零八钞(以上由藩库领取)。山长节礼、山长聘金、广课膏火、增添附课膏火、官课加奖、官师之课内奖、堂课奖、斋长八名薪水、誊录三名薪水、增添监院薪水、管书生员薪水、传事等工食、一天灯油赀银八两，零星岁修银(盐库领发)。

每年二月份督宪甄别书院诸生，三月分开课，起至十一月分止，每月课额：正课六十名，每名膏火银一两五分(藩库领发)，每名课米一斗二升(由成、华县丞饬佃户呈缴给发)。谷课四十二名，广课三十二名，纸笔银一两(盐库领发)。附课六十名(藩库)，增添附课六名(盐库)。以上共课额二百名。

官课超等前二十名内奖银十五两，官课超特等前一百名加奖(盐库)。书院同课旗生坿考颁定前列五名，每名若干(轮考各宪捐廉给发)。书院堂课每课颁定一百名奖(盐库)。书院课额，每年自三月开课起至十一月课毕止，计玖课，遇闰之年加增闰月一课。

综观以上支出，支付山长岁修和院生膏火是书院日常开支的大宗。其中，山长修脯银 800 两，似乎是当时省会书院的通例，外省也是如此。如

① 陈谷嘉、邓洪波主编：《中国书院制度研究》，杭州：浙江教育出版社，1997 年，第 350 页。

② 《锦江书院地契》，四川高等学堂档案 165，四川大学档案馆藏。

③ 《关于裁撤锦江书院并将其经费、田产租谷移交高等学堂应用的函》，光绪二十八年十二月二十九日(1903 年 1 月 27 日)，四川高等学堂档案 165，四川大学档案馆藏。

④ 《锦江书院银谷数目清册》，四川高等学堂档案 165，四川大学档案馆藏。

“南皮(张之洞)制府奉请(胡子威)今年分教两湖书院,岁修八百两,务祈允许”[①]。但是,尊经书院也有特例,如《湘绮楼日记》光绪三年五月六日,“丁公(宝桢)欲招余(王闿运),岁致三千金。嫌其币重”。[②] 关于院生的膏火,据《芙蓉旧话录》,尊经书院的膏火为每人每月三两银子,[③]按当时的地价,每亩 42 两[④]。一个尊经书院的院生用 14 个月的膏火银(不包括廪生享受的政府津贴、为童生做廪保所收的费用,以及花红等额外收入)就可以在省城附近买一亩地,如此优厚的物质奖励,对院生们的激励之大,不难想像。所以,《尊经书院记》里,当张之洞问及创办尊经书院之意义时,竟有院生不假思索地回答是“振恤寒士”。

第三节　张之洞的兴学举措

一、张之洞的机遇

尊经书院创建之初,吴棠、张之洞等人曾向俞樾、张文虎、李慈铭、王闿运等学术巨擘和文化名流发出过邀请,但是,这些学者最后因为各种原因都没有受聘。按照清代的惯例,“督抚聘请名师为山长,其资格为大儒或本省还籍一二三品之巨官”[⑤]。所以,尊经书院的首任山长由在籍守制的工部右侍郎薛焕出任。在清代,工部右侍郎是从二品,似乎薛焕这个山长当之无愧。其实不然。同治三年(1864)四月,薛焕因与通政使王拯龃龉,降五级调用。[⑥] 所以,他还籍时应该是正五品,并非“一二三品之巨官”。张之洞《尊经书院记》称薛焕为“侍郎”是敬重之辞,吴棠写给皇帝的奏折称薛焕为“候补京堂”才是实情。[⑦] 那么,一个正五品的候补京堂凭什么能出任尊经书院首任山长呢? 主要原因有二:第一,薛氏是四川望族,家资富饶,

---

① 《张之洞(湖广总督府)往来电稿·致陈宝箴(1898 年 1 月 30 日)》,中国社会科学院近代史研究所《近代史资料》编辑部编:《近代史资料》总 109 号,北京:中国社会科学院出版社,2004 年,第 1 页。

② [清]王闿运:《湘绮楼日记》,长沙:岳麓书社 1996 年,第 570 页。

③ [清]周询:《芙蓉话旧录》,成都:四川人民出版社,1987 年,第 20 页。

④ 据《新都县地价史料》:同治十三年(1874),亩价 42 两。光绪二年(1876),亩价 41.8 两。转引自谭文熙:《中国物价史》,武汉:湖北人民出版社,1993 年,第 281 页。

⑤ [清]刘成禺:《世载堂杂忆》,沈阳:辽宁教育出版社,1997 年,第 13 页。

⑥ 钱实甫:《清代职官年表》第 1 册,北京:中华书局,1980 年,第 695 页。

⑦ 《奏为四川绅民公请捐建尊经书院并刊刻经史事》,同治十三年七月十八日,档号 04-01-38-0186-023,中国第一历史档案馆藏。

尊经书院的地基和建材大部分由薛焕出资购买；第二，薛家与当时位高权重的合肥李氏是姻亲，薛焕长女、三女分别嫁给李瀚章（李鸿章之兄）之子李经畬、李经楚。所以，薛焕身后有背景，在四川官场地位特殊。在一时片刻聘不到海内名师大儒的情况下，权且由他充任尊经山长，也在情理之中。

薛焕不仅在学术上毫无建树，而且在山长任上的时间也非常短暂，尊经书院建成的当年八月，他就协助亲家李瀚章到云南处理“马嘉理事件”①，事件处理完后，他就没有再担任尊经山长一职。费行简《近代名人小传》称“焕当官无令望，颇通贿遗，去官日富致百万。……而至今里闬仍无颂其贤者”②，恐怕说的是实情。

在尊经草创之初，山长薛焕的影响力微乎其微，暗中实际主事的是张之洞。一般认为，张之洞当时任四川学政，像创建省会书院、订立尊经章程这些大事理应由其负责。其实不然。按清代制度，创建书院在总督职权范围之内，学政只能会商其事，无权直接插手干预。而且，学政染指地方事务，是一件很犯忌的事。如《郎潜纪闻二笔》“学政关心民瘼”条曰：“学政虽职在典学，而荡节亲持，有辅轩采风之责，原不宜置民瘼吏疵于不问也。若其炫才沽誉，有意侵疆吏之权，则又不如噤若寒蝉矣。”③相传张之洞早年曾自刻小印曰“二品教官”④，虽称风趣，实则无奈。故督抚专权，学政受排挤，乃当时官场习见之事，前有阮元建诂经精舍、学海堂，后有丁宝桢聘王闿运掌教，都是明证。李榕也看出了张之洞的僭越，他在《致张香涛学使》中说：“创建书院，发议论，筹经费，定规条，执事合延陵（指吴棠）相辅而行，势权所在，义合如此。然而外间无贤不肖皆侧注执事，亦是仰望贤者之意，不以延陵为轻重也。”⑤

其实，吴棠对书院事务并非一窍不通，相反，同治六年（1867），他在闽浙总督任上奏《闽省建设书院疏》，《望三益斋诗文钞》中尚有《改建少城书院劄》、《筹捐锦屏书院膏火劄》、《批汶川书院各绅禀》、《重刊诂经精舍文续

① ［清］李瀚章：《钦差大臣李瀚章、薛焕等奏查办英员马嘉理被戕一案，请将办理不善之文武官革审折》光绪元年十一月十三日（1875年12月9日）：“八月初八日奉上谕：‘著吴棠传知前侍郎薛焕迅速赴滇，帮同李瀚章办理一切，以资得力。’臣瀚章于十月十六日、焕于十月二十三日先后抵滇。”（于乃仁、于希谦：《马嘉理事件始末》，德宏：德宏民族出版社，1992年，第155页。）

② 费行简：《近代名人小传》，周骏富辑：《清代传纪丛刊》第202册，台北：台湾明文书局，1986年，第466页。

③ ［清］陈康祺：《郎潜纪闻初笔、二笔、三笔》，北京：中华书局，1990年，第355页。

④ ［清］刘声木：《苌楚斋续笔》卷8，北京：中华书局，1998年，第413页。

⑤ 王显春、伏大庆主编：《十三峰书屋全集注释》上册，成都：巴蜀书社，2021年，第363页。

集叙》等文，可以看出，他对书院事务相当谙熟。既然如此，那么，张之洞何以能够全面主持尊经各项事务呢？这主要是因为吴棠得了重病。据《清代职官年表》，吴棠于光绪元年(1875)十二月十九日病免，第二年即病死。[①]在薛焕八月离去、吴棠十二月病免的情况下，尊经书院和四川官场先后出现权力真空，主持四川学务的重任顺理成章地落到了张之洞的肩上，张之洞由此获得了放手一搏的机会。

尊经院生张祥龄曰："同治甲戌，南皮张先生督学，提倡阮纪两文达之学，建书院于省会，送高材生百人，肄业其中，以《说文》及《提要》为之阶梯，购书数万卷，庋于阁，总督吴勤惠公复助之。川省僻处西南，国朝以来不知所谓汉学，于是颖异之士，如饿渴之得美膳，数月文风丕变，遂沛然若决江河。"[②]以上这段话精要概括了张之洞对尊经书院的巨大贡献。张之洞对尊经学风的影响主要是提倡"汉学"，无论是他组织编撰的《书目答问》和《辅轩语》，还是他离蜀前夕亲自撰写的《四川省城尊经书院记》，都体现了这一主张。这种"汉学"其实就是乾嘉考证之学，以目录、文字之学为主干，因类似于汉代的古文经学，所以又称"古学"。其学术手法重实证，与坐谈心性的理学进路迥异，所以又称"实学"。

二、张之洞建院的五大功绩

同治十二年(1873)六月，张之洞奉旨充四川乡试副考官，同年十月，奉旨简放四川学政。这是张之洞宦海生涯的一个分水岭，在此之前，张之洞经常参与文人学士的修禊雅集，诗酒唱和，俨然清流，而且颇有致力学术之意；在此之后，张之洞"巧宦热中"[③]，留恋官场，一副儒臣经世的派头。尽管如此，张之洞为政，最钟情的还是"办学"，平生最得意者，"任湖北学政时，捐廉创立'经心书院'；任四川学政时，与督部吴勤忠公商筹立'尊经书院'。皆选调高材生肄业其中，亲定课程，成就人才不可胜计。任晋抚时，创立'令德堂'，皆课通经学古之学，不习时文"[④]。这表明，张之洞的政治理念根源于儒家的"化民成俗，其必由学"，"建国君民，教学为先"(《礼记·学记》)的思想，即大乱之后必有大治，兴办教育是当务之急。

---

① 钱实甫：《清代职官年表》第2册，北京：中华书局，1980年，第1483页。

② [清]张祥龄：《翰林院庶吉士陈光明君墓志铭》，《受经堂集》，引自东方文化事业总委员会编：《续修四库全书总目提要》(稿本)第36册，济南：齐鲁书社，2006年，第254页。

③ 唐振常：《张之洞巧宦热中》，《半拙斋古今谈》，太原：山西教育出版社，1998年，第44页。

④ [清]张之洞：《抱冰堂弟子记》，《张之洞诗文集》，上海：上海古籍出版社，2008年，第545页。

关于张之洞在川兴学的成绩，川督赵尔巽《已故大学士兴学育材成效卓著，请宣付史馆折》引用川籍绅士伍肇龄等人的话评价曰：

自同治初年（“初”应作“末”），该大学士（张之洞）典试西来，始拔取绩学能文之士，……士风始为一变。旋奉命提督四川学政，则会商前督臣吴棠，奏设尊经书院，择郡县高材生肆（“肆”为“肄”之误）业其中，延聘名儒分科讲授。院内章程及读书治经之法，皆该大学士手订，条教精密，略如诂经精舍、学海堂规模。复以边省购书不易，捐置四部书数千卷，起尊经阁庋藏之，藉供生徒浏览。并开书局，刊行小学经史诸书流布坊间，以备士人诵习之资。自是比户横经，远近景慕，蜀中乃彬彬多文学矣。[①]

这段话总结了张之洞为尊经书院所做的五大功绩：会商总督、延聘名儒、手订章程、扩大庋藏、开设书局。下面分而论之：

1. 会商总督

清代省级书院一般置于总督或巡抚直接控制之下，要创办一所新的省级书院也不可能破例。所以，尊经书院的创建必须先与川督吴棠协商，再由吴棠直接奏请朝廷批准。张之洞在这方面显然具有前几任学政所没有的丰富经验。早在同治八年（1869），张之洞任湖北学政时，就已经遇到过类似的事情。据《张文襄公年谱》：“湖北原有江汉书院，因旧制不足以容多士，是时李文忠公鸿章以湖广总督兼署湖北巡抚，公商之文忠，别建精舍，名曰‘经心书院’。”[②]从某种意义上说，四川的锦江书院和尊经书院不过是湖北江汉书院和经心书院新旧体制的一个翻版，所不同的是地点由湖北武昌变成了四川成都，会商的总督由李鸿章变成了吴棠。对于张之洞来说，创办尊经书院是有迹可循的。

2. 延聘名儒

山长、主讲的人选事关重大，不仅关系到尊经书院的声誉，更重要的是还会决定将来蜀地学术发展的基本风格和走向，影响深远。按照清制，省级书院的山长由督抚亲自出面聘请，主讲由山长聘任，张之洞本无权干预其事。但是，张之洞咸同之际在京师交游甚广，与大批名流有诗酒唱和[③]，

① 苑书义、孙华峰、李秉新主编：《张之洞全集》第12册，石家庄：河北人民出版社，1998年，第10652页。

② 胡钧：《张文襄公年谱》，[清]张之洞：《张之洞诗文集》，上海：上海古籍出版社，2008年，第576页。又见[清]李鸿章：《复张香涛学使（同治八年七月初三日）》，[清]李鸿章著：《李鸿章全集》第5册《朋僚函稿》，海口：海南出版社，1997年，第2556页。

③ 张剑：《莫友芝年谱长编》，北京：中华书局，2008年，第173页。

他利用自己了解的情况和在士林的影响力，参与了尊经山长、主讲人选的提名。最典型的一个例子就是延聘张文虎。张文虎辞尊经讲席的那首诗的诗题提到“蜀省新建尊经书院，制军吴公(棠)奏开书局，以张香涛学使(之洞)言，介李制军(宗羲)书来欲属予此席”云云[①]。此外，李慈铭、王闿运皆为同治十年(1871)张之洞寓京时诗酒唱和的老朋友[②]，延聘他们也极有可能与张之洞有关。

3. 手订章程

张之洞制定尊经书院学规章程已详见前一章“学规章程”一节，此处从略。

4. 扩大度藏

《中国书院制度研究》曾胪列清代各地藏书确有数目可考的书院，于“尊经书院”条称：“四川成都尊经书院，光绪年间，学政张之洞购置图书数千卷。”[③]此处有一点需要补充修正：张之洞捐俸购置的书是二百余部。《创建尊经书院记》明确记载：“除官发外，使者捐置二百余部。”其中包含“《提要》三部”[④]。目前所知的尊经书院初期的藏书主要有两大来源：一是官府置备，一是个人捐赠。官府置备的书称“官发书”，具体数目不详，据张祥龄《翰林院庶吉士陈君墓志铭》云：“购书数万卷庋于阁。”[⑤]个人捐赠如俞樾《致张之洞》：“拙著已刻者，一百四十二卷，此后有便，拟寄呈一二部，即求存贮书院中，虽不足质院中高材诸生，亦古人藏名山、传其人之意也。”[⑥]除了捐置书籍，张之洞还为尊经书院拟定了进一步的藏书计划：“凡切要同看之书，院中须各置十许部，若注疏、经解、正史、《通鉴》、《提要》、《说文》、《玉篇》、《广韵》及考据家最著之书，周秦诸子、大家文集之属，虽费数千金，其效甚钜，不足靳也。”此外，张之洞还亲手制定了尊经阁的借书制度：

> 书院所储之书，监院有籍。二人掌之，增其月费。凡书必责掌书者题其前额，违者罚；不如此，不能检不能读也。岁一更，不得留，不得用本城人为。其居于外，也不得借出院。掌书须择晓事者，不可滥，尤

① [清]张文虎：《舒艺室诗存》卷7，沈云龙主编：《近代中国史料丛刊正编》第966册，台北：台湾文海出版社，1966年，第382页。

② 事见《题李莼客(慈铭)〈湖山高卧图〉》、《和王壬秋五月一日龙树寺集诗一首》、《和王壬秋孝廉食瓜诗三首》、《送王壬秋归湘潭》，苑书义、孙华峰、李秉新主编：《张之洞全集》第12册，石家庄：河北人民出版社，1998年，第10466页、第10483页、第10484页、第10485页。

③ 陈谷嘉、邓洪波主编：《中国书院制度研究》，杭州：浙江教育出版社，1997年，第162页。

④ 见《尊经书院记》“定课”第六小注。

⑤ 廖幼平：《廖季平年谱》，成都：巴蜀书社，1985年，第16页。

⑥ [清]俞樾：《俞樾函札辑证》下册，张燕婴整理，南京：凤凰出版社，2014年，第634页。

不可吝也。若遗失,勒限领书者借觅钞补,不能补者罚,掌书者无罪。其罚,卷多者每函一月月费,卷少者每部皆以一函论,尤精秘者酌增。若罪掌书则固闭不出,罚过重则人不敢领,失书犹可,束书不得读不可也。[①]

5. 开设书局

尊经书院开办后,由于教学的需要,对书籍的需求量相当大。例如,按照蜀督吴棠的提议:"入院者人给《五经》一、《释文》一、《史记》一、《文选》一、《史记合评》一。"[②]这个类似于教材性质的书单包括:《五经》(《相台五经》)九十三卷、《释文》(《经典释文》)三十一卷、《史记》一百三十卷、《文选》六十卷,《史记合评》六卷,合计320卷。关于刻印书籍在尊经书院教育中的具体使用,有一些零星的史料记载。例如,《清丁文简先生年谱》记载尊经院生丁树诚"有五色笔批《诗经》《礼记》笺注,……现仅存手批"汉四史"、《昭明文选》、《杜诗镜铨》,均尊经院精校板本,手迹犹新。"[③]这些刻书不仅供尊经院生使用,还供给书院以外的士绅使用,例如,王懿荣曾致信友人,想得到一部尊经书院刻的《史记合评》:"闻尊经书院有照归、方合评《史记》批就者,此项人士必无与吾兄熟识者,未悉敝同年吴友农庶常有处可通假者否? 舍弟每思借一本照批也。"[④]

尊经书院首批招生一百名,则需刻书三万两千卷,还要供院外士绅购阅。因此,草创之初的尊经书院根本没有实力全部印制这些书籍,成都的志古堂承担了其中一部分刻书任务。志古堂的老板周达三对古籍版本、校勘有一定研究,与当时川督吴棠、学政张之洞、幕府缪荃孙等人均有交往。张之洞曾出资三百金,委托志古堂为尊经书院生徒校刊《段注说文解字》,周达三还代吴棠校勘监刻"望三益斋"本《韩诗外传》、《杜诗镜铨》等。[⑤] 上述尊经院生的教材中,《史记合评》(即《归方评点史记合笔》)即是用的"望三益斋"本。尽管张之洞对刻书十分重视,在《书目答问》中附有《劝刻书说》,认为刻书是"传先哲之精蕴,启后学困蒙,亦利济之先务,积善之雅

---

① [清]张之洞:《创建尊经书院记》,苑书义、孙华峰、李秉新主编:《张之洞全集》第12册,石家庄:河北人民出版社,1998年,第10080页。

② [清]张之洞:《创建尊经书院记》,苑书义、孙华峰、李秉新主编:《张之洞全集》第12册,石家庄:河北人民出版社,1998年,第10076页。

③ 丁禹孝编纂:《清丁文简先生年谱》,成都华文堂藏钞本,第9页。

④ [清]王懿荣著、吕伟达主编:《王懿荣集》,济南:齐鲁书社,1999年,第154页。

⑤ 崔谷:《周达三》,任一民主编:《四川近现代人物传》(第6辑),成都:四川大学出版社,1990年,第500页。

谈”[①]。但是，由于书院草创，经费不足，张之洞时期的尊经书院“主要刊印一些经史小学类重要书籍，除《书目答问》、《輶轩语》外，几乎都是重刻本，其中《史记》、《汉书》、《后汉书》、《三国志》是借用成都书局覆刊内府本刷印的”[②]。尊经书局刻书事业的真正辉煌，则要到王闿运掌教之后了，但是，张之洞的草创之功是不应该被忽视的。

最后，值得一提的是，尊经书院藏书的尊经阁是中国最早建立的高校图书馆之一，至今四川大学图书馆还珍藏着当年的印书雕版数百块。据孙心磐《川大旧藏书版修印纪》记载：

> 蜀中文采，自古称盛，蜀刻书版，闻名遐迩。川大旧藏前尊经、锦江两书院书版，均为我国最重要之国学书与蜀中名儒之宏著，书版有四万余块，种数有百余，年久失修。
>
> 心磐二十九年秋承乏川大图书馆职务，在峨山迁图书就绪后，即检视此项书版。
>
> 二十八年夏，以防空袭故藏在皇城门楼下，地位潮湿且不通风，书版发生霉蛀。若不处理，必致毁烂无遗，关系蜀中文献至为重大。[③]

这批雕版（具体内容参见附录四）曾一度转到四川省图书馆，1940 年，四川省参议会有《尊经书院书版收归地方保存》的决议：“现存国立四川大学之前尊经书院刊存书版，关系西南文献至巨。经省参议员陈瑞林等，于第三次大会提案，主张收归地方主持文化机关，妥为保存。经省参议会决议通过，并函请省府查照敦促，现悉省府已将此案，交教厅现成省图书馆拟具保护之具体办法，以便函知川大定期收云。”[④]

第四节　《輶轩语》和《书目答问》的编撰

一、《輶轩语》和《书目答问》的编撰意图

张之洞喜欢办学，创办四川省城尊经书院，是张之洞生平办学的得

---

① 范希曾编：《书目答问补正》，北京：中华书局，1983 年，第 342 页。

② 黄海明：《概述四川尊经书院的刻书》，《四川大学学报》（哲学社会科学版），1992 年第 4 期，第 102 页。

③ 孙心磐：《川大旧藏书版修印纪》，《中华图书馆协会会报》1942 年第 17 卷第 1、2 期合刊，第 1—3 期，第 1—3 页。

④ 自强社：《尊经书院书版收归地方保存》，《新新新闻》1940 年 12 月 5 日，第 7 版。

意之笔。同治十二年(1873)六月,张之洞奉旨充四川乡试副考官,同年十月,奉旨简放四川学政。据川督赵尔巽《已故大学士兴学育材成效卓著,请宣付史馆折》引用川籍绅士伍肇龄等人的评价①,张之洞创办尊经书院的功绩可归纳为五条:会商总督、延聘名儒、手订章程、扩大庋藏、开设书局。

其中,第三条"手订章程"是指"院内章程及读书治经之法,皆该大学士手订,条教精密,略如诂经精舍、学海堂规模"②。此处有三个要点值得引起注意:

第一,所谓"院内章程",今已不得见,所存者仅《四川省城尊经书院记》一篇,相当于学规,张之洞《致谭叔裕》已明言:"章程有稿存案,《书院记》即学规。"③《尊经书院记》既是学规,同时也是《輶轩语》和《书目答问》的精华本,因为张之洞在《记》中明言:"使者所撰《輶轩语》、《书目答问》言之矣。犹恐其繁,更约言之。"④

第二,"读书治经之法",即张之洞为尊经书院的院生们编写的《輶轩语》和《书目答问》。这两本书是张之洞为了指导尊经书院的生员和川省士人读书而作。

《輶轩语》是张之洞当学政在四川各府县按试,对生员进行教诫的话,其中大部分是关于治学的经验之谈。"輶轩",本义是古代天子之使臣所乘的轻便车子,后来成为古代使臣的代称。张之洞以学政的身份来四川督学,所以称自己为"輶轩"。全书共三篇:上篇语行,中篇语学,下篇语文。内容"颇甚浅近,间及精深,……深者为高材生劝勉,浅者为学僮告戒,要皆审切时势,分析条理,明白易行,不为大言空论,称心而谈,一无剿说"⑤。其中德行方面的训诫有"德行谨厚"、"人品高峻"、"立志远大"、"砥砺气节"、"出门求师"、"讲求经济"、"习尚俭朴"、"读书期于有成"、"戒早开笔为文"、"戒早出考"、"戒侥幸"、"戒滥保"、"戒好讼"、"戒孳孳为利"、"戒轻言

① 苑书义、孙华峰、李秉新主编:《张之洞全集》第12册,石家庄:河北人民出版社,1998年,第10652页。

② 苑书义、孙华峰、李秉新主编:《张之洞全集》第12册,石家庄:河北人民出版社,1998年,第10652页。

③ 苑书义、孙华峰、李秉新主编:《张之洞全集》第12册,石家庄:河北人民出版社,1998年,第10130页。

④ [清]张之洞编撰,范希曾补正,孙文泱增订:《增订书目答问补正》,北京:中华书局,2011年,第628页。

⑤ [清]张之洞:《輶轩语》卷1,苑书义、孙华峰、李秉新主编:《张之洞全集》第12册,石家庄:河北人民出版社,1998年,第9771页。

著书刻集”、“戒讲学误人迷途”、“戒自居才子名士”、“戒食洋烟”等。[①] 关于治学方法和门径的有“读书宜读有用书”，“有用者何？可用以考古，可用以经世，可用以治身心”，“读书期于明理，明理归于致用”。[②] 同时还包括一些关于科举应试中常见问题的提示。

《书目答问》是一本目录学著作。张之洞自述其著述的意图曰：“诸生好学者来问应读何书，书以何本为善。偏举既嫌漏，志趣学业亦各不同，因录此以告初学。读书不知要领，劳而无功；知某书宜读而不得精校、精注本，事倍功半。”[③]全书为诸生们开列治学门径的书目，按传统的四部分类：经(570 余种)、史(590 余种)、子(550 余种)、集(550 余种)，同时还新增列举古今人著述合刻和清朝人独著“丛书目”(100 余种)，“别录”(70 余种)。书末还附有《国朝著述诸家姓名略》，指明清代学者的治学专长和学术流派。《书目答问》表现出强烈的尊汉学抑宋学的思想倾向，例如，“在经部中，朱熹的宋明理学虽然统治了中国 700 多年，但张之洞除了选取朱熹的几本小书外，其他阐述圣贤义理的一大堆宋学著作，几乎全被作为空话的样板，被扫除在《书目答问》之外。在子部中，也只选周程张朱陆王等代表人物的十几种书，其他‘语录’扫除殆尽。相反‘儒家类考订之属’却详细罗列，而其中大部分是清人的考据著作”。[④]

屈守元先生曾将《辅轩语》和《书目答问》的功用归纳为以下四点：“一曰指路。这两部书都很强调读书要摸索门径。……二曰奠基。阅读古籍，有一些必须奠定的基础。……三曰鉴裁。我国古籍，浩如烟海。不加以比较，是无法鉴别其良窳的。……四曰劝勉。要在大量的古籍中有所继承，有所创造，若无坚强的毅力是不会有什么成就的。”[⑤]

光绪二年(1876)尊经书院所刻的《书目答问》原本就是与《辅轩语》合刊的，说明这两本书在内容上存在某种关联，否则没必要合在一起。《辅轩语》，“本名《发落语》，或病其质，因取扬子云书《辅轩使者绝代语》释之，义

---

① [清]张之洞：《辅轩语》卷 1，苑书义、孙华峰、李秉新主编：《张之洞全集》第 12 册，石家庄：河北人民出版社，1998 年，第 9772—9778 页。

② [清]张之洞：《辅轩语》卷 1，苑书义、孙华峰、李秉新主编：《张之洞全集》第 12 册，石家庄：河北人民出版社，1998 年，第 9793 页、第 9797 页。

③ [清]张之洞：《书目答问》，苑书义、孙华峰、李秉新主编：《张之洞全集》第 12 册，石家庄：河北人民出版社，1998 年，第 9823 页。

④ 许伯卿：《从〈书目答问〉看张之洞的教育思想》，《江苏教育学院学报(社会科学版)》2001 年第 2 期，第 36 页。

⑤ 屈守元：《谈〈辅轩语〉和〈书目答问〉》，《四川师院学报》(社会科学版)，1982 年第 4 期，第 25—27 页。

谓与蜀使者有合,命曰《辅轩语》"[①]。由此可知,"辅轩语"乃"发落语"的雅号。"发落"原是处理、处置的意思,对于学政而言,"发落"却是一种特定的职务,指对生员进行考核、录取、奖惩等工作。《钦定学政全书》卷十九对"发落"有详细的规定[②]。按规定,考试发榜以后,生员必须亲自到场接受赏罚,此时,学政要对各等生员进行一番申斥、告诫或劝勉,这些话就称为"发落语"。《辅轩语》就是这样的"发落语",是张之洞以学政的身份履行自己"发落"的职责,无论其形式上寓规劝于说教也好,客观上对后人读书治学具有启发作用也好,都不能改变这一基本的出发点。

同理,《书目答问》与《辅轩语》的性质其实是一样的,张之洞在"略例"中开宗明义:"此编为告语生童而设,非是著述。"[③]光绪二年(1876)闰五月,张之洞在致王懿荣的信中谈到《书目答问》的编撰意图:"弟在此刊《书目》,以示生童,意在开扩见闻,一、指示门径,二、分别良楛,三、其去取分类,及偶加记注,颇有深意,非仅止开一书单也。更有深意,欲人知此所列各书精美,而重刻或访刻之。"[④]

关于张之洞欲劝勉士绅刊刻书籍的"深意",有学者已指出过[⑤],此不赘述。这里仅想指出一点,采访遗书,以广见闻,劝勉翻刻,以广流传,本身也是学政职责范围内的事情。《钦定学政全书》卷三《采访遗书》、卷四《颁发书籍》对学政访书、刻书有明确的规定。例如,乾隆六年(1741)上谕:"近世以来,著述日繁。如元、明诸贤以及国朝儒学,研究六经、阐明性理、潜心正学、醇粹无疵者,当不乏人。虽业在名山,未登天府,著直省督、抚、学政留心采访,不拘刊本、抄本,随时进呈。"[⑥]又如,乾隆三十九年(1774)上谕:"应于《提要》之外,另刊《简明书目》一编,只载某书若干卷,注某朝某人撰,则篇目不烦,而检查较易。俾学者由《书目》而寻《提要》,由《提要》而得《全书》。嘉与海内之士考镜源流,用彰我朝文治之盛。"[⑦]由此可知,《书目答问》的编撰,实际上是张之洞按照上谕的要求,贯彻和推进清朝的文治教

---

① [清]张之洞:《辅轩语》卷1,苑书义、孙华峰、李秉新主编:《张之洞全集》第12册,石家庄:河北人民出版社,1998年,第9772页。

② [清]素尔讷等纂修,霍有明、郭海文校注:《钦定学政全书校注》,武汉:武汉大学出版社,2009年,第67页。

③ 范希曾编:《书目答问补正》,南京:江苏古籍出版社,2000年,《书目答问略例》第1页。

④ 吴剑杰编著:《张之洞年谱长编》上册,上海:上海交通大学出版社,2009年,第49页。

⑤ 安东强:《张之洞〈书目答问〉本意解析》,《史学月刊》,2010年第12期,第50—56页。

⑥ [清]素尔讷等纂修,霍有明、郭海文校注:《钦定学政全书校注》,武汉:武汉大学出版社,2009年,第13页。

⑦ [清]素尔讷等纂修,霍有明、郭海文校注:《钦定学政全书校注》,武汉:武汉大学出版社,2009年,第16页。

化，它与今天研究编目方法和规律的目录学在出发点上并不完全一致。

第三，张之洞手订教条（包括《尊经书院记》《輶轩语》《书目答问》），“略如诂经精舍、学海堂规模”。这是讲张之洞在学政任上的所作所为，皆以清朝名臣阮元为楷模，处处效法他的政绩。例如，阮元创建诂经精舍、学海堂，张就仿效创建尊经书院；阮元撰《诂经精舍记》当作学规，张也撰《尊经书院记》当作学规；阮有《两浙輶轩录》，张就有《輶轩语》，有人认为《輶轩语》和《书目答问》也是仿效阮元任山东学政时刊刻有《经籍举要》；[①]阮有《淮海英灵集》，张就有《江汉炳灵集》；甚至阮元的书斋名“八砖吟馆”，张也有书斋名“蜀八砖馆”[②]。皆刻意模仿，绝非偶然雷同。前人评价张之洞为“巧宦”，从其书院办学实践也能窥见一斑。故俞樾《致张之洞》曰：“闻轺车四出，延揽人材，所至以实学倡导后进，阮文达有替人矣！”[③]以上这些都说明张之洞的兴学举措大体出于为政、为官的需要，并不纯粹出于学术的目的。

综上所述，《书目答问》本质上是清代官师同课、政（治）教（育）合一的书院教育制度的产物，它和《輶轩语》的编撰意图一样，都是遵奉上谕行使学政应尽的职责，而且这些职责都有前辈名臣的先例可循，并非张之洞的创举。

二、《书目答问》与《郘亭知见传本书目》

关于《书目答问》的著作权纠纷，近百年来聚讼纷纭，几乎成为学界的一桩世纪疑案。陈垣[④]、柴德赓[⑤]、朱维铮[⑥]等学术名家均对此书的作者问题进行过辨析，但终究莫衷一是。事实上，前人对《书目答问》著作权的考证，存在一个较大的误区，即纠缠于此书作者到底是谁。其实，无论考证出此书是张之洞自编的，还是出自缪荃孙或其他人之手，都不是最关键的问题。最关键的问题是不管谁编撰了《书目答问》，在当时的条件下，必有参考的蓝本。找到这个蓝本，著作权的纷争就能迎刃而解。

---

① 参见[清]刘声木：《苌楚斋随笔》下册《苌楚斋四笔》卷8“阮元经籍举要”条，北京：中华书局，1998年，第834—835页。

② [宋]薛尚功撰：《宋刻宋拓〈历代钟鼎彝器款识法帖〉辑存》，北京：中华书局，2021年，第408页。

③ [清]俞樾：《俞樾函札辑证》下册，张燕婴整理，南京：凤凰出版社，2014年，第634页。

④ 陈垣：《艺风年谱与书目答问》，《陈垣史学论著选》，上海：上海人民出版社，1981年，第382页。

⑤ 柴德赓：《重印书目答问补正序》，《书目答问补正》，北京：中华书局，1963年，第1页。

⑥ 朱维铮：《学人必读书——张之洞和〈书目答问〉两种》，《求索真文明——晚清学术史论》，上海：上海古籍出版社，1996年，第114页。

让我们回到《书目答问》的诞生地——四川省城尊经书院，它位于僻处西南一隅的四川成都，远离当时全国文化教育的中心，而且书院刚刚草创，书籍资料匮乏。按张之洞自己的说法："京师藏书，未在行箧，蜀中无从借书。"①在这样的情况下，要编撰一份分门别类开列了约2500种图书及其版本的长长的书单，谈何容易？更何况"此编所录，其原书为修四库时所未有进十之三四。四库虽有其书，而校本、注本晚出者十之七八"②，在无从借书的蜀中，这如何能办到？所以，唯有求助于"前辈通人考求定者"③。

据苏州图书馆藏无名氏《莫郘亭手钞知见书目》抄本封面题识：

> 此目录乃钞莫郘亭先生手钞本。标记半用郘位西所见经籍笔记，又汪铁樵朱笔于郘本勘注，并增入郘亭所见所知。惜仅有经史而无子集，倘他日补钞完全，亦一快事。所见张香涛学使新撰《书目答问》，即以此书为蓝本。④

其实关于《书目答问》以莫友芝《郘亭知见传本书目》为蓝本一事，当年尊经书院的院生就有知道底细者。例如，廖平、杨锐是第一批入尊经书院肄业的学生，而且成绩优异，深得张之洞器重，名列"尊经五少年"⑤。吴虞《爱智庐随笔》记录了与廖平的一次谈话，其中就提到："《书目答问》为莫子偲底本，或言谬（缪）小珊也。"⑥此处的"或言"指杨锐，《续修四库全书总目提要》"书目答问"条曰："华阳杨叔翘（峤）锐曰：此目出江阴缪小山荃荪之手，实非之洞之书。"⑦

所谓"莫子偲底本"就是莫友芝《郘亭知见传本书目》（以下简称《郘亭书目》）的钞本。由于此书刊行于宣统元年（1909），距莫友芝去世已近四十年，其间仅有钞本流传。据《莫友芝年谱长编》，莫友芝与张之洞初识于咸丰九年（1859），当时二人同在京师，私交甚笃。该年岁末，莫友芝离京，张之洞有《送莫子偲游赵州赴陈刺史钟祥之招》一首送别。同治六年（1867）

---

① ［清］范希曾编：《书目答问补正》，南京：江苏古籍出版社，2000年，《书目答问略例》第2页。

② ［清］范希曾编：《书目答问补正》，南京：江苏古籍出版社，2000年，《书目答问略例》第1页。

③ ［清］范希曾编：《书目答问补正》，南京：江苏古籍出版社，2000年，《书目答问略例》第1页。

④ ［清］张之洞著，陈居渊编，朱维铮校：《书目答问二种》，上海：中西书局，2012年，第384页。

⑤ 苑书义、孙华峰、李秉新主编：《张之洞全集》第12册，石家庄：河北人民出版社，1998年，第10133页。

⑥ ［清］吴虞：《吴虞集》，成都：四川人民出版社1985年，第91页。

⑦ 中国科学院图书馆整理：《续修四库全书总目提要》（稿本）第4册，济南：齐鲁书社，1996年，第479页。

十月，莫与张偕行至无锡，作竟日之谈，离别时互有馈赠。同治八年(1869)二月莫对张又有书信馈赠。是年十一月，二人有书信往来。[①]《部亭书目》的钞本极有可能是张之洞在与莫友芝交往中得到的。而且，莫友芝比张之洞年长26岁，与《书目答问略例》中提到的那位“前辈通人”吻合。

为证明《书目答问》以《部亭书目》为蓝本，下面从《书目答问》中抽取史部载记类[②]，与《部亭书目》[③]作一对比：

表2-1　《部亭书目》与《书目答问》所用版本对照表

书名	《部亭书目》的版本	《书目答问》的版本
华阳国志	嘉庆甲戌廖寅题襟馆本，乃顾千里校	顾广圻校，廖寅刻足本
十六国春秋	汉魏丛书本	汉魏丛书本，**单行大字本**
邺中记	聚珍本、闽覆本、续百川学海本	聚珍本，**杭本**，福本，续百川本
五国故事	知不足斋本	知不足斋本
九国志	守山阁刻本	守山阁辑本，**粤雅堂本，海山仙馆本，龙氏活字本**
江南野史	**四库依抄本，淡生堂馀苑本**	**续百川本，函海本**
吴越备史	学津讨原本，扫叶山房本	学津本，扫叶山房本
增订吴越备史	乾隆六十年刻	乾隆六十年刻本
十国春秋	康熙十七年汇贤斋刻，有翻本	周氏乾隆重刻本，原刻无末二卷
马令南唐书	蒋国祥马陆合刊，唐宋丛书本，	蒋氏马、陆二书合刻原本，唐宋丛书本，**江西翻本恶**
陆游南唐书	汲古阁刻元刻小字本	汲古阁本
南汉书	道光己丑刻本	道光己丑刻本
西夏书事	缺此书	**原刻本**

从列表可以看出，以上十三种书，《部亭书目》与《书目答问》互异之处有六(皆以粗体字标出)。其中，《西夏书事》一种，《书目答问》未标明卷数，说明作者并未见过此书，只是有所耳闻。而且，当时尊经书院的师生也没见过这本书。光绪五年(1879)八月七日，王闿运曾就此书与尊经院生有过

① 参阅张剑：《莫友芝年谱长编》，北京：中华书局，2008年，第173页、第182页、第449页、第502页。
② [清]范希曾编：《书目答问补正》，南京：江苏古籍出版社，2000年，第112页。
③ [清]莫友芝、傅增湘：《藏园订补郘亭知见传本书目》第1册，北京：中华书局，2009年，第341页。

一场争论:“谢生树楠呈友松《西夏事略》,廖季平云张孝达见一种,杨生鳣塘云或即此书也。孝达注云‘时人作’,非前代成书明矣。”[①]可见,由于《书目答问》语焉不详,竟有尊经院生将开县陈昆的《西夏事略》误认为是吴广成的《西夏书事》。《江南野史》一种,《郘亭书目》所列四库依抄本、淡生堂馀苑本非普通读书人所能见,故《书目答问》易之以常见的续百川本、函海本。马令《南唐书》一种,《书目答问》仅多添“江西翻本恶”一句,为《郘亭书目》所无,恐怕是版本太劣,莫友芝没有著录。因此,《书目答问》比《郘亭书目》多列出版本的仅有《鄴中记》、《九国志》两种。

假如上述列表尚不足以证明《郘亭书目》与《书目答问》之间的关系,那么,试再举一例。陈垣先生《艺风年谱和书目和问》引到光绪九年(1883)陆心源致潘祖荫的信札:

> 张中丞所刊《书目答问》,世颇风行。如《考古续图》,流传绝少,惟天禄琳琅及叶氏平安馆有其书,《答问》列之通行;朱石君《知足斋文集》乃散行,而列之骈体;毛岳生、吴仲伦、刘孟涂、管异之,称姚门四杰,而独遗毛氏,亦百密之一疏也。[②]

陆心源信上指出的三处硬伤,第一处错得匪夷所思,《郘亭书目》准确著录了此书的作者、卷数和版本,而《书目答问》不仅将罕见的《考古续图》注为通行本,而且将《考古图》作者吕大临误作吕大防,将“《释文》一卷”误作“《释音》五卷”,这些是照抄《四库全书简明目录》都不会犯的错误。何以至此,令人费解。[③] 剩下两处硬伤均涉及“修四库时所未有进十之三四”的内容。按张之洞的说法,《书目答问》中有十之三四的书是《四库全书》未著录的。陆心源所举朱珪《知足斋文集》、毛岳生《休复居诗文集》、吴德旋(仲伦)《初月楼文钞》、刘开(孟涂)《刘孟涂集》、管同(异之)《因寄轩文集》这五种书都在《四库全书》未著录之列。由于《郘亭书目》基本上只著录《四库全书》已收书的版本,故没有著录上述五种书。因此,《书目答问》在编撰时就失去了征引的凭据,频频出错。著录朱珪《知足斋文集》,既不知其卷数,又不知集中所收全是散文,没有骈文,列入“国朝骈体文家集”,闹了笑话。著录“国朝桐城派古文家集”时,“姚门四杰”遗漏了毛岳生的《休复居诗文

---

① [清]王闿运:《湘绮楼日记》,长沙:岳麓书社,1996年,第822页。

② 陈垣:《艺风年谱和书目和问》,《陈垣全集》第7册,合肥:安徽大学出版社,2009年,第529页。

③ 笔者推测,编《书目答问》时用的是《郘亭书目》的稿本,而非定本,书成于1873年,莫氏及其后人可能有增补。这也可以说明为什么《毛诗后笺》等三种《郘亭书目》著录过的书,《书目答问》标不出卷数,极有可能是莫氏后来添入的。

集》。剩下的三杰，除刘开的《刘孟涂集》著录正确外，吴德旋《初月楼文钞》误作《初月楼集》，并且标不出卷数。管同《因寄轩文集》误作《管异之文集》，也标不出卷数。

正是由于《郘亭书目》的上述不足，导致张之洞在编撰《书目答问》时遇到很大麻烦。据缪荃孙回忆，张之洞编《书目答问》时，他随同助理。有一次，张向他提起邵懿辰的《四库简明目录标注》，说此书"当时惜未传录，否则出诸箧中，按图索骥，数日事耳，不似如今考及两月，尚未惬心贵当也。"[①]为什么说如果用《四库简明目录标注》按图索骥，不过"数日事耳"，而"如今考及两月，尚未惬心贵当"呢？因为《四库简明目录标注》增入了大量《四库全书》未收的书，可省不少事。而《郘亭书目》没有收这些书，要增补这些"修四库时所未有进十之三四"的内容（近 1000 种书），要花费很大一番工夫。

三、《书目答问》对尊经书院的影响

尽管《书目答问》对近现代学术影响巨大，但是，它最初在书院教育中所起的作用，似乎还很少有人提及。光绪元年（1875），《书目答问》初刻于尊经书院，这一年尊经书院才刚刚创建，第二年它又与《輶轩语》合刊[②]，成为此后二十多年中尊经院生的必读书。尊经院生刘光谟曾用"通经达史，博学能文，讲求根柢，以期大成"这十六个字概括尊经书院的办学宗旨。[③]而《书目答问》所显示的正是这种"通博"、"大成"的学术气象。

钱穆说："每一时代的学者，必有许多对后学指示读书门径和指导读书方法的话。循此推寻，不仅使我们可以知道许多学术上的门径和方法，而且各时代学术的精神、路向和风气之不同，亦可藉此窥见。"[④]光绪初年编撰的《书目答问》，从尊经书院开始，一直影响到全国，正是这一时期学术趋向的反映。此后，这种"通博"的趋向在尊经书院更是突破中学的疆界，进而发展到西学领域。光绪二十二年（1896），尊经书院山长宋育仁从上海等地采购回大批书籍，供书院的院生们研读。四川大学档案馆《四川高等学

---

① 邵懿辰等：《增订四库简明目录标注》，上海：上海古籍出版社，1979 年，第 1 页。

② 黄海明：《概述四川尊经书院的刻书》，《四川大学学报》（哲学社会科学版），1992 年第 4 期，第 103 页。

③ 王葆心：《方志学发微》，湖北省地方志编纂委员会办公室注，湖北省地方志编纂委员会办公室，1984 年，第 215 页。

④ 钱穆：《近百年来诸儒论读书》，《学籥》，北京：九州出版社，2011 年，第 75 页。

堂档案》保存了宋育仁当年采购书籍的清单[①]。在这份采购清单中，除为了补足张之洞《书目答问》所列书目外（如《大清一统志》、《算学启蒙》等），还购藏了大量西学书籍，门类包括社会科学的历史、经济、法律、政治、文学；自然科学的矿业、冶金、矿物学、工业技术、交通运输、军事、力学、声学、光学、化学、化工、动力工程、数学、地理、天文学、气象学等方方面面。这些西学书籍的涵盖面之广，已远远超出了当初《书目答问》所划定的知识范围，极大地拓展了川人的思想视野，丰富了他们对于西学的认知和了解，推动了西学在四川地区的迅速传播。但是，综观尊经书院教育活动的变化发展，我们认为，《书目答问》所奠定的规模和基础，仍然是中西会通的必要前提。

---

① "关于清查宋院长购书种部的来往文件"，光绪二十九年（1903）五月十二日，四川高等学堂档案 212，四川大学档案馆藏。

第三章　尊经学术的嬗变

尊经书院的办学宗旨虽是“绍先哲，起蜀学”，但围绕这一宗旨，其学风却非一成不变。同光之际，吴棠、张之洞等欲将蜀学导入乾嘉汉学的主流，“以通经学古课蜀士”。这一时期江浙考据学风在尊经书院盛行，以致尊经课艺《蜀秀集》被人视为“江浙派”的作品。至光绪四年(1878)，四川总督丁宝桢礼聘王闿运入蜀掌教尊经书院，推行“湖湘派”的经世学风以取代“江浙派”考据学风。这一事件，改变了近代蜀学的发展轨迹。

第一节　尊经书院的山长人选

尊经历代山长的简历如下表①：

表 3-1　尊经书院历代山长简表

姓名	籍贯	科甲出身	掌教时间
薛　焕	四川兴文	道光二十四年(1844)举人	光绪元年(1875)正月—八月
王闿运	湖南湘潭	咸丰七年(1857)举人	光绪五年(1879)正月—十二年(1886)春
伍肇龄	四川邛崃	道光二十七年(1847)丁未科二甲第 23 名进士	光绪十二年(1886)—二十一年(1895)
刘岳云	江苏宝应	光绪十二年(1886)丙戌科二甲第 49 名进士	光绪二十二年(1896)
宋育仁	四川富顺	光绪十二年(1886)丙戌科三甲第 46 名进士	光绪二十三年(1897)三月—二十四年(1898)八月

① 史称尊经山长中，另有一人姓成名章，字华卿，光绪初人，著有《醉经堂集》，今佚。(见《(民国)巴中县志》第二编《文学》、《科第》，1927 年石印本。)按：此人科名止于贡生，按当时常理根本不具有当尊经山长的资格，疑似记载有误，待考。

（续　表）

姓名	籍贯	科甲出身	掌教时间
罗光烈	四川什邡	光绪十二年(1886)丙戌科二甲第36名进士	光绪二十六年(1900)—二十八年(1902)
杜翰藩	四川万县	约光绪二十一年(1895)前举人[①]	光绪二十八年(1902)—二十九年(1903)

其中，王闿运受聘出任尊经书院山长一事，在尊经书院史，乃至四川近代文化、学术、教育史上，皆可谓有史必录、是传必书的一件大事，其重要程度不言而喻。然而，各种传纪史志对此事的叙述往往一笔带过，而未及深论。其实，这件事的背景经过，当事人的初衷打算，以及其中的曲折变幻，皆有可议之处，值得深究。今博取旁搜、赜探隐索，对此事作一番考论，以补前史之阙。

尊经书院如何选聘山长？以及最终由王闿运出任山长的原因是什么？各种研究资料皆语焉不详，令人殊为不解。事实上，按照清代书院选聘山长的惯例来衡量，王闿运的资历、条件并非最佳。

首先，清代书院选聘山长一般要求科甲出身，一些省会书院甚至只聘进士出任山长，而“督抚聘请名师为山长，其资格为大儒或本省还籍一二三品之巨官”[②]。例如，“清代岳麓书院自乾隆十年(1745)房逢年任山长开始，至岳麓书院1903年改制的158年中的历任山长都是进士出身”。再如，苏州紫阳书院，25名院长，除一人资料不全，无法判定科甲出身外，其余24人都是清一色的进士出身，其中还有两人是状元。[③] 而王闿运仅仅是个咸丰七年丁巳(1857)的举人，同治十年辛未(1871)会试落榜后，就再也没有参加过科举考试。所以，在当时，像王闿运这种身份，担任岳麓书院、紫阳书院这种省会书院的山长，几乎是不可能的。至于像尊经书院这样与锦江书院并列的省会书院，即使是僻处西南，尚处于草创阶段，由王闿运出任山长也显得十分勉强。[④]

---

① 按：杜翰藩，光绪十一年(1885)拔贡，中举年代不详。徐仁甫《振兴蜀学人才辈出的尊经书院》仅称其是万县举人，光绪二十二年任温江教谕。（中国人民政治协商会议四川省委员会文史资料研究委编：《四川文史资料选辑》第35辑，成都：四川人民出版社，1985年，第9页。）

② ［清］刘成禺：《世载堂杂忆》，沈阳：辽宁教育出版社，1997年，第13页。

③ 邓洪波：《中国书院史》，上海：东方出版中心，2006年，第500页、第468页。

④ 尊经书院创建之初，曾邀请王闿运出任主讲，王在致张之洞的一封信中曾提到此事：“闿运于乙亥(1875)即得薛兴文（薛焕）致聘。”（王闿运：《湘绮楼诗文集》，长沙：岳麓书社，1996年，第845页。）如果是聘王闿运出任山长，则致函聘请的必须是蜀督吴棠，既然由山长薛焕出面聘请，则必是请王来做屈居山长之下的主讲。由此可知，尊经书院最初也认为王闿运不是山长的合适人选，而只有担任主讲的资格。

其次，清代书院选聘山长一般本地人士优先。这主要是为了“保证山长能发挥实际作用，而不出现‘遥领馆职’的现象”[①]。下面仍以清代岳麓书院和紫阳书院为例，“岳麓书院自雍正十一年(1733)起至改学堂为止170余年间，知名的院长23人，……以籍贯分，江西1人，湖北2人，余皆湖南人”。紫阳书院“以籍贯分，24人中，湖北1人，福建1人，浙江2人，安徽2人，其余皆为江苏人”。[②] 那么，王闿运既非四川本省人，又是举人出身，却能担任四川省会书院尊经书院的山长，是否是因为当时四川本地人才不济，找不到适合的人选呢？显然不是。笔者依据《清代四川进士征略》进行了一个粗略的统计，从咸丰十年(1860)到光绪四年(1878)王闿运入蜀之前，四川一共产生了104名进士，其中淡泊名利，不愿为官，适合从事文教者大约有33人。[③] 面对一支如此庞大的本地进士竞争集团，作为外地举人的王闿运，其脱颖而出的本钱又在哪里？

再次，清代书院选聘外地人任山长，江苏、浙江两省人士占绝对优势。从清代状元、榜眼、探花的地域分布来看，四川中状元、榜眼、探花各1名，全国排名第十七；湖南则中状元2名，榜眼5名，探花6名，全国排名第七。而江苏中状元49名，榜眼26名，探花41名；浙江中状元20名，榜眼29名，探花26名，分别位居全国第一、二名，其状元数量超过了全国其他各省的总和。[④] 由此可见，江苏、浙江两省文教之盛，人才辈出，非其他省份所能望其项背。因此，清代书院选聘外地人任山长，江苏、浙江两省的学术名流是首选，尊经书院也不例外。起初，蜀督吴棠聘请江苏南汇张文虎主持四川尊经书院讲席，张以路远、年老辞谢不赴。[⑤] 聘浙江德清俞樾，不至。后来又有樊增祥托缪荃孙推荐浙江会稽李慈铭，[⑥]也未成行。最后，薛焕聘浙江海宁钱保塘、嘉兴钱保宣二人为主讲。[⑦] 据说，光绪四年(1878)冬，

---

① 邓洪波：《中国书院史》，上海：东方出版中心，2006年，第500页。

② 邓洪波：《中国书院史》，上海：东方出版中心，2006年，第468页。

③ 依据李朝正：《清代四川进士征略》，成都：四川大学出版社，1986年。

④ 江庆柏：《清朝进士题名录》，北京：中华书局，2007年。

⑤ 事见张文虎：《舒艺室诗存》卷七《蜀省新建尊经书院，制军吴公(棠)奏开书局，以张香涛学使(之洞)言，介李制军(宗羲)书来欲属予此席，辞之而副以诗》，沈云龙主编：《近代中国史料丛刊正编》第966册，台北：台湾文海出版社，1966年，第382页。

⑥ 事见缪荃孙：《艺风堂友朋书札》下册，上海：上海古籍出版社，1980年，第109页。

⑦ 关于聘二钱为主讲的原因，有两种说法：一说“当吴棠、张之洞初置尊经书院于成都，聘俞樾弗至，即延之(钱保塘)摄教习”(费行简：《近代名人小传》，周骏富辑：《清代传纪丛刊》第202册，台北：台湾明文书局，1986年，第348页)；一说“薛焕聘湘潭王闿运主讲尊经，王不至。乃以钱塘钱保塘(铁江)及其弟保宣(徐山)权主其事”(廖幼平：《廖季平年谱》，成都：巴蜀书社，1985年，第16页)。笔者认为，两说合起来才接近实情。

“学政谭宗浚集尊经诸生三年以来课艺及下车观风超等卷，刊为《蜀秀集》八卷。所刊皆二钱之教，识者称为江浙派”[①]。则王闿运入蜀之前，江浙派在尊经书院已成气候，这对属于湖湘学派的王闿运出任山长极为不利。

综上所述，清代书院山长的遴选，重视科甲、籍贯、学术流派，相比较而言，王闿运在这三个方面均不占优势。所以，他在致张之洞的一封信中有这样的说法：“闿运于乙亥(1875)即得薛兴文(薛焕)致聘，恐惧惭惶，虽极思一奉光仪，犹虑自书黄纸。”[②]其中“自书黄纸”一句令人费解，疑用《北齐书·邢邵传》“自买黄纸”的典故：[③]

> 于时袁翻与范阳祖莹位望通显，文笔之美，见称先达，以邵藻思华赡，深共嫉之。每洛中贵人拜职，多凭邵为谢表。尝有一贵胜初授官，大事宾食，翻与邵俱在坐。翻意主人托其为让表。遂命邵作之。翻甚不悦，每告人云：“邢家小儿尝客作章表，自买黄纸，写而送之。”邵恐为翻所害，乃辞以疾。[④]

由此推测，王闿运当日的顾虑正是自己资历不够，哪怕是入蜀任主讲一职，也可能会像邢邵一样招来嫉恨。但是，王闿运最终不但掌教尊经书院，而且出任了比主讲还高一级的山长，其中原因何在呢?

第二节　王闿运入蜀的原因

王闿运向张之洞道出了“自书黄纸”的顾虑之后，紧接着又说：“旋知两钱主讲，五经斯立，又得稚公五书，约来一觌，中无皋比之议，是以敢作峡游。”[⑤]这句看似轻描淡写的叙述，其中却暗含了王闿运入蜀掌教尊经书院的两个重要原因，现分疏如下：

第一个重要原因是当时任主讲的二钱在资历、名望和学术水平上皆逊于王闿运，解除了王出任山长的顾虑。二钱即钱保塘和钱宝宣。王闿运与二钱相比，科甲功名相同，而且王闿运还比钱保塘早两年中举。从经历上

---

① 廖幼平：《廖季平年谱》，成都：巴蜀书社，1985年，第19页。

② [清]王闿运：《湘绮楼笺启》卷2，马积高编：《湘绮楼诗文集》第2册，长沙：岳麓书社，1996年，第845页。

③ 这则典故又见《北史》卷43。王闿运曾于光绪六年四月校《北史》，令尊经书局刊行，显然是熟悉这则典故的。

④ [唐]李百药：《北齐书》第2册，北京：中华书局，1972年，第475页。

⑤ 王闿运：《湘绮楼笺启》卷2，马积高编：《湘绮楼诗文集》第2册，长沙：岳麓书社，1996年，第845页。

看，二钱不过是从江浙避乱入川的候补知县，而王闿运不仅与湘军要人关系密切，后来又入大学士肃顺幕，深受赏识，约为异姓兄弟，参预军机。这些经历，是二钱望尘莫及的。从学问上看，虽然钱保塘堪称笃学之士，钱宝宣也是名门之后，皆有家学渊源，但二人在人才济济的江浙学派中，只能算二三流的水平，与王闿运在湖湘学派中的地位根本无法相提并论，而且王在经学、史学、文学等多方面的成就也远远超过二人。

第二个重要原因是四川总督丁宝桢对王闿运的器重。在丁宝桢之前，曾有张之洞和薛焕邀王闿运入川主讲①，王不为所动。唯独丁公出马，王欣然前往，可见丁、王的交情，非比寻常。从二人结交的时间上看，最早可以上溯到咸丰十年(1860)，丁任岳州(今湖南省岳阳市)知府之时，对王的赏识和招揽。例如，王闿运《致丁亲家》第一启即有"前临鄙郡，辱荷知延"之类追述往昔的话。

从现存的史料来看，丁宝桢向王闿运提出入川的邀请，是在光绪三年五月六日，"丁公欲招余，岁致三千金。嫌其币重"。② 不久，王又听到了一些关于丁的负面舆论③，所以没有贸然接受邀请。直到光绪四年(1878)冬，《湘军志》基本完成，王闿运大约预感到此书将会招来湘军大员的不满和报复，才决定入川投奔丁宝桢，暂时避避风头。《湘绮府君年谱》记载：光绪四年八月，"四川总督丁丈稚璜遣书约往四川，又致书谭丈文卿，属其劝驾。府君答以撰《湘军志》毕始定行期。"④这段记载有一处疑点，即丁宝桢请来劝驾的是湖南茶陵人谭钟麟(字文卿)，时任陕西巡抚。但从道理上说，尊经书院属于学政参与创办的省会书院，如果要聘王闿运出任山长，不能没有四川学政谭宗浚的首肯，但我们发现，来自谭宗浚这一方的邀请却始终空缺。⑤ 连王闿运自己也承认："又得稚公五书，约来一觌，中无皋比

① 张之洞之邀见《致丁亲家》第二启："入蜀胜览，自香涛视学时已有前约。"([清]王闿运：《湘绮楼笺启》卷4，马积高编：《湘绮楼诗文集》第2册，岳麓书社，1996年，第938页。)

② [清]王闿运：《湘绮楼日记》，长沙：岳麓书社，1996年，第570页。

③ 参见《湘绮楼日记》：光绪三年九月三日，"常耕岑来，言丁稚璜信谗而慢客，意甚忿忿。余言今之督抚，与战国之君相似，皆自以为是，则无不是也"。(王闿运：《湘绮楼日记》，长沙：岳麓书社，1996年，第598页。)

④ [清]王代功：《湘绮府君年谱》，沈云龙主编：《近代中国史料丛刊正编》第596册，台湾：文海出版社，第87页。

⑤ 最令人不解的是《湘绮楼日记》中这段记载：光绪五年一月十二日，"学使谭叔玉(即"叔裕"，谭宗浚的字)来谢，未见。盐道遣送聘书，定尊经讲席，受而不辞，以既来不可辞也。"([清]王闿运：《湘绮楼日记》，长沙：岳麓书社，1996年，第729页。)既然王闿运已经决定受聘，学政谭宗浚亲自造访，竟然拒而不见。

之议，是以敢作峡游。”[①]“中无皋比之议”就是说丁宝桢的邀请中根本没有提到聘他出任尊经书院山长的事。[②]

既然对聘任一事只字未提，那么丁宝桢邀王闿运入川究竟是为何事呢？光绪十一年(1885)冬，王闿运在致李黻堂的一封信中道出了事情真相：“稚公折节下交，非为兴学，豫知英人必窥西藏，欲储幕府材耳。”[③]原来，这才是丁宝桢邀王闿运入川的本意。所谓“英人必窥西藏”，就是王闿运《丁文诚诔》所说的：“昔虎视乎南荒，策缅甸之必亡。连天竺以窥俄，填二藏以为强。”[④]从《湘绮府君年谱》中，我们还能了解到丁宝桢当年御敌的方略：光绪八年四月，“丁丈稚璜书来，请代拟疏稿，陈天下大计。盖欲经营西藏，通印度，取缅甸，以遏英、俄、法之窥伺。且自请出使以觇夷情焉。”[⑤]费行简《近代名人小传》甚至认为经营西藏的计策就是王闿运为丁宝桢出的：“(王闿运)说宝桢曰：‘印、英，仇也。而从之，实势是屈。今方闲暇，先营卫藏，为印后援，可乎？’宝桢大称善。”[⑥]

此外，尚有一些旁证隐约透露出王闿运助丁宝桢经营西藏的具体细节。例如，《湘绮楼日记》记载光绪四年(1878)年末，王闿运刚到成都，“遂径诣铁版桥机器局”[⑦]，见殷竹翁、曾元卿、刘栋材、陈鲁詹等人，其中的曾元卿就是“王门三匠”之一的铜匠曾昭吉，是机器局里帮助丁宝桢研制枪炮和火药的关键人物。此后的《湘绮楼日记》中多次提到曾昭吉与王闿运的交往，不少是与曾的科技发明有关。王闿运编的《尊经书院初集》还收录了丁宝桢《机器局诗》和王闿运、谢质、王昌麟等尊经书院师生的《和机器局诗》。综上可见，丁宝桢无疑是看中了王闿运的谋略和王门弟子的兵工技术，希望他们来辅佐自己成就一番非常之业。这是丁邀王入川的主要意图，至于聘

① [清]王闿运：《湘绮楼笺启》卷2，马积高编：《湘绮楼诗文集》第2册，长沙：岳麓书社，1996年，第845页。

② 值得一提的是，王闿运在事前其实已经知道入川将有院长之聘，《日记》：光绪四年七月十七日，“得敖金甫书，乃知四川仍有院长之聘。”([清]王闿运：《湘绮楼日记》，长沙：岳麓书社，1996年，第674页。)

③ [清]王闿运：《湘绮楼笺启》卷四，《湘绮楼诗文集》第2册，长沙：岳麓书社，1996年，第885页。按：“折节下交”，原文误作“折节不交”，今据影印本改。(见[清]王闿运：《湘绮楼笺启》，沈云龙主编：《近代中国史料丛刊正编》第176册，台北：台湾文海出版社，1966年，第97页。)

④ [清]王闿运：《湘绮楼诗文集》第1册，长沙：岳麓书社，1996年，第221页。

⑤ [清]王代功：《湘绮府君年谱》，沈云龙主编：《近代中国史料丛刊正编》第596册，台北：台湾文海出版社，1966年，第116页。

⑥ 费行简：《近代名人小传》，周骏富辑：《清代传纪丛刊》第202册，台北：台湾明文书局，1986年，第335页。

⑦ [清]王闿运：《湘绮楼日记》，长沙：岳麓书社，1996年，第720页。

王闿运出任尊经书院山长，在很大程度上不过是一种权宜的安置而已。

“辞湘就梁，殊非吾意”[①]，这是王闿运入蜀之后致其妻信中之言。按照他的本意，大约也是想得到丁宝桢的重用，言听计从、相得无间，一展自己的政治才能。可是，来到成都，见丁宝桢的第一面便是“与稺公谈安南事，不相合”。反而是他不太情愿出任的山长一职，丁宝桢硬是再三恳求、殷殷相托。[②] 几天后，丁宝桢招饮，王闿运“欲论治理，稺公惟谈闲事，因唯唯而罢”。为此他特意在当天的《日记》里大发了一通议论，把丁宝桢与当时几个中兴名臣作比较，认为：胡林翼“能求人才，而不知人才”；曾国藩“能收人才，而不用人才”；左宗棠“能访人才，而不容人才”；丁宝桢“能知能求，而不能任”。并感叹道：“凡此皆今世所谓贤豪，乃无一得人才之用者，天下事尚有望耶?”[③]其失望之情，已经溢于言表。但是，王闿运最终并没有选择拂袖而去、一走了之，而是“为感诗人招禄之义，故再言讲席，亦不复辞，聊以一岁，答其雅意而已”。这里的“招禄”，典出《毛诗序》：“《君子阳阳》，闵周也。君子遭乱，相招为禄仕，全身远害而已。”[④]由此可以窥见王闿运接受掌教之职时的内心想法，实为避祸谋生，迫不得已。

俗话说：“失之东隅，收之桑榆。”恐怕连王闿运自己也没有料到，这次心不从愿、身不由己的受聘，却开创了四川近代学术教育的一番新局面、新气象，他所选拔培养的杨锐、廖平、宋育仁、吴之英、岳森、胡从简、刘子雄、张祥龄、戴光等硕彦鸿才，后来不仅使尊经书院声名大噪，而且开启了四川近代学术，使之成为维新变法和新文化运动的重要思想来源之一，对中国近现代历史产生了深远的影响。

第三节　二钱与“江浙派”

按照张之洞等人对尊经书院的设计，是想模仿诂经精舍和学海堂的学制，为四川培养出一些通经致用的人才，在学术倾向上是偏重朴学的。这

---

① 王闿运：《湘绮楼笺启》卷2，马积高编：《湘绮楼诗文集》第二册，长沙：岳麓书社，1996年，第872页。

② 王闿运：《湘绮楼日记》，长沙：岳麓书社，1996年，第720页。

③ 王闿运：《湘绮楼日记》，长沙：岳麓书社，1996年，第726页。这段议论是王闿运的私下议论，《湘绮府君年谱》说这是“与丁丈稺璜论求贤之道”(王代功：《湘绮府君年谱》，沈云龙主编：《近代中国史料丛刊正编》第596册，台北：台湾文海出版社，1966年，第89页)，恐非是。

④ [清]阮元校刻：《十三经注疏》上册，北京：中华书局，1980年，第331页。

种倾向从尊经书院最初邀请的俞樾、张文虎、李慈铭等人皆为江浙一带的朴学大师，就可以看出来。虽然，这些朴学大师都没有接受邀请，最后只好委派钱保塘、钱宝宣为主讲。尽管没有请到江浙一带第一流的学者，但尊经书院初期对江浙学术的推崇，以及追求朴学的学术倾向仍然没变，委派为主讲的二钱仍然是江浙派的人物，张之洞的继任者谭宗浚也承继了相同的学术主张，在蜀中倡导“实学”。如谭氏《四川试牍序》：“原朝廷之本意固将求乎实学，而非尽以时文取士也。”又如其《将解任留别蜀中士子八首》之六：“斯皆魁垒士，实学雄万夫”。他所谓的“实学”与吴棠奏折中的“讲求实学、造就真才”是一个意思。据说，光绪四年(1878)冬，“学政谭宗浚集尊经诸生三年以来课艺及下车观风超等卷，刊为《蜀秀集》八卷。所刊皆二钱之教，识者称为江浙派”[①]。可见，在尊经书院初期，江浙派学风占主导地位。

关于二钱的生平事迹，目前所知甚少，我们只能靠现存文献中零星的记载勾勒出他们生平的轮廓。

钱宝宣，字徐山，浙江嘉兴(今浙江省嘉兴市)人，钱仪吉的次子[②]，沈曾植早年曾受其教[③]。谭宗浚为四川学政时所作的《钱徐山大令(宝宣)》一首[④]，记其家族、身世颇详，下面对这首诗略作笺释：

钱徐山大令(宝宣)[⑤]

钱侯胡辇姿，[⑥]磊落德门裔。[⑦]
伊昔尚书公，[⑧]文藻郁辨丽。
遭遇乾隆朝，云龙托真契。[⑨]
是时海宇康，士女笙歌沸。

---

① 廖幼平：《廖季平年谱》，成都：巴蜀书社，1985年，第19页。

② [清]缪荃孙：《艺风堂文漫存·癸甲稿》卷4《钱衎石定庐集跋》，民国间艺风堂刻本。又引文中称“年丈为衎石给练之次子”，“给练”为“给谏”之误，给谏是给事中的别称，钱仪吉曾任工科给事中，原文做“给练”，盖刻误，附识于此。转引自杨洪升：《缪荃孙研究》，上海：上海古籍出版社，2008年，第30页。

③ [清]沈曾植：《定庐集序》，许全胜：《沈曾植年谱长编》，北京：中华书局，2007年，第30页。

④ 见[清]谭宗浚：《荔村草堂诗钞》卷八，《续修四库全书》第1564册，上海：上海古籍出版社，2002年，第264页。

⑤ “大令”，古时县官多称令，后以大令为对县官的敬称。由“大令”的称呼可知钱宝宣曾任知县。

⑥ “胡辇”，即瑚、琏，皆为宗庙礼器，用以比喻治国安邦之才。

⑦ “德门裔”，“德门”为有德之家，“德门裔”暗示钱宝宣出身于名宦之家。

⑧ “尚书公”，指钱陈群，官至刑部侍郎，乾隆二十六年，加尚书衔。《清史稿》卷305有传。

⑨ “真契”，知己，意志相合者。乾隆上谕谓：“儒臣老辈中能以诗文结恩遇、备商榷者，沈德潜卒后惟陈群。”(《清史稿》本传)

六飞数南巡，珥笔出入侍。①
时邀丹露题，②灿烂银钩字。③
南楼工写生，花鸟妙精致。
亦复膺御褒，翟茀传盛事。④
文孙得黄门，⑤经学迥深邃。
诗传郑氏笺，书撰王粲记。⑥
至今大梁门，多士精讲肄。⑦
君也产渥洼，⑧千里期远至。
胡为困风尘，仆仆随小吏？
自言丧乱来，吴越满兵骑。⑨
承平人物凋，故旧文献坠。
藏书三万签，褾褫委烽燧。⑩
又言家运屯，鸰原横涕泗。⑪
八口寄锦城，行歌日憔悴。⑫
往岁主皋比，⑬巢林暂栖憩。
英才萃薛裴，⑭实学得回赐。⑮

---

① 古代史官、谏官上朝，常插笔冠侧，以便记录，谓之“珥笔”。此句是指乾隆南巡，钱陈群曾数度迎驾。

② 此句指乾隆屡次赐诗画与钱陈群。

③ “银钩”，比喻遒媚刚劲的书法。

④ 以上四句是叙述乾隆三十一年（1766），陈群进其母陈画册，册有纶光题句。乾隆题诗以赵孟頫、管道升为比。“翟茀”，古代贵族妇女所乘的一种车子。

⑤ “文孙”，原指周文王之孙，后泛用为对他人之孙的美称，这里指钱仪吉。钱仪吉是陈群的曾孙。“黄门”，黄门侍郎的省称，或称给事黄门侍郎。仪吉官至工科给事中，故称“黄门”。

⑥ 此两句所指不详，待考。

⑦ 钱仪吉曾主讲粤东学海堂及河南大梁书院凡数十年。

⑧ “渥洼”，水名。在今甘肃省安西县境，传说产神马之处。《清史稿・钱仪吉传》称“仪吉子宝惠”，故推测钱宝宣应该是钱仪吉之子。

⑨ 咸丰十年（1860）五月初六，太平军攻克浙江嘉兴郡。（罗尔纲：《太平天国史》第1册，中华书局1991年，第141页。）

⑩ “褾褫”，即“裱褫”，在画背的上端，裱有一段用来包裹画身的色绢或色纸。俗称“包首”。

⑪ “鸰原”，典出《诗・小雅・常棣》：“脊令在原，兄弟急难。”后因以“鸰原”谓兄弟友爱。

⑫ 《清稗类钞・鉴赏类》“章硕卿刻书”条称：“（章）与缪筱珊、钱徐山、钱铁江、宣麓公、沈吟樵辈交，意气益发舒矣。”（徐珂辑：《清稗类钞》第9册，北京：中华书局，1986年，第4305页。）沈吟樵葬于光绪六年十一月三日。（［清］王闿运：《湘绮楼日记》，长沙：岳麓书社，1996年，第965页。）

⑬ “皋比”，虎皮。古人坐虎皮讲学，后因以指讲席。这里指钱宝宣主讲尊经书院。

⑭ “薛裴”，疑指薛氏、裴氏，皆为唐代名门望族。这里借指蜀中名门子弟。

⑮ “回赐”，颜回、子贡。

羞随野鹜争，翩作冥鸿避。[①]
呜呼发捻狂，儒冠业遭废。
大帅出戎旃，[②]爱才亦虚伪。
岂宜瓦砾尊，周鼎反憎弃。
谅同中散愁，堪下步兵泪。[③]
君昨江油行，揖别意弥挚。
白日照衣裳，回飙动旌旆。
未知行路难，何自重把袂。
永怀零雨章，[④]出郊载酸鼻。[⑤]
更忆舜举翁(兼谓铁江大令)，[⑥]负才并瑰异。
各抱经济能，俱郁蹭蹬志。
吾闻古达人，忧患垂象系。[⑦]
著书如已成，幸寄黄车使。[⑧]

由诗中“大令”的称呼可知钱宝宣曾任知县一类的小官。由“磊落德门裔”、“伊昔尚书公”、“遭遇乾隆朝”等句，可知他是乾隆时期刑部尚书钱陈群的后裔。从“自言丧乱来”、“八口寄锦城”等句，可知其携全家为避太平天国之乱而来到成都。钱宝宣大约卒于光绪九年七八月间。[⑨]

《艺风堂友朋书札》收录钱宝宣致缪荃孙书札两封，从中我们可以了解到其在尊经书院执教的一些情况。如王闿运掌教之前，是钱宝宣拟题阅卷，“书院一席，今年王壬秋已到馆，(前岁请，昨腊到。)俭腹可免拟题阅卷矣”。尊经书局的魏了翁《鹤山文钞》、张澍《蜀典》、《书目答问》、《輶轩语》等书是由钱宝宣刊印的。[⑩] 在张之洞走后，王闿运来之前，钱宝宣任主讲时，最欣赏的尊经弟子有七人：“院中讲肄诸君，一日千里，令人望而战栗。

① 此诗作于光绪五年(1879)年底，谭宗浚离任之际，“野鹜”疑指王闿运。

② “戎旃”，军旗。借指战事，军队。结合前句的“发捻”，此处的“大帅”指丁宝桢。

③ “中散”，嵇康。“步兵”，阮籍。

④ “零雨章”，疑指《诗·豳风·东山》：“我来自东，零雨其蒙。”

⑤ “酸鼻”，鼻酸，谓悲痛欲泣。

⑥ “舜举翁”，钱舜举，元代画家，此处所指不详。“铁江大令”，钱保塘，字铁江。

⑦ “象系”，《周易》的《象》和《系辞》。

⑧ “黄车使”，典出《汉书·艺文志》：“武帝时以方士侍郎号黄车使者。”后称编著小说者为“黄车使者”。

⑨ 见《湘绮楼日记》：光绪九年八月十二日(公历1883年9月12日)，“云南巡抚遵义唐炯来书，言钱徐山死，天下从此又少一读书人。贵州士大夫其赏鉴如此。”(王闿运：《湘绮楼日记》，长沙：岳麓书社，1996年，第1245页。)

⑩ [清]缪荃孙编：《艺风堂友朋书札》下册，上海：上海古籍出版社，1981年，第720页、第721页。

向日知名之士杨叔峤、(近来下笔更非前比。)廖勖斋、(登廷,井研,长于考订。)张盟荪(有深湛之思。)外,近日又得刘庚(号梦轩)之诗,王荫槐(号植卿)之杂作。住院今年转有六十人,院外投考顾印愚、陈宝等,皆能每课有心得之作。”[①]宋育仁《感事诗三十四首》小注还提到钱宝宣的一些轶事。“初尊经无师,钱大令讳宝宣,承督院委阅课高才生,皆贽焉。师称誉其文学曰:‘蜀人有宋玉、扬雄。’扬,谓同院杨锐也。”光绪八年(1882),王闿运一度返湘,学政朱逌然“谋为尊经置教习,访于钱大令师,师首举育仁,称曰:‘其为人有不以三公易其介之操。以前为尊经生,循例称我为师,若以学行言,我当转师事蔡清也。’”[②]“师事蔡清”,疑指明代弘治年间陈琛受业蔡清事。[③]

另一位主讲钱保塘,钱宝宣以兄弟视之,称呼他为“家铁江”[④]。钱保塘(1833—1897),字铁江,号兰伯,浙江海宁人[⑤],诸生钱焯与妾徐氏所生之子。海宁钱氏为乾隆时期布衣学者钱馥的后裔。关于钱保塘家世的记载有两条可供参考:

> (1) 钱焯字承动,号爱斋,海宁诸生。许湝祥曰:“爱斋先生性谨约,口不臧否人材。”续聘姚,距昏期二日,先生以暴疾卒。姚闻而大恸,衰绖视含。[⑥] 钱氏以礼迎归,独居一室,戚鄙罕见其面。抚育前出子及妾生子,俱恩义备至,而督课甚严,诸孤皆成立,能读父书。保塘中咸丰九年举人,出宰西蜀,历治大邑,有政声,皆贞母之教也。[⑦]
>
> (2) 钱焯妾徐氏,年二十八主殁。嫡姚氏守贞来归,事之谨。家贫,辛勤操作,苦节终身,卒年五十二(按:同治三年旌)。子保塘。[⑧]

钱氏于咸丰九年己未(1859)中举,同治末,以知县分发四川候补,光绪

---

① [清]缪荃孙编:《艺风堂友朋书札》下册,上海:上海古籍出版社,1981年,第722页。

② 宋育仁《感事诗三十四首》,《哀怨集》,宣统二年刻本。

③ [清]李清馥《闽中理学渊源考》卷60:陈先生琛,字思献,别号紫峰。晋江人。杜门独学,不为苟同。初受业于木斋李聪。一日蔡文庄得其文于木斋所,嗟异久之,曰:“吾得友此人足矣。”先生乃介木斋禀学于文莊。文庄曰:“吾所发愤沉潜辛苦而仅得者,以语人尝不解。不意子已自得之,今且尽以付子矣。”

④ [清]缪荃孙编:《艺风堂友朋书札》下册,上海:上海古籍出版社,1981年,第720页。

⑤ 关于钱保塘的籍贯,有多种说法:缪荃孙《艺风老人日记》、刘锦藻《清朝续文献通考》和张舜徽《清人文集别录》称是海宁人,费行简《近代名人小传》称是嘉兴人,廖幼平《廖季平年谱》称是钱塘人,笔者怀疑以上都不是最精确的。惟有《蕉廊脞录》说是海昌人(见[清]吴庆坻:《蕉廊脞录》,北京:中华书局,1990年,第169页。),或许最近实情。海昌,今浙江省海宁市盐官镇。

⑥ “视含”,古代人死,以玉含其口中。后因称送终为“视含”。

⑦ [清]潘衍桐辑:《两浙辅轩续录》卷37,清光绪十七年(1891)浙江书局刻本。

⑧ [清]陈璚等修纂:《(民国)杭州府志》卷161,1926年铅印本。

五年(1879)二月十八日才派往清溪(今四川省达州市清溪县)赴任。[①] 后来又曾返回尊经书院任主讲。关于钱保塘作为候补知县滞留成都,主讲尊经书院这段时间的背景和处境,可以从清代地方候补制度的相关研究资料中略窥一端:"按清朝的制度规定,取得官员身份的人到达分发的省份以后,应先到本省的督抚官署报到,听候分发。在省城等候,等候省里分配去担任实际的官职,叫做'候补'。候补的官员,每天一大早就得到督抚官署去听候消息,希望能得到督抚召见,得到派任具体官职的喜讯。每天到达以后,应先到号房挂号,有示自己业已来了,然后到休息室等待。等候到近中午时还没有召见的消息,那么今天就无望了,只好回家,明天再来。在清代,候补官员月复一月、年复一年,每天到督抚官署坐候的,是一种普遍的现象。除了翰林院庶吉士散馆后,分发到各省候补知县的,因为是国家规定了的制度应立即赴任,督抚不得不从速安排外,其余的都得等待一个较长的时间。按规定,候补官员是没有俸钱可领的。在只有支出没有收入的情况下,候补的时间越长,困难就越大。加以候补官既然是官,就要讲究官的气派,家中必有奴婢,出门必须坐轿,开支数额不小,以致生活更为窘迫。"[②]

此后,钱保塘又历任定远(今四川省广安市武胜县)、大足、什邡知县,是王祖源(王懿荣之父)的下属。[③] 王曾任四川成绵龙茂兵备道并署四川按察使,光绪二年(1876)张之洞娶其女为妻。钱保塘能以属吏的身份出任尊经主讲,可能得益于张、王的这层关系。钱在蜀二十余年,大约卒于光绪二十三年岁末。[④] 钱氏一生的著述比较丰富,《中国丛书综录》著录他编的《清风室丛刊》,他撰有《清风室文钞》十二卷、《诗钞》五卷、《春秋疑年录》一卷、《帝王世纪续补》一卷、《帝王世纪考异》一卷,《吴越杂事诗录》三卷、《辨名小记》一卷、《钱氏考古录》十二卷《补遗》一卷、《历代名人生卒录》八卷、《女英传》四卷、《光绪舆地韵编》一卷、《涪州石鱼题名记》一卷、《乾道临安志札记》一卷;辑有《字林考逸》八卷、《妇学》一卷。此外,还有一本与姚觐元合撰的《涪州石鱼文字所见录》二卷。所谓"涪州石鱼文字",即今天著名

① [清]王闿运:《湘绮楼日记》,长沙:岳麓书社,1996年,第748页。

② 程幸超:《中国地方行政制度史》,成都:四川人民出版社,1992年,第283—284页。

③ 钱为王的部属,见刘咸炘《内景楼检书记》:"《急就篇直音》一卷,王氏天壤阁刊,王莲塘守成都时,属钱铁江保塘补音。"(段渝主编:《刘咸炘论目录学》,上海:上海科学技术文献出版社,2008年,第207页。)

④ [清]缪荃孙《戊戌日记》光绪二十四年一月十一日(公历1898年2月1日)录有乔茂轩《挽钱铁江大令》挽联一副:"忠信之长,慈惠之师,巴蜀循声腾万口;古训是式,威仪是力,东南学派有范型。"见缪荃孙:《艺风老人日记》,北京:北京大学出版社,1986年,第1019页。

的涪陵白鹤梁石刻。由钱氏的著述可以看出，其在经学上的建树远不如王闿运，张舜徽《清人文集别录》评价他“以吏事分其日力，故所学稍荒。……于经学无成书”①。尽管钱氏有《春秋疑年录》一卷，张舜徽说他“于经学无成书”并不确切，但也仅此一卷而已，实不足道。

关于钱保塘的传记资料，目前所知的有两篇，一为朱昌燕所撰墓志，见《衎庐遗稿》，一为费行简《近人名人小传》的传。② 钱氏在尊经书院的情况，费氏所记较详，现引于下：

> 钱葆唐③，字铁江，嘉兴人④，以拔贡举人官什方县知县，卒于官。当吴棠、张之洞初置尊经书院于成都，聘俞樾弗至，即延之摄教习，以注疏课士，蜀人乃知有经学。葆唐淹博，初法王应麟，颇编补旧，或搜定佚调，已而耆烟，⑤以博稽为苦，乃专治《周官经》，为补注、补疏、正义刊误，各若干条，简而得要，余尝助其成。晚岁深思而弗好学，束书不观，而一灯对谈，辄有精义名言，足正先儒之失，由其颖悟绝人，故思之所至，蔑弗通者。工俪体，疏秀若庾肩吾。时蜀士制举文，庸滥恶俗，而每乡试，葆唐必为同考，榜首恒出其门，所取文皆古博，不类制艺。余笑之。葆唐曰：“士无不习八比文者，今以古博为鹄，则习八服者亦渐亲典籍，使十科内吾皆预试，蜀学必丕变，胜于湘绮主讲八年，而皆士仅逾十人也。”虽大言，而实通论已。

钱保塘教学生“以古博为鹄”，在他所撰的《成都尊经书院策问》中即有体现，⑥现标点于下，以见尊经书院初期教学之范围、课试之概貌：

> 问：《论语》有齐、鲁、古文三家，其传授何人，其同异何在？何氏《集解》所用何本？序称集诸家之善，记其姓名？而皇侃《疏》称何《集注》皆呼人名，惟包独称氏，其故安在？今本何又概题某氏？何氏既称孔安国为之训解，而世不传，乃《集解》仍有安国语，果孔氏之旧欤？表章孟子，始自何人？何时得列于经？孙奭采何人之说，补成《音义》？伪撰孙氏《疏》者，为何时何地人？其删取赵氏《章》指入《疏》中，仿自何人？《疏》有误引他书为《史记》者，有虚撰事实伪称《史记》者，能指

① 张舜徽：《清人文集别录》，华中师范大学出版社，2004 年，第 496 页。

② 参阅费行简：《近代名人小传》，周骏富辑：《清代传纪丛刊》第 202 册，台北：台湾明文书局，1986 年，第 348 页。

③ “葆唐”，为“保塘”之误。

④ “嘉兴人”，应作“海宁人”。

⑤ “耆烟”，即“嗜烟”，吸食鸦片。

⑥ [清]钱保塘：《清风室文钞》卷 12，《丛书集成续编》第 143 册，台北：台湾新文丰出版公司，1988 年。

其谬欤？赵氏疑《孟子外书》四篇为后世依托，今世传者是否当时旧本？注称熙时子又何人也？《大学》《中庸》乃《礼记》中二篇，然子思作《中庸》有明文，本自单行，《汉书·艺文志》“《中庸说》二篇”，列于何家？六朝人撰《中庸传》《疏》者，何人？朱子更定《大学》经传，以为出自曾子，何所据欤？（“四书”）

问：《易·系辞》“河出图，圣人则之”，“河图”之义，孔、郑二说何者为是？言重卦者，有伏羲、神农、夏禹、文王之不同，何说为合于经传？伏羲、神农时，未有文字，《系辞》所云“取离”“取益”之言，何义？《汉书·艺文志》称《尚书古文经》四十六卷，为五十七篇，而桓谭《新论》云“《古文尚书》旧有四十五卷，为五十八篇”，何以不符孔壁古文，多十六篇，与郑氏述《逸书》二十四篇之目，其分合若何？梅氏所上古文有碍于义理者，能略言之欤？《诗》十五国风次序先后何义？何以与季札所称不同？《豳》何以次《风》《雅》之间？《风》《雅》《颂》为施政之名，其义安在？天子有正雅、变雅，何以诸侯有变风，无正风？《雅》有大、小，而《风》《颂》不分大小，能言其义欤？汉初《春秋》得于何处？《左氏传》献自何人？有谓左氏为战国时人者，其说云何？杜预言《左传》称凡五十，其别四十有九，何以不数其一？孔氏《左传正义》以何人之疏为本？《隋书·经籍志》称《礼记》中《月令》《明堂》《乐记》三篇为马融所作，其说然否？此“五经”之纲要也，其详言之。（“五经”）

问：《说文》每字既释其义，复存其声，有可以考见古意者甚多，能约举之欤？分部以形为经，然亦有以声为经者，何部正文用篆，说解用隶？有篆文不能成隶书，因以同声字代之者，何在？有两字音义相同，字形小异，实为一字者；有重文不载篆文而见说解中者；有本字假借他用，而本字之义转增益偏旁别为一字者；有篆本一字，而隶分为数字者，能一一举之欤？有本无其字而后人增益者，如“后叙”所举字数，今核之，皆有溢出。李焘疑古籀文为吕忱增入，据何人之说？其说是否可信？后人有取忱《字林》附入者否？有本有其字，而传写佚脱者，如“新附”诸文；有宋以前引《说文》具载其字者；有本书偏旁有之，而佚去篆文，见于他书所引者，能约举他书考补之欤？至徐氏既每部“新附”诸文，复有十九字分列本书各部中，其义例若何？十九字有见于《说文系传》者，又何以致误欤？（《说文》）

问：《史记》、《两汉书》为史学之宗，张晏举《史记》所阙十篇以今本考之，有不合者，何在？褚先生补者几篇？本未阙而褚先生又补缀者几篇？司马贞欲更定者几篇？其欲更定之义例安在？班固、司马贞所见本，列传次第有与今本不合者，何篇？开元时，更定列传次第者何篇？注《史记》者几家？《汉书》断代为书，史体始立，何以《古今人表》与全书之例不合？名曰《古今人表》，何又不及今人？其品第舛违之处，能略言之欤？刘之遴所见古本《汉书》，果可信欤？注《汉书》者几家，《汉书》集注始于何时？所称臣瓒为何人？刊其误者几人？《后汉书》"八志"出自何人？何时并合于范书？"八志"中有本于前人者何篇？范书之前，撰《后汉书》者几家？范书列传中有注文搀入正文者，何处？世以为马、班、范为"三史"，然范书未出以前，已有"三史"之名，又何指欤？（"三史"）

问：《史记》有《世家》，而《世家》之目，实非创自《史记》；《晋书》有《载记》，而《载记》之目亦非创自《晋书》，能言其所自欤？《世家》纪世有爵邑者，何以列入陈涉？《载记》纪东晋割据诸国，何以前凉张氏、西凉李氏又入列传，其义安在？明时所传崔鸿《十六国春秋》百卷，与《魏书·鸿本传》及《史通》所称是书体例不合，果鸿之旧欤？梁有萧方等《三十国春秋》，何以国名有如此之多，能约略陈之欤？欧阳《五代史》仿《史记》例立十国《世家》，然唐末藩镇割据，传世者不止十国，为何地、何人？何以不入之《世家》？《五代史》未出之先，已有撰十国事为"世家"者，为何书？《宋史》又何以编"世家"于"列传"？《五国故事》载吴、南唐、前后蜀、闽、南汉事实，六国也，何以称五国？其例有所昉欤？路振《九国志》末二卷记北楚事，为何人补辑？其书于何年上之朝？书虽早亡，近时辑本尚有列传一百三十馀篇，何以皆为武臣而无文臣，能言其故欤？（史例）

问：《禹贡》《尔雅》《周官·职方氏》"九州"皆不同，见《尔雅》者或以为夏制，或以为殷制，为何人之说？其说云何？见《职方氏》者，与《禹贡》九州疆域分合大小同异之处若何？西汉部刺史往来无定，至东汉始有治所，其十三州刺史所治郡县何地？三国时，魏、吴均有荆、扬二州，其刺史各治何处？蜀祇得益州，《通典》何以云有梁州？东晋侨置北方州郡，本无南字，而《晋书·地理志》均加"南"字，何以致误？"南"字究何时所加？宋武北伐凡得几州？南朝疆域，陈为最狭，隋既平陈，称为最盛，其大概若何？唐初分十道，开元时为十五道，增改者何名？宋至道时分十五路，仁宗时陕西沿边置四路，河北置四路，何以不在十八路之数？元丰又分为二十三路，后陕西又置熙河一路，亦不在二十三路之数，能言其制度欤？（地理统部）

问：制科之设，肇自汉文帝，诏举贤良方正，能直言极谏者，始于何年？西汉贤良策之载于史传者，晁错、董仲舒、公孙宏(弘)、杜钦、谷永、杜邺而已，其所对策问意指若何？能言其大概欤？合晁董诸人膺斯选者，凡十七人，东汉凡十三人，能缕举其人欤？唐制科之目益繁，见于《通考》者，凡有几？张九龄于神龙二年中“材堪经邦科”，本传不载，见于何书？宋仁宗天圣七年增制科六，其目若何？制科试诗赋自何时始？不试诗赋自何人始？宋时试入三等者，凡有几人？苏辙已入三等，何以复降为四等？孔文仲已入三等，何以复绌？能言其故欤？南宋尤重宏词科，是科立于何年？有极论科举制科之坏人材，并言宏词科宜罢者何人？我朝两举词科，得人为盛，考掌故者所必及也，其举所知者陈之。(制科)

问：诸子之说首重儒家，《汉书·艺文志》载《曾子》十八篇、《子思子》二十三篇，书虽早亡，然其附见于他书者，《曾子》尚有十篇，《子思子》除《中庸》外，他书所引有见于《礼记》者在何篇？宋时有《曾子》《子思子》辑本，其体例若何？荀子之学原本孔门，其授受源流安在？其书采入大、小《戴记》者何篇？《非十二子篇》，他书述之，无讥子思、孟子之说，见于何书？性恶善伪之说，久为后人诟厉，然其伪字之义，具见本书，非诈伪之谓，其说云何？汉初儒者最推贾生，其所学奚长？其渊源奚自？所撰《新书》是否本书？《过秦》三篇，本非论也，何人始目为论？其书有全篇采入《大戴记》者，有一节见《小戴记》者，为何篇？《新序》《说苑》是否完书？《家语》《中说》是否依托？论《盐铁》者何义？注《法言》者几家？《傅子》大旨若何？今尚存凡篇？此皆儒家之最古者也。略举数种，其晰言之。(儒家)

钱保塘所撰《成都尊经书院策问》八首，内容涉及“四书”、“五经”、《说文》、“三史”、史例、地理、制科、儒家等八个门类，知识面涵盖极广，初学者一见，必定惊慌失措，叹其淹博。其实，策问中绝大部分的答案都在《御纂七经》、《说文》段注、《史记》、《汉书》、《后汉书》、《四库提要》等几部书中，尤其是《四库提要》。例如，“五经”题最后一问：“《隋书·经籍志》称《礼》中《月令》、《明堂》、《乐记》三篇为马融所作，其说然否?”答案在《四库提要》“《礼记正义》”条可以找到。“史例”题：“明时所传崔鸿《十六国春秋》百卷，与《魏书》鸿本传及《史通》所称是书体例不合，果鸿之旧欤?”答案在“《十六国春秋》”条、“《别本十六国春秋》”条。“儒家”题：“《新序》、《说苑》是否完书？《家语》、《中说》是否依托？论盐铁者何义？注《法言》者几家?《傅子》大旨若何？今尚存凡篇?”答案俱在《四库提要》卷九十一。类似的情况不胜枚举，总的来说，其教学范围、知识视域不出《尊经书院记》“知要”第五所说的："经学必先求之《学海堂经解》，小学必先求诸段注《说文》，史学必先求诸'三史'，总计一切学术必先求诸《四库提要》，以此为主，以余为辅，不由此入，必无所得。"①

由此我们可以看出，尊经书院最初虽以"通经学古"纠正科举时文的"庸滥恶俗"，但其所标榜的"通经学古"不过是乾嘉学术的余波，这种汉学知识的传播并不能完成"起蜀学"的任务。二钱将尊经早期的学风引上了江浙派的路数，这一时期江浙派学风在尊经占主导地位。但是，二钱限于自身学力和水平，充其量仅能算江浙派中的二三流角色，正如张舜徽《清人文集别录》评价钱保塘曰："以吏事分其日力，故所学稍荒。……于经学无成书。"②费行简《近代名人小传》称钱保塘后来染上了"耆(嗜)烟"的恶习，以至连自己擅长的辑佚考证都无力再继续从事下去。③ 王闿运则称钱宝宣"人亦俗雅，浙派之潦倒者"④。因此，尽管"江浙派"的二钱主导着尊经初期的学风，但是，这股江浙学风并不稳定，随时都可能被另外的学风扭转。更何况，此时距维新变法仅剩二十年，晚清学术史即将翻开新的一页，这是二钱的"江浙派"学术无法承担的历史使命。所以，等到王闿运掌教以后，尊经学风随即发生了根本性的转变。

第四节　"湖湘派"与"江浙派"之争

张之洞在离任之际写给谭宗浚的信中说："丁稚翁(丁宝桢)前辈到镇后，必谋山长，可仍旧委员，或定议延聘，或议而未决，敢请驰书相告，幸甚幸甚。此为官也，非为私也。"⑤由此看来，张之洞似乎已经敏感地意识到了尊经书院山长易人后将引发一系列的微妙变化。虽然张之洞没有明确指出这些变化究竟是什么，但是，我们从事后的结果可以看出，尊经书院的学风因山长易人而发生了一次重要转向，即从"江浙派"一变而为"湖湘派"，这是影响尊经书院后来学术发展的一次重要转变。

---

① [清]张之洞：《创建尊经书院记》，[清]张之洞著：《张之洞诗文集》，上海：上海古籍出版社，2008 年，第 226 页。

② 张舜徽：《清人文集别录》，武汉：华中师范大学出版社，2004 年，第 496 页。

③ 参阅费行简：《近代名人小传》，周骏富辑：《清代传纪丛刊》第 202 册，台北：台湾明文书局，1986 年，第 348 页。

④ [清]王闿运：《湘绮楼日记》，长沙：岳麓书社 1996 年，第 792 页。

⑤ 苑书义、孙华峰、李秉新主编：《张之洞全集》，石家庄：河北人民出版社，1998 年，第 10130 页。

一、四川地方政治的微妙变化

过去,研究者大都将这一转向简单归因于受王闿运的影响,而忽视了背后更深层的政治原因。试问《蜀秀集》刊成,为何会有"识者称为江浙派"?如果了解一下当时那段历史,就会发现,这句话是有弦外之音的。此处的"江浙派",表面上固然可以理解为学术上的江浙派,但其深意恐怕是暗指政治上的"江浙派"。我们要了解导致尊经书院发生这次学术转向的诱因,就必须从两千多公里以外的一场刑事案件说起。

同治十二年(1873)十月,轰动朝野的"杨乃武与小白菜案"案发,到了光绪二年(1876),这个案子已经发展演变为朝中一场重大的政治斗争。这场斗争牵涉甚广,"其中有科名门地之争,官民之争,省籍成见之争,内外官之争,尤大者为疆吏枉法欺罔朝廷之问题"①,而四川总督丁宝桢恰好就是这场政治斗争中的风云人物。

关于丁宝桢干预"杨乃武与小白菜案",见于杨乃武女儿杨濬 1965 年口述的《记我父杨乃武与小白菜的冤狱》,大略经过是:"(光绪二年(1876)十二月初九日)海会寺验尸后,案情已经大白,刑部将复审勘验情况,奏知两宫。这时才将刘锡彤革职拿问,有无故入人罪等情弊;原审各官,为什么审办不实,要刑部再彻底根究。刑部又提集犯证审问了两次,刘锡彤这时已和主犯人证同样受讯。刑部审后,在勘题拟奏时,朝内朝外一些大小官员,却因此案掀起了一次激烈的争吵。统治集团内部分成了两派,一派以大学士翁同龢、翰林院编修张家骧、夏同善为首,边宝泉、王昕也属这一派的中心人物。因为翁同龢是江苏人,张家骧、夏同善是浙江人,王昕原来也是山阴人,附和的又以江浙人为最多,所以称为江浙派,又称朝议派,这些人多系言官文臣。另一派是以四川总督丁宝桢为首,附和的多系湖南、湖北人,称两湖派,又称为实力派。因为这一派都是几个封疆大吏,掌握实权。当刑部平反尚未奏结时,四川总督丁宝桢正在北京。这个总督曾杀过慈禧太后得宠的太监安德海,朝中一般京官怕他。他认为刑部对此案不应平反,承办此案的各级官员并无不是,不应给予任何处分,主张主犯仍应按照原拟罪名处决。他听说刑部要参革杨昌濬及有关官员,有一天跑到刑部大发雷霆,面斥刑部尚书桑春荣老耄糊涂,并威吓说,这个铁案如果要翻,将来没有人敢做地方官了,也没有人肯为皇上出力办事了。丁宝桢又盛气质问验骨的司官,说人死已逾三年,毒气早就消失,毒消则骨白,怎么能够

① 黄濬:《花随人圣盦摭忆》,上海:上海书店出版社,1998 年,第 383 页。

凭着骨是黄白色，即断定不是毒死是病死呢？认为刑部审验不足为凭。桑春荣见丁宝桢这样气势汹汹，也犹豫起来，怕因此引起政治上的问题，对丁宝桢极力敷衍，答应再慎重研究。当丁宝桢在刑部大肆咆哮时，刑部大小员司，没有一个人敢与他争辩。只有侍郎袁保恒说：刑部是奉旨提审勘验，是非出入自有'圣裁'，此系刑部职权，非外官所可干预。丁宝桢悻悻而去。"[①]

有研究者指出，正是由于丁宝桢的干预，在客观上促使杨案迅速平反。因为丁宝桢这位诛杀过慈禧身边宠信太监安德海的特殊人物站在杨昌浚一边，与翁同龢等主张平反的言官对抗，使慈禧太后意识到"大臣倘有朋比之势，朝廷不无孤立之忧"，遂狠下决心，让这一历时三年的冤案得以彻底平反。[②]

丁宝桢以封疆大吏的身份，成为两湖籍官员的首领，同以大学士翁同龢为首的江浙派势力抗衡。虽然在朝廷上，慈禧平反杨案，打击了丁宝桢和两湖派官员，但是，在四川的官场上情况却正好相反，"江浙派"成为丁宝桢报复的对象。[③] 在这种形势下，浙江籍的二钱被人指为"江浙派"，指认的人显然是别有用心的。此后，二钱在四川官场和学界遭到排挤[④]，而尊经书院的学风也随着政治斗争的变化发生了根本的转变，实施这一转变的关键人物就是湖南人王闿运。

王闿运受到入川的邀请是在光绪三年（1877）五月六日，即光绪皇帝下旨平反杨乃武与小白菜冤案之后两个多月。光绪四年十二月二十七日（1879 年 1 月 19 日），王闿运至成都，丁宝桢以尊经书院掌教之席殷殷相托，王闿运再三辞让，一直拖到光绪五年（1879）一月十二日，"盐道遣送聘书，定尊经讲席，受而不辞，以既来不可辞也"。[⑤] 就在这期间，朝廷言官与

---

① 杨濬口述，韩雁门整理：《记我父杨乃武与小白菜的冤狱》，《文史资料选辑》编辑部编：《文史资料精选》第 1 册，北京：中国文史出版社，1990 年，第 64—65 页。

② 参阅陈德远：《丁宝桢干预杨乃武与小白菜一案》，《文史天地》，2007 年第 1 期，第 59 页。

③ 关于晚清四川政界的"江浙派"势力，以华阳潜溪书院为据点。潜溪书院由明代潜溪祠改建而来，书院除祭祀宋濂外，还祭祀明方孝孺、宋赵抃两位先贤。三贤都是曾经流寓或宦蜀的浙江籍士人，因此受到晚清浙籍人士的特别关注，捐款与致祭活动不断。其祭祀活动大多出资于浙籍官员。浙籍官员利用为乡贤出资祭祀、修缮书院的方式，增强同乡的凝聚力，扩大在四川官场的影响力，展示浙籍官员在四川的政治实力。具体文献记载可参阅《潜溪书院志略》《潜溪录》等。

④ 二钱成为湖湘派和江浙派政治斗争的牺牲品，可参阅谭宗浚的诗《钱徐山大令（宝宣）》："大帅出戎旃，爱才亦虚伪。"（[清]谭宗浚：《荔村草堂诗钞》卷八，《续修四库全书》第 1564 册，上海：上海古籍出版社，2002 年，第 264 页。）

⑤ [清]王闿运：《湘绮楼日记》，长沙：岳麓书社，1996 年，第 729 页。

蜀督丁宝桢又围绕“东乡惨案”进行了一场政治较量。

“东乡惨案”是光绪二年发生在四川东乡（今四川省达州市宣汉县）的一起官民冲突。起因是东乡知县孙定扬违例派捐，聚敛钱财，引发乡民聚众闹粮，被孙诬为叛乱，禀请提督李有恒带兵围剿，结果杀戮无辜乡民四百余人，酿成大案。这个案子原本是在前任蜀督吴棠任内发生的，与丁宝桢没有关系，但丁却意外地被出生于浙江杭州的李鸿章的女婿张佩纶参了一本。事见《东华续录》：光绪四年二月初一，“谕军机大臣等：据翰林院侍讲张佩纶奏：‘四川东乡一案，丁宝桢取供定谳，轻纵李有恒，人言藉藉，请饬再加复核’等语。东乡一案，前据丁宝桢定拟具奏，若果案情允协，何至尚招物议？著丁宝桢再将前案悉心覆核，务使情真罪当，以雪民冤。如前奏稍有出入，即当据实奏明更正，不得意存回护，致负委任。原片著钞给阅看，将此谕令知之。”①随后朝廷又派钦差入川查验真相。从光绪五年正月三日的《湘绮楼日记》来看，似乎是要借此案来打击丁宝桢：“二使星已前至蜀，不独按问东乡，至乃注意丁公，牵连仆妾。道员中丁、劳、唐，州县中田、李，并登白简，加以丑词，语甚含沙，情同舞剑。盖由自恃廉俭，少所匡绳，致此纷纭，足以沮挠。”②事件的结果是：“光绪五年六月壬子，刑部言东乡狱事，诬叛妄杀，已革知县孙定扬、提督李有恒论死。寻文格、丁宝桢并坐夺职。”③

光绪六年（1880），处死知县孙定扬、提督李有恒的那天晚上，尊经书院的学生岳森写了一首意味深长的五言排律《庚辰十月十五夜四川省城书事（为李提督、孙大令作也）》：④

朔风催永夜，沉漏促哀音。
地天何跼蹐，戈甲亦萧森。
震震帝阙威，冥冥夕城阴。
离魂北邙去，朝衣东市临。

---

① ［清］朱寿朋编：《东华续录·光绪二十》，《续修四库全书》第383册，上海：上海古籍出版社，2002年，第200页。

② ［清］王闿运：《湘绮楼日记》，长沙：岳麓书社，1996年，第724页。

③ 赵尔巽等撰：《清史稿》卷23，中华书局1977年，第864页。按：丁宝桢被夺职，乃多因一果，除东乡案外，还因盐政、治水等很多问题，参见王闿运《周甲七夕词》“为访君平向华阳”注曰：“丁稚璜督蜀，大改盐政，官士怨谤。御史吴震劾其治都江堰，毁李冰厌胜石，至湔江泛滥。因诬其妾金纳贿，交通道府。将军恒训觊代之，与两司程豫、方浚颐为之流言。朝出二使按之。濒行请训，面谕云：‘操守可信。’故不敢公劾，而方、恒或罢或迁。”（［清］王闿运：《湘绮楼诗文集》，长沙：岳麓书社，1996年，第1752页。）

④ ［清］岳森：《癸甲襄校录》卷3，光绪二十年成都尊经书局刻本。

空有来歙笔[①](李临刑遗嘱累牍),谅无嵇生琴。
亲戚爱莫助,祸难久相寻。
不逢今痛惨,焉知昔误深。
怨聚讥腾口,[②]言长憾在心。[③]
明法岂无冤,存者自循襟。(结二句为王先生改笔。)

这首诗对诬枉乡民的孙定扬和滥杀无辜的李有恒给予极大的同情,实在有违是非公道,这究竟是岳森矫真饰伪,还是孙、李二人恶不至此?读罢令人百思莫解。然而,此诗却受到了院长王闿运格外的赞赏,为其改定结尾二句,并收入《尊经书院初集》。结尾的"明法岂无冤,存者自循襟"是全诗的点睛之笔,所谓"存者"无疑包括了卷入此事而遭夺职的丁宝桢。后来,缪荃孙曾点评丁宝桢牵涉其中的这两起大案:"是时言路六开,是非蠭起,如浙江余姚之案、四川东乡之案,诛削谴责,无不如言者之意,而翻覆过甚,亦未能持其平。"[④]可见当时有一部分人已清醒意识到冤案本身的是非曲直是虚,背后的朋党之争是实。

二、王闿运的掌教方略

当得知丁宝桢卷入"东乡惨案"后,王闿运给家人写信说:"尊经讲席,虚悬二年,诸生住斋者至百馀人,恐不能不稍为料理。严武自去,杜甫自留,亦大非求友之本志。将俟钦件稍定,生徒上学时,为之粗立规条,或勉留一岁。"[⑤]"严武自去,杜甫自留",是王闿运把自己受丁宝桢邀请到成都比作杜甫当年入蜀投靠严武。信中所说"钦件"即"东乡惨案",丁因此案受到朝廷革职留任的处分,但并未到王闿运所预想的"严武自去,杜甫自留"

---

① 来歙,东汉名将。建武十一年,来歙攻蜀,"乘胜遂进。蜀人大惧,使刺客刺歙"。来歙被刺中胸部,不敢拔刃,生命垂危,仍然强打精神自书表曰:"臣夜人定后,为何人所贼伤,中臣要害。臣不敢自惜,诚恨奉职不称,以为朝廷羞。夫理国以得贤为本,太中大夫段襄,骨鲠可任,愿陛下裁察。又臣兄弟不肖,终恐被罪,陛下哀怜,数赐教督。"书毕,"投笔抽刃而绝"。此句即用此典故,事见《后汉书》卷十五。又,杨锐也曾用此典故。王赓《今传是楼诗话》:"杨叔乔京卿锐,世所称六君子之一也。戊戌春间,雅集江亭,分作诗钟。京卿所作为来本二字五唱云:'抽刃我思来歙壮,横刀人诧本初雄。'一时服其工切。其后果及八月之难。"(钱仲联主编:《清诗纪事》第十八册,南京:江苏古籍出版社,1989年,第12586页。)"横刀人诧本初雄",袭用王士禛《咏史小乐府二十四首》之三:"长揖横刀出,将军一代雄。头颅行万里,失计杀田丰。"([清]王士禛:《渔洋精华录集释》上册,上海:上海古籍出版社,1999年,第490页。)

② "腾口",张口放言。

③ "憾",《尊经书院初集》卷10作"恨"。

④ [清]缪荃孙:《艺风堂文续集》卷1,上海:上海古籍出版社,1996年,第5页。

⑤ [清]王闿运:《湘绮楼日记》,长沙:岳麓书社,1996年,第725页。

的程度。[①] 王在丁的庇护下继续掌教尊经书院，并受到丁极高的礼遇，入院后，“稺公来，设拜执礼甚谦，近今大吏所难也”[②]。王闿运感于丁宝桢的殷情和蜀中士习的驯善[③]，于是舍己芸人，以成蜀学，前后凡七年。在这七年中，王闿运的贡献可以归纳为两大方面：

1. 整饬书院规制

虽然张之洞为尊经书院制订了一套完整的章程，但由于书院草创，并未严格执行，等到张之洞离任后，尊经书院的规章制度一度废弛败坏。当王闿运接手掌教之位时，创建不到五年的书院已经出现了诸多积弊。例如，前面提到张之洞捐俸购书二百余部，起尊经阁藏之，并一手订立了借书制度。但是，王闿运入院后，却发现“院生掌书者全不经理，凌杂无章，可为叹息”。于是，作教示一篇，征院中残失书：“顷检阁书，残缺陵乱，未及五载，遂至于此，意甚恨焉。《传》曰：‘玉毁椟中，谁之过与。’管书两生言旧管人当来，而无期日，一日三月，《子矜（“矜”应作“衿”）》所叹也。今先停两生二月膏火，以戒私受，限本月尽将存书退缴验收，如有遗失，依定例每本罚银三两，由监院借钞补完。夫毁成籍，沓泄公事，旧管新受，固有咎矣，监院院长，独能安乎。故特示限，如旧管生逾十九日不至者，专饬书办，各至其家，根究失书所由，务得其主，以存官籍。”[④]

再如，晚清时期，四川曾经广种鸦片，尊经书院的师生也深受其害。张之洞为尊经院生和蜀地士子作《輶轩语》，其中专门列有一条“戒食洋烟”：“世间害人之物，无烈于此。此事乃古今奇变，不可以常情常理论者也。伤生耗财，废事损志，种种流弊，不忍尽一言。然而食之不暖不饱，不甘不芳，举世趋之，真如蓼虫食苦。尤足异者，人为他邪僻事所累，纵不幡然，亦有作辍。独至此事，一陨其中，沉溺不返，骨肉知交不能劝沮，良方上药不肯尝试，日有孳孳，毙而后已。嗟呼！掷春华于九幽，变白昼为长夜；富庶转为沟瘠，志士废为尸居。君子慎始，勿待噬脐可也。此固非特士人所当戒，然士人为此，更何望大成远到乎？定例：职官、有功名人及营兵不准吸食。读书明理之士，当上遵朝章，下爱生命。至于志士、仁人，务其远者大者。

① 事见[清]朱寿朋编：《光绪朝东华录》第1册，北京：中华书局，1958年，第776页。

② [清]王闿运：《湘绮楼日记》，长沙：岳麓书社，1996年，第738页。

③ [清]王闿运认为：“蜀中士习甚驯，吾乡不能也。”（见王闿运：《湘绮楼日记》，长沙：岳麓书社，1996年，第749页。）

④ [清]王闿运：《湘绮楼日记》，长沙：岳麓书社，1996年，第739页、第742页。

无待告诫矣。”[①]

但是，张之洞的告诫并没有起到实际的效果。尊经书院主讲钱保塘烟瘾甚深，费行简《近代名人小传》说他染上“耆（嗜）烟”的恶习后，连自己擅长的辑佚考证都无力再继续从事下去。又如，院生曾国才七绝《春暮自成都归》云：“蜀中罂粟花如海，一出东门红到家。”[②]可见当时鸦片种植的盛况。书院里院生吸食鸦片泛滥成灾，迫使王闿运到任后，立即禁烟。《郭嵩焘日记》曾记录当日之情形：

> 王壬秋言：吾初至尊经书院，馆生三百人，吸烟者至二百七十余人，吾皆汰之，推举不吸烟者，得七十余人，自是馆生无嗜烟者。吾惟语以万事皆足立名千古，饮酒嗜茶，亦可成名，独吸烟无名，而一有此嗜，万事皆废，是真自弃也。馆生始各恍然于吸烟之非。[③]

王闿运还重新制定了书院条规章程[④]，制定这些条规章程主要有两个目的：一是提高院课的地位，二是削弱主讲的权力。他出任院长后即与丁宝桢商量，《湘绮楼日记》记载：“至稺公处久谈，略言书院规制变通，使官课不得夺主讲之权，主讲亦不宜久设，仍当改成学长，学长亦随课绌取，庶免争竞也。”[⑤]官课繁重，是王闿运上任前尊经书院的实情，就连钱宝宣对此也颇有微词，他在致缪荃孙的信中说：“谭叔裕学使到后，曾于书院观风。所出题皆繁重，翻检订录，计非数月不集。叔翁限两月交卷，为期已不甚宽，以作诗赋，固绰有馀裕，若经史三题，不免迫促矣。”[⑥]王闿运提出的办法，一方面减少了官府对书院教学的干预，争取一个宽松的学术氛围，另一方面把权力收归院长，为打击和削弱二钱的“江浙派”做好准备。结果这两项改革引起了轩然大波。光绪五年（1879）三月廿四日，“程藩使以诸生课卷不齐，县牌来责。人言纷纷，有云盐道怒我而挑之者；有云钱宝宣怨望而激之者；有云司道合谋振兴文教，讲习经策，愠我以应试为教，而专相龁龁者。言皆有因，而皆无如何”[⑦]。至于二钱中的钱保塘，已于一个月前被派

① [清]张之洞撰、司马朝军点校：《輶轩语详注》，上海：华东师范大学出版社，2010年，第26页。

② 《近代巴蜀诗钞》编委会编：《近代巴蜀诗钞》上册，成都：巴蜀书社，2005年，第365页。

③ [清]郭嵩焘：《郭崇焘日记》第4卷，长沙：湖南人民出版社，1982年，第321页。

④ [清]王闿运：《湘绮楼日记》，长沙：岳麓书社，1996年，第738页。

⑤ [清]王闿运：《湘绮楼日记》，长沙：岳麓书社，1996年，第732页。

⑥ [清]缪荃孙编：《艺风堂友朋书札》下册，上海：上海古籍出版社1981年，第721页。

⑦ [清]王闿运：《湘绮楼日记》，长沙：岳麓书社，1996年，第765页。

往清溪赴任去了[①]，院中只剩下钱宝宣一人。五月二日，王闿运在《日记》中写道："钱(钱宝宣)前阅书院二课卷，人亦俗雅，浙派之潦倒者。"第二天，"张生祥龄来，多为钱徐山言，似疑我不能容之"[②]。这表明院长与主讲之间的矛盾已经开公化。[③] 此后不久，到清溪赴任的钱保塘不知何故，于己卯乡试期间又回到尊经书院，光绪五年(1879)九月十九日，"钱保塘来，言闱中事甚多而无谓，殊无去志。"[④]王闿运与浙派二钱彼此素无好感，他们的关系不断恶化，光绪九年(1883)八月五日，"遣招薛丹廷来，欲闻其牢骚语，乃大恨钱保塘，异乎吾所闻，宜王、戴之注意小钱也。腐鼠吓鹓，无所不有，可为笑叹"[⑤]。不过，应该指出的是，王闿运的这些做法不能简单视为文人相轻或门户之见，他这样做在很大程度是要为推行他自己的学术主张扫除障碍，这一点下面还会谈到。

从王闿运掌教开始，尊经书院的刻书事业进入了鼎盛时期，书院在原来刻书的规模上继续扩大，正式设立了尊经书局，光绪五年(1879)六月七日，"书局开工，府学学官来贺"[⑥]。书局的日常事务由斋长具体负责，书局的经费全部由官府直接拨给，这种制度一直延续到尊经书院后期。"这时期，书院刻书种数多，数量大，所刻印的书籍占书院刻书总量的一半以上"。[⑦] 除了翻刻学生常用的教材之外，书局还将书院师生们的著作单独刻印成书，其中以王闿运的著述最多，涵盖面最广。下面仅以当时所刻书来作一统计[⑧]：

---

① [清]王闿运：《湘绮楼日记》，长沙：岳麓书社，1996年，第748页。钱宝宣致信缪荃孙，提到钱铁江赴清溪任一事，附录于此："家铁江眷属于上元到川，新正廿八即奉清溪之委，地虽瘠，无累之身为之，尚可不至受困。惟县为入藏所必经，若达官贵人纷纷过境，则不可支矣。"(缪荃孙编：《艺风堂友朋书札》下册，上海：上海古籍出版社，1981年，第720页。)

② [清]王闿运：《湘绮楼日记》，长沙：岳麓书社，1996年，第792页。

③ 《湘绮楼日记》中屡见贬抑钱宝宣之语，如"云南巡抚遵义唐炯书来，言钱徐山死，天下从此又少一读书人。贵州士大夫其赏鉴如此"。(第1245页)"钱徐山妻求葬费，稺公乃推之我，盖欲恩出自我，岂吾意哉"。(第1258页)

④ [清]王闿运：《湘绮楼日记》，长沙：岳麓书社，1996年，第834页。

⑤ [清]王闿运：《湘绮楼日记》，长沙：岳麓书社，1996年，第1242页。

⑥ [清]王闿运：《湘绮楼日记》，长沙：岳麓书社，1996年，第805页。

⑦ 黄海明：《概述四川尊经书院的刻书》，《四川大学学报》(哲学社会科学版)，1992年第4期，102页。

⑧ 主要依据黄海明：《概述四川尊经书院的刻书》，《四川大学学报》(哲学社会科学版)，1992年第4期，第103页。略有补订，参见书名后面的注释。

表 3-2　尊经书院刻书一览表

部类	书名	著者	卷数	刊刻时间
经部	尚书今古文注疏	[清]孙星衍 撰	30	光绪五年
	今文尚书[①]	[清]王闿运 撰	28	光绪五年
	尚书大传补注	[清]王闿运 补正	7	光绪十一年
	读诗钞说	[清]张澍 撰	4	光绪十三年
	礼经笺	[东汉]郑玄 注,[清]王闿运 笺	17	光绪十一年
	礼记笺	[清]王闿运 笺	46	光绪十一年
	夏小正王氏注	[清]王闿运 注	1	光绪十年
	春秋经		3	光绪七年
	春秋经传解诂(亦名《公羊笺》)	[清]王闿运 补注	11	光绪十一年
	春秋例表	[清]王代丰 撰	不分卷	光绪七年
	四书大全补注	[清]王闿运 补注	1	光绪十一年
	五经小学述	[清]庄述祖 撰	2	光绪八年
	说文解字句读	[清]王筠 撰	30	光绪八年
	古韵通说	[清]龙启瑞 撰	20	光绪九年
史部	南史	[唐]李延寿 撰	80	光绪六年
	北史	[唐]李延寿 撰	100	光绪六年
	五代史	[宋]欧阳修 撰	74	光绪年间
	金史	[元]脱脱 等撰	135	光绪十四年
	辽史	[元]脱脱 等撰	116	光绪年间
	湘军志[②]	[清]王闿运 撰	16	光绪十二

---

① 按:此书黄文不署撰人,刘咸炘《内景楼检书记》著录有此书,署名王闿运。刘曰:“实[孙]注去其疏耳。司马、郑之说,岂今文哉。孙书已被古今杂糅之讥矣,然犹本曰今、古文《尚书》也,此直云今文,则误矣。自加抉择句读及说,皆多新异而实不安。大抵壬父说经甚高简得体,而审词势少功夫,好新奇而不稳。”(段渝主编:《刘咸炘论目录学》,上海:上海科学技术文献出版社,2008年,第189页。)

② 按:此书黄文失载。孙殿起《贩书偶记》卷5:“《湘军志》十六卷,不著撰人姓名,光绪十二年丙戌成都墨香书屋刊。”吴虞《哀清翰林侍读王壬父诗》之四注曰:“今成都志古堂所刻《湘军志》,盖由杨叔峤借得壬父手写之原稿,未经删改者,诚可宝也。”则墨香本即志古堂本,为杨锐当年所借之原稿。

（续 表）

部类	书名	著者	卷数	刊刻时间
子部	孙子正文	[清]左枢 注	不分卷	光绪六年
	神农本草[1]	[清]王闿运 校订	3	光绪十一年
	西京杂记	[汉]刘歆 撰	不分卷	光绪八年
集部	楚辞释	[东汉]王逸 章句，[清]王闿运 注	11	光绪十二年
	楚辞章句		17	光绪年间
	文选旁证	[清]梁章钜 撰	46	光绪八年
	汉魏六朝百三家集	[明]张溥 编		光绪年间
	湘绮楼八代诗选	[清]王闿运 辑	20	光绪七年
	骈体文钞	[清]李兆洛 选	31	光绪七年
	夜雪集	[清]王闿运 撰	不分卷	光绪九年
	尊经书院初集	[清]王闿运 编选	12	光绪十年

除上表所列之外，尊经书局尚有王闿运《唐诗选》一种，刻于光绪二年(1876)，其时王氏尚未入蜀，故未列入表中。1942年抗战期间，四川大学曾经从尊经书局所刻的书籍中“择学子需用最切之书，若‘五经’、‘四史’之类，凡二十五种，先行付印”[2]，其中就有《唐诗选》。书前还有当时校长程天放的“序”，其中涉及尊经书局书板的归宿，兹将相关内容摘录于下：

> 蜀之刊人以善刻书著清季，王湘绮先生主讲尊经书院，伍肇龄先生主讲锦江书院，先后择国学书籍若干种付之剞劂，以惠学子。及存古学堂成立，两书院及官书局之书版均归焉。并加镌若干种，精印行世。一时称盛。其后存古学堂递嬗而为国学院，国学专门学校，公立四川大学，复与成都大学、成都师范大学合并而为国立四川大学，此项书版遂为川大校产。[3]

2. 推行湖湘派学术主张

前面已经提到王闿运掌教后对尊经书院的制度进行大刀阔斧的改革，

① 按：此书黄文未注明版本。《湘绮楼日记》光绪十年五月二十六日：“从严生(严遨)借得政和《本草》。”则尊经本《神农本草》系据《重修政和登频本草》所附《神农本草》校订。

② [清]王闿运编：《唐诗选》，光绪二年成都尊经书局刻本。

③ [清]王闿运编：《唐诗选》，光绪二年成都尊经书局刻本。

不惜得罪布政使和书院主讲二钱，其最终目的是要贯彻自己的学术主张。那么，他的学术主张是什么呢？

王闿运入蜀后，见丁宝桢第一面就指出："凡国无教则不立，蜀中教始文翁遣诸生诣京师，意在进取，故蜀人多务于名。"①半年以后，他又一次向丁宝桢提出这个观点："文翁教泽未善，务于显明其门生，遂有题桥之陋，不若贵州尹珍、王守仁之正，故黔习犹胜蜀也。"②后来，王代功在编《湘绮府君年谱》时，把这两段话的意思杂糅起来，列为王闿运入蜀所议第一事③，可见大有开宗明义的意思。在王闿运看来，书院教育不仅仅是科举制度的承担者，更是科举制度的矫正者，蜀学不振的根源在于"文翁兴学"这一传统中所暗含的教人以学术为手段、功名为目的的错误教育观念，造成了蜀士对功名利禄趋之若骛、不能潜心研究学问的恶劣后果。而所谓"题桥之陋"，典出《华阳国志·蜀志》："司马相如初入长安，题市门曰'不乘赤车驷马，不过汝下'也！"④故此词比喻对功名的抱负。王闿运在这里把"文翁兴学"和"题桥之陋"联系在一起，是依据《三国志》秦宓的话："蜀本无学士，文翁遣相如东受七经，还教吏民。"⑤这种说法可能并非史实，王闿运大约也不过是借题发挥，其真正意图是要针砭蜀士贪位慕禄的陋习。

费行简认为王闿运的议论是直接针对刘沅及其追随者而发的："清世蜀学晦塞，有刘沅者，自谓通三教，取俗所传《文昌阴骘文》教士，号文昌教。其子适官翰林，蜀人靡然从之，几无通士。闻先生（王闿运）说，乃幡然改习注疏诸史文选之属。"⑥此处提到的刘沅之子是其四子刘桂文，他是光绪六年（1880）庚辰科二甲名进士，曾为川籍京官的领袖。王闿运对槐轩学派非常不满，槐轩刘氏对湘绮之学也大不以为然，如刘咸炘对王闿运及其门下尊经弟子就颇有微辞。刘咸炘评王闿运《圆明园词》曰："自是大作，然入情有力处亦不多。"⑦刘咸炘《内景楼检书记》论王闿运《今文尚书》曰："实[孙]注去其疏耳。司马、郑之说，岂今文哉。孙书已被古今杂糅之讥矣，然犹本曰今、古文《尚书》也，此直云今文，则误矣。自加抉择句读及说，皆多

① [清]王闿运：《湘绮楼日记》，长沙：岳麓书社，1996年，第720页。

② [清]王闿运：《湘绮楼日记》，长沙：岳麓书社，1996年，第820页。

③ [清]王代功：《湘绮府君年谱》，沈云龙主编：《近代中国史料丛刊正编》第596册，台北：台湾文海出版社，1966年，第89页。

④ 任乃强：《华阳国志校补图注》，上海：上海古籍出版社，1987年，第152页。

⑤ [晋]陈寿撰、[宋]裴松之注：《三国志》，北京：中华书局，1971年，第973页。

⑥ 费行简：《近代名人小传》，周骏富辑：《清代传纪丛刊》第202册，台北：台湾明文书局，1986年，第334页。

⑦ [清]刘咸炘：《推十书》第3册，成都：成都古籍出版社，1996年，第2095页。

新异而实不安。大抵壬父说经甚高简得体,而审词势少功夫,好新奇而不稳。"刘咸炘批评王闿运《论语训》:"注甚少。拘守古义,间出新意,以求异而已,于圣贤教人之意无当也。"又论王闿运《夏小正注》:"注甚简而多不确。"刘咸炘对王闿运的尊经弟子也多有批评,如说宋育仁《夏小正文法今释》:"注用王壬父,间自下己说,不尽确。句读亦从壬父,未能细加校订也。"又说吴之英《仪礼奭图》《礼事图》《礼器图》:"沿其师之习,务为高古而实不详析。说经如此,无益后学也。图亦不精。"[①]其实,刘咸炘对王闿运学问的讥讽并不是孤立的现象,章太炎也挖苦过王闿运的学问:

> 乾嘉以后,人人知习小学,识字胜于明人。或谓讲《说文》即讲篆文,此实谬误。王壬秋主讲四川尊经书院,学生持《说文》指字叩音,王谓尔曹喻义已足,何必读音。王氏不明反语,故为是言。依是言之,《说文》一书,止可以教聋哑学生耳。[②]

王闿运初到尊经书院时,受汉学影响的院生也对他颇不以为然。据《蜀海丛谈》记载:"尊经书院成立时,因专肄古学,川督丁文诚公特延王湘绮先生来川主讲。时尊经院生,皆前学政张文襄公精选调住者,意颇不慊。先生至,诸生恒检平日稽考不得之僻典以请。先生指答如流,闻先后不下百数十事。士论始翕然悦服,亦征其博洽矣。"[③]按理说,四川和湖南都地处偏远,乾嘉朴学盛行于吴、皖之时,蜀学、湘学皆寂寂无闻,两省学者的学术处境是比较一致的,但两派的学术进路却貌合神离。所谓貌合,是指蜀学和湘学走的都是博杂的路子,既不依傍乾嘉考据之学,又不屑与常州派今文经学为伍,而是独树一帜;所谓神离,是指蜀学之博杂,是杂采三教[④]、湘学之博杂,是兼采古今。章太炎说王闿运"从词章入经学"[⑤],"不专取《公羊》,亦杂采古今文"[⑥],可谓得之。费行简称蜀人闻王闿运之说,幡然改习注疏、诸史、《文选》之属,正是有感于蜀中旧学乃三教九流之学,不登大雅之堂,经王闿运一番教化,风气始变。

但这一变,并没有按照张之洞等人当初的设想,培养出一批精通乾嘉汉学的人才,而是让尊经书院的学术风格走上了湖湘派古今文兼采的路

① 段渝主编:《刘咸炘论目录学》,上海:上海科学技术文献出版社,2008年,第189页、第197页、第195页、第203页、第196页。

② 章太炎:《国学讲演录》,上海:华东师范大学出版社,1995年,第3页。

③ 周询:《蜀海丛谈》,成都:巴蜀书社,1986年,第239页。

④ 参阅谢无量《蜀学原始论》,中央文史研究馆编:《崇文集:中央文史研究馆馆员文选》,北京:中华书局,1999年,第230页。

⑤ 《章太炎先生论订书》,见支伟成:《清代朴学大师列传》,长沙:岳麓书社,1998年,第6页。

⑥ 支伟成:《清代朴学大师列传》,长沙:岳麓书社,1998年,第140页。

子。一般认为,乾嘉汉学的兴起,实源于清朝统治者加强思想控制,大兴文字狱。然而,“耐人寻味的是,思想禁锢的结果,却开启了思想解放的窗户,尽管这个窗户开启的程度还很有限度。汉学家精密的考证,证明一些儒家神圣的经典、宋明理学家的重要依据,如古文《尚书》等完全是伪书,连钦定为科举考试标准教材的朱熹《四书集注》也是错误百出。这实际上在一定程度上提倡了一种怀疑官方儒家经典权威性,提倡重视证据、独立思考的精神,在士人思想上产生了震动,汉学取代宋学成为文化学术的主流。不过,汉学的局限也是十分明显的,它长于精深的考证,却缺少创造性的思辨;善于细密的归纳、演绎和推理,却缺乏统揽全局的学术视野。”①这就为今文经学的兴起铺平了道路,尊经书院学术的演变也基本符合清代学术发展的这一理路。但是王闿运所提倡的这套学术,在当时仍被视为是离经叛道的。据郭嵩焘日记载,当时的舆论对王闿运掌教尊经书院颇有微词:

> 香荪言见蜀人沈孟兰(名锡周),……为言王壬秋主讲四川尊经书院,坏乱人心风俗甚剧。蜀人本极浮动,得此毁坏藩篱,益相习为无忌惮,贻害至无穷。蜀人怨丁秩(稚)璜曰盐务,盐务累者,商人而已,不足为巨害;曰吏治,所坐独在不知人耳,其心意勤勤,尚求整顿,非有他也;独于学校延一王壬秋,为无可解说。壬秋得此一段议论,殆真无以自解矣。②

王闿运初到成都,就对尊经书院的学生说:“治经以识字为贵,非识《说文解字》之文字为贵。”③此话后来被廖平等弟子奉为圭臬。1912 年,刘师培在四川国学学校任教时,主张墨守许慎的《说文解字》,认为:“许书上合古籀,信而有证,旁逮俗文,莫不毕载。信夫! 范围不过,曲成不遗者矣。”④这两种对《说文》的态度,恰好反映出湖湘学术与江浙学术的根本分歧。江浙派主张以字解经,而湘学重以师说、家法、条例解经。尊经书院学生受此影响,后来,廖平弟子蒙文通受刘师培的影响,喜读《说文》,廖平立即责备他:“郝、邵、桂、王之书,枉汝一生有余,何曾解得秦汉人一二句,读《说文》三月,粗足用可也。”此后,蒙文通遂“循廖氏之旨以治经,惟家法条

① 谢放:《中西体用之梦:张之洞传》,成都:四川人民出版社,2004 年,第 26 页。

② [清]郭嵩焘撰、梁小进主编:《郭嵩焘全集》第 11 册,长沙:岳麓书社,2018 年,第 499 页。

③ [清]王闿运:《释贲》,王闿运编:《尊经书院初集》,光绪十一年尊经书局刻本。按:王闿运此说并无新意,光绪二年四五月间尊经书院就有人出题:《不以文害辞》,注云:“文作《说文》之文解。”(见廖幼平:《廖季平年谱》,成都:巴蜀书社,1985 年,第 17 页。)

④ 《答四川国学学校诸生问说文书》,《左盦外集》卷 16,刘师培:《刘申叔遗书》,南京:江苏古籍出版社,1997 年,第 1732 页。

例之求，而不屑屑于训诂名物矣”。[①]

读《湘绮楼日记》中王闿运初到尊经书院的那段日子，时常会看到这样的记载：“院生有张楷者，能读《公羊》。”[②]“廖生登庭来，久坐，有志习《公羊春秋》。”[③]“张生子绂、廖生旭陔皆有志于《春秋》。”[④]一方面，学生们向这位湖南籍的学者表达着自己想学“公羊学”的强烈愿望，另一方面，王闿运在获悉后也郑重地将其记录在自己的日记中。这不禁让人联想起艾尔曼的一段评论：“对《公羊传》日趋增长的兴趣有利于推动19世纪经世学说的复兴。[⑤] 考据学派在取代所谓‘空疏’的宋明理学之后，自身也成为众矢之的。过去，实学学风被用来反对理学，现在又被用来批判考证学派本身。”[⑥]很明显，此时尊经书院师生心目中的“实学”已不再是张之洞、谭宗浚最初所期许的“汉学”，而是与常州今文派、桐城古文派一同崛起的湖湘经世派，这一派以贺长龄、陶澍、魏源以及《皇朝经世文编》为先驱，是乾嘉考据派强有力的批判者。章太炎曾讥笑王闿运等湘派学者“盖于江、戴、段、孔古音之学实未得其分豪也。偶一举及，其疵病立见矣”[⑦]。若与廖平那句“郝、邵、桂、王之书，枉汝一生有余”对读，已然是门户迥立，壁垒森严了。

第五节　博文约礼的王氏之学

一、王闿运的教学

子曰：“君子博学于文，约之以礼，亦可以弗畔矣夫！”(《论语·雍也》)如果要对王闿运在尊经书院的教学活动作一精炼的概括或评价，最恰当的莫过于“博文约礼”这四个字。博文，指广泛地涉猎经、史、词章。约礼，指学习礼仪。这两者相辅相成，构成了王氏教学的特色。

---

① 参阅蒙默：《蒙文通先生小传》，刘梦溪主编：《中国现代学术经典·廖平、蒙文通卷》，石家庄：河北教育出版社，1996年，第323页。

② [清]王闿运：《湘绮楼日记》，长沙：岳麓书社，1996年，第735页。

③ [清]王闿运：《湘绮楼日记》，长沙：岳麓书社，1996年，第747页。

④ [清]王闿运：《湘绮楼日记》，长沙：岳麓书社，1996年，第751页。

⑤ 原文作“17世纪”，疑误。

⑥ [美]艾尔曼：《从理学到朴学——中华帝国晚期思想与社会变化面面观》，赵刚译，南京：江苏人民出版社，1997年，第165页。

⑦ 支伟成：《清代朴学大师列传》，长沙：岳麓书社，1998年，《章太炎先生论订书》第6页。

王闿运在尊经书院具体教授过哪些内容，目前很难考证。虽然有王氏所编的《尊经书院初集》，但由于尊经书院采用的是“官师同课制”，《初集》题目实为总督、藩台、山长等多人所出，混淆在一起，没有特别注明，很难分辨。唯有明确标明“院长程作”的数篇，可以确定为王闿运所出之题，它们分别是：《周易》题两道“释蒙”、“释贲”；《诗经》题两道“退食自公解”、“朱裳考”；诗题一道“和机器局诗”；碑题一道“巫山神女祠碑铭”。此外，诗题中“庚辰十月十三日夜书事”一道，岳森《癸甲襄校录》提到王闿运曾改末尾二句，此题或也出自王氏之手。又《湘绮楼日记》“为宁生改《瑟赋》”，[①]则《瑟赋》也应是王氏所出之题。又有“考酒齐所用”一道，廖平《经话甲编》卷二曰：“辛巳（1881）院课，考酒齐所用题最繁难，精思旬日，大得条理。壬秋师以为勾心斗角，考出祭主仪节，足补《礼经》之阙。”[②]这篇廖平颇为自负的课艺，不知出于什么原因，并未被王闿运收入《尊经书院初集》，但有一道类似的题却出现在伍肇龄所编《尊经书院二集》卷二中，这就是《周礼》题“五齐三酒所用及所涚表”。又有《礼记》题两道“考《曲礼》牲号”，[③]“考周初齐、鲁、卫庙制”，[④]见《湘绮楼日记》。

以上诸题中，集中阐述王氏学术思想的是《释蒙》、《释贲》两篇，其中的两段话后来反复被人引用。一段是讲“读经之法”的，出自《释蒙》：

> 夫读《易》当先知一字有无数用法，读《尚书》当先断句，读《诗》当知男女歌咏不足以颁学官、对君父。一洗三陋，乃可言《礼》。[⑤]

据王代功《湘绮府君年谱》：“三月出题课诸生，并示以读经之法。”[⑥]然后全文照录《释蒙》。这是王闿运到尊经书院后不久所写的一篇讲义。所谓“释蒙”，就是借用《周易》的《蒙》卦所包含的开导蒙昧的意思，向初学者讲解一些最基本的、入门的知识。全文的核心就是上面所引的“读经之法”。此处所引原文与《清史稿》、《近代名人小传》、钱基博《现代中国文学史》等书所引略有不同，或许他书另有所本，现引于下，以供参考：

> 治经：于《易》，必先知“易”字有数义，不当虚衍卦名；于《书》，必先断句读；于《诗》，必先知男女赠答之辞不足以颁学官、传后世。一洗三

---

① [清]王闿运：《湘绮楼日记》，长沙：岳麓书社，1996年，第815页。

② 李燿仙主编：《廖平选集》上册，成都：巴蜀书社，1998年，第474页。

③ [清]王闿运：《湘绮楼日记》，长沙：岳麓书社，1996年，第838页。

④ [清]王闿运：《湘绮楼日记》，长沙：岳麓书社，1996年，第965页。

⑤ [清]王闿运编：《尊经书院初集》卷1，光绪十一年尊经书局刻本。

⑥ [清]王代功：《湘绮府君年谱》，沈云龙主编：《近代中国史料丛刊正编》第596册，台北：台湾文海出版社，1966年，第91页。

陋，乃可言《礼》。《礼》明，然后治《春秋》。[①]

王闿运所示“读经之法”的“五经”顺序是按《汉书·艺文志》的顺序排列的。众所周知，《艺文志》源自刘向、刘歆父子的《七略》，群经次序体现着汉代古文经学的基本思想，《易》、《书》、《诗》、《礼》、《春秋》的排列顺序依据的是各经产生的时间先后，这与今文经学依据“学不躐等”的原则，按照各经的难易程度和重要性排列的顺序——《诗》、《书》、《礼》、《乐》、《易》、《春秋》完全不同。而王闿运“读经之法”的怪异之处在于，他采用了古文经学的“五经”排列顺序，而对这一顺序的阐释却又是按今文经学的方式进行的。这种治经的方法，可谓“古今文兼采”。

另一句常被引用到的话出自《释贲》：

> 故治经以识字为贵，非识《说文解字》之文字为贵。[②]

《释贲》解释《周易·贲卦》，旁征博引，甚至列举了许多方言俗语。文中论证“贲”有两个义项：“贲饰即扮饰，贲止即偾趾。”而《说文》关于“贲”的解释只有一个：“贲，饰也。”王氏以此说明如果拘泥于《说文》，治经难得正解。前面提到的廖平的“郝、邵、桂、王之书，枉汝一生有余”，其实就是王闿运这一思想观点的注脚，它反映了湖湘派与江浙派在对待《说文》态度上的分歧。

二、博学于文

以上这些思想观点并不足以完全反映王闿运教学中“博文”的特点，他教学生广泛涉猎经史辞章，在现存一些资料中是有迹可寻的，从这些材料中我们可以了解到他教学的大致范围。《湘绮楼日记》记录王闿运在尊经书院期间，经常“钞某书”、“校某书”。有学者已经注意到，“王闿运撰书之习惯是一边抄书，一边注书，很多经学著作的笺注均依此写作风格而完成”[③]。也就是说，所谓王氏“钞某书”、“校某书”并不是单纯地在抄写和校对，而是在注书或著书。丁树诚称“湘潭王壬秋师，五经皆有笺注”[④]，即是指这种情况。王氏的这些笺注基本上都作为尊经书院学生的课本，对这些学生后来的学术有一定影响。例如，《湘绮楼日记》光绪十年(1884)八月五日记“钞《夏小正》二叶”，二十九日“《小正》成”，九月十六日记“王莲翁送王筠《小正正义》来，校数条”。[⑤]《日记》只言“钞”、“校”，并未提到“注”，实际

① 赵尔巽等撰：《清史稿》卷482，北京：中华书局，1977年，第13300页。

② [清]王闿运编：《尊经书院初集》卷1，光绪十一年尊经书局刻本。

③ 刘少虎：《经学以自治：王闿运春秋学思想研究》，北京：华夏出版社，2007年，第91页。

④ [清]丁治棠：《仕隐斋涉笔》，成都：四川人民出版社，1985年，第210页。

⑤ [清]王闿运：《湘绮楼日记》，长沙：岳麓书社，1996年，第1357页、1363页、1366页。

上这就是《尊经书院书目书板》中提到的《夏小正》这本书。[①] 刘少虎《王闿运经学著作考述》称："此书在《湘潭王湘绮先生行述》和《近百年湖南学风·湘学略》中，均曾列出。冯晓庭也认为王氏著有此书。笔者查阅王氏《年谱》和《日记》，确有此书，不过关于此书的交代很少，其详情难以知晓。……该书的刊刻、版本、收录等问题，因资料原因，目前尚难查到，在此存疑。"[②]其实，王闿运所注《夏小正》详情并不难晓，王氏弟子宋育仁《问琴阁丛书》中的《夏小正文法举例》就是以当年王氏注为底本写成的，宋氏书中对"王注"有大量的引用。由此可见，王闿运所称的"钞某书"、"校某书"，往往是为院生提供研习的课本，不能等闲视之。

类似的情况还见于廖平的一些著述。如，廖氏《高唐赋新释》："《高唐》为神游道家专门学说，醮百神、礼太乙，典礼何等隆重严肃，初何尝涉及男女幽会？后人误解乃至于此。""《高唐》本出于《诗》，……吾则谓《诗》中绝无一真男女，或以华夷分，或以卑贱分，神游之文，已超出色界之外，犹以畜生魔道说之，可不谓污滓太清乎？"[③]其基本观点与王氏《释蒙》"读《诗》当知男女歌咏不足以颁学宫、对君父"如出一辙。廖平为何偏偏取《高唐赋》来论说呢？这明显是早年在尊经书院时受到王闿运的《高唐赋注》启发和影响。[④] 另外，还有一些廖氏刻意模仿王闿运之处，很少为学界所意识到，今试举一例。《廖平选集》的编者认为：《家学树坊》的"'家学'之得名，为廖平之子师慎为弘乃父之学，效法'郑同（郑玄子）撰《郑志》以明家学立义本源'。"[⑤]其实，《家学树坊》是仿效王闿运的《王志》编写的，廖平《经话甲编》卷一已言之："王仲章者，壬秋师仲子也，开敏有智略，善承家学，为壬秋师所喜，尝语余云：欲仿郑《志》作王《志》，将师所有改易旧说者汇辑为书，为家学。《提要》未成而卒。余亦欲自为此书，将所有改易旧说不得已之故，辑成一篇。然此事非盖棺不能定论。……如继起有人，听其为之，可也。"[⑥]

总之，王闿运在尊经书院期间所钞、所校、所撰之书，是他教学内容的

---

① 《接收尊经、锦江两院书院古籍清册》，1911 年 4 月—1911 年 6 月，四川公立国学专门学校档案 33，四川大学档案馆藏。

② 刘少虎：《经学以自治：王闿运春秋学思想研究》，北京：华夏出版社，2007 年，第 91 页。

③ 廖平：《四益馆杂著》，《六译馆丛书》，1921 年四川存古书局刊本。

④ 王闿运《高唐赋注》作于尊经书院时期，见《湘绮楼日记》光绪六年十二月十日"注《高唐赋》毕"。其注以公羊学思想为基础，标新立异。此注附于王氏《楚辞释》，光绪十二年尊经书局刊刻，《尊经书院书目书板》有著录。

⑤ 李耀仙主编：《廖平选集》下册，成都：巴蜀书社，1998 年，第 599 页。

⑥ 李耀仙主编：《廖平选集》上册，成都：巴蜀书社，1998 年，第 455 页。

重要反映，现据《湘绮楼日记》、《府君》、《尊经书院书目书板》等资料汇集整理如下，以见其掌教期间尊经书院学术之概貌：

光绪五年(1879)

二月，钞《诗经》，[1]阅《全唐文》。

三月，校《史记》年表，阅《全唐文》。

闰三月，钞《诗经》，阅《全唐文》。

四月，考《史记》世家、列传标题姓字官爵与自序之同异。[2] 阅《全唐文》，钞《周髀经》，校《急救篇》。

五月，阅尊经书局手写《今古文尚书》，[3]刊之。又与诸生论撰《尔雅注疏》，以两书尚无善本故也。廿五日，改定工课，每日钞《书》四叶，钞《诗》一叶，看《唐文》三本。

六月，与诸生议画《禹贡图》。

七月，《全唐文》看毕。

八月，手写《尚书》毕。校《南史》。[4]

九月，乡试，院生中正榜21人，副榜2人。喜教之可行，遂有留蜀之志。钞《诗经》，校《南史》。

十月，改定《湘军志》，[5]钞《诗笺》，校《南史》。

十一月，钞《诗》，校《南史》。十六日返湘。

光绪六年(1880)

三月十五日，回到成都。

四月，校《辽史》，[6]钞补《旧唐书》。校《南北史》毕，令书局刊之。评注阮公《咏怀诗》。

五月，篆《尔雅》，钞《旧唐书》，改《湘军志》。

---

① 即《诗经补笺》二十卷。

② 《湘绮楼日记》："为任生国铨改《史记世家列传标题姓字官爵与自序同异例说》，通检《史记》一过，得其端绪。此等事不自检寻，不能定人之是非，考人徒自考耳。"(第788页)任国铨：《史记世家列传或名或字或官爵例说》，见[清]王闿运编：《尊经书院初集》卷十，光绪十一年尊经书局刻本。

③ 疑即《尚书今古文注》三十卷。

④ 即后来的尊经书局光绪六年刻本。

⑤ 吴虞《哀清翰林侍读王壬父诗》之四："今成都志古堂所刻《湘军志》，盖由杨叔峤借得壬父手写之原稿，未经删改者，诚可宝也。"

⑥ 即后来的尊经书局刻本。

六月，校《南史》，钞《旧唐书》，选唐律诗。[①]

七月，校《南史》，钞《旧唐书》。

九月，手书《春秋经》分为三卷，[②]以张三世也。令书局刊之。补写《旧唐书》。

十月，补写《旧唐书》，摘钞《书笺》。[③] 于新刊本眉端并改定之，为故友左枢刻《孙子注》，[④]又为龙启瑞刻《古韵通说》。[⑤]

十二月，注《高唐赋》。[⑥]

光绪七年(1881)

正月，篆书《尔雅》。[⑦] 始温《礼经》，[⑧]阅《辽史》、选《白香山》五言古诗。钞《周官》，[⑨]选唐五言古诗，读《礼记》。

五月朔日，钞《周官》，选唐诗。

六月，钞《周官》，点《元史》。

七月，作《湘军志·援蜀篇》、《川陕篇》。为代丰改定《春秋例表》。[⑩]

闰月朔日，作《湘军志·营制篇》，至是《湘军志》始成，凡十六篇，九万馀字。

九月，检《春秋例表》粗毕。

十月二十五日，返湘。

光绪九年(1883)

五月十六日，回到成都。

六月，钞《礼经》，看金石文字，选汉碑中可读者。

十月，看《汉书》、点《宋史》及《建炎录》。

十一月，改定《春秋笺》，[⑪]点《宋史》。

---

① 即后来尊经书局所刻《唐诗选》。
② 即后来的尊经书局光绪六年刻本。
③ 即《尚书笺》三十卷。
④ 尊经书局光绪六年刊刻。
⑤ 尊经书局光绪九年刊刻。
⑥ 尊经书局光绪十二年刻《楚辞释》之附录。
⑦ 即后来的《尔雅集解注》十九卷。
⑧ 即尊经书局光绪十一年所刻《礼经笺》十七卷。
⑨ 即后来的《周官笺》六卷。
⑩ 尊经书局光绪七年刻本。
⑪ 尊经书局光绪十一年所刻《春秋经传解诂笺》十一卷。

十二月，改定《春秋笺》，点《宋史》，校《礼经》。

是岁，为故友李仁元刻《寿观斋诗》，严咸刻《受庵诗草》。

光绪十年(1884)

正月，改《春秋笺》，点《宋史》。

二月十二日，返湘。

三月，钞《楚词新注》，[①]点《宋史》。

四月，阅《宋史》，注《离骚》。

五月二日，回到成都。是月，《礼经笺》写毕，发书局刻之。钞《九章新注》。临《碧落碑》，始钞汉碑。

六月，钞政和刻本《本草》。[②]

七月，钞《本草》毕。读范《汉书》，重理《春秋表》。

八月，钞汉碑，校《春秋表》，注《夏小正》，[③]改定《表记笺》。

九月，校理《春秋表》，点《宋史》，改《表记笺》。

十月，校《春秋表》毕。校颜真卿《家庙碑》。

十一月，注《楚词·天问篇》。校《宋史》。

光绪十一年(1885)

正月，校《礼记》。[④]

三月，校刻本《礼经笺》。

四月，校《礼经》，阅《宋史》。

五月，注《离骚》毕，删定四十岁以前所作五言古诗。[⑤]

六月，校《礼经》，阅《宋史》。

七月，校刊政和本《本草》，《礼经笺》刻成。

十二月，《礼记笺》刻成，自校一过。

此外，从尊经院生课艺中引用到的书，也可看出王闿运时期院生阅读量的迅速增长，例如马国翰《玉函山房辑佚书》[⑥]、宋李心传《建炎以来系年

---

① 尊经书局光绪十二年所刻《楚辞释》十一卷。

② 尊经书局光绪十一年所刻《神龙本草》三卷。

③ 尊经书局光绪十年所刻《夏小正注》一卷。

④ 尊经书局光绪十一年所刻《礼记笺》四十六卷。

⑤ 疑即《夜雪集》。

⑥ 按：此书原为丁宝桢赠王闿运之书，后归尊经院生使用。参阅[清]王闿运：《湘绮楼日记》第2册，长沙：岳麓书社，1996年，第736页；廖幼平：《廖季平年谱》，成都：巴蜀书社，1985年，第34页。

要录》、宋王称《东都事略》[①]、宋洪适《隶释》[②]、南朝顾野王《玉篇》、元黄公绍《古今韵会举要》[③]、《文心雕龙》[④]等等，不胜枚举。则王氏掌教，院生读书不可谓不博。

三、约之以礼

如果用最精简的两个字概括清代学术的精髓，那么一个应该是"字"，另一个应该是"礼"。"字"是许慎《说文解字》的"字"，"礼"是郑玄三礼注的"礼"，所以，有人称清代"汉学"为"许郑之学"。廖平曰："两《经解》卷帙虽繁，但皆《五礼通考》、《经籍纂诂》之子孙耳。"[⑤]表达的也是相同的意思。今人论清代学术，多着眼于乾嘉的文字训诂之学，对三礼之学关注不够，于是给人造成了清代汉学就是文字考据的假象，其实"以礼代理"是清中叶以后与考据派齐头并进的一股很强的学术思潮。[⑥] 所谓"诵《诗》三百，不足以一献"(《礼记·礼器》)，正说明了礼的重要性。王闿运掌教尊经书院后，正是依靠这股礼学思潮颠覆了"江浙派"的地位，使以礼学为核心的今文经学成为尊经学术的风格。

《世载堂杂忆》曰："王壬秋最精《仪礼》之学，平生不谈《仪礼》，人有以《仪礼》问者，王曰：'未尝学问也。'黄季刚曰：'王壬老善匿其所长，如拳棒教师，留下最后一手。'"[⑦]此说并非空穴来风，王闿运遇事喜欢考究礼制，如，光绪七年(1881)四月二日，闻慈安太后上宾，先考"齐衰三月"。[⑧] 又如，光绪七年八月十八日，次子王代丰病死于夔州，悲痛之际仍不忘考"为位不奠"。[⑨] 然而，黄侃所言也不尽然，王闿运的《仪礼》之学在尊经书院时期有大量的展现，并不曾留有一手。同时，王氏礼学对尊经书院的学生产生的重大的影响，向来为研究者所忽视，值得对此进行一番深入的探讨。

---

① 按：二书见廖幼平：《廖季平年谱》，成都：巴蜀书社，1985 年，第 21 页。[清]王闿运：《湘绮楼日记》第 2 册，长沙：岳麓书社，1996 年，第 736 页也曾提及。

② 廖幼平：《廖季平年谱》，成都：巴蜀书社，1985 年，第 17 页。

③ 按：二书见《匪其彭解》，[清]王闿运编：《尊经书院初集》卷 1，光绪十一年尊经书局刻本。

④ 按：院生课艺《拟文心雕龙明诗》，[清]王闿运编：《尊经书院初集》卷 12，光绪十一年尊经书局刻本。

⑤ 蒙文通：《廖季平先生与清代汉学》，《经史抉原》，成都：巴蜀书社，1995 年，第 116 页。

⑥ 关于清代的"以礼代理"思潮，原始文献可参阅[清]凌廷堪：《校礼堂文集》卷 4《复礼》，北京：中华书局，1998 年，第 27 页。今人研究专著，可参阅张寿安：《以礼代理：凌廷堪与清中叶儒学思想之转变》，石家庄：河北教育出版社，2001 年；林存阳：《清初三礼学》，北京：社会科学文献出版社，2002 年。

⑦ 《近代学者轶事》，[清]刘成禺：《世载堂杂忆》，沈阳：辽宁教育出版社，1997 年，第 247 页。

⑧ [清]王闿运：《湘绮楼日记》，长沙：岳麓书社，1996 年，第 1008 页。

⑨ [清]王闿运：《湘绮楼日记》，长沙：岳麓书社，1996 年，第 1043 页。

王闿运以礼学为经学的支柱，其《论习礼》曰：

治经必先知礼，经所言皆礼制。孔子训人，则先《诗》后《礼》。先《诗》以通词章，知文字虚实，用意曲折。当时无考试之学，今有八比八韵，已得诗之大意。唯讲礼倍难于古，故自汉以来，唯重《礼》学。《官》礼是典制本原，《礼记》推其宜变。诸经所言，有明见三《礼》者，引而释之；有不见三《礼》者，旁推以通之。余所著八笺，略发其例矣。[①]

《湘绮楼日记》中，不乏王氏与尊经弟子们一起研讨《仪礼》的记录，如，光绪五年(1879)五月十八日，“廖生问郑注殇服中从上下之异。余初未寻检，夜列表未尽。廖云程易畴言不功殇中下无服，郑说不可通，似亦有理。属廖总列殇例观之。自此又将从事于《礼经》矣”[②]。又如，光绪五年四月十一日，“秦生娶妾，……告生以嫡庶体统之礼”[③]。十四日，“又有新任教官何某来拜。凡院长与教官有堂属之体，不知起何时，余必坚辞之，称之先生，礼也。何某则自称愚弟，体纪大乖，余又辞之，并不回拜，亦礼也”[④]。

由于王闿运对礼学的重视，尊经书院的礼学大盛。如果将《尊经书院初集》与《蜀秀集》比较，不难发现，尊经初期编撰的《蜀秀集》中，关于三《礼》的课艺题目仅 6 道[⑤]，而《尊经书院初集》则有 26 道之多。另外，尊经院生岳森有一篇《拟四川尊经书院释奠仪》，疑为当时王闿运所出的课艺题目。[⑥]

除了研《礼》，王闿运还特别注重让院生们践《礼》，《湘绮楼日记》中频繁地记载了这些操练。尊经书院初期显然没有对学生进行过这方面的专门训练。如，光绪六年(1880)八月十日，“与诸生演释奠礼及饮酒礼，凡二次，手脚生疏。……薄暮复演，稍已成章”。此后两日王闿运均组织院生习礼，“十一日，寅起，俟明行释奠礼，辰正观祠，吴、张、薛监院行礼。午后再演乡饮酒礼。十二日，雨。日中行乡饮酒礼，诸生至者四十余人，齐之以礼，甚为整肃。请松翁(伍肇龄)为僎者，升坐，无算爵”[⑦]。“无算爵”，就是指不限定饮酒爵数的饮酒礼，大家至醉而止。如《论语·乡党》曰：“惟酒无

---

① [清]王闿运：《王志》卷 1，马积高编：《湘绮楼诗文集》，长沙：岳麓书社，1996 年，第 525 页。

② [清]王闿运：《湘绮楼日记》，长沙：岳麓书社，1996 年，第 797 页。

③ [清]王闿运：《湘绮楼日记》，长沙：岳麓书社，1996 年，第 782 页。

④ [清]王闿运：《湘绮楼日记》，长沙：岳麓书社，1996 年，第 784 页。

⑤ 按：其中两道《周礼》课艺，一道是“拟取优行生员卷”，一道是“下车观风超等卷”，严格意义上讲不属于尊经课艺。

⑥ [清]岳森：《癸甲襄校录》卷 2，光绪二十年成都尊经书局刻本。

⑦ [清]王闿运：《湘绮楼日记》，长沙：岳麓书社，1996 年，第 941 页。

量，不及乱。”因此，十二日这一天发生了张孝楷、杨炳烈两个院生酒狂骂坐之事，“一堂愕眙，牌示责之：‘本日试行乡饮酒礼，华阳廪生张、秀山附生杨，傲很不恭，敢于犯纪。本应除名褫革，念大学有三移之义，且系试行，姑降为附课，并罚月费奖银一月，即日移出书院，俟改过后再议。’”①第二天，王闿运还为此事郑重发布了一篇教示：

> 昨因释奠，试行乡礼，诸生济济翼翼，几复古矣。乃羞爵之后，司正纠仪，举罚失中，致有张、杨两生肆其狂惑，余甚愧焉。讲学期年而气质仍蔽，教之不行也，教者之过也。然纠仪急欲整齐，司正畏懦不直，毗刚毗柔，亦各有咎。昨所以不言者，以迹而论，两人无失，又初试行礼，未宾贤能，以儿子代丰颇习仪节，王生树滋原司纠察，亦非谓选求，默而使之也。然人不相知，已不度德，余焉敢自恕乎，诸生之过皆余过也。今辄自罚十金助酒脯之费，并请监院钞牌呈遵者，以谢不虔。诸生无亦思为今人之易而学古人之难，各攻所短，匡余不逮。②

随后，在这一年的十二月十六日，尊经书院再次举行释奠：“与监院诸生释奠，朝食后于讲堂行燕礼，未正乃罢，筋力已觉不支，幸馔羞未备，得少息耳。……已，复集堂上会食，礼成，颇有整肃之观。”③践礼的效果在现实生活中很快就表现出来了，光绪七年(1881)二月十五日，“释奠时班甚整肃，礼毕后以羊豕祠三君，监院行礼，待□人，至辰正方至。祠已，出堂点名，诸生威仪济济，殊徵为学之效，余心甚喜。……张生祥龄与杨生锐不和者四年，似是不解之怨，今日置酒修好，尤为大喜，赐风鸭一头奖之，唯张、杨不至为歉耳”④。《日记》里有没有说明张、杨修好的原因，但《年谱》里直接指出二人是因为在一起习礼后，关系才发生好转的：“二月十日，大昕，行视学礼，张祥龄子绂与杨锐叔乔不和者四年，同学皆以为不解之怨，释奠后，张、杨置酒修好，府君欣赏，以为足徵为学之效也。”⑤

《乡饮酒礼》和《燕礼》都出自《仪礼》，“‘乡饮酒礼’是我国周代乡学中举行酒会的礼节，秦汉以后曾长期为士大夫所沿用，……直到清代道光二十三年(1843)，清政府为了要把行礼经费拨充粮饷，才命令废止”⑥。所

---

① [清]王闿运：《湘绮楼日记》，长沙：岳麓书社，1996 年，第 941 页。

② [清]王闿运：《湘绮楼日记》，长沙：岳麓书社，1996 年，第 942 页。

③ [清]王闿运：《湘绮楼日记》，长沙：岳麓书社，1996 年，第 974 页。

④ [清]王闿运：《湘绮楼日记》，长沙：岳麓书社，1996 年，第 991 页。

⑤ 王代功：《湘绮府君年谱》，王代功：《湘绮府君年谱》，沈云龙主编：《近代中国史料丛刊正编》第 596 册，台北：台湾文海出版社，1966 年，第 107 页。

⑥ 杨宽：《西周史》，上海：上海人民出版社 2003 年，第 742 页。

以，在王闿运掌教之前，尊经书院并不重行礼，如《张文襄公年谱》仅提到一次“院中为飨堂，祀蜀中先贤、经师”[①]。而王闿运一反其道，强调研礼、践礼，这不仅达到了劝戒感化的作用，而且预示了后来尊经书院学术发展的以礼为主的特征，例如，宋育仁提出的“复古改制”说，廖平摒弃以文字分今古文的旧说，创立以礼制平分今古文的新说，可能早已在书院一次次威仪济济、整肃庄严的习礼中就开始萌芽了。

所以，后来费行简概括评价王闿运在尊经书院的成就和影响时说：“院生日有记，月有课，暇则习礼，若乡饮、投壶之类，三年而彬彬进乎礼乐。其后廖平治《公羊》、《穀梁春秋》、《小戴记》，戴光治《书》，胡从简治《礼》，刘子雄、岳森通诸经，皆有家法，未尝封于阮氏《经解》，视诂经、南菁、学海之徒曰：‘经解者，盖不可同日语。’蜀学成，还主长沙校经书院。”[②]民国《华阳县志》“尊经书院”条也高度评价王闿运对蜀学所起的关键作用：“光绪初吴文勤收石犀寺址立，张文襄有创立记，盖仿学海、诂经例，专以经史词赋课士，丁文诚督蜀，复延王闿运为山长，蜀学大变，人文蔚起。闿运去，士亦吾不得师。”[③]尊经院生张祥龄则认为：“吾蜀学术思想其由文章空言而入经史实学，实启于南皮，成于湘潭，至廖季平、吴之英诸人出，研经治史，发扬而光大之，于是自杨升庵、李雨村后，蜀中学人复为世重。”[④]

第六节　尊经书院的学术流派

尊经书院是近代蜀学兴起的重镇。在书院创办过程中逐渐形成的南学派、南皮派和湘绮派奠定了尊经学术的基本形态和格局。南学派推崇许慎、郑玄之学，走乾嘉考据的路数。南皮派受张之洞影响，诗文推崇韩愈、苏轼，走雅正之路。湘绮派受王闿运影响，诗文模仿汉魏六朝，经学走今文学的路数。三派思想的不同进路，构成了近代蜀学的三个不同面相。

四川省城尊经书院创建于光绪元年(1875)，经过十五年的培养造就，有

---

① [清]张之洞：《张之洞诗文集》，上海：上海古籍出版社，2008年，第579页。

② 费行简：《近代名人小传》，周骏富辑：《清代传纪丛刊》第202册，台北：台湾明文书局，1986年，第334页。

③ 陈法驾修、曾鉴纂：《(民国)华阳县志》卷29，1934年刻本。

④ 东方文化事业总委员会编：《续修四库全书总目提要》(稿本)，济南：齐鲁书社，2006年，第254页。

越来越多的院生中举，到光绪十五年(1889)己丑会试时，适逢大挑之年，[①]他们纷纷入京。尊经院生丁树诚的《往留录》记录下了光绪十五年四月初四日，在京的川籍己卯同年在安徽馆团拜，齐聚一堂的场面：

> 约香林共车到安徽馆，[②]至则同年到者半，言景先生不来，[③]送席往。凡团拜必请师，礼也。[④] 成首者：京官宋芸子、[⑤]陈赞臣、张棣生[⑥]三同年，以住京当提倡，亦向例。俄诸同年络绎来，不到者，只二傅与陈容之、高健门耳。[⑦] 外请王植青、毛霍西、熊际昌诸友，[⑧]皆优贡北榜同年。陈子虞乃子经胞兄，[⑨]为盘弟柩，特来张罗，亦照例当请。客齐，各上分金，己助子经赙仪银二两，诸同年各助金有差。登筵计四十余人，共五席零。酒酣耳热，拇战交加，喧声四起，嘉会良足乐也。香林抱腹疾，未终席归。余俱罢觞散去。[⑩]

虽然“嘉会良足乐”，但是《往留录》告诉我们的远不止这些，还有许多重要的信息从日记中不动声色地透露出来，其中最值得注意的是在尊经院生中逐渐形成的三个流派：南学派、南皮派和湘绮派。

一、南学派

南学派是指考入国子监南学的尊经院生。“南学”，最初是因为国子监人满为患，于雍正九年(1731)，将毗连国子监街南的官房作为学舍，令助教等官及肄业生居住，称为“南学”。[⑪] 后来，随着国子监制度的变更，“道光末，诏整饬南学，住学者百馀人，监规颓废已久，迄难振作。咸丰军兴，岁费

① “大挑”，清乾隆以后定制，三科以上会试不中的举人，挑取其中一等的以知县用，二等的以教职用。六年举行一次，意在使举人出身的有较宽的出路，名为大挑。

② 香林：蓝香林，丁氏己卯同年，合州人。

③ 景先生：景善，字茀亭，满洲正白旗人，癸亥进士，曾任四川己卯乡试正考官。

④ 《论语・为政》：“有酒食，先生馔。”

⑤ 宋芸子：宋育仁。

⑥ 陈赞臣：疑即陈凤楼，双流人，光绪九年癸未二甲第41名进士。张棣生：疑即张襄，成都人，光绪十二年丙戌三甲93名进士。

⑦ 二傅：疑即华阳傅世洵(仲戡)、傅世炜兄弟。陈容之：陈光煦，字容之。高健门：疑即高树或高枬，泸州人。

⑧ 王植青：王荫槐，字植青。毛霍西：毛瀚丰，又字鹤西，仁寿人，尊经五少年之一。熊际昌：生平不详。

⑨ 陈子虞：陈宝。陈子经：陈常。陈氏兄弟俱为酉阳人。

⑩ [清]丁树诚：《丁治棠纪行四种》，成都：四川人民出版社，1984年，第117页。

⑪ 《清史稿・选举志》：“孙嘉淦言：‘各省拔贡云集京师，需住监者三百馀人。六堂祇可诵读，不能栖止。乞给监南官房，令助教等官及肄业生居住。岁给银六千两为讲课、桌饭、衣服、赈助之费。’允之。是为南学。”(赵尔巽等撰：《清史稿》卷106，北京：中华书局，1977年，第3103页。)《钦定大清会典事例》：“九年，奏准，将毗连国子监街南官房一所，(转下页)

折发，章程亦屡更。同治初元，以国学专课文艺，无裨实学，令兼课论、策。用经、史、性理诸书命题，奖励留心时务者。明年，增发岁费三千两。九年，乃复旧额。选文行优者四十人住南学，厚给廪饩，文风稍稍兴起。光绪二年，增二十名。十一年，许各省举人入监，曰举监。其后无论举人、贡监生，凡非正印官未投供，举、贡未传到教习，均得入监，以广裁成”②。

《往留录》中提到考入南学的尊经院生有岳森（林宗）、尹殿飏（皋卿）、江淑（少淹）、王键堂等人，现将相关记载摘录于下：

> 二月十七日，报尹皋卿太史至，着皮袍帽，盛其仪容，延入畅谈，兼询王键堂、江少淹近况，言：“俱为南学翘楚，得膏火，食用不尽。”又言：“岳林宗现保教习，周伯显同年以善书鸣。”皆尊经院友，铮铮南学者。③
>
> 二月十八日，王韡堂衣冠至，言：“充南学斋长，优给月费，度支赢余，较尊经院局面开展矣。”④
>
> 三月二十三日，俄有投片者，岳林宗也，系尊经好友，选拔来京，考入南学，充斋长，经学杂艺，倾动名公卿。《成均校士录》，⑤刻伊作成集。期年考功，推升八旗官学校习，创典也。前键堂具言之。今既来，请入谈心，精神焕发，倾吐风华，居然有捉麈尘尾坐皋皮气概。⑥ 不似在尊经时，抱影窗前，遭群疑众谤之孤危景象也。⑦ 叩近况，与键堂所述符。⑧

考入南学的这一批尊经院生，后来对尊经书院影响最大的是岳森。岳森，字林宗，七星山人岳凌云长子。少受知张之洞，以高材生调入尊经书院。约光绪初至光绪十一年（1885）前在院，曾参校《尊经书院二集》⑨。初为廪生，光绪十一年拔贡生，于光绪十三年（1887）入南学，其在《南学报廖平书》中介绍了南学读书期间的事迹：

> 弟随遇留京，藉学为隐，京洋二报，概置弗阅，同乡员弁，绝少造请，拘束简编，恒不履阈，世间人事，多未能知。……所尤妙者，冬月初

（接上页）赏给本监，令助教等官及肄业生等居住，是为南学。”（［清］李鸿章等：《钦定大清会典事例》卷1098，《续修四库全书》第813册，上海：上海古籍出版社，2002年，第267页）

② 赵尔巽等撰：《清史稿》卷106，北京：中华书局，1977年，第3104页。

③ ［清］丁树诚：《丁治棠纪行四种》，成都：四川人民出版社，1984年，第96页。

④ ［清］丁树诚：《丁治棠纪行四种》，成都：四川人民出版社，1984年，第96页。

⑤ “《成均校士录》”：疑为《成均课士录》之误，见［清］岳森：《分印成均课士录自序》，《癸甲襄校录》卷5，光绪二十年成都尊经书局刻本。

⑥ “麈”，疑为衍字。

⑦ “遭群疑众谤”：具体事件不详，《湘绮楼日记》对此也有零星的记载。

⑧ ［清］丁树诚：《丁治棠纪行四种》，成都：四川人民出版社，1984年，第111页。

⑨ 黄海明：《概述四川尊经书院的刻书》，《四川大学学报（哲学社会科学版）》，1992年第4期，第108页。

旬，祭酒宗室公以“为学通议”课南学举贡，[①]限作骈体，意仿彦和。[②]弟作《辨经》、《守诂》、《观通》、《别礼》四篇，即用论断尊著之说，率尔操觚，伯兮夫子大赏誉，取列第一名，正奖如例，外捐奖《玉函山房辑佚书》，家藏校本也。（第二广东温仲和，[③]陈南甫先生高足也。[④] 第三贵州程棫林，[⑤]莫独山弟子，[⑥]王可庄所取经魁。[⑦] 各有奖书。）选入《课士录》，登时刻成。单刷此艺，样本百馀，遍送京中故旧及住学生徒，于弟实增盗名之惭。[⑧]

岳森在南学名噪一时，一度成为尊经众同学钦羡的偶像。适逢尊经书院学风颓坏之际[⑨]，于是，光绪十九年(1893)，尊经书院聘请他出任襄校，即他在《留别胡玉涵妹丈并示陈生(伯光)舍姪(永崇)》一诗中提到的：“锦城聘书千里到，内附三函吕岳廖。”注曰：“瞿学使延充尊经书院襄校，由监院薛致书礼聘，故人吕雪堂、岳凤吾、廖季平均寓书劝驾。”[⑩]

当时京城的学风仍然以推崇许慎、郑玄之学为主流，[⑪]岳森等人在南学深受这一学风的影响，所以，对王闿运在尊经书院所推行的湖湘今文派学术颇为不满，他的这些观点在《南学报廖季平第二书》中有集中的体现：

尊经书院，蜀士典型，我辈根本，未迪显光，已兆颓废。盖由更张

---

① 宗室公：盛昱(1850—1899)，字伯熙(“伯兮”是音讹)，号意园，又号韵莳。满洲镶白旗人，清朝宗室。光绪二年(1876)进士，官至国子监祭酒。

② 彦和：刘勰，字彦和。

③ 温仲和(1849—1904)，字慕柳、介柳，嘉应人，晚居潮州。光绪进士，散馆，授检讨。后任金山书院院长、潮州中学堂总教习，开岭东考据学风气。编著有《光绪嘉应州志》、《求在我诗文集》等。

④ “陈南甫”，应是“陈兰甫”之误。陈澧(1810—1882)，番禺(今广州)人。字兰甫，一字兰浦，学者称东塾先生。清代著名经学家、音韵学家。

⑤ 程棫林，字小山，号邵珊。贵州思南人。光绪十五年(1889)己丑科进士，二甲三十三名。散馆授编修，官至侍读。著有《说文补证》。

⑥ 莫友芝(1811—1871)字子偲，号郘亭，晚号眲叟。贵州独山人。道光十一年(1831)举人。版本学家、目录学家、藏书家。

⑦ 王仁堪(1848 — 1893)字可庄，又字忍庵，号公定，闽县(今福州)人。光绪三年一甲第一名进士，授修撰。出督山西学政，主持贵州、江南、广东乡试，供职上书房。

⑧ [清]岳森：《癸甲襄校录》卷5，光绪二十年成都尊经书局刻本。

⑨ 《廖季平年谱》曰：“光绪十八年(1892)，三月，先生因买书至成都，仍与吴之英同任尊经襄校，时尊经已非昔比，至有‘聚賭内室，放马讲堂’者。”(廖幼平：《廖季平年谱》，成都：巴蜀书社，1985年，第48页。)

⑩ [清]岳森：《癸甲襄校录》卷3，光绪二十年成都尊经书局刻本。瞿学使：瞿鸿禨。监院薛：薛华墀(丹廷)。岳凤吾：岳嗣仪。

⑪ 据《张文襄公年谱》：“同治十一年壬申，七月五日，潘文勤为康成生日会，据汉人石刻画象，摹写为图，公既与会，因题诗其上。”此为京师学界推崇郑玄之例证。(胡钧：《张文襄公年谱》，《张之洞诗文集》附录五，上海：上海古籍出版社，2008年，第577页。)

未和，范围复疏，侧目者流抵隙非訾，俗子诺诺，通学亦疑，私心痛切烦冤而已。今者崧生先生主讲，[①]足下得膺督部委任襄校，其间鄙人闻之且慰且忭，何则？故人假手，新机方跃，值此绝续之交，将有振顿之望也。院中庶务，无假琐言，吾子贤达，当不蔓衍。所冀先植根柢，要诸久远，再酌盈虚以跻均和，内忧外侮，次第弥缝，然后可以讲经术、谈学问也。学问一事，又宜权其缓急，以为补救，请得扬搉而言，愿足下稍留意焉。夫为学之道，莫先于门径，门径所在，莫要于目录，目录精熟，再求研深，朱肯夫之言是也。即吾子今日著书立说，其独到处可以甄别二戴，洗剔董、何，爰暨初基，所由贯澈，固亦从目录中来也。南皮定章，均同此意。己、庚以来，[②]渐失故辙，夫以湘潭之精迈，守约施博，空诸所有，无往不可，而后进妄希，适滋学弊。三刘未识，遂诋康成，二徐莫分，已轻洨长，[③]意今文必晚出，疑《篇》《韵》为一书，[④]越堂窥奥，舍级登阶，自诩渊通，实伤陋劣。闲居未觉，应物斯穷。此弟身受之病，含愤历年。曾以师读莫分，贻笑徒侣者也。而亦非湘潭之过也，良由学之不善，毁藩求达，躐等徼功，自成匍匐之形，转累邯郸之步耳。先后同舍，雅才固多，如我辈流，恐仍不少。然则近日院中所急，宜以目录为要，敬冀吾兄推己及人，补偏救弊，正章之外，专县斯课，明于七略、四部，再议篇章；洞悉班范儒林，方讲汉学，未为晚也。其谓然乎？平昔论及院事，相与信仰流连，欷歔不置，今也自为责无旁贷，正宜统筹全局，深维本末，勉宏立达，以宠交游，若徒溺情铅椠，疲精著述，偏于成己，略于成物。则即使《十一经注疏》告成，[⑤]祇为兄一人之业，于全蜀无与，且祇为经生之事，去师道犹远，非区区之意所厚望于足下者也。[⑥]

作为南学派的代表人物，岳森试图重塑尊经学风，但是，他的建议和主张并没有具体施行。光绪十九年(1893)冬，上任不到一年的岳森辞去襄校

① 崧生先生：伍肇龄。

② 己、庚：光绪五年(1879)己卯，光绪六年(1880)庚辰，时值王闿运掌教期间。

③ 洨长：许慎作过洨县(今安徽固镇东)长，故称“洨长”。

④ 《篇》：《玉篇》。《韵》：《广韵》。

⑤ “《十一经注疏》”，即为《十八经注疏》之误。廖平《今古学考》卷下：“予创为今、古二派，以复西京之旧，欲集同人之力，统著《十八经注疏》，(《今文尚书》、《齐诗》、《鲁诗》、《韩诗》、《戴礼》、《仪礼记》、《公羊》、《谷梁》、《孝经》、《论语》。《古文尚书》、《周官》、《毛诗》、《左传》、《仪礼经》、《孝经》、《论语》、《戴礼》。《易》学不在此数。)以成蜀学。”(李燿仙主编：《廖平选集》上册，成都：巴蜀书社，1998年，第89页。)

⑥ [清]岳森：《癸甲襄校录》卷5《南学报廖季平第二书》，光绪二十年成都尊经书局刻本。

一职，进京参加光绪二十年(1894)甲午恩科会试。[①] 再次失利后，他写下《与季平书未发，已值秋闱报罢，题尾一首》(甲午九月作)：[②]

榜揭函犹在，濡毫添作诗。
文章因我累，领袖负君期。[③]
一破成均例，[④]再违书局规。[⑤]
吾徒皆不振，报与廖经师。

但是，岳森遭受的挫折还不止于此。丁树诚《晋省记》光绪二十三年四月二十九日曰：

府训导薛丹廷回看，延入坐谈，言"岳林宗在尊经院襄校事甚悉"。又言："岳在院时，出八十两银买一妾，托言作婢，服事太夫人，掩众口也。佃寓安置，与之合。坚拒不受，闹口角一场。岁暮偕归，至二台子场，又欲与合，仍执不允。是夜大闹，惊动街邻，皆以逼婢作妾，诋岳不是。岳无已，退之。失银受气，方知为媒旦所欺，早设陷阱，待岳之堕其术中也。"又言："岳初次归家，有银百九十两，烟泥二百两，盛以背篼。雇脚夫，价贱甚，伊侄随行。至北门瓮城内，突逢一人，托带南江信，给以重资。在袱内取书有时；又数信钱有时，事讫。所雇夫已出瓮城，急寻不见。事急，回院告山长，急饬成都差细寻，仍不见。时岳已坐舆先行，晚至二台子场，俟伊侄不至，知有变，仍回省，禀案，久无着落。拨银作路费归。此二事，固是林宗走失财运，亦始谋不慎，人得乘隙而赚骗之也。"[⑥]

此后，岳森再也没有染指过尊经书院事务，《近代名人小传》称他与刘子雄一样"皆中年死"。刘子雄卒于光绪十五年十月十七日，时年32岁。[⑦]照此推算，岳森卒年应在光绪二十年后的三四年间。岳森死后，在京师南学风光了一阵的南学派从此暗淡下去，而后来对尊经书院产生重要影响的是南皮派和湘绮派。

二、南皮派

南皮派是指尊经院生中依附张之洞的一派势力。张之洞"巧宦热中"，

---

① 廖幼平：《廖季平年谱》，成都：巴蜀书社，1985年，第50页。

② [清]岳森：《癸甲襄校录》卷3，光绪二十年成都尊经书局刻本。

③ 原注：前月来书有"天留宏材，领袖群英"云云。

④ 原注：国朝二百馀年，凡国子监录科取第一名者，无不中式，至戊子科是例遂为余所破。

⑤ 原注：自有尊经书局以来，凡科年坐局之人，必有中式者。七科旧例，今年又为余坏矣。

⑥ [清]丁树诚：《丁治棠纪行四种》，成都：四川人民出版社，1984年，第156页。

⑦ [清]刘子雄：《刘舍人遗集》卷4，1929年1月16日叙永郭延钞本。

前人早有论及。[①] 为了讨好权贵，见风使舵，张氏需要在京布置许多耳目。众所周知，杨锐就是张之洞当年的坐京之一，他“为张之洞随时提供来自北京的消息，张在生活上对他加以资助”。[②] 张之洞《正月初二同杨叔峤登楼望馀雪》一诗[③]，也能看出张对杨锐的欣赏和器重。这些事在《往留录》中也得到了印证：“三月三十日，午后，杨叔峤衣冠至，言广东情事甚悉。伊客广督张夫子处，已数载矣。”[④]但是，最出人意料的是《往留录》在不经意间留下了一段为张之洞物色坐京的记载，受邀者为丁树诚，而为张之洞物色人选的是廖平：

> 四月二十日，谈次，(廖平)勉予(丁树诚)留京，辞以家累。伊请一切阁著，答以精力就衰，淡心科名。伊言：“科名俗气，相与续千秋业耳。”……伊复殷殷，呼助将伯！不获已，佯谓：“橐金已尽，难久留。”伊言：“措资毋虑，一纸书达南皮夫子处，吃著应有余。谓予不信，每月薪水，予先垫给可乎？”复辞曰：“何需？弟老矣，无心科名，且无心学问，决意还山，作闲云野鹤，稍有闻见，可札记往来，千里立应。不必乐群，亦可敬业，士各有志，勿容相强！平生不作欺人语，南山可移，归志不可动矣。”伊无如何。[⑤]

己丑会试，廖平因为复核试卷时被查出把“歴”误写成“歷”，而被取消了殿试资格。[⑥] 后来他忆及此事，说了一段耐人寻味的话：“此次不犯磨勘，可入翰林。使竟入翰林，戊戌政变，或将因杨叔峤而迁戍也。”[⑦]如果不看《往留录》里廖、丁二人的那段对话，我们恐怕很难理解廖平所谓“因杨叔峤而迁戍”的真正含义。廖平的意思大概是说假如光绪十五年(1889)中了进士，就会留京入翰林，成为张之洞的坐京之一，最后会和杨锐一起卷入张之洞与朝中大臣的权力斗争，而成为戊戌政变的牺牲品。

虽然，张之洞与廖平的师生关系异常密切，时有学术切磋，如《往留

---

① 唐振常：《半拙斋古今谈》，太原：山西教育出版社，1998 年，第 44 页。

② 王夏刚：《杨锐年谱简编》，《中国古代社会与思想文化研究论集》第一辑，哈尔滨：黑龙江人民出版社，2004 年，第 342 页。

③ [清]张之洞：《张之洞诗文集》，上海：上海古籍出版社，2008 年，第 135 页。

④ [清]丁树诚：《丁治棠纪行四种》，成都：四川人民出版社，1984 年，第 115 页。

⑤ [清]丁树诚：《丁治棠纪行四种》，成都：四川人民出版社，1984 年，第 125 页。

⑥ 廖平中的是光绪十六年(1890)庚寅恩科会试第二甲 70 名进士。《廖季平年谱》将此事系于光绪十五年(1889)是错误的。廖平在己丑会试中因磨勘落榜，《往留录》有明确的记载：“四月二十一日，为新进士殿试日也。季平以覆试有疵，停殿试，故得出城周旋。天下惟失意人乃获逸趣。不然，今日殿廷角逐，已倾几斛汗血？岂得日高犹眠哉。”(丁树诚：《丁治棠纪行四种》，成都：四川人民出版社，1984 年，第 125 页。)

⑦ 廖幼平：《廖季平年谱》，成都：巴蜀书社，1985 年，第 45 页。

录》:“三月初三,廖季平同年来过。坐谈近日著述,有《六书旧义》、《今古学考》,已开雕。外《穀梁注》、《公羊注》二种。大意以《礼》之《王制》为纲,以抉经心。足使何、范二公变色失步。已就正香涛夫子,待付梓。”[①]但是,由于他们之间难以调和的思想分歧,还未等到戊戌政变发生,二人关系就已经破裂了。张之洞《抱冰堂弟子记》曰:

平生学术最恶公羊之学,每与学人言,必力诋之。四十年前,已然谓为乱臣贼子之资。至光绪中年,果有奸人演公羊之说以煽乱,至今为梗。[②]

众所周知,“风疾马良”是张之洞对廖平的反复告诫,据《廖平年谱》,张之洞一共说过四次:

(1) 光绪六年,进京会试,在京日尝以《易》例请业张之洞,当时以专治《春秋》,于《易》尚未细心推考。张之洞尝诫先生曰:“风疾马良,去道愈远”。

(2) 光绪九年,先生试后谒张之洞于太原。(时张任山西巡抚。)张仍以风疾马良相诫,并以治小学相勖。在太原时欲作《语上篇》,[③]以矫时流株守小学之弊,以无暇未果。

(3) 光绪十五年,至广州居广雅书院,张之洞重申风疾马良之诫。

(4) 光绪二十三年,秋,宋育仁述张之洞戒先生语曰:“风疾马良,去道愈远。解铃系铃,惟在自悟。”并命改订经学条例,不可讲今古学及《王制》并攻驳《周礼》。先生为之忘寝餐者累月。十一月,上张之洞书,情词较为谦抑,但仍坚持己见,不愿删改。[④]

“风疾马良”语本《战国策》卷二十五《魏王欲攻邯郸》:

魏王欲攻邯郸,季梁闻之,中道而反,衣焦不申,头尘不去,往见王曰:“今者臣来,见人于大行,方北面而持其驾,告臣曰:‘我欲之楚。’臣曰:‘君之楚,将奚为北面?’曰:“吾马良。’臣曰:‘马虽良,此非楚之路也。’曰:‘吾用多。’臣曰:‘用虽多,此非楚之路也。’曰:‘吾御者善。’‘此数者愈善,而离楚愈远耳。’今王动欲成霸王,举欲信于天下。恃王国之大,兵之精锐,而攻邯郸,以广地尊名,王之动愈数,而离王愈远

---

① [清]丁树诚:《丁治棠纪行四种》,成都:四川人民出版社,1984年,第102页。

② 苑书义、孙华峰、李秉新主编:《张之洞全集》,成都:河北人民出版社,1998年,第10631页。

③ 《语上篇》:疑典出《论语·雍也》:“子曰:‘中人以上,可以语上也;中人以下,不可以语上也。’”

④ 廖幼平:《廖季平年谱》,成都:巴蜀书社,1985年,第23、28、45、53页。

耳。犹至楚而北行也。"[①]

研究者们经常引用张之洞对廖平的这句告诫，但是，需要指出的一点是，张之洞最初用这个典故，并非专指廖平，而是《尊经书院记》中的一条学规："诸生问曰：'先生之本意既得闻矣。学者之要如何？'曰：'在定志。适越而面太行，马愈良者去愈远，徘徊于歧路者，日行不能十里。'"

张之洞"风疾马良"的告诫与廖平学术兴趣的转向有关。廖平自述其学术兴趣的三次变化曰：

> 予幼笃好宋五子书、八家文。丙子(1876)从事训诂文字之学，用功甚勤，博览考据诸书。冬间偶读唐宋人文，不觉嫌其空滑无实，不如训诂书字字有意，盖聪明心思于此一变矣。庚辰(光绪六年，1880)以后，厌弃破碎，专事求大义，以视考据诸书，则又以为糟粕而无精华，枝叶而非根本，取《庄子》、《管》、《列》、《墨》读之，则乃喜其义，实是心思聪明至此一变矣。初学者看考据书当以自验，倘未变移性情，其功犹甚浅也。[②]

廖平"丙子(1876)从事训诂文字之学"与张之洞的教育导向有关，《六变记》称：廖平"生平笃志于经，后丙子(1876)受知南皮张文襄公，始泛滥于声音训诂之中。"[③]张之洞的学术主张偏向乾嘉汉学，他在赞许"尊经五少年"时，夸廖平"天资最高"即是因为廖"于经学、小学极能擘索"[④]。江浙派的钱宝宣向缪荃孙提及廖平也说："廖勖斋，登廷，井研，长于考订"[⑤]。廖平开始厌弃汉学，一味钻研公羊学是在"庚辰(光绪六年，1880)以后"，这是他中举后的第二年，也是王闿运掌教尊经书院的第二年，而张之洞第一次向廖平提出"风疾马良，去道愈远"的告诫恰好也是在这一年。张之洞在1880年特意引用《尊经书院记》第二条学规"定志"中的典故告诫廖平，应该是含有深意的，其中涉及"南皮派"与"湘绮派"在思想和学术上的分歧。

三、湘绮派

湘绮派是尊经院生中遵行王闿运学术主张的一群弟子。这群弟子除

① [西汉]刘向：《战国策》下册，上海：上海古籍出版社，1998年，第907页。

② 廖平、吴之英：《经学初程》，成都存古书局本1914年刻本，第12页。

③ [清]柏毓东：《六变记》，李耀仙主编：《廖平选集》上册，成都：巴蜀书社，1998年，第618页。

④ 苑书义、孙华峰、李秉新主编《张之洞全集》第12册，石家庄：河北人民出版社，1998年，第10133页。

⑤ [清]缪荃孙编：《艺风堂友朋书札》下册，上海：上海古籍出版社，1981年，第722页。

了学术上善变的廖平之外，还有宋育仁、胡从简、戴光等人，其中最突出的是宋育仁。谭宗浚《尊经书院十六少年歌》把宋育仁排在倒数第五名，仅为榜上的中下人物，王闿运掌教后，对宋育仁提携最多，《湘绮楼日记》曰："宋生云岩卷颇佳，余前拔取第一者。"①《湘绮楼笺启》收录写给尊经院生的信札寥寥无几，唯独宋育仁一人竟有四封之多，而且《王志》还有《论狂狷》一篇是专门为宋育仁而作。在往来信函中，王闿运甚至推许宋育仁为"尊经首选"，②可见倚重之深。宋育仁主要从两个方面继承了王闿运的衣钵，而且冰水青蓝，有过之而无不及。

第一个方面是继承了王氏的辞章之学。辞章之学是张之洞与王闿运分歧较大之处，张之洞平生"最恶六朝文字，谓'南北朝乃兵戈分裂、道丧文敝之世，效之何为?'凡文章本无根柢、词华而号称六朝骈体、以纤仄拗涩字句强凑成篇者，必黜之"③。王闿运这一派则与之相反，推崇六朝诗风、文风近乎偏执，钱锺书《石语》所录陈衍之言可以为证："钟嵘《诗品》乃湖外伪体之圣经，予作评议，所以捣钝贼之巢穴也，然亦以此为湘绮门下所骂。"接着当陈衍讥笑"王学实少通材"时，钱锺书问曰："丈于陈伯弢、宋芸子以为何如? 抱碧斋之精洁，问琴阁之风华，所谓智过其师、青出于蓝者耶?"④在钱锺书看来，陈锐、宋育仁实为湘绮弟子中诗学造诣出类拔萃、超迈其师者。

据汪辟疆《近代诗派与地域》，张之洞属于河北派，"此派诗家，力崇雅正，瓣香浣花，时时出入于韩苏，自谓得诗家正法眼藏"。⑤ 而王闿运则属于湖湘派，"平生造诣，乃在心抚手追于汉魏六朝，而稍涉初盛。尝云：'唐无五言，学五言者汉魏晋宋尽之。'"⑥一派亲韩苏，一派宗汉魏，两派审美异趣，已成扞格之势。尊经书院正好处在这两种诗风的熏陶之下，成为二派角力的竞技场，汪氏曰："张广雅督学川中，以雅正导其先路，王湘绮讲学尊经，以绮靡振其宗风，风声所树，沾溉靡涯。惟蜀中诗派，自有其渊源可寻，广雅、湘绮虽启迪之，蜀人未能尽弃其所学而学之也。"⑦如果把刘光

① [清]王闿运：《湘绮楼日记》，长沙：岳麓书社，1996 年，第 824 页。

② [清]王闿运：《笺启》卷 1，《湘绮楼诗文集》，长沙：岳麓书社，1996 年，第 834 页。

③ [清]张之洞：《抱冰堂弟子记》，苑书义、孙华峰、李秉新主编：《张之洞全集》第 12 册，石家庄：河北人民出版社，1998 年，第 10631 页。

④ 钱锺书：《写在人生边上；人生边上的边上；石语》，北京：生活·读书·新知三联书店，2002 年，第 478 页。

⑤ 汪辟疆：《汪辟疆说近代诗》，上海：上海古籍出版社，2001 年，第 30 页。

⑥ 汪辟疆：《汪辟疆说近代诗》，上海：上海古籍出版社，2001 年，第 21 页。

⑦ 汪辟疆：《汪辟疆说近代诗》，上海：上海古籍出版社，2001 年，第 46 页。

第、赵熙、傅增湘等人算进去，笼统地说存在一个不受张、王影响的西蜀派，倒也无妨。但具体到尊经院生的诗学取向，却不是如此简单的。在当时的尊经书院，趋向张之洞诗风的则被视为南皮弟子，趋向王闿运诗风的则被视为湘绮弟子。逃张必归于王，逃王必归于张，在这种情况下，有的院生为了超然于两派之外，就直接宣布不写诗了。最典型的就是廖平，廖平一生很少作诗，但并非不能写诗。现存其诗作两首，[①]一首是试帖诗，一首类似打油诗，均难以判断其归属何派，但从廖平的《赍园诗钞序》述“湘绮传诗公案”却能看出他曾在王闿运的指导下认真学过六朝诗：“岁在己卯，湘潭倡诗法时，余与汉州子苾张君（张祥龄），同住尊经阁后三公祠，以便请问。余手钞谢诗江诗，湘潭每日批讲一二首。”[②]由于廖平受知于张之洞，因其尊今抑古的经学主张已经受到张之洞“风疾马良”的严厉告诫，不敢在辞章之学上再次背离张氏的宗风。张之洞曾威胁廖平：“如不自改，且将用兵。”[③]其意即取自《论语・先进》“非吾徒也，小子鸣鼓而攻之”。所以，廖平素不作诗，自有其苦衷，所谓“不欲分其精力”云云，[④]不过是托辞。

从两大诗派对抗的结果来看，王闿运一派明显占据优势，宋育仁、刘子雄、吴之英、张祥龄及妻曾彦的作品都表现出“绮靡”的风格。尤其是宋育仁和曾彦。《赍园诗钞序》说曾彦“不读唐以后书，吐嘱乃能不凡”，又引崇庆杨子纯曰：“湘潭诗法得其传者，惟季硕一人”。[⑤] 吴虞也说过：“王壬老在尊经教人主陆谢。廖季平云：五言诗成就者止曾季硕夫人一人耳。”[⑥]丁树诚则赞叹宋育仁“学博思沉，华藻隽茂，为我辈白眉”。《往留录》：“宋芸子《湘游赋》……为伊到湘潭谒壬秋师作。规《离骚》之体，寓《北征》之思，

---

① 光绪己丑科会试《赋得“马饮春泉踏浅沙”得泉字五言八韵》：“走马沙隄浅，春流正涨泉。饮酣红磴雨，踏破绿郊烟。薄润泥濡腹，轻澌石露拳。珠跳螺点活，篆散鸟纹圆。渴意奔云疾，行踪印雪连。鱼惊花片唼，鸥避草根眠。镜影晴漪上，尘香夕照边。玉骢墀下立，驱策奋先鞭。”（《六译馆丛书・会试硃卷》）1912 年“龚煦春以所藏张船山南台寺饮酒图征题，先生及吴之英、刘师培、谢无量、曾学傅、朱山均有诗。先生素不为诗，至是题曰：‘几山好收藏，我久厌李杜。强逼入题画，牵牛上皂。物以罕见珍，宝此荒年谷。寄语后来人，何分鸡与鹜？’”（廖幼平：《廖季平年谱》，成都：巴蜀书社，1985 年，第 72 页。）

② ［清］廖平：《赍园书钞序》，傅德岷等主编：《巴蜀人文天下盛：近代巴蜀散文选读》，北京：中国文史出版社，2004 年，第 687 页。

③ 唐振常：《师承与变法》，《川上集》，北京：生活・读书・新知三联书店，1996 年，第 85 页。

④ 廖平：《赍园书钞序》，傅德岷等主编：《巴蜀人文天下盛：近代巴蜀散文选读》，北京：中国文史出版社，2004 年，第 686 页。

⑤ 廖平：《赍园书钞序》，傅德岷等主编：《巴蜀人文天下盛：近代巴蜀散文选读》，北京：中国文史出版社，2004 年，第 687 页。

⑥ 吴虞：《题高蔚然丈（树）尊经书院课卷残本横看子四首》，《学艺杂志》，1922 年第 4 卷第 2 期，第 3 页。

兴往情来，如读《蒹葭》、《秋水》，不禁溯洄，泽古深矣。”①

第二个方面是宋育仁继承了王闿运的纵横之学。王闿运平生最自负的是自己的帝王纵横之学，因时运不济，才不得已当起了文人名士，杨度《湖南少年歌》对此言之甚悉：

更有湘潭王先生，少年击剑学纵横。
游说诸侯成割据，东南带甲为连横。
曾胡欲顾咸相谢，先生笑起披衣下。
北入燕京肃顺家，自请轮船探欧亚。
事变谋空返湘渚，专注春秋说民主。
廖康诸氏更推波，学界张皇树旗鼓。
呜呼吾师志不平，强收豪杰作才人。②

一般认为，王闿运的弟子中传其纵横之学的是杨度，同时，也有研究者指出宋育仁才是得王氏纵横学真传的人，③其论据就是《借筹记》所述的“潜师之谋”：“一八九四年甲午中日战争起。宋育仁自伦敦上书清廷，提出‘目前困倭之谋，异日防俄之计’，明确指出日、俄是中国心腹大患，不仅要解决当前中日问题，更应深谋远虑防备北方大敌。十月平壤陆军溃败，黄海海战失利。宋育仁时代公使职，他与使馆参议杨宜治、翻译王丰镐等密谋，拟购英国原卖与智利和阿根廷的兵舰五艘、鱼雷快艇十艘，招募澳大利亚水兵二千人，组成水师一旅，托名澳大利亚商团，以保护商队为名，自菲律宾北上进攻日本长崎。谋既定，即与美国退役海军少将夹甫士、英国康敌克特银行经理格林密尔等商定，由康敌克特银行借船款二百万英镑、战款一百万英镑，买定兵船快艇共十艘、运输船两艘，募得水兵一旅，由原北洋水师提督琅威里率领。于是，‘炮械毕集，整装待发。’但是，慈禧和李鸿章等坚主和议，订船募兵事一概作罢。一八九五年三月，中日和议成，‘潜师之谋废’。宋育仁‘抚膺私泣，望洋而叹’，乃于八月回国，在途中写成《借筹记》，记述‘潜师之谋’始末并揭露清廷各系官僚误国内幕。”④

宋育仁“潜师之谋”颇似三国蜀将魏延建议从子午谷直捣长安的“悬危之计”（《三国志·魏延传》），所不同的是宋育仁的冒险行为背后往往有儒家经典的依据为支撑，而非恣意妄为之举。“潜师”出自《左传·僖公三十二年》“殽之战”。吴之英《问琴阁丛书五种叙》指出了“潜师之谋”的公羊学

① 丁树诚：《丁治棠纪行四种》，成都：四川人民出版社，1984年，第94页。
② 钱仲联主编：《清诗纪事》第19册，南京：江苏古籍出版社1989年，第13844页。
③ 萧艾：《王湘绮评传》，长沙：岳麓书社，1997年，第49页。
④ 徐溥：《早期改良主义思想家宋育仁》，《社会科学研究》，1979年第5期，第23页。

依据："日本犯台湾，廷臣会谋，无敢执事咎，战事闻海外，君以《春秋》之义，大夫出竟，有遂事，潜谋购英师水队，乘悬军捣日都虚，约必胜，许以千五百万金犒来舰，电传往复，私费六百馀金，书始上，留中久之。和议决，乃答复罢所约。"[①]"《春秋》之义，大夫出竟，有遂事"典出《公羊传·庄公十九年》："大夫无遂事，此其言遂何？聘礼，大夫受命不受辞，出竟有可以安社稷利国家者，则专之可也。""遂事"指不在自己的使命范围之内，是自己生出来的事。《公羊传》认为，大夫受命出使不应该另外生出事端，但是万一遇到有利于国家社稷的事，独自处理也是可以的。后来，汉代经学家以《公羊传》的这段话为根据，提炼出一条重要的政治原则："《春秋》之义，大夫出疆，有可以安社稷，存万民，颛之可也。"(《汉书·终军传》)王闿运《春秋公羊传笺》引何休《春秋公羊经传解诂》曰："专矫君命而与之盟，除国家之难，全百姓之命，故善而详录之。"[②]宋育仁曾在尊经书院师从王闿运学习今文经学，当然对这些《春秋》义例谙悉于心。但宋的经学与其同时期的尊经院生相比具有更强的实践性，宋认为自己与廖平的根本区别在于廖平的仅仅是"经学"，而他自己的则是"经术"："(廖平)于经学功夫甚深，但于经术无得，未见制度。"[③]所以，以经学作为指导自己政治行为的准则，凡事必于经学中寻找依据而后行动，这是宋育仁思想的一大特点。

1931年，宋育仁去世，廖平当时已八十岁，他授意长孙廖宗泽代撰一副挽联，要表达出与宋育仁"道不同不相为谋之意"。[④] 尽管我们不知道这副挽联最后写成什么样子，但廖、宋二人终生无法调和的思想分歧，却从这一则简短的记载中透露出来。而这些思想分歧的源头，则发端于尊经书院的不同学术流派中。

---

① 吴之英：《问琴阁丛书五种叙》，宋育仁：《问琴阁文录》，光绪考隽堂刻本。

② [清]王闿运：《论语训·春秋公羊传笺》，长沙：岳麓书社，2009年，第237页。

③ 宋育仁：《问琴阁口义·治经》，转引自：徐溥：《早期改良主义思想家宋育仁》，《社会科学研究》，1979年第5期，第22页。

④ 张远东、熊泽文：《廖平先生年谱长编》，上海：上海书店出版社，2016年，第256页。

第四章　尊经学人的崛起

尊经书院创办二十八年间，为近代四川选拔和造就了大量人才。他们当中，有的是被学政慧眼识英才、从各地选调到尊经书院重点培养的高才生，例如，学政张之洞、谭宗浚挑选的“尊经五少年”、“尊经十六少年”等；有的是在山长或主讲的提携下成长起来的，如王闿运之于宋育仁、丁树诚等；有的本身就是四川本地的名门望族，如岳钟琪、杨遇春等军功世家的后代；还有华阳曾氏、犍为吴氏等世代书香门第。然而，更多的则是通过科举入仕的普通读书人，如己卯、乙酉两科乡试中举的尊经院生。尊经书院改变了他们的人生命运，他们此后在政治、军事、学术、教育等方面的成就，从某种意义上说，也塑造了近代巴蜀的形象。

第一节　尊经五少年

张之洞在尊经书院史上名高望重，除了创建之功，真正令人佩服的是他慧眼识英，为四川乃至整个中国近代史发现了几位重量级的人物。最广为人知的就是“尊经五少年”，但“尊经五少年”并不是一次发现的，而是经历了一个过程才最终确定的。以前的研究者经常提到“尊经五少年”，但似乎很少注意到这个排名形成的过程、五少年名次的升降，以及张之洞的继任者对五少年排名的扩充，下面对此略作考证。

一、“尊经五少年”的雏形

“尊经五少年”的雏形出现于光绪二年（1876）三月，当时张之洞按试眉州（今四川省眉山市），正逢苏祠竣工，作《登眉州三苏祠云屿楼》一首，诗中有句云：“共我登楼有众宾，毛生杨生诗清新，范生书画有苏意，蜀才皆是同乡人。”自注：“仁寿学生毛席丰、绵竹学生杨锐、华阳学生范溶，皆高材生，召之从行读书，亲与讲论，使肄经学。”[①]张之洞提到的这三个人应该是目前所知尊经书院最早的一批高材生，即使如廖平，也是在五个月之后的八月二十日才入院的[②]。

毛澂(1843—1906)，原名毛席丰，[③]疑入尊经书院后，为避免与同学毛瀚丰名字混淆，登第后改名毛澂。[④] 字叔云，又作蜀云、菽畇、澍云、叔耘，号稚澥。光绪二年(1876)举人，六年(1880)庚辰三甲第19名进士，历任山东定陶、历城、泰安知县，光绪三十二年(1906)卒于滕县任所。为官清正，有政绩。博览群书，长于经史，早负文誉。吴宓说："吾乡乔树楠、毛叔云两先达，在尊经齐名，为张文襄所激赏，当时有'蜀两生'之称。"[⑤]一生著述甚多，今仅存《稚澥诗集》，他如《群经通解》、《三礼博议》、《秦蜀山川险要记》、《齐鲁地名今释》、《治河心要》等，皆已散失。毛澂诗集中有《苏祠新楼呈南皮夫子兼柬玉宾、叔峤二君》、《三月二十一夜南皮夫子招饮水际竹边亭》两首，可与张之洞《登眉州三苏祠云屿楼》互相参证，是为尊经书院师生交谊方面最早的史料。

杨锐(1857—1898)，字叔峤。四川绵竹人。光绪元年(1875)入尊经书院，光绪八年(1882)优贡，光绪十一年(1885)顺天乡试举人。光绪十五年(1889)考取内阁中书。光绪十七年(1891)，在两湖书院任史学教习。光绪二十一年(1895)，参加公车上书，发起强学会。光绪二十四年(1898)，在京创立蜀学会，列名保国会。并由陈宝箴密荐，得光绪帝召见，任四品衔军机章京，参预新政。戊戌政变后，与谭嗣同、刘光第等六人同时被杀害，史称"戊戌六君子"。[⑥] 著有《说经堂诗草》、《杨叔峤先生诗文集》等。尽管杨锐在尊经弟子中屡屡名列第一，但科举极不顺利，至死未中进士。关于杨锐在尊经书院的沉浮，详后。

范溶(1852—1910)，字玉宾。四川华阳人(治今成都青羊区)。初从成

---

① 苑书义、孙华峰、李秉新主编：《张之洞全集》第12册，石家庄：河北人民出版社，1998年，第10495页。

② 廖幼平：《廖季平年谱》，成都：巴蜀书社，1985年，第17页。

③ 与清末高等工业学校休学之简州毛席丰(霈霖)非同一人。简州毛席丰，见傅崇矩：《成都通览》，成都：成都时代出版社，2006年，第71页。

④ 鲁小俊、刘妍：《〈清代人物生卒年表〉四川尊经院生补正——兼探〈四川尊经书院举贡题名碑〉中的官年》，《蜀学》(第十七辑)，成都：西南交通大学出版社，2020年，第240页。

⑤ 吴宓著，吴学昭整理：《吴宓诗话》，北京：商务印书馆，2005年，第264页。"蜀两生"的说法出自吴观礼《蜀两生行》，见[清]潘衍桐编纂，夏勇，熊湘整理：《两浙辅轩续录》卷48，杭州：浙江古籍出版社，2014年，第3829页。

⑥ 参阅王夏刚：《杨锐年谱简编》，《中国古代社会与思想文化研究论集》第1辑，哈尔滨：黑龙江人民出版社，2004年，第340页。

都武谦学，后得张之洞指授。光绪元年（1875）以廪生入院。光绪二年（1876）三月，张之洞按试眉州（今四川省眉山市），召其从行读书，“亲与讲论，使研经学”。光绪十四年（1888）优贡，十七年（1891）举人[①]，二十年（1894）甲午会试二甲第59名进士，选庶吉士，未散馆即授福建平和县知县，不乐为知县，旋请调任他职，复派去山西接济灾民事竣，改湖北任职，委以道员。宣统元年（1909）引见出京，行至武昌，忽发恶病，死于途中。工书法，楷书本精善，自认为久不递意，则一概为之弃去，专工北碑，字体凝重，笔势稳健，张之洞《尊经书院记》楷书碑文即出自其手。著有《扶云阁集》。[②] 民国《华阳县志》有传。

二、尊经五少年

“尊经五少年”的正式提出始见于光绪三年（1877）正月初六日张之洞致继任学政谭宗浚的信：

> 蜀才甚盛，一经衡鉴，定入网罗。兹姑就素所欣赏者，略举一隅。
>
> 五少年：
>
> 杨锐　绵竹学生。才英迈而品清洁，不染蜀人习气，颖悟好学，文章雅赡，史事颇熟，于经学、小学，皆有究心。
>
> 廖登廷　井研学生。天资最高，文笔雄奇拔俗，于经学、小学极能挈索，一说即解，实为仅见，他日必有成就。
>
> 张祥龄　汉州学生。繁悟有志，好古不俗，文辞秀发，独嗜经学、小学，《书》笃信古学，不为俗说所惑。
>
> 彭毓嵩　宜宾学生。安雅聪悟，文藻清丽，甚能深索经学、小学。
>
> 毛瀚丰　仁寿学生。深稳勤学，文笔茂美。
>
> 以上五人，皆时文、诗赋兼工，皆在书院。美才甚多，好用功者亦不少，但讲根柢者，实难其人。此五人未能深造，尚有志耳，已不易矣。此五人皆美质好学而皆少年、皆有志古学者，实蜀士一时之秀。洞令其结一课互相砥砺，冀其它日必有成就，幸执事鼓舞而教育之，所成必有可观。[③]

这一次的排名比最初的一次要严谨很多，名次显然是按学生才能、资质的高低来排列的，在《登眉州三苏祠云屿楼》中提到的毛席丰因在光绪二

---

① 按：《尊经书院二集》作“优贡”。

② 李朝正：《清代四川进士征略》，成都：四川大学出版社，1986年，第151页。

③ 苑书义、孙华峰、李秉新主编：《张之洞全集》第12册，石家庄：河北人民出版社，1998年，第10133页。

年(1877)中举,不再住院,故未列入其中。范溶未列入其中,原因不详。另外又添入了廖平、张祥龄、彭毓嵩、毛瀚丰四人。除此之外,张之洞还在同一封信中推荐了四位校官,四校官之首即是“杨聪,丰都教谕,杨锐之兄,博雅好学,文章遒丽”①。张之洞的卓识后来一一得到验证,除杨锐、廖平之外,光绪二十年(1894),张祥龄中三甲第 17 名进士,授翰林庶吉士。廖平致张之洞书曰:“五少年中初有木天之人,大为同辈之光。”②

廖登廷(1852—1932),字旭陔,又字勖斋,后改为廖平,字季平,号四益,后号四译,晚号五译、六译。井研县青阳乡盐井湾人。光绪二年八月入尊经书院肄业,受知于张之洞、王闿运。光绪五年(1879)举人,光绪十六年庚寅恩科(1890)二甲第 70 名进士,官龙安府学教授,署松潘教授、射洪训导。后历任九峰、艺风、凤山诸书院山长,及尊经书院襄校。戊戌变法中,任尊经书院督讲,《蜀学报》总纂。入民国,任四川军政府枢密院长,四川国学学校校长。③ 廖平以经学名世,被后人称为“经学最后之壁垒”。著述甚多,以《今古学考》最为学界所称道。

张祥龄(1853—1903),字子馥,又字子苾(《湘绮楼日记》作“子绂”),号芝馥。四川汉州人(今四川省广汉市)。初为廪生,光绪初,以拔贡身份选送尊经书院。在院期间,与杨锐长期不和,光绪七年,在王闿运教导下,二人置酒修好。光绪十九年(1893)举人,光绪二十年(1894)三甲第 17 名进士。授陕西怀远县知县。光绪二十六年(1900)十二月,由怀远县知县兼长安知县,二十七年至二十九年(1901—1903),历任大荔、南郑县知县,以久不升迁,郁郁不平,自请离任归籍。侨居江苏时,与吴中名士结词社,与俞樾交往密切。著有《前后蜀杂事诗》、《受经堂集》、《半篋秋词》、《和珠玉词》、《词论》等。④

彭毓嵩(1852—1911),字钱孙,一作钱生,又字豫民,别号山高。四川宜宾县人(今四川省宜宾市),原籍江西南昌,后迁湖北麻城县。天津知县忠愍公谢子澄婿。⑤ 约光绪初至五年(1879)前后以廪生住院。海防新班先用侯选教谕。光绪十四年(1888)中试四川乡试第 6 名副榜,甲午科举人,选

① 苑书义、孙华峰、李秉新主编:《张之洞全集》第 12 册,石家庄:河北人民出版社,1998 年,第 10133 页。

② 廖幼平:《廖季平年谱》,成都:巴蜀书社,1985 年,第 51 页。

③ 参阅廖幼平:《廖季平年谱》,成都:巴蜀书社,1985 年。

④ 以上张祥龄生平综合了以下三种资料:李朝正:《清代四川进士征略》,成都:四川大学出版社,1986 年,第 133 页;《近代巴蜀诗钞》编委会编:《近代巴蜀诗钞》上册,成都:巴蜀书社,2005 年,第 459 页;王晓波主编:《清代蜀人著述总目》,成都:四川大学出版社,2009 年,第 200 页。张祥龄侨居江苏时,与吴中名士结词社,与俞樾交往密切,参阅钟叔河编订:《林屋山民送米图卷子》,长沙:岳麓书社,2002 年,第 66 页。

⑤ 谢子澄事迹见赵尔巽等撰:《清史稿》卷 491,北京:中华书局,1977 年,第 13583 页。

授洪雅县教谕，品端学正，士认翕然。六年俸满，保升陕西凤翔县知县，二十九年(1903)履任，政简刑清，绅民爱戴，而又事无不举，绝少敷衍废弛之习。宣统三年(1911)九月，陕西兵变中遇害，年六十二。《清史稿》卷四九六有传，又有李滋然《陕西凤翔县知县彭公父子合传》，见民国《长寿县志》卷十一。

毛瀚丰(1849—?)，字鹤西，又作霍畦、霍西。《蜀秀集》中收录其诗文甚多。光绪五年(1879)优贡，官至云南普洱知府。名见《四川尊经书院举贡题名碑》。

三、《尊经书院十六少年歌》

光绪五年(1879)十月，张之洞的继任者谭宗浚上任后，又将"尊经五少年"的名目进行扩充，写成《尊经书院十六少年歌》，①下面对这首诗略作笺释。

尊经书院十六少年歌(并序)

余甫至蜀，张香涛前辈(之洞)语余云：蜀才甚盛，当以五少年为最，谓绵竹杨锐、井研廖登廷、汉州张祥龄、仁寿毛瀚丰、宜宾彭毓嵩也。② 嗣余校阅所及，又得十一人。因仿古人八仙、九友之例，③为《尊经书院十六少年歌》。其有绩学能文而年过三十者，④均不在此数。凡诸生所作文字，具见余近刻《蜀秀集》中。

宏农博赡谁与俦?⑤ 手披七略函九流，房星降精骋骅骝，⑥蹴踏要到昆仑丘。(绵竹杨锐，字叔峤，年二十一。)

廖子朴学追服刘，⑦校勘审碻刊谬悠，⑧森森腕底攒戈矛。(井研廖登廷，字勋斋，年二十七。)

张生烂烂双电眸，曹仓杜库一览收。⑨ 读书欲遍秦与周，崭然笔

---

① ［清］谭宗浚：《荔村草堂诗钞》卷8，《续修四库全书》第1564册，上海：上海古籍出版社，2002年，第258页。

② 此处将彭毓嵩列于五少年之末，排序与张之洞有异。

③ "八仙九友"，典出杜甫《饮中八仙歌》、吴伟业《画中九友歌》。

④ 如，丁树诚，时已三十二岁。谭宗浚《将解任留别蜀中士子八首》之六称赞他："丁生(树诚)学尤劬。"

⑤ "宏农"，指杨慎，隐喻杨锐有状元之才。弘农为杨氏郡望。"宏"，避乾隆皇帝弘历讳。

⑥ "房星"，星宿名。即房宿。古时以之象征天马。"骅骝"，周穆王八骏之一，泛指骏马。

⑦ "刘"，指刘向、刘歆父子。

⑧ "碻"，确实。

⑨ "曹仓"，曹家书仓。晋王嘉《拾遗记·后汉》载：曹曾书垂万馀卷，"及世乱，家家焚庐，曾虑其先文湮没，乃积石为仓以藏书，故谓曹氏为书仓。"后以"曹仓"泛指藏书的仓库。"杜库"，"杜武库"的省略。晋人尊称杜预为"杜武库"，谓其学识渊博，如武库兵器，样样具备。《晋书·杜预传》："预在内七年，损益万机，不可胜数，朝野称美，号曰'杜武库'，言其无所不有也。"

力回万牛。[①]（汉州张祥龄，字子馥，年二十二）

小毛词翰扬马俦，[②]如驾青翰凌沧洲，[③]珊瑙炫耀珠玑浮。（仁寿毛瀚丰，字鹤西，年二十七）

范君渊雅文藻优，长离宛宛升云游。[④]（华阳范溶，字玉宾，年二十四）

鹑觚之孙内衍修，[⑤]笃志坟典兼索邱，问事不休贾长头。[⑥]（华阳傅世洵，字仲戡，年二十三）

邱郎静谧勤咿嘤，[⑦]文学穰穰囷仓稠。[⑧]（宜宾邱晋成，字芸蕃，年三十）

老籛词笔雄九州，字里隐跃腾蛟虬。（宜宾彭毓嵩，字籛生，年二十七）

清河才调万斛舟，[⑨]余事笔札追鹄繇。[⑩]（乐山张肇文，字梓亭，年二十七）

乐安傲骨轻王侯，[⑪]神峰峻立恨少遒，稍加淬炼成纯钩。[⑫]（忠州任国铨，字箕甫，[⑬]年二十三）

濂溪经学穷微幽，[⑭]远媲孟喜兼施雠。[⑮]（成都周道洽，字润民，年二十四）

短宋词笔工雕搜，[⑯]华熳五色垂旌斿。[⑰]（富顺宋育仁，字云岩，年

---

① 此句化自南宋史伯强《送砚与裴唐卿》："知子笔端回万牛"，见[清]陆心源编撰：《宋诗纪事补遗》第3册卷81，太原：山西古籍出版社1997年，第1901页。

② "扬马"，扬雄、司马相如。

③ "青翰"，舟名。刻饰鸟形，涂以青色，故称。

④ "长离"，即凤，古代传说中的灵鸟。"宛宛"，盘旋屈曲的样子。

⑤ "鹑觚之孙"，西晋傅玄的子孙。玄曾封鹑觚男，明人集有《傅鹑觚集》。

⑥ "问事不休贾长头"，语出《后汉书·贾逵传》："（逵）自为儿童，常在太学，不通人间事。身长八尺二寸，诸儒为之语曰：'问事不休贾长头。'"

⑦ "咿嘤"，象声词。吟咏声。

⑧ "文学穰穰囷仓稠"，语出韩愈《刘生诗》。

⑨ "清河"，今河北省清河县，张氏的郡望。

⑩ "鹄繇"，指梁鹄、锺繇，皆擅长书法。

⑪ "乐安"，疑为"东安"之误。东安，任氏郡望。

⑫ "纯钩"，古宝剑名，见《越绝书》。

⑬ "箕"，《丁治棠纪行四种》、《廖季平年谱》皆作"篆"。

⑭ "濂溪"，北宋理学家周敦颐的号，与周道洽同姓，有《太极图说》。周道洽的"道洽"，疑取自《华阳国志》卷10："道洽化迁，我实西鲁。"

⑮ "孟喜"、"施雠"，皆为汉代易学家，《汉书·儒林传》有传。

⑯ "短宋"，以宋玉比宋育仁。典出宋玉《登徒子好色赋》："大夫登徒子侍于楚王，短宋玉曰：……""雕搜"，谓刻意修饰文辞。

⑰ "旌斿"，亦作"旌旒"，旌旗。

十九）

南丰诗卷清而浏，[1]独鹤矫矫鸣霜秋。（成都曾培，字笃斋，年二十六）

延陵门内交唱酬，[2]如彼荣郁兼谈彪，[3]振壡词囿扶轮辀。[4]（犍为吴昌基，字圣俞，年二十二。从父廷佐、廷傅、廷俊亦均有词藻）

东吴文学春华抽，[5]若琢瑚簋铿琳璆。[6]（成都顾印愚，字华园，年二十一）

戴侯嗜古剧珍馐，翩翩下笔难自休，看汝追逐登凤楼。[7]（江津戴孟恂，字伯挚，年二十八）

此外，谭宗浚《将解任留别蜀中士子八首》之六，[8]也提到多位尊经书院高材生，但与川内各地的士子混在一起，难以区分，现附录于下：

此邦多宝玉，天府称膏腴。

我来竟何得？未益亩一区。

私怀窃自幸，拔擢多璠玙。

杨（锐）毛（瀚丰）当词采，张（祥龄）廖（登廷）穷经畬。

粲粲十数子（详见前《尊经书院十六少年歌》），轻烟耀华裾。

清河（张孝楷）齿较长，考订笺虫鱼。

董（含章）张（可均）性颖悟，丁生（树诚）学尤劬。

萧（润森）王（安璧）谢（龙章）许（以藩、以谦）马（光宇），僻壤生名驹。

刘（承稷）王（荫槐）笔札擅，刘（光谟）邓（宗岳）经济储。

两龚（致道、致远）性孝友，并美周（兴谟、兴烈、兴楷）陈（陈宝、陈常，酉阳州人。陈嘉树、陈锡祺，宜宾人。）吴（廷佐、廷傅、廷俊）。

斯皆魁垒士，实学雄万夫。

会当振翼去，飞集承明庐。

持此润归橐，奚啻千明珠。

---

① “南丰”，曾巩的籍贯。曾培与曾巩同姓，故以曾巩相譬。

② “延陵”，吴氏郡望。

③ “谈彪”，司马谈、班彪。此句意指吴昌基有家学渊源。

④ “扶轮”，扶翼车轮，意指辅助。

⑤ “东吴”，疑以三国东吴丞相顾雍相譬。

⑥ “瑚簋”，宗庙盛黍稷的礼器，比喻治国安邦之才。“铿”，敲击碰撞。“琳璆”，玉器撞击声。

⑦ “凤楼”，指朝廷。

⑧ ［清］谭宗浚：《荔村草堂诗钞》卷 8，《续修四库全书》第 1564 册，上海：上海古籍出版社，2002 年，第 260 页。

谅殊马新息，薏苡翻见诬。

从光绪元年(1874)尊经书院创办至光绪五年(1879)谭宗浚离任，经过张之洞、谭宗浚两任学政的选拔、栽培，蜀中人才已蔚然可观。张之洞有《蜀葵花歌》一首，疑似暗喻尊经书院的少年才俊们："田间野客爱蜀葵，谓是易生兼耐久。娟若芙蓉斗秋霜，直如枲麻出蓬莠。……我欲表微张此花，为集嘉客倾美酒。"①

自张之洞、谭宗浚排出"尊经五少年"、"尊经十六少年"的名次后，不仅形成了榜样的示范效应，尊经书院还逐渐形成了品题院内人物的风气，余风所及，经久不衰。现将收集到的几种品题略举于下：

(1) 蜀人有宋玉(宋育仁)扬雄(杨锐)。②

(2) 英雄锐哲(英，名山吴之英。雄，德阳刘子雄。锐，绵竹杨锐。哲，富顺陈崇哲。四君皆一黉之隽。壬午科以优行贡太学，时称英雄锐哲)③

(3) 丁治棠，守其常；廖季平，出其奇。④

(4) 院中八景：

一，经师发白。(谓廖生季平年少头白也)

一，藏佛头青。(有吴生芝英面黑而团发，毿毿满额，似西藏那玛，故以藏佛名之)

一，余公道貌。(余性迂谨，逢人必揖让，人多避其足恭)

一、吴子书声。(吴读书，呦呦如鬼哭，闻者骇然)

一、北碑王熟，一、西学刘精。(王植青惯写北魏碑，刘光谟爱谈西洋炮法也)

一、满洲问道，一、回国通经。(满洲，谓调满城哲生(哲克登额)，回国，谓西昌马生，以回人调院也)⑤

(5) 宋芸岩诗力弱，陈子元气粗，不能用功，为浮名所误。用实功者廖平以外，未见其人。⑥(院生刘子雄、朱德实、戴光臧否院中人物)

尊经书院当年之人物气象，于这些品题中可以略见一斑。后来东川书院

---

① [清]张之洞：《张之洞诗文集》，上海：上海古籍出版社，2008年，第138页。

② 宋育仁《感旧诗三十四首》小注记主讲钱宝宣语。(见宋育仁：《哀怨集》，宣统二年刻本。)

③ 邓镕：《读刘舍人集感题》，《近代巴蜀诗钞》编委会编：《近代巴蜀诗钞》，成都：巴蜀书社，2005年，第904页。

④ 刘放皆：《丁文简先生传略》，丁树诚：《丁治棠纪行四种》，成都：四川人民出版社，1984年，第190页。

⑤ [清]丁治棠：《仕隐斋涉笔》，成都：四川人民出版社，1985年，第173页。

⑥ 廖幼平：《廖季平年谱》，成都：巴蜀书社，1985年，第43页。

的山长江瀚在《送张式卿序》中感叹:“是时蜀中开尊经书院垂十年,肄业诸生靡不颉颃,作气势以高自标举,一若数千百年所仅见之才,乃聚于一时一地。”[①]

光绪二年(1876)十一月,张之洞任满离川。《张文襄公年谱》称:“四川学政所入素丰,公廉介自持,既裁陋规二万两,又核定恩优岁贡及录遗诸费,不许娄索。及去任,无钱治装,售所刻《万氏拾书经》版始成行。”[②]张之洞离任后,在致继任学使谭宗浚的信中说:“身虽去蜀,独一尊经书院惓惓不忘。略有规模,未臻坚定。通省佳士,岂能蒐拔无遗,就目力所及者言之,大率心赏者,尽在其中。”[③]可见他对尊经书院寄予了很深的感情,后来官居要职之时,仍对尊经书院的学生偏爱有加,屡屡提携。同样,尊经书院的学生也对他尊崇备至。例如,杨锐称颂张之洞是“举巴蜀而齐鲁之者”[④],即借用“文翁兴学”的典故,将张之洞比喻为文翁再世。

第二节　尊经院生代表人物宋育仁

尊经院生通过选拔进入尊经书院,有一整套复杂的考核程序。入尊经书院后,又要经历严格的训练。由于宋育仁是尊经院生中年纪较小、仕途较顺、成就较大的一个,接近尊经书院教育目标的理想状态,本节即以他为例,介绍尊经院生学习生活的一般经历。

在清末民初那段风云变幻的历史中,宋育仁是一位比较值得关注的人物。这不仅是因为他直接经历和见证了那个时代的沧桑巨变,更因为他还是其中诸多重大历史事件的参与者和当事人。例如,郭沫若先生主编的《中国史稿》和《中国近代史稿》,在列举维新运动的发动者和中坚力量时,宋育仁名列其中,而且位居“早期改良主义者”之首。[⑤]《中国近代史稿》在介绍全国各地维新派的活动时,还特别指出四川地区的维新运动,主要是

---

① [清]江瀚:《送张式卿序》,《慎所立斋文集》卷4,《近代中国史料丛刊》第71辑,第171—172页。

② 胡钧:《张文襄公年谱》,[清]张之洞著:《张之洞诗文集》,上海:上海古籍出版社,2008年,第580页。

③ 苑书义、孙华峰、李秉新主编:《张之洞全集》第12册,石家庄:河北人民出版社,1998年,第10129页。

④ 杨锐:《湖广总督南皮张公》,傅德岷等主编:《巴蜀人文天下盛》,北京:中国文史出版社,2004年,第564页。

⑤ 中国社会科学院近代史研究所编:《中国近代史稿》第3册,北京:人民出版社,1978年,第24页。

在宋育仁等的主持和推动下开展起来的。[①] 又如,钱锺书先生在生前出版的最后一部书《石语》中,称赞宋育仁:"问琴阁(宋育仁的室名别号)之风华,所谓智过其师(王闿运),青出于蓝者。"[②]再如,对近代诗学评论影响甚大的汪辟疆《光宣诗坛点将录》,以宋育仁配"地捷星花项虎龚旺",并赞曰:"芸子(宋育仁的字)向以词赋见称于时,实则今之杜君卿(杜佑)、郑夹漈(郑樵)也。论学论文,皆能抉其本源,洞其利害。……余极重之。"[③]从这些著名学者的推崇和认可当中,我们不难发现宋育仁的研究价值。

宋育仁与尊经书院的关系大致可分为前后两个阶段:前一阶段为1876—1879年在尊经书院读书的时期,简称"求学时期";后一阶段是他1898年受聘出任尊经书院院长的时期,简称"掌教时期"。本节着重回溯宋育仁早年这段求学经历,探讨一位初出茅庐的富顺童生是如何通过尊经书院的培养而走上仕途的。

一、一时之选

宋育仁是如何被选入尊经书院的?以往的记载和研究大都轻描淡写,一笔带过,而且内容基本雷同,无非是说宋育仁考秀才时,受张之洞知遇,遂调入尊经书院学习云云。然而,细论起来,事情似乎并非如此简单,其中尚有许多异常复杂的程序和手续,不了解当时的人才选拔制度,则很难体会其中的艰辛曲折。

首先,进入尊经书院到底需要具备哪些基本条件?也就是说,一个童子必须通过哪些程序和手续才有资格就读尊经书院?要想进入尊经书院读书,第一个条件是必须成为秀才。据民国《渠县志》,一个白身的童子成为秀才,需通过如下考试:"文童试书艺二,覆试减书艺一,加论。有能习《御纂经义》者,策对不失旨,视正考卷无疵,即准招覆。诸生岁试书艺二,经义一,冬日减书艺一。科试书艺、经艺、时务策各一,冬日减经义。仍摘问《御纂经义》。"[④]这里包含三种考试。一是文童考试,合格者称秀才,取得岁试的资格。二是岁试,它是明代提学官(清代称学政)每年对所属府、州、县生员、廪生举行的考试。分别优劣,酌定赏罚。凡府、州、县的生员、

---

① 中国社会科学院近代史研究所编:《中国近代史稿》第3册,北京:人民出版社,1978年,第50页。

② 钱锺书:《石语》,北京:中国社会科学出版社,1996年,第37页。

③ 汪辟疆:《光宣诗坛点将录》,《汪辟疆说近代诗》,上海:上海古籍出版社,2001年,第98页。

④ 杨维中修、锺正懋纂:《(民国)渠县志》卷3《教育志中》,1932年铅印本

增生、廪生皆须应岁试。据《明史·选举志一》:“提学官在任三岁,两试诸生。先以六等试诸生优劣,谓之岁考。一等前列者,视廪膳生有缺,依次充补,其次补增广生。一二等皆给赏,三等如常,四等挞责,五等则廪、增递降一等,附生降为青衣,六等黜革。”[①]三是科试,指乡试前由学政举行的甄别性考试,生员达一定等第,方准送乡试。要成为尊经院生,必须在岁试中取得好成绩,成为秀才中的佼佼者。由于现有的《宋育仁年谱》过于简略,下面以《廖季平年谱》为例,简要说明尊经书院录取院生的具体情况。据《廖季平年谱》,廖平于光绪二年(1876)八月二十日正式成为尊经书院的院生。此时,他的身份是廪膳生员。[②] 廪膳生员是生员(俗称秀才)的一种,按照明清两代的科举制度,廪膳生员指由公家给以膳食的生员,简称“廪生”。廪生是最有资格入尊经肄业的一种生员。除了廪生,还有增生和附生可入院肄业。增生是指在廪生的正式名额之外增加的名额,称为“增广生员”,简称“增生”。增生每月没有公家支给的米粮,地位次于廪生。附生是指在廪生和增生之外,又额外增加录取名额,附于诸生之末,谓之“附学生员”,简称“附生”。总之,要想成为尊经院生,仅仅通过了童生考试和岁试,尚不完全够资格,必须要再经过岁试,成为秀才中的佼佼者,即所谓的“高材生”。成为高材生,即可牌调入尊经书院肄业[③]。清代,牌是官方规定的文武衙门向下级发布政令、指示的主要正式文种,称为“信牌”或“宪牌”。[④] 所谓“牌调”,就是学政以牌这种公文形式,把生员的学籍从原籍调到尊经书院来。

其次,让我们来看宋育仁是如何进入尊经书院的?有的书上记载说:宋育仁“十五应童子试”[⑤],大体可信。宋育仁年满十五周岁的准确时间是同治十二年十一月二十三日(1874 年 1 月 11 日)。据《张文襄公年谱》,张之洞任四川学政后,第一次到叙州(今四川省宜宾市,清代富顺县隶属于叙州府)主持院试是在同治十三年(1874)七月[⑥],正好符合宋育仁“十五应童子试”的说法。从历史上看,也许十五岁参加院试,并考取秀才并不算最出色的童生,如明代嘉靖时,有赵时春九岁考取秀才;万历时,有冯梦龙十一

① [清]张廷玉等撰:《明史》卷 69,北京:中华书局,1974 年,第 1687 页。

② 廖幼平:《廖季平年谱》,成都:巴蜀书社,1985 年,第 17 页。

③ 廖幼平:《廖季平年谱》,成都:巴蜀书社,1985 年,第 17 页。

④ 雷荣广、姚乐野:《清代文书纲要》,成都:四川大学出版社,1990 年,第 110 页。

⑤ 汪辟疆撰、王培军笺证:《光宣诗坛点将录笺证》下册,北京:中华书局,2008 年,第 523 页。

⑥ 《张文襄公年谱》:同治十三年甲戌“五月,出省按试眉州,……以次试嘉定、叙州、泸州、叙永、重庆各属。十一月,试酉阳州。”([清]张之洞:《张之洞诗文集》,上海:上海古籍出版社,2008 年,第 578 页)从五月到十一月,按一个月至一州计算,张之洞按试至宋育仁所在的叙州府应当是在七月。

岁考取秀才,当时皆目为神童。[①] 更有甚者,如蜀中名宿伍肇龄十七岁中举人,二十一岁中进士,尊经院生没人超过这一纪录。但是,宋育仁考取秀才时的年纪与他在尊经书院的同学们相比就实在太年轻了。如廖平初次应童子试是在十九岁,结果院试两次不售,直至二十三岁才考取秀才。又如,谭宗浚《尊经书院十六少年歌》注所记录的尊经书院高材生十六人的岁数,也以宋育仁的年纪为最小(十九岁)。[②] 所以,年少聪慧很可能是宋育仁入选尊经书院的一个重要原因。关于宋育仁进入尊经书院读书的准确时间,目前没有找到直接的材料证明,只能根据他与廖平考取秀才的年份相同这一点推测,他入院的时间不应早于光绪二年(1876)八月。因为,他在同治十三年(1874)七月考取秀才之后,还必须经过光绪二年五月的岁试,[③]评定等级后,方有资格入尊经书院学习。而且,光绪二年三月,张之洞曾作《登眉州三苏祠云屿楼》[④],诗中所称赞的尊经书院高材生仅三人,也未有提到宋育仁和廖平的名字。据此推测,宋育仁不太可能是首批入尊经书院就读的学生(即光绪元年春入学者),他入院的时间大致与廖平同时,不应早于光绪二年八月。

二、初露锋芒

能够进入尊经书院求学无疑是宋育仁一生中的转折点。那么,尊经书院在教育形式和教育内容上有哪些特点呢?这些形式和内容又对院生宋育仁产生了哪些重要影响呢?

首先,尊经书院采用的教育形式是“官师同课制”,[⑤]即官课和师课两种形式相结合的考核形式。官课指由总督(或巡抚)、布政使、按察使、盐运使、督粮道、学政主持考核的形式,有的每年考核一次,有的每月一次,有的每月分朔望考核两次,各书院情况不同。[⑥] 师课指由院长或主讲考核的形

① 龚笃清:《明代科举图鉴》,长沙:岳麓书社,2007年,第193页。

② [清]谭宗浚:《荔村草堂诗钞》卷8,《续修四库全书》第1564册,上海:上海古籍出版社,2002年,第258页。

③ 《张文襄公年谱》:光绪二年丙子,“三月,……出省按试眉州、嘉定、叙州、泸州、叙永、重庆、顺庆、保宁、潼顺各属。……十一月,任满将受代。”([清]张之洞:《张之洞诗文集》,上海:上海古籍出版社,2008年,第580页)从三月到十一月,按一个月至一州计算,张之洞按试至宋育仁所在的叙州府应当是在五月。

④ [清]张之洞:《张之洞诗文集》,上海:上海古籍出版社,2008年,第68页

⑤ 尊经书院采用“官师同课制”,参阅[清]王闿运:《湘绮楼日记》,长沙:岳麓书社,1996年,第732页。

⑥ 例如,诂经精舍于道光十三年(1833)始有会藩臬都转监司迭课之制,“所谓会藩臬都转监司者,即巡抚、布政、按察使、盐运使、督粮道、学政是也。……每月分朔望两课”。(张崟:《诂经精舍志初稿》,《文澜学报》第二卷,1936年,第36页。)

式，一般每月一次。民国《桂平县志》对官、师二课的解释言简意赅，现引于下：

书院考课，据老师宿儒所传闻及光绪所见，有官课，有师课。课自县官者为官课。官课有甄别，有月课。甄别，每岁一次，多以正、二月行之。月课，月一次。课自山长者为师课。师课，每月一次。凡官、师各课，生员分超等、特等、一等；童生分上取、中取、次取。官课超、特等，皆给膏火、花红。师课无花红，但给膏火。①

无论官课、师课，书院考课的基本程式是：考课之日，师生们清晨到院，先聚在一起小叙片刻，然后点名，出题考试。（考试过程中，学生时有夹带、抄袭、倩代等情况。）中午，师生们在院中就餐。下午，学生陆续交卷。试卷由官员或院长批阅后，定出等级，按等级发给膏火、花红。②

其次，尊经书院的教育内容。关于这个问题，比较复杂，各种文献的记载不尽相同，现将几种说法胪列于下，综合起来，可以略见宋育仁当时所受教育之概貌。

（1）“入院者人给《五经》一，《释文》一，《史记》一，《文选》一，《史记合评》一，……更有《国语》、《国策》、《两汉》、《三国》、《说文》（必须兼《检字》）、《历代帝王年表》、《简明目录》，皆成都有版，价值亦廉，诸生节衣缩食亦须置之。”③

（2）“所课为经、史、小学、辞章，尤重通经。人立日记一册，记每日看书起止及所疑所得。山长五日与诸生一会于讲堂。监院呈日记，山长叩诘而考验之。不中程者有罚。月二课，课四题。（经解一、史论一、赋与杂文一、诗一。）”④

（3）“不试时文及试帖诗，专试经解论赋及古体诗。”⑤

（4）“专课经学、辞章、天文、地理等学。”⑥

接受上述教育的成果最后体现在院生们的课艺中，其中最优秀的课艺

---

① 民国《桂平县志》卷23《纪政·学制上》，转引自杨学为主编：《中国考试史文献集成》第6卷，北京：高等教育出版社，2003年，第79页。

② 据许淞渔《书院月课吟》（《申报》同治十一年壬申（1872）六月十五日，第70号，台北：台湾学生书局，1965年，第545页）组诗共十六首，分吟：到院，晨叙，唱点，论题，午餐，私越，翻检，抄袭，倩代，卖诗，互赞，交卷，探案，涂名，批阅，花红。

③ ［清］张之洞：《创建尊经书院记》，《张之洞诗文集》，上海：上海古籍出版社，2008年，第229页。

④ 廖幼平：《廖季平年谱》，成都：巴蜀书社，1985年，第13页。

⑤ ［清］周询：《芙蓉话旧录》，成都：四川人民出版社，1987年，第20页。

⑥ 《关于将尊经书院产权移交经高等学堂的函》，1903年1月10日，四川高等学堂档案165，四川大学档案馆藏。

被编入课艺集刊行于世。尊经书院课艺集共有四种，其中《蜀秀集》和《尊经书院初集》收录了多篇宋育仁的课艺，从这些课艺中，我们不难发现宋育仁在学术思想、诗文风格方面的一些特色。

《蜀秀集》卷五收录了宋育仁《拟何仲言七召》一篇，[①]为尊经书院季课卷。这是一篇模仿南朝梁何逊《七召》的习作。“七”，也称七体，为赋的一种形式。例如，南朝梁萧统《文选》列“七”为一门，收录枚乘《七发》、曹植《七启》、张协《七命》。《拟何仲言七召》反映出宋育仁很早就在作赋方面具有天资和异禀，这应与十多年后他创作著名的《光绪三大礼赋》联系起来看。

《蜀秀集》卷八有尊经书院季课卷《读唐书乐府十八首》，[②]其中收录了宋育仁的课艺五首：《新丰客》、《渔阳鼓》、《双庙行》、《击泚笏》、《崖州贬》。这是一组咏史诗，在形式上模仿元稹《和李校书新题乐府十二首》和白居易《新乐府五十首》。尽管如此，这几首诗却也很能反映出宋育仁的诗歌风格和思想倾向，如果将他后来在《哀怨集》中的《甲午感事五首》、《庚子出都留别》、《感旧诗三十四首》等联系起来，就可以发现宋育仁的诗具有强烈的现实关怀，关切天下大事、家国兴亡是其诗歌的一大特点。所以，秦嵩年《哀怨集序》曰：“先生之诗，缠绵悱恻，兼有少陵（杜甫）、玉溪（李商隐）之长，集中如《感旧》诸作，醲深俊微，百讽不厌，多当代掌故。”[③]这个评价是非常中肯的。

值得一提的是《蜀秀集》没有收录宋育仁任何一篇关于经解和策论方面的课艺，这说明他在入院之初，仅以诗赋见长，加之年纪尚小，学术造诣有限。但是，自从王闿运掌教尊经书院后，他在经学方面的才能逐渐显露出来。王闿运编选的《尊经书院初集》收录宋育仁经解一篇《礿犆禘一犆一祫解》，策问一篇《问天子七庙五庙时祭同日则日不足异日则敬不专如齐十日则五庙四时齐当二百日七庙齐当二百八十日宿视滌及次日绎共三日又当六十日尤迂于事遣官行事又违亲之之义其祭二祧及太庙隆于四时祭当何时行何以祭统独言春禘秋尝不及祠烝各考礼以对》。[④]

这两篇课艺均涉及古代天子诸侯宗庙祭礼方面的问题。“礿犆，禘一，犆一祫”出自《礼记・王制》。字面的意思就是说：诸侯在春天只进行一次礿祭，不能再举行其他的祭祀，遇到应该祫祭的年份（每五年举行一次祫

① [清]谭宗浚编选：《蜀秀集》卷五，光绪五年刻本，四川大学图书馆藏。
② [清]谭宗浚编选：《蜀秀集》卷八，光绪五年刻本，四川大学图书馆藏。
③ 秦嵩年：《哀怨集序》，宋育仁：《哀怨集》，宣统二年刻本，四川省图书馆藏。
④ [清]王闿运编选：《尊经书院初集》卷6，光绪十一年刻本。

祭,夏、秋、冬三季各一次),就把祫祭移到夏天禘祭的时候举行。这样一来就产生了一个很麻烦的问题,假如应该举行祫祭的这一年夏天,恰好又是诸侯应该去朝见天子的时候,怎么办?(诸侯五年一朝,如果某位诸侯轮到这年夏天朝见天子,则废止该年夏季举行的禘祭,是谓"礿则不禘"。)宋育仁的解决方案是把祫祭推迟到第二年举行,以满足祫祭必须夏、秋、冬三季各举行一次的要求。对此,王闿运的卷末批语是:"就本文可通,足备一说。嫌多一禘尝祫也。"尽管宋育仁在《礿犆禘一犆一祫解》中提出的解决方案尚不完美,但是,通过这篇课艺却足以看出他当时对礼学的研究已相当深入。

第二篇策问:"问:天子七庙、五庙、时祭,同日则日不足,异日则敬不专。如齐(同"斋",下同。)十日,则五庙、四时齐当二百日,七庙齐当二百八十日,宿视滌及次日绎,共三日,又当六十日,尤迂于事。遣官行事,又违亲之之义。其祭二祧及太庙隆于四时,祭当何时行?何以《祭统》独言春禘秋尝,不及祠烝?各考《礼》以对。"这道策问与《礿犆禘一犆一祫解》一样,也涉及祭祀时间冲突的问题。宋育仁据《礼记·礼器》:"三月系,七日戒,三日宿"一句中"七日戒,三日宿"与"三月系"是连文,提出"十日斋不施于时祭"的观点,解决了祭祀"日不足"的问题;又提出太庙"复有禘尝之专祭"的观点,解答了"何以《祭统》独言春禘秋尝,不及祠烝"的问题。由此,我们可以看出宋育仁对礼学的掌握已相当娴熟。反观后来他出使欧洲后所著的《采风记》,反复论证西方制度与《周礼》彼此一致。皮锡瑞《经学通论》谓:"今人作《泰西采风记》、《周礼政要》,谓西法与《周礼》暗合。"[①]指的就是宋育仁和孙诒让,而宋育仁的《采风记》尚比孙诒让的《周礼政要》还要早好几年。所以,秦嵩年《哀怨集序》称宋育仁"谈新政最早,治经术最深"[②],确是精当之论。然而,如果不知道宋育仁这两篇尊经书院的课艺,或许很难想到秦嵩年说的"早"字从何时始,"深"字从何处寻。

除了经学上的成绩,我们还注意到,宋育仁在王闿运掌教时期,仍然保持着在诗赋方面的优势。《尊经书院初集》收录了宋育仁《露赋》一篇、《秋兴诗》五首、《杂拟陶渊明诗》七首。[③]《露赋》模拟宋玉与楚王的对答,描绘秋露中"菊衰蕙零"的凄凉景致。《秋兴诗》与《杂拟陶渊明诗》皆为五古,明显是模仿汉魏六朝诗的写作方法。陈衍评王闿运诗曰:"湘绮五言古沉酣

① [清]皮锡瑞:《经学通论》三《三礼》,北京:中华书局,1954年,第60页。
② 秦嵩年:《哀怨集序》,宋育仁:《哀怨集》,宣统二年刻本。
③ [清]王闿运编选:《尊经书院初集》卷10,光绪十一年刻本。

于汉、魏、六朝者至深,杂之古人集中,直莫能辨正。”①这些课艺诗正好可以反映出宋育仁当时的诗风已深受王闿运的影响。

最后,需要说明的一点是,虽然清代书院编选的课艺集在形式上大体相当于现在的学报类核心期刊,但是,有所不同的是,它更具社会影响力,可以用来区分和评定生员坐馆授徒的等级。通常情况下,普通生员取得教馆资格的凭据是参加乡试的试卷。② 而院生的课艺一经收入课艺集,其人立即身价百倍,即使此人后来再时运不济、穷困潦倒,最坏的结局也能凭借入选课艺集的资历,成为高级官员府中的幕僚或塾师。例如,程千帆即记载了尊经院生顾印愚凭借诗入《蜀秀集》而被聘为师的事情。③

三、学贵得师

在尊经书院肄业,是否得到学政和山长的提携,也是衡量院生能否成材的一个重要因素。宋育仁入院的时间大约是在光绪二年(1876)八月间,在此前一年,尊经书院的首任山长薛焕已被朝廷紧急派往云南处理“马嘉理事件”。④ 同时,光绪元年(1875)十二月十九日,四川总督吴棠病免,继任者李瀚章还未来得及上任,就于光绪二年九月十一日被改任为湖广总督。⑤ 四川政坛这一系列频繁的人事变动,使癸亥探花出身的学政张之洞有了足够的时间施加他个人的影响力。⑥ 宋育仁正是在此时被张之洞选

① 钱仲联主编:《清诗纪事》第16册《咸丰朝卷》,南京:江苏古籍出版社,1989年,第11192页。

② 《苌楚斋随笔三笔》卷四“四川贡院不能添号舍”条曰:“诸生禀曰:若无题旨带回,教馆亦无人来请。”([清]刘声木:《苌楚斋随笔续笔三笔四笔五笔》上册,北京:中华书局,1998年,第553页。)

③ 程千帆《琐记汉寿易氏与寒家世谊》曰:“先叔祖清末与顾印伯同在武昌两湖总督张之洞幕府。印伯名印愚,华阳人,湘绮主尊经书院时,与绵竹杨锐叔峤齐名,皆为院中高第弟子。湘绮尝刊其诗入《蜀秀集》,故先叔祖命先君师之。”(程千帆:《闲堂诗文合抄》,程千帆撰:《程千帆全集》第14卷,石家庄:河北教育出版社,2001年,第114页。)

④ 薛焕于光绪元年八月初八日被征调,于十月二十三日抵滇。参阅《钦差大臣李瀚章、薛焕等奏查办英员马嘉理被戕一案,请将办理不善之文武官革审折》(光绪元年十一月十三日(1875年12月9日)):“八月初八日奉上谕:‘著吴棠傅知前侍郎薛焕迅速赴滇,帮同李瀚章办理一切,以资得力。’臣瀚章于十月十六日、焕于十月二十三日先后抵滇。”(于乃仁、于希谦:《马嘉理事件始末》,德宏:德宏民族出版社,1992年,第155页。)

⑤ 钱实甫编:《清代职官年表》第2册,北京:中华书局,1980年,第1484页。

⑥ 《苌楚斋续笔》卷八“二品教官”条:“《药禅室随笔》云:‘南皮张文达公任漕督时,铃小印曰‘二品教官’,其风趣可想。’云云。声木谨案:丰润张安圃督部仁骏,任广东巡抚时,尝语人曰:‘此乃二品教官耳。’盖以粤省公事,事无巨细,皆总督专主,巡抚位同虚设,故为此牢骚语。”([清]刘声木:《苌楚斋随笔续笔三笔四笔五笔》上册,北京:中华书局,1998年,第413页。)

入尊经书院的，但是，这一时期的张之洞并无只言片语提到过宋育仁。如果说光绪二年三月张之洞作《登眉州三苏祠云屿楼》时没提到他，是因为他当时还未入院，尚属情有可原，那么，光绪三年(1877)正月初六日张之洞致信继任学政谭宗浚盛赞“尊经五少年”，[①]里面仍然没有提到他，这就只能说明宋育仁那时在尊经书院人微望轻，未受到张之洞的器重。

宋育仁从尊经院生中脱颖而出，始于谭宗浚任四川学政期间。光绪五年(1879)年底，谭宗浚离任前夕，仿杜甫《饮中八仙歌》、吴伟业《画中九友歌》作《尊经书院十六少年歌》，逐一评点院中最优秀的十六名弟子，宋育仁排名第十二，其辞曰：“短宋词笔工雕搜，华熳五色垂旌斿。(富顺宋育仁，字云岩，年十九。)”[②]“短宋”，典出宋玉《登徒子好色赋》：“大夫登徒子侍于楚王，短宋玉曰：‘玉为人体貌娴丽，口多微辞，又性好色，愿王勿与出入后宫。’”此处以宋育仁比配宋玉，“短宋”，原指揭发宋玉的过失。这里玩了一个文字游戏，取长短之意，指宋育仁身材矮小。“雕搜”，谓刻意修饰文辞。“旌斿”，亦作“旌旒”，即旌旗。两句诗的意思是称赞宋育仁的文学才华就像宋玉一样，辞采飞扬，精彩绝艳。尽管在此诗中，谭宗浚对宋育仁的文才极力褒奖，但此后也对他的诗文风格提出过一些很中肯的批评，据宋育仁《感旧诗三十四首》之第十一小注曰：

> 谭公讳宗浚，视学蜀，有《十二少年歌》(“十二”当作“十六”)，余预其数，时为尊经弟子。明年领荐赴都，以文质公，评其卷云云：“固当使张纮辍枏榴之赋，袁淑藏鹦鹉之篇。然蒙有贡疑者：昔楚平抑郁，秦非孤愤，是皆境值厄迍，以故词多悽怆。今仁弟青年获隽，兰芬玉映，虽霜蹄暂蹶，终当坐致云霄，何必近仿释愁之文，远模显志之赋，沉忧伤人，非所望也。鄙见如此，仍望鉴之。幸勖先仪，毋徒自苦。”[③]

但是，谭宗浚并非尊经书院里第一个称誉宋育仁的人，例如将宋育仁比宋玉的即另有其人。此人姓钱，名宝宣，字徐山，浙江嘉兴人。嘉、道间著名学者钱仪吉的少子，[④]其高祖为乾隆时期的名臣钱陈群。[⑤] 钱宝宣家

① 苑书义、孙华峰、李秉新主编：《张之洞全集》第12册，石家庄：河北人民出版社，1998年，第10133页。

② [清]谭宗浚：《荔村草堂诗钞》卷8，《续修四库全书》第1564册，上海：上海古籍出版社，2002年，第258页。

③ 宋育仁：《哀怨集》，宣统二年刻本，四川省图书馆藏。

④ 沈曾植《定庐集序》：“先生(钱仪吉)少子徐山、子舟两先生。”(许全胜：《沈曾植年谱长编》，北京：中华书局，2007年，第30页。)

⑤ 参阅[清]谭宗浚：《钱徐山大令(宝宣)》，《荔村草堂诗钞》卷8，《续修四库全书》第1564册，上海：上海古籍出版社，2002年，第264页。

学深厚,因避太平天国战乱入蜀。尊经书院创建后,曾被聘为主讲,后与院长王闿运不合,受到王的排挤。① 宋育仁《感旧诗三十四首》之第十一小注记载了钱宝宣推许宋育仁的两件事,"宋玉"之誉的出处即在这里:

初尊经无师,钱大令讳宝宣,承督院委阅课高才生,皆贽焉。师称誉其文学曰:"蜀人有宋玉、扬雄。"扬,谓同院杨锐也。

朱公讳逌然,督学日,余为伯母行服在家,公谋为尊经置教习,访于钱大令师,师首举育仁,称曰:"其为人有不以三公易其介之操,以前为尊经生,循例称我为师,若以学行言,我当转师事蔡青也。"②

但是,由于这几件事均出自宋育仁自述,恐怕有夸张溢美之处,令人难以尽信其言。例如,钱宝宣在任尊经主讲之日,曾有一封致缪荃孙的信,提到他所欣赏的尊经弟子七人,其中并无宋育仁。③ 而且谭宗浚在作完《尊经书院十六少年歌》后不久,又作了一首《将解任留别蜀中士子八首》,④其中第六首提到多位尊经书院高材生的名字,也没有宋育仁。这些似乎不像是偶然的疏漏。而在尊经书院里,真正对宋育仁青眼相看、大加提携的其实是王闿运。

王闿运掌教后,所欣赏的学生与张之洞、谭宗浚、钱宝宣有些不同。例如,从张之洞开始就一直受到赞赏、并名列众院生之首的杨锐,王闿运对他颇有微词。光绪五年(1879)己卯四川乡试,尊经书院的师生获得了空前的成功。九月八日放榜,王闿运在日记中写道:"共中正榜廿一人,副榜二人,皆余所决可望者,其学使所赏及自负能文者,果皆不中。"⑤所谓"学使所赏者",即指杨锐。杨锐本来是尊经书院公认的高材生,张之洞的"尊经五少年"品题、谭宗浚的《尊经书院十六少年歌》皆列杨锐于首,此即"学使所赏"。相比之下,王闿运相人的眼光确有比张、谭二人独到之处,因为杨锐直到六年之后,即光绪十一年(1885)乙酉顺天乡试才中举人,在功名上大大落后于院中同时期的其他几个知名人物。然而,等到戊戌喋血之时,杨锐杀身成仁,这恐怕又是王闿运始料不及的了。

---

① [清]王闿运:《湘绮楼日记》,长沙:岳麓书社,1996年,第792页。

② 宋育仁:《哀怨集》,宣统二年刻本。

③ 钱宝宣信中说:"院中讲肄诸君,一日千里,令人望而战栗。向日知名之士杨叔峤、(近来下笔更非前比。)廖勖斋、(登廷,井研,长于考订。)张盟荪(有深湛之思。)外,近日又得刘庚(号梦轩)之诗,王荫槐(号植卿)之杂作。住院今年转有六十人,院外投考顾印愚、陈宝等,皆能每课有心得之作。"(缪荃孙编:《艺风堂友朋书札》下册,上海:上海古籍出版社,1981年,第722页。)

④ [清]谭宗浚:《荔村草堂诗钞》卷8,《续修四库全书》第1564册,上海:上海古籍出版社,2002年,第260页。

⑤ [清]王闿运:《湘绮楼日记》,长沙:岳麓书社,1996年,第831页。

在王闿运最满意的这科己卯乡试中，宋育仁也中举了，而且是正榜 21 人之一。[①] 但是，王闿运对宋育仁的欣赏与提携显然不始于此时，因为在光绪五年八月十二日的《湘绮楼日记》中，就已有这样的话："宋生云岩卷颇佳，余前拔取第一者。"[②]从中可见王闿运对宋育仁的袒爱之情。而且，这样的情况不止一处，如王闿运曾致信宋育仁曰："吾弟（宋育仁）与皋卿（尹殿飏）并茂才德，尊经首选，宏我汉京，若并得留贤，惟须养望。廖（廖平）、周（周道洽）明慧，深浅不同，而并嫌轻躁，因时箴之，使进大道，则友道隆矣。杨生（杨锐）闻渐安详，想亦习濡功利，不可则止，同则为谋，勉之勉之。"[③]这些都说明在王闿运的心目中，宋育仁的地位超过尊经书院的其他弟子。那么，王闿运为何对宋育仁如此器重呢？也许是宋育仁在礼学和诗学方面与王闿运最为契合。但是，也有研究者认为，这主要是因为王闿运的众多弟子中，得其纵横之学（帝王之术）真传的，不是杨度，而是宋育仁。如《王闿运评传》的作者萧艾在引出宋育仁甲午之战时，欲借筹买舰、潜师袭倭的计划后，评论说："他的政治谋略可谓无忝乃师。"[④]

宋育仁在尊经书院的求学生涯大约结束于他中举之后。光绪六年（1880）年初，他曾入京参加庚辰会试，[⑤]结果落第而回。《感旧诗三十四首》中提到的学政朱逌然"谋为尊经置教习"，此事应当发生在光绪七年（1881）十一月廿五日，王闿运携眷返湘潭之后不久。当时，宋育仁已经"为伯母行服在家"。由此可知，尊经院生通常在中举人以后离开尊经书院，然后按正常的科举程序走下去，进京参加会试，进士及第者，则登上仕途。现将尊经院生中进士者列表于下：[⑥]

表 4－1　尊经书院进士表

姓　名	籍　贯	科　第
毛　澂	四川资州仁寿县	光绪六年庚辰科（1880）三甲第 19 名
陈光明	四川重庆府江津县	光绪六年庚辰科（1880）三甲第 43 名

① 廖幼平：《廖季平年谱》，成都：巴蜀书社，1985 年，第 21 页。

② ［清］王闿运：《湘绮楼日记》，长沙：岳麓书社，1996 年，第 824 页。

③ ［清］王闿运：《笺启》，《湘绮楼诗文集》，长沙：岳麓书社，1996 年，第 834 页。

④ 萧艾：《王闿运评传》，长沙：岳麓书社，1997 年，第 51 页。

⑤ 宋育仁《哀怨集·感旧诗三十四首》之第十一小注曰："明年领荐赴都"。"领荐"，指乡试中举。

⑥ 按：此表所列人物仅在知见材料范围之内，不一定完整。

续 表

姓　名	籍　贯	科　第
罗光烈	四川成都府什邡县	光绪十二年丙戌科(1886)二甲第36名
杨琮典	四川成都府彭县	光绪十二年丙戌科(1886)二甲第39名
尹殿飏	四川酉阳州秀山县	光绪十二年丙戌科(1886)二甲第86名
宋育仁	四川叙州府富顺县	光绪十二年丙戌科(1886)三甲第46名
张　骧	四川成都府成都县	光绪十二年丙戌科(1886)三甲第93名
曾光岷	四川成都府华阳县	光绪十五年己丑科(1889)二甲第124名
李滋然	四川重庆府长寿县	光绪十五年己丑科(1889)三甲第137名
廖　平	四川资州井研县	光绪十六年庚寅恩科(1890)二甲第70名
曾　培	四川成都府成都县	光绪十六年庚寅恩科(1890)三甲第146名
周凤翔	四川眉州彭山县	光绪十八年壬辰科(1892)二甲第128名
胡从简	四川成都府新津县	光绪十八年壬辰科(1892)三甲第23名
甘作赓	四川夔州府云阳县	光绪十八年壬辰科(1892)三甲第94名
范　溶	四川成都府华阳县	光绪二十年甲午恩科(1894)二甲第59名
叶大可	四川成都府成都县	光绪二十年甲午恩科(1894)二甲第107名
周宝清	四川成都府成都县	光绪二十年甲午恩科(1894)三甲第12名
张祥龄	四川成都府汉州	光绪二十年甲午恩科(1894)三甲第17名
谢　质	四川成都府新都县	光绪二十年甲午恩科(1894)三甲第74名
骆成骧	四川资州直隶州	光绪二十一年乙未科(1895)一甲第1名
邹增祜	四川重庆府涪州	光绪二十一年乙未科(1895)三甲第84名
戴　光	四川重庆府合州	光绪二十一年乙未科(1895)三甲第113名
李稷勋	四川酉阳州秀山县	光绪二十四年戊戌科(1898)二甲第1名
郑钟灵	四川保宁府阆中县	光绪二十四年戊戌科(1898)三甲第147名
徐　冕	四川潼川府遂宁县	光绪二十九年癸卯科(1903)二甲第105名
哲克登额	成都驻防镶蓝旗蒙古人	光绪二十九年癸卯科(1903)三甲第169名
邵从煾	四川眉州青神县	光绪三十年甲辰恩科(1904)三甲第35名
苏兆奎	四川成都府华阳县	光绪三十年甲辰恩科(1904)三甲第140名

如果科名不顺，长期不能中举，则可能一直驻院。现在已知驻院时间最长的院生有两位，一位是方守道，字廉史，成都县（治今成都青羊区）人。光绪初年，以附生调入尊经书院，科名止于廪生。《蜀秀集》、《尊经初集》、《二集》、《三集》均载其名，卒于光绪二十七年（1901）前。据此推测，其在院时间至少二十年。另一位是陈宸，字子骏，酉阳直隶州（今重庆市酉阳土家族苗族自治县）人。幼即工诗赋，能文章。年十五为州廪生。同治六年（1867）乡试落第，后入尊经书院，驻院二十余年。著有《酉阳陈氏埙篪集前集》。

第三节　蜀中世族与特殊院生

一、尊经书院的蜀中名门望族

除了各地选拔来的高材生之外，尊经书院还汇集了一些蜀中名门望族的子弟，真可谓“公孙硕肤，赤舄几几”。例如：

成都岳氏家族：

岳嗣仪，字凤吾，岳飞二十四世孙，川陕总督岳钟琪后人。尊经书院建院之初首批翻刻的相台岳氏本《古注五经》，可能即与其有关。岳嗣仪约光绪五年（1879）在院，为附生，与杨锐、廖平、宋育仁等为同学。[①] 后袭轻车都尉世职，官参将，任国史馆协修兼秘书。《益州书画录》称其善绘，工书，曾培盛称其诗。《蜀秀集》卷八收录其诗四首：《汉昭烈帝惠陵神弦曲》、《蜀中十二楼诗（逍遥楼、万卷楼、王氏书楼）》[②]。

岳嗣佺，字尧仙，岳嗣仪之弟，《湘绮楼日记》光绪五年（1879）八月一日记其刲肱疗母，王闿运作教表彰，并送银十两，以示奖励[③]。后为廖平弟子，廖平曾命其辑录《四库提要》中谈诗法的原文，名曰《提要诗话》。[④] 甲午战争后，岳嗣佺反对割台，与易顺鼎等两次赴台，帮助台湾义军。[⑤] 逝于光绪三十一年（1905）八九月间，王闿运有《挽岳尧仙联》：“笃孝允家风，官

① 廖幼平：《廖季平年谱》，成都：巴蜀书社，1985 年，第 18 页。

② ［清］谭宗浚编选：《蜀秀集》卷 8，光绪五年刻本。

③ ［清］王闿运：《湘绮楼日记》，长沙：岳麓书社，1996 年，第 821 页。

④ 廖平：《赍园诗钞序》，傅德岷等主编：《巴蜀人文天下盛：近代巴蜀散文选读》，北京：中国文史出版社，2004 年，第 686 页。

⑤ 易顺鼎：《盾墨拾余》卷 14，光绪二十二年（1896）琴志楼丛书本。

薄未能偿一桂；送君如昨日，客游犹及蓂生刍。”[①]

岳嗣儒，岳嗣仪之弟，生平不详。约光绪五年(1879)前后在院，为附生。《蜀秀集》卷八中有他的《红叶》诗一首。

华阳曾氏家族：

华阳曾氏与王闿运交往密切，《湘绮楼日记》多次提到在曾氏庄做客。尊经院生中，可以确定为曾氏成员的有两人，一个是张祥龄[②]，一个是曾光岷。曾光岷，字蜀才，江西吉安知府、安庆府署知府曾咏之子，曾懿的三弟。[③] 光绪五年前后在院，王闿运做客曾氏庄时出来作陪。光绪十四年(1888)举人，光绪十五年己丑科(1889)二甲第124名进士，选翰林院庶吉士，辛卯(1891)散馆，旋调他任，壬辰(1892)授刑部贵州司主事。[④] 此外，曾家还有一个王闿运的院外女弟子曾彦。曾彦(1857—1890)，字季硕，曾咏和左锡嘉的第五女，张祥龄之妻。光绪十一年(1885)，四川布政使易佩绅移任苏州，张祥龄、曾彦夫妇应邀前往，光绪十六年(1890)曾彦病逝于苏州。曾彦学诗于王闿运，著有《桐凤集》二卷，前有王闿运序；又有《虔共室遗集》一卷，前有俞樾序。[⑤]

崇庆杨氏家族：

杨永清，一等昭勇侯陕甘总督忠武公杨遇春曾孙，闽浙总督杨国桢之孙，世袭侯爵。父为二等侍卫威肃公杨炘，咸丰十一年(1861)“蓝、李之乱”中阵亡。[⑥] 最迟光绪二年(1876)已在院，初为廪生，光绪十一年(1885)拔贡生，民国《崇庆县志》卷八有载。光绪三年(1877)正月，学政谭宗浚至院，问院中研精覃思之士，杨永清举廖平及杨锐数人以对。[⑦] 光绪六年(1880)四月十二日，成都县令祈雨时，其弟杨永澍冲道，与皂隶发生口角，受辱于市。杨永清不服，率尊经同学大闹县堂，吓得县令逃匿，皂隶、家丁自毁公案。[⑧] 杨氏有恃无恐、骄纵凌人，于此可见一斑。《蜀秀集》卷八收录其诗一首《分咏胜朝遗物得乐安公主小玉印》。其弟杨永澍辑有《杨忠武公记

① [清]王闿运：《湘绮楼日记》，长沙：岳麓书社，1996年，第2680页。

② 《湘绮楼日记》：光绪五年三月八日，张祥龄父母招王闿运游草堂，张父“要至其宅，曾氏庄也”。(第758页)张家为何住在曾氏庄，原因不详，有可能是张祥龄与曾彦结为连理之故。

③ 王延梯：《中国古代女作家集》，济南：山东大学出版社，1999年，第1251页。

④ 李朝正：《清代四川进士征略》，成都：四川大学出版社，1986年，第238页。

⑤ 胡文楷：《历代妇女著作考》(增订本)，上海：上海古籍出版社，2008年，第637页。

⑥ 佘澜阁：《蜀燹死事者略传》，《清代野史》第4卷，成都：巴蜀书社，1998年，第2174页。

⑦ 廖幼平：《廖季平年谱》，成都：巴蜀书社，1985年，第19页。

⑧ [清]王闿运：《湘绮楼日记》，成都：岳麓书社，1996年，第907页。

事录》。

犍为吴氏家族：

吴氏为书香门第，一家两代均入尊经肄业，学政谭宗浚称其“兄弟孝友”，“均有词藻”。吴氏三兄弟约光绪五年（1879）前后在院，入院时皆为廪生。吴廷佐，字崧岩，光绪十九年（1893）岁贡；吴廷俊，字筱岩，光绪二十四年（1898）岁贡；吴廷傅，字湘岩，光绪二十六年（1900）岁贡。[①] 廷佐从子吴昌基，字圣俞，年少学优，深得学政赏识，名列“尊经书院十六少年”之十四。初为廪生，后以副贡住院，为尊经斋长。光绪六年（1880）十月间病逝，王闿运赞其“好学深思，孔静幽默”[②]。《蜀秀集》录其《炮赋》、《欧冶子铸剑赋》两篇，《尊经书院初集》录其《巫山神女祠碑铭》一篇。

此外，还有成都周道洽、周道鸿兄弟，华阳傅世炜、傅世洵兄弟，酉阳陈宝、陈常兄弟，绵竹杨锐、杨庆昶父子，或同时、或先后在院肄业，而秀山易绍生、易绍达、易绍敏三兄弟同时名列《癸甲襄校录》校刊弟子，也可谓一时之佳话，戊戌时期，易绍生还曾任尊经斋长。[③] 此类事例尚多，不一一列举。

二、四种特殊院生

尊经书院除了有世家大族子弟，还有四种特殊的院生，他们分别是举贡驻院、满蒙回院生、商学院生、外省院生，下面分类介绍：

1. 举贡驻院

按照一般的常态，院生中举后，就自动离开尊经书院，按正常的科举程序走下去，参加会试，久不中进士者，则通过大挑入仕。被选为贡生的，则学籍调入京师，在京参加乡试。但是，也存在举贡驻院这种特殊的情况。举贡驻院就是院生中举或选为贡生后，没有离开尊经书院，继续在院中肄业。如，光绪六年（1880）丁树诚“入京会试毕，湘潭（王闿运）言于当道，特开举人住院例，留住尊经，与廖季平同任书院分教，以经学相切磋。”[④]又如，《湘绮楼日记》光绪六年十一月二日载：“闵生翌来见，云欲入院肄业，亦他方所难得者。其人虽经魁，经实未魁，或者已举后见闻较广乎。”[⑤]这种

① 王晓波主编：《清代蜀人著述总目》，成都：四川大学出版社，2009年，第499页。

② ［清］王闿运：《湘绮楼日记》，长沙：岳麓书社1996年，第959页。

③ 参阅《癸甲襄校录·校刊弟子姓氏》和《蜀学报》第1册《蜀学开会记》。

④ 刘放皆：《丁文简先生传略》，［清］丁树诚：《丁治棠纪行四种》，成都：四川人民出版社，1984年，第190页。

⑤ 王闿运：《湘绮楼日记》，长沙：岳麓书社，1996年，第964页。

情况在尊经书院比较多见，现略举数人于下①：

李之实，字岑秋，新繁县(今四川省成都市新都区)人。光绪初年入院，光绪二年(1876)曾参校《唐诗选》。② 光绪十四年(1888)举人，官内阁中书，任贵州罗斛厅同知。民国《新繁县志》卷14有载。他在光绪十四年(1888)中举，而成书于光绪十七年(1891)《尊经书院二集》卷一收录了他的一篇《孔子删诗辨》，署名为“新繁举人李之实”，此为举人驻院之证。

周国霖，新津县(今四川省成都市新津区)人。生平不详。约光绪十七年(1891)前后在院。《尊经书院二集》卷一收录了他的一篇《六十四卦名始于何时解》，署名为“新津举人周国霖”，此为举人驻院之证。

丁树诚(1837—1902)，字至堂，号治棠，合州(今重庆市合川区)云门人。曾任尊经斋长、都讲。清光绪五年(1879)举人。《尊经书院初集》卷六收录了他的一篇《三妃考》，署名为“合州举人丁树诚”，此为举人驻院之证。

傅守中，大邑县(今四川省成都市大邑县)人。约光绪五年(1879)至十七年(1891)前后在院。初为廪生，十一年(1885)前后为廪贡，光绪十四年(1888)举人，历任盐亭县训导、阆中县教谕、湖南宁远县知县。民国中，署隆昌知事。曾参纂民国《大邑县志》。民国《大邑县志》卷首、卷九、卷十三有载。《尊经书院初集》卷七收录了他的一篇《不彻姜食解》，署名为“大邑廪贡傅守中”，《尊经书院二集》卷四收录了他的一篇《绀緅红紫考》，署名为“大邑举人傅守中”，这是一人曾以举、贡两种身份驻院之证。

清制，贡生有五种，名曰五贡，正途分为恩、拔、副、岁、优。一、恩贡(清朝定制，遇有庆典特恩准以是年岁贡作恩贡，次贡作岁贡)。二、拔贡(清朝定制，每十二年以酉字年为准，学政选拔在学诸生中文学最优者，每县一名贡诸京师，谓之拔贡。朝考后列一等者任七品小京官，二等者知县，三等者教职)。三、副贡(即副榜。乡试于正榜之外，取副榜若干名，谓之副贡，明代即有副榜之名)。四、岁贡(清朝定制，凡生员之食饩最久者，各以其岁之额贡于太学，曰岁贡，一名挨贡)。五、优贡(清朝定制，每三年学院每届岁考，由本学官在廪、增、附生中择优加注考语、密保取列一等前三名者得与优贡，场大省取六人、中省四人、小省二人，朝考后一等任知县，二等任教职)。五贡之外，其廪、增、附生员因赴京闱乡试而捐贡者，廪生名廪贡，增

① 按：所举之例中不排除举人、贡生离院后，文章被选入课艺集的情况，俟考。

② 黄海明：《概述四川尊经书院的刻书》，《四川大学学报》(哲学社会科学版)，1992年第4期，第105页、第108页。

生名增贡，附生名附贡，或均谓之例贡。[①]

吴昌基，字圣俞，廷佐从子，犍为县（今四川省犍为市）人。约光绪五年（1879）至十一年（1885）前后在院。曾为尊经斋长。谭宗浚《尊经书院十六少年歌》称："延陵门内交唱酬，如彼荣郁兼谈彪，振辔词囿扶轮辀。"赞其父子均有词藻。《尊经书院初集》卷十二收录了他的一篇《巫山神女祠碑铭》，署名为"犍为副贡吴昌基"，此为副贡驻院之证。

林芝兰，荣县（今四川省自贡市荣县）人，生平不详。约光绪十七年（1891）前后在院。《尊经书院二集》卷二收录了他的一篇《五齐三酒所用及所说表》，署名为"荣县拔贡林芝兰"，此为拔贡驻院之证。

陈潚，酉阳直隶州（今重庆市酉阳土家族苗族自治县）人，生平不详，约光绪十一年（1885）前后在院。《尊经书院初集》卷八收录了他的一篇《释高》，署名为"酉阳拔贡陈潚"，此为拔贡驻院之证。

2. 满、蒙、回族院生

《蜀海丛谈·取士》曰："川省乡试举额，道光以前，每科定为六十三名，内有三名为成都驻防旗籍之举额。"[②]故四川的满人和蒙古人也参加科举，成都还专门为他们建有少城书院。[③] 可能由于少城书院的教育质量远不如尊经书院，加之尊经书院的位置正对满城的南门（通阜门）[④]，非常近便，所以尊经书院也有满、蒙院生肄业。

例如，《湘绮楼日记》光绪五年（1879）十月廿四日提到一位调院旗生锦福。[⑤] 又如，丁树诚《仕隐斋涉笔》提到的"院中八景"中有"满洲问道"和"回国通经"，注曰："满洲，谓调满城哲生（哲克登额），回国，谓西昌马生，以回人调院也。"[⑥]

哲克登额（1855—1940），字子贞，号明轩，成都驻防镶蓝旗蒙古族人。蒙古原姓（哈喇）德特生赵尔氏，汉译姓赵，故又名赵明轩，哲明轩。约光绪五年前后以旗学拔贡入尊经书院。光绪二十三年（1897）举人，《清朝进士题名录》记载他为光绪二十九年癸卯科（1903）三甲第 169 名进士，时已 48

---

① 民国《德县志》卷 7《学校志·学制》。转引自杨学为主编：《中国考试史文献集成》第 6 卷，北京：高等教育出版社，2003 年，第 64 页。

② 周询：《蜀海丛谈》，成都：巴蜀书社，1986 年，第 46 页。

③ 参阅［清］吴棠：《改建少城书院札（辛未）》，《望三益斋诗文钞》第 4 册《杂体文》卷 2，同治十三年成都使署刻本。

④ 参阅光绪五年《成都地图》，四川省文史研究馆编：《成都城坊古迹考》，成都：成都时代出版社，2006 年，书前附图。

⑤ ［清］王闿运：《湘绮楼日记》，长沙：岳麓书社，1996 年，第 847 页。

⑥ ［清］丁治棠：《仕隐斋涉笔》，成都：四川人民出版社，1985 年，第 173 页。

岁。据传，在殿试时，光绪皇帝见他如此大的年纪，仍孜孜于学，老成持重，甚是感慨和赞赏。他是成都驻防旗人第一位、也是唯一的一位进士。曾任四川省古宋（今四川省宜宾市兴文县）知县。1923 年，其尊经课艺《唐经师授受考》曾发表在宋育仁主编的《（四川）国学月刊》上。[①] 关于哲克登额的生平事迹，详见其孙赵泽永《蒙古族进士哲克登额》[②]。

西昌回人马生，生平不详。《湘绮楼日记》光绪五年正月廿九日提到"鲁詹引华阳马生来"[③]，疑非同一人。

3. 商学院生

商学，就是到四川经商的外省商人子弟，不必回原籍考试、占用原籍的学额，直接在四川为他们添设商学学额。但前提是一名商学学额，在川商民需要向朝廷捐银三十万两。[④] 目前已见的资料中，提到尊经书院有两名商学院生。一个是江璜，字渭臣，寄籍犍为县（今四川省犍为市），尊经书院高材生，光绪八年（1882）商学恩贡生。民国《犍为县志》卷六、卷七有载。另一个是张世芳，字春山，商学廪生，《尊经书院初集》收录他两篇文章：《倪小邾娄解》（卷五）、《嗣君即位当冠议（子幼未能朝王当冠否未冠当即位否）》（卷六）。《湘绮楼日记》光绪九年六月十二日提到他向王闿运"问《公羊》大义及作诗文体格，坐论甚久，所问数条亦不草草。……皆新调中之佳者"。[⑤]

4. 外省院生

关于尊经书院的文献材料中，经常会发现一些外省生员到尊经书院肄业的记载。其中最典型的就是王闿运的次子王代丰。王代丰，字仲章，湖南湘潭人，随父王闿运到四川，以廪生身份驻院。廖平《经话甲编》卷一曰："王仲章者，壬秋师仲子也，开敏有智略，善承家学，为壬秋师所喜，尝语余云：欲仿郑《志》作王《志》，将师所有改易旧说者汇辑为书，为家学。《提要》未成而卒。"[⑥]光绪七年八月，王代丰病死于夔州，尊经院生闻讯失声痛哭。[⑦]《尊经书院初集》收录其两篇文章：《一献有牲无牲考》（卷四）、《大事

① 宋育仁主编：《（四川）国学月刊》第 20 期，1923 年。

② 赵泽永：《蒙古族进士哲克登额》，政协成都市委员会文史资料委员会等编：《成都文史资料》第 30 辑《成都少数民族》，成都：四川人民出版社，1997 年，第 139—141 页。

③ [清]王闿运：《湘绮楼日记》，长沙：岳麓书社，1996 年，第 736 页。

④ 参阅咸丰九年六月初二日，四川总督王庆云的奏折："奏为江西商民在川捐输收解事竣，拟恳恩施，援案添设商学，无庸再广原籍学额。"（中国第一历史档案馆馆藏档案，军机处录副奏折 4532：39，转引自杨学为主编：《中国考试史文献集成》第 6 卷，北京：高等教育出版社，2003 年，第 102 页。）

⑤ [清]王闿运：《湘绮楼日记》，成都：岳麓书社，1996 年，第 1227 页。

⑥ 李燿仙主编：《廖平选集》上册，成都：巴蜀书社，1998 年，第 455 页。

⑦ [清]王闿运：《湘绮楼日记》，长沙：岳麓书社，1996 年，第 1043 页。

有事禘烝尝时制考(并考殷周禘祫)》(卷五)。另外,他还撰有《春秋例表》一部,光绪七年由尊经书院刊刻。

《尊经书院初集》还记录了两位外省院生,他们都是湖南浏阳人。一个叫古松,《感秋赋》(卷十)下有他的名字,但有目无文。另一个叫张官向,有《拟补陆士衡豪士赋》(卷十)一篇。此外,《湘绮楼日记》光绪九年九月廿七日记录:湖北郧阳府竹山县"杨生字树芝来见"[①]。这些外省院生的驻院可能都与王闿运有关。

第四节　举业与学术

一、声名鹊起的己卯乡试

钱锺书《谈艺录》曰:"明清两朝制艺必宗朱子;明人为陆王之学者,入科场则谨守紫阳,清人为许郑之学者,应程试则力阐集注。"[②]尽管《尊经书院记》提倡汉学,明确规定院生"不课时文",但这并不意味着尊经书院的办学宗旨与求取科名的社会风尚互相妨碍抵触,相反,科举考试仍然是书院教育中一个极其重要的组成部分,例如,主讲钱保塘的《成都尊经书院策问》是为院生应试而作,而院生之间也相互"以第不第判荣枯",[③]更有《尊经书院三集》收录的《拟赠尊经书院举贡入都诗》,表达了院生对功名的追求与渴望:

拟赠尊经书院举贡入都诗(五律五首)

杨　桢

十二年文运,朝廷启特科。榜分龙虎贵,士比鲫鱼多。贞吉茅连茹,升平运不颇。云程新发轫,奋迅果如何?

兆应菊花仙,龙门跋浪前。姓名登乙榜,运会际丁年。鹗荐秋风健,蟾清桂月圆。譻经多少士,同上孝廉船。

石室重开处,居然学海堂。穷经譻训诂,华国见文章。幸置抡才日,同登选佛场。科名非窃忝,取重有常杨。

北斗京华远,休歌行路难。乘槎沧海阔,望岳碧云寒。岁月途中

① [清]王闿运:《湘绮楼日记》,长沙:岳麓书社,1996年,第1261页。

② 钱锺书:《谈艺录》(补定本),北京:中华书局,1984年,第353页。

③ 廖平:《赍园书钞序》,傅德岷等主编:《巴蜀人文天下盛:近代巴蜀散文选读》,北京:中国文史出版社,2004年,第687页。

过，江山眼底看。杏花春又至，计日到长安。

桂折蟾宫好，香分贡树新。巍然金榜客，待作玉堂人。客路花迎珮，离筵雨浥尘。泥金知不远，早报杏园春。[①]

由于《湘绮楼日记》光绪五年(1879)这一年记录完整，有很多与此科考试相关的细节，下面以《湘绮楼日记》所记己卯乡试为例，说明科举考试对尊经书院学术和人物的诸多影响。

大约在乡试前四个月，院生们就开始温习时文。四月八日，王闿运"改院生六股文十数篇"。[②] 七月二十九日，"因试期近，又雨，免点名"[③]。八月一日晚，临近考试前夕，按蜀地风俗，"院中然灯七十八盏，以应魁星"[④]。八月八日秋分，"院生入场"，王闿运亲自"步行至贡院"，观看考试。[⑤] 十日晚，第一场结束，王氏守在书院大门口，"看诸生出入者，通夜未安眠"，"待至三更，廖生季平始出，文甚有师法，名必上榜，但未知正副耳"。[⑥]

此科正考官"祭酒景善字茀亭，满洲正白旗人，癸亥进士"，副考官"编修许景澄字竹筼，浙江嘉兴人，戊辰进士"。[⑦] 二人后来皆死于庚子之乱，所不同的是一个因主战而死难，一个因主和而被斩。他们出的第一场试题为："子谓子产"二章，"上律天时"二句，"谏行言听"二句。赋得"竹寒沙碧浣花溪"得"溪"字。[⑧]

"子谓子产"二章是道连章题，[⑨]出自《论语·公冶长》第五章："子谓子产：'有君子之道四焉：其行己也恭，其事上也敬，其养民也惠，其使民也义。'"第六章："子曰：'晏平仲善与人交，久而敬之。'"连章题的特点是前后两章内容缺乏关联，需要考生具有高度的概括归纳能力，将两章经文的意思巧妙有机地结合起来。

"上律天时"二句是道两扇题，此题清代科举考试中多次出现，出自《中庸》"上律天时，下袭水土"。两扇题就是取两个意思并列的排句来做题目，它的作法要求入题之后根据题中每扇的意思写成两大股或四小股，而不是按常规写成八股。

---

① [清]刘岳云编选：《尊经书院课艺三集》卷8，光绪二十三年(1897)尊经书局刻本。

② [清]王闿运：《湘绮楼日记》，长沙：岳麓书社，1996年，第781页。"六股文"，院生们所作应是一道三扇题。

③ [清]王闿运：《湘绮楼日记》，长沙：岳麓书社，1996年，第820页。

④ [清]王闿运：《湘绮楼日记》，长沙：岳麓书社，1996年，第821页。

⑤ [清]王闿运：《湘绮楼日记》，长沙：岳麓书社，1996年，第823页。

⑥ [清]王闿运：《湘绮楼日记》，长沙：岳麓书社，1996年，第824页。

⑦ 法式善等：《清秘述闻三种》中册，北京：中华书局，1982年，第752页。

⑧ 法式善等：《清秘述闻三种》中册，北京：中华书局，1982年，第752页。

⑨ 光绪十一年(1885)乙酉广东乡试同出此题。

“谏行言听”二句是道一节题，出自《孟子·离娄下》：“谏行言听，膏泽下于民。”古人把经文分为章和节，章是一个意思完整的段落，一章通常由几句意思完整的话构成，其中有完整意思的一句或几句话就称为节。例如“谏行言听，膏泽下于民”是“孟子告齐宣王”章的一节，而这一节由两个单句构成。

最后一道试帖诗出自杜甫《将赴成都草堂途中有作，先寄严郑公五首》之三，主考官将其作为四川乡试的考题，既含古典，又寓今典，十分贴切。

另外，《湘绮楼日记》略微提及第二场试题：“《春秋》题‘会于鄄’，未知其意例耳。且喜未出古文《书》，亦近日风气将转之兆。”[①]“会于鄄”出自《春秋·庄公十五年》，因为《论语·宪问》有“桓公九合诸侯，不以兵车”之说，又《穀梁传》曰：齐桓公“衣裳之会十有一，……兵车之会四”，范宁注“衣裳之会”为“（庄公）十三年会北杏，十四年会鄄，十五年又会鄄，十六年会幽，二十七年又会幽，僖元年会柽，二年会贯，三年会阳穀，五年会首戴，七年会宁毋，九年会葵丘”，[②]那么，按这样算来，庄公十五年“会于鄄”乃是齐桓公九合诸侯的霸业之始。这就是此题的命意所在，精于《春秋》的王闿运居然“未知其意例”，却是令人费解。

当然，最值得玩味的恐怕还是“且喜未出古文《书》，亦近日风气将转之兆”一句，王氏似乎已经敏感觉察到今文经学所承载的一股变革的潜流，正在慢慢涌动。

1903年，王氏弟子杨度在《湖南少年歌》中述其师平生出处进退曰：“事变谋空返湘渚，专注《春秋》说民主。廖（平）康（有为）诸氏更推波，学界张皇树旗鼓。”[③]“事变”指辛酉政变。对于“专注《春秋》说民主”一句，萧艾《王湘绮评传》有一番解释：“予以湘绮假《公羊》说民主求教于马（宗霍），他说：如湘绮师提及‘上不正则不足以治人’，往往放言时政之乱莫不自上始。并谓清末为‘据乱世’，有待于拨乱反正。凡此，皆见之于言说，而不见之于文字。”[④]而“廖康诸氏更推波，学界张皇树旗鼓”两句，则可以用王闿运的入室弟子马宗霍所著《中国经学史》中的一段话作为注解：“湘潭王先生继之，各经皆有笺注，亦折衷于《公羊》之义，自为眇通。……由是湘中有今文之学。王氏弟子井研廖平，初作《今古学考》，谨守汉法，已乃自名其学，颇闳大不经。

① ［清］王闿运：《湘绮楼日记》，长沙：岳麓书社，1996年，第824页。

② 李学勤主编：《十三经注疏》标点本《春秋穀梁传注疏》，北京：北京大学出版社，1999年，第93页。

③ 钱仲联主编：《清诗纪事》第19册，南京：江苏古籍出版社，1989年，第13844页。

④ 萧艾：《王湘绮评传》，长沙：岳麓书社，1997年，第125页。

而南海康有为乃窃其绪，作《新学伪经考》、《孔子改制考》。由是蜀中、粤中亦有今文学。”[①]这就是后来公认的作为维新变法思想基础的“公羊学”传承脉络。除此之外，对廖平经学初变产生重大影响的尚有俞樾，详后再表。

光绪五年（1879）己卯四川乡试，尊经书院的师生获得了空前的成功。九月八日放榜，“共中正榜廿一人，副榜二人，皆余所决可望者”[②]。目前所知院中上榜者有廖平（中第二十四名举人）、宋育仁（芸岩）、[③]周道洽（润民）、曾培（笃斋）、[④]任国铨（篆甫）、丁树诚（治棠）、陈常（子经）、吴昌基（圣俞）、江淑（少淹）、顾印愚（华园）、陈光鼐（容之）、周伯显（眉生）、[⑤]苏世瑜、张问惺[⑥]、孙彦成、邓宗岳等[⑦]。最后，九月三十日，王闿运率书院新举游二仙庵，题诸举人名于壁上。王闿运诗曰：“澄潭积寒碧，修竹悦秋阴。良游多欣遇，嘉会眷云林。”极一时之盛。

正当尊经书院在己卯乡试中获得空前的成功之际，素来被看好的杨锐却遭遇惨败。王闿运在日记中提到：“其学使所赏及自负能文者，果皆不中。”[⑧]此处“学使所赏”疑指杨锐。杨锐本来是尊经书院公认的高材生，张之洞“尊经五少年”的品题、谭宗浚的《尊经书院十六少年歌》皆列杨锐于首，此即“学使所赏”之证。但他直到六年以后，即光绪十一年（1885）乙酉才中顺天乡试举人，科举功名方面大大落后于院中同期的其他几位知名人物。杨锐《说经堂诗草》中有《院中秋暝》一首，疑即落榜后抒怀之作：

日夕天气凉，飒然秋已深。
虚檐切穹霄，广院下层阴。
浮云颓高望，荒飙寒远音。
冥坐易为感，孤怀下岖崟。
南雁肃哀唳，弭棹清川浔。
所思谅多阻，皋兰绚幽森。
愿移淮南调，且辍湘潭吟。

---

① 马宗霍：《中国经学史》，《民国丛书》第2编第3册，上海：上海书店，据商务印书馆1937年版影印，第150页。

② ［清］王闿运：《湘绮楼日记》，长沙：岳麓书社，1996年，第831页。

③ 廖幼平：《廖季平年谱》，成都：巴蜀书社1985年，第21页。

④ 丁树诚称他们为同年。见丁树诚：《丁治棠纪行四种》，四川人民出版社1984年，第93页、第101页。

⑤ ［清］王闿运：《湘绮楼日记》，长沙：岳麓书社，1996年，第831—832页。

⑥ ［清］王闿运：《湘绮楼日记》，长沙：岳麓书社，1996年，第833页。苏、张二人中副榜。

⑦ ［清］王闿运：《湘绮楼日记》，长沙：岳麓书社，1996年，第832页。孙、邓二人疑似中举，待考。

⑧ ［清］王闿运：《湘绮楼日记》，长沙：岳麓书社，1996年，第831页。

无因盥尘虑，凄其江海心。

全诗拟汉魏古诗体，最能代表杨锐当时思想的是“愿移淮南调，且辍湘潭吟”两句。“淮南调”，指淮南小山《招隐士》，意为招来远方的隐士，即出仕。“愿移淮南调”，就是希望移开呼唤出仕的这种心声。“湘潭吟”，指屈原在《离骚》里表达的愿为国出力而又不能的苦闷彷徨之吟。“且辍湘潭吟”，就是放弃屈原那样愿为国出力的心声。整首诗表达了希望隐居的心声。《杨锐年谱简编》认为：“三十岁前后，杨锐思想发生较大变化，由重视辞章转到关心时政。”①而此诗充满了失意、消沉，与后来汲汲从政的杨锐迥然不同，应是其早年科场不得志时所作。

己卯乡试的巨大成功带来的另一个直接结果是王闿运“遂有留蜀之志”。② 王氏起初入蜀时并不打算久留，他曾说过：“尊经讲席，虚县(悬)二年，诸生住斋者至百馀人，恐不能不稍为料理。……将俟钦件稍定，生徒上学时，为之粗立规条，或勉留一岁。”③但入院后不久，他就发现“蜀中士习甚驯，吾乡不能也”，④“此邦人欣欣向学，可喜也”。⑤ 再加上己卯乡试院中多人中举，让他感到“教之可行”，⑥使得他此后在尊经书院盘桓竟长达七年之久，⑦其爱子王代丰、爱妾莫六云皆在其掌教尊经期间病死于四川。

---

① 王夏刚：《杨锐年谱简编》，《中国古代社会与思想文化研究论集》第一辑，哈尔滨：黑龙江人民出版社，2004年，第342页。

② [清]王闿运：《湘绮楼日记》，长沙：岳麓书社，1996年，第832页。

③ [清]王闿运：《湘绮楼日记》，长沙：岳麓书社，1996年，第725页。

④ [清]王闿运：《湘绮楼日记》，长沙：岳麓书社，1996年，第749页。

⑤ [清]王闿运：《湘绮楼日记》，长沙：岳麓书社，1996年，第751页。

⑥ [清]王闿运：《湘绮楼日记》，长沙：岳麓书社，1996年，第832页。

⑦ 关于王闿运在蜀的时间，前人著述中存在许多错误记载。首先，是入蜀时间有误，例如(1)王森然《王闿运先生评传》：“光绪六年，应四川总督丁宝桢之聘，监督成都之尊经书院。”(王森然：《近代名家评传》(初集)，北京：生活·读书·新知三联书店，1998年，第1页。)(2)“王闿运于光绪四年(1978)秋入蜀”(黄万机：《王闿运与丁宝桢》，《贵州文史丛刊》，1999年第2期，第40页。)其次，是掌教年分有误，例如(1)《清史纪事本末》卷二十二云：王闿运“主讲四川尊经书院八年”。(2)“王闿运于光绪四年底入川，光绪十二年春还湘，计在成都尊经书院讲学前后达八九年。”(萧艾：《王湘绮评传》，长沙：岳麓书社，1997年，第131页。)(3)“曾先后主讲四川尊经书院……，前后跨九年。”(马积高：《湘绮楼诗文集·序》，《湘绮楼诗文集》，长沙：岳麓书社，1996年，第7页。)(4)“闿运在尊经主院八年。”(杨布生：《王闿运掌教尊经、船山两书院考》，《湘潭师范学院学报》，1990年第4期，第40页。)事实上，据《湘绮楼日记》，王闿运于光绪四年十一月初九(公历1878年12月2日)由长沙草潮门码头出发，光绪四年十二月二十七日(公历1879年1月19日)抵达成都。王接受尊经书院的聘书是在光绪五年正月十二日(公历1879年2月2日)。由于《湘绮楼日记》光绪十一、十二两年全缺，据《湘绮府君年谱》：光绪十二年二月“先遣莫姬柩登舟，自率诸妹后行。三月还长沙。”王氏最后离开尊经书院的时间应该是在1886年3月间。所以，王掌教尊经书院，前后共计七年，七年间曾三次返湘，具体时间参阅 (转下页)

二、四川尊经书院举贡题名碑

清代四川学术的传承发扬，至同光之际局面为之一变，文化的中心由具体的学术人物转向两所著名的学术教育机构：锦江书院和尊经书院。这两所书院创建以后，整理文献、繁荣学术、培养人才，为近代蜀学的兴起奠定了深厚的基础。1903年，"两院入堂"，锦江书院和尊经书院并入四川高等学堂，是为四川大学的前身。这一学脉传承的重要文物证据是2013年4月，在成都市四川大学望江东区滨江楼附近出土的《四川尊经书院举贡题名碑》。据胡昭曦先生推测，此碑原在成都南较场尊经书院旧址①，国立四川大学建立后，校舍频繁迁徙，至1947年始定于望江楼附近的今址。此碑约在此时迁到今址，置放在川大东门原"文彬馆"附近。1947年7月，成都发生50年未遇的水灾，川大校舍倒塌破坏严重。"或者《题名碑》就是在这场大水灾倒扑于地，被泥土埋没。"②《四川尊经书院举贡题名碑》的发现，其意义不仅是为研究尊经书院史提供了新的资料，更是近代蜀学传承的实物证据。兹录全文如下：

四川尊经书院举贡题名碑并序

宋儒立书院，将待不志于科举者，而功令课其效，以养人材，裨国用为职。国家取士，科举为正，故士之不志科举而能得科举者，斯足尚也。尊经书院之立，前学使病夫习帖括而废实学，故力戒程序之文。总督丁公每诰多士，以文翁资遣生徒入京师，为开利禄之门。闿运承风，申讲其谊，尝以孟子答景春不移、不屈者，入学所当先能也。若有富贵、贫贱、威武之见，不可以为学徒。又尝论人爵、天爵之说为未能忘，爵天不以爵尊也。讲之六、七年，诸生习闻之矣。故经丙子、己卯、壬午三科，举过五十人，未尝题名。乙酉岁，当选拔之期，充贡者几六十人。及秋试，可举者犹有三十、四十人，而举者十五人，前十人居其四焉。公车将行，几群空矣。于是，诸生之不与举者，喜见其盛，惜其将别，佥以宾兴之典、乡老所司饮酒之礼。以时可习，因欲齿序，遂始

(接上页)第二章第四节的年表。王氏在尊经书院的弟子岳森曰："从湘潭王先生游，计先后凡七稔。"这才是实情。(见[清]岳森：《癸甲襄校录》卷五《分印成均课士录自序》，光绪二十年成都尊经书局刻本。)

① 胡昭曦先生的推论正确无误，笔者后来偶然读到吴虞《题高蔚然丈(树)尊经书院课卷残本横看子四首》，其第二首有注："尊经阁下题名为吴伯竭先生书。入民国曾改为讲武堂，马矢山积矣。"为《题名碑》最初竖立在尊经书院尊经阁下的明证。

② 胡昭曦：《〈四川尊经书院举贡题名碑〉最初竖立地再探》，胡昭曦：《旭水斋存稿续集》，成都：四川大学出版社，2017年，第204页。

题名。盖圣主不贵素隐之儒，学者必有致用之略，出则从政，归而习业，其志行一也。后来者考其人，或遂隆隆，或遂无闻，犹常人之荣辱耳。诚自念其所从出，怵然唯恐负吾学，斯必有以异于俗儒，而所谓不志科举者何足以臧。于是各书姓名及里年，以证本原。

九月丙辰，王闿运记，吴之英书。

眉州焦炳瀛少海，年。	酉阳陈况子经，年三十。
成都周道洽润民，年三十三。	酉阳陈啸伯深，年三十四。
南充邹兆麟星石，年二十九。	泸州高树蔚然，年。
成都顾印愚印伯，年三十一。	犍为吴昌基圣俞。
岳池何在清洁皆，年三十四。	巴州余堃子厚，年二十九。
铜梁胡嗣铨与可，年。	秀山江俶少淹，年三十五。
通江王幼怀少甫，年三十八。	彭水王光棣苇唐，年三十四。
广安周绍暄煦笙，年二十九。	仁寿毛澂穉澥，年四十四。
井研董含章南轩，年。	绵州陈纬元经畬，年三十七。
巴县王绳生芝浦，年三十。	犍为罗荃石溪，年二十七。
眉州王文员灼郛，年。	绥定潘多贤，年。
叙州张问惺玉仑。	汉州张祥龄子馥，年三十三。
西昌吴博文丽笙，年二十六。	南溪包崇佑铁孟，年三十二。
成都叶大可汝谐，年三十四。	华阳杨勋策卿。
名山吴福连梓材，年三十二。	荣县林芝兰香溥，年二十六。
□□彭元瑾仲山，年。	华阳傅世洵仲戡。
成都蔡伯陶玉成。	西充蒲九茎芝仙，年二十八。
重庆杨士钦辅臣，年二十五。	□□张映璧，年。
新繁周煜南克生，年。	仁寿毛瀚丰霍畦，年三十二。
成都曾鉴奂如，年二十八。	涪州陈萱荫孟慈，年二十五。
□□□德宝枕虹，年二十八。	彭县刘九龄绶仙，年。
宜宾邱晋成云帆，年三十八。	南溪包崇金铁仲，年二十六。
中江刘全璧华亭，年二十三。	□□□政和饮庵，年三十二。
叙永徐心泰阶云，年。	江津戴孟恂挚如，年三十四。
富顺郭武勋翊周，年二十四。	永川黄秉湘楚枏，年二十二。

碑文包括三个部分：题款，13 字；序文，共 9 行，第 1、7 行各 43 字，第 2—6、8 行各 46 字，第 9 行 33 字，共 408 字；题名，50 名举贡生员的里籍、姓名字号和年龄（有少数著录项目不全），共 10 行，每行 5 人。其中因碑石

残缺有 5 人的里籍、姓名不能全读，可读共 470 字。总计可读 878 字。[①]

目前，此碑尚有不少未解之谜。首先，石碑原刻有文字，磨平后刻《题名碑》文。碑文第 1—2 列第 6—9 行间底部，尚存原刻文字残迹，字径约小于《题名碑》序文的一半，其文可读者共 84 字。经比勘，原刻文字为张之洞《四川省城尊经书院记·说本义第一》中的部分文字：

> 偁
>
> 唐之陈李宋之五
>
> 明之杨气节经济
>
> 方今
>
> 圣上敦崇经学祀尉南祭
>
> 酒许君[②]于学宫试卷经册空疏者
>
> 磨勘有罚使者奉宣
>
> 德意诚欲诸生绍先哲起蜀学然
>
> 岁科两试能进退去取其所已然
>
> 不能补益其未至抹不能详

其次，石碑残留的《四川省城尊经书院记》原刻字迹与今天传世的《四川省城尊经书院记》拓本的书体不完全相同，拓本源自另一块碑。[③]《书院记》为何会刻两块碑？为什么一块被磨平后刻成《题名碑》？有拓本传世的另一块碑如今又下落何处？

再次，《题名碑》上 50 名举贡生员的遴选标准存疑。《题名碑》落款是“九月丙辰”，据推算为光绪十一年（1885）九月廿一日。据《湘绮楼日记》，光绪五年（1879）己卯四川乡试放榜后，王闿运率书院新举游二仙庵，题诸举人名于壁上，时间是九月三十日。《题名碑》上落款的时间也在光绪十一年（1885）乙酉乡试后，与己卯乡试题名的时间大体吻合。但是，《题名碑》上的 50 名举贡生员并不完全是乙酉乡试这一科中举的。相反，一些乙酉乡试中举的尊经院生却不在《题名碑》上。例如，《光绪乙酉科四川乡试同门录》明确注明为尊经书院学生的有一人：“中式第六名举人谢临春，系夔州府学廪生开县民籍（肄业尊经书院）。”[④]《光绪十一年乙酉科四川乡试

---

① 党跃武主编：《四川尊经书院举贡题名碑》，成都：四川大学出版社，2013 年，第 31 页。

② “许君”，木刻本作“许公”。

③ 魏红翎：《由新见材料再探讨〈四川尊经书院举贡题名碑〉的未解问题》，《四川大学中华文化研究院成立三周年暨书院文化学术研讨会论文集》，2021 年 9 月，第 91—98 页。

④ [清]佚名编：《四川乡试朱卷》，光绪间成都刻本，四川省图书馆藏。

录》第八名“陈观浔”[①]，为尊经院生，后来还与廖平一同担任过尊经襄校。而这两名院生的姓名均不在《四川尊经书院举贡题名碑》中。还有，碑上有一名院生吴昌基，已于光绪六年(1880)十月间病逝，《湘绮楼日记》中有明确记载。[②] 还有一名院生傅世洵，光绪八年(1882)举人，次年卒。这些已故的院生何以会出现在光绪十一年(1885)的举贡题名碑上？其他三位同样未标注“年”的院生张问惺、杨勋、蔡伯陶，是否也已过世？这些问题都有待进一步的研究。

尽管《题名碑》并不是完全反映尊经书院乙酉乡试情况的材料，但在另外有一些文献中提到了乙酉四川乡试的轶闻，可与《四川尊经书院举贡题名碑》互相参证。据朱德裳《三十年闻见录》记载蜀士尊重王湘绮不专在学问：

> 丁雨生推尊湘绮，自云：“我尚不能为其门人。”帅蜀时，即延聘主讲尊经书院。乙酉(光绪十一年，1885)科乡试，典试者为丁门生。雨生为监临，诸生出闱，山长索小讲密封以进。是科中式举人，十九尊经学生。有某生自觉不佳，别制以进，遂落第。[③]

这则轶闻的可靠性究竟有多高，现在已经很难考辨。查《清秘述闻续》，此科正考官“大理寺卿沈源深字叔眉，河南祥符人，庚申进士”，副考官“编修黄绍箕字仲韬，浙江瑞安人，庚辰进士”。[④] 从目前史料来看，缺乏足够的证据证明二人中谁是丁宝桢的门生。

此科第一场试题为：“子以四教”一节，“舟车所至”八句，“汤执中立”二节，赋得“上到江源第一峰”得“源”字。[⑤] 朱德裳说王闿运密封以进的“小讲”，即八股文的“起讲”，位于破题、承题之后，它要求引申、讲明题义，或说明题目内容的背景等。整篇八股文的主题就是在小讲中确立的。

此外，新发现的《四川尊经书院举贡题名碑》不见尊经书院最著名的几个院生，如杨锐、廖平、宋育仁、吴之英等。原因是廖平、宋育仁在己卯乡试已经

---

① [清]佚名编：《光绪十一年乙酉科四川乡试录》，《蜀藏·巴蜀珍稀教育文献汇刊》第23册，成都：成都时代出版社，2014年，第109页。

② [清]王闿运：《湘绮楼日记》，长沙：岳麓书社1996年，第959页。

③ 朱德裳：《三十年闻见录》，长沙：岳麓书社，1985年，第63页。

④ 法式善等：《清秘述闻三种》中册，北京：中华书局，1982年，第764页。

⑤ 法式善等：《清秘述闻三种》中册，北京：中华书局，1982年，第765页。“子以四教”一节，即《论语·述而》：“子以四教：文，行，忠，信。”“舟车所至”八句，即《中庸》：“舟车所至，人力所通，天之所覆，地之所载，日月所照，霜露所队，凡有血气者，莫不尊亲。”“汤执中立”二节，即《孟子·离娄下》：“汤执中，立贤无方。文王视民如伤，望道而未之见。”“上到江源第一峰”，出自范成大《再题青城山》。

中举，杨锐、吴之英“壬午科以优行贡太学”[①]，故均不在榜上。民国时期所谓“五老七贤”，碑上也只见曾鉴一人，难怪王闿运序中有“公车将行，几群空矣”的感叹。总之，王闿运通过科举考试的成功给尊经书院带来了巨大的社会声望，同时也不可避免地引起了旁人的妒忌和猜疑，这也是在情理之中的事。

三、走南闯北的会试之路

通过乡试而在四川本省声名鹊起的尊经书院，随即面临的就是京师会试的考验。院生丁树诚的《初度入京记》、《纪行杂诗》、《往留录》记录了当时进京赶考的经历，其中颇涉尊经书院相关的史料。

丁树诚（1837—1902），字至堂，号治棠，合州（今重庆市合川区）人。他是尊经书院史上在院时间较长的一位，其孙丁禹孝编纂的《清丁文简先生年谱》比较详细地记录了丁树诚一生的事迹，其中涉及不少尊经书院的珍贵材料。在此先就年谱所记，对丁树诚与尊经书院的关系作一介绍。

> 同治十二年（1873），三十七岁：为求深造，毅然辞馆晋省，肄业成都锦江书院。受业童牧村（棫）、伍崧生肇龄两翰林，深蒙器许。
>
> 光绪元年（1875），三十九岁：为发扬四川学术风气，为培育英才作长远计，与通省荐绅先生及兴文薛侍郎丹廷等，投牒于总督学政张之洞，请建书院，以通经学古课蜀士。
>
> 光绪二年（1876），四十岁：学使张之洞考调四川各学优秀，名之曰高才生。按试重庆，公首膺选，始肄业于成都新落成之尊经书院。
>
> 光绪三年（1877），四十一岁：被擢为尊经书院斋长，兼管藏书。公百城坐拥，大恣搜讨。间尝潜研小学，取许氏《说文》部首详加注释，对文字音义，多有发明，成《说文部首释许》一书。从此经史词章之学，一日千里，同学咸畏服。代理院长海宁钱保塘、嘉定钱宝宣，尤敬重之。
>
> 光绪四年（1878），四十二岁：住尊经院，刻意研经，每得一义，必竟委穷原，中边俱彻，无纤微疑窦乃止。与廖平并称院中翘楚。
>
> 光绪五年（1879），四十三岁：川督丁宝桢延聘大经师湘潭王闿运来川主讲尊经，硕学鸿儒，不可一世。院中英俊如廖平、杨锐等，皆遭折角，心常懔懔。公独以端谨勤学，受湘绮特达之知，擢为都讲生。宗“以经证经”之旨，说经摘词，常膺激赏，传示同门，莫不敛手交推。公即以是年秋领乡荐，中式第十八名举人。

---

① 邓镕：《读刘舍人集感题》，《近代巴蜀诗钞》编委会编：《近代巴蜀诗钞》，成都：巴蜀书社，2005年，第904页。

光绪六年(1880),四十四岁:会试荐而不第,西还,尊经院长王闿运为言于当事,特开举人住院例。公复入院,覃精研思,唯经学是务,所学益邃。与同年廖平同任尊经院分教,时人有“丁治棠守其常,廖季平出其奇,出奇固难,守常亦不易”之语。时荐州人戴光、张森楷入院肄业,充自费新生。求友如渴,爱才如命,大力培植后起,于此概见。

光绪七年(1881),四十五岁:与廖平同任尊经院分教。及湘绮辞院事回湘,学使朱逌然留继任,公意不惬,决意辞归,应瑞山书院山长聘还州。公在省时,与戴光、张森楷、彭耀卿分负四俊盛名,按当时有“丁经、张史、戴赋、彭文”,称“合州四俊”。(张在尊经因事黜名,后与彭同住锦江书院,专攻乙部。)公与戴光诗文均刊入尊经课艺。

光绪十一年(1885),四十九岁。长合宗书院,……书院制度,多仿尊经,合州人文,一时蔚起。

光绪二十年(1894),五十八岁。任仪陇训导,公余常往文昌、金粟两书院视察,根据张之洞师《书目答问》《辅轩集》指示治学门径,勖免士子,学风丕变,仪人感之。[①]

1.《初度入京记》与庚辰会试

《初度入京记》始于光绪五年(1879)十二月十四日。丁从家乡合州出发,沿江东下,抵达上海,改乘轮船浮海至天津,由天津雇马车入京,抵京日期为光绪六年二月初一,共历时47天。抵京后,丁于二月初四到司马中街,“谒张老师香涛,投名片门札,呈贽银土物。……先生出,着貂褂,忧国之心,达于面目。短髭隐隐露颌下,渐有白者,较在川老矣!问乡贯及川内事暨尊经院条规甚悉”[②]。此条记载可与张之洞三年前所言“身虽去蜀,独一尊经书院惓惓不忘”互相参证。[③]

《初度入京记》于二月初六因“精神不旺”而搁笔,[④]三月初会试的详情不得而知。这里值得一提的是,光绪五年八月乡试,尊经书院有二十多名学生中举,取得了进京参加会试的资格,《初度入京记》提到进京会试的尊经院生有三人:丁树诚、江少淹、陈光鼐(容之)。[⑤] 又《廖平年谱》曰:“春赴京应礼部试,不第。”[⑥]则说明廖平也参加了该科会试。但是,查《增校清朝

① 丁禹孝编纂:《清丁文简先生年谱》,成都华文堂藏钞本。

② [清]丁树诚:《丁治棠纪行四种》,成都:四川人民出版社,1984年,第48页。

③ 苑书义、孙华峰、李秉新主编:《张之洞全集》第12册,石家庄:河北人民出版社,1998年,第10129页。

④ [清]丁树诚:《丁治棠纪行四种》,成都:四川人民出版社,1984年,第50页。

⑤ [清]丁树诚:《丁治棠纪行四种》,成都:四川人民出版社,1984年,第49页。

⑥ 廖幼平:《廖季平年谱》,成都:巴蜀书社,1985年,第22页。

进士题名碑录》，他们此科皆未中进士。目前所知尊经院生中，只有仁寿毛澂和江津陈光明分别中了三甲第19名和三甲第43名，为尊经书院此科仅存之硕果。不幸的是，陈光明在第二年就去世了。[①] 如果说己卯乡试尊经院生们取得了空前的成功，那么庚辰会试的成绩则不太理想。相反，在四川本地拥有较高名望的槐轩学派却因此科而名声大噪，刘沅的第四子刘桂文此科中了二甲第117名进士，入翰林，后来一度成为川籍京官的领袖。这引发了王闿运对槐轩学派的抨击，详见第三章第四节“王闿运的掌教方略”第二小节。然而，尊经书院庚辰会试的失利，使王闿运对蜀地学风的批评暂时丧失了说服力，而他与槐轩学派的这场博弈，一直要等到光绪十二年(1886)丙戌会试以后，才慢慢开始出现转机。

2.《纪行杂诗》与廖平经学的初变

《纪行杂诗》用112首五律，记录了丁树诚从合州出发，进京参加癸未会试的经历，出发时间为光绪七年(1881)十二月二十二日，抵京时间为光绪八年(1882)二月十五日，共历时56天。此次进京的路线与前一次完全相同，其中可注意者有一首《上海邸送廖季平、曾笃斋之苏州》：[②]

客里难为别，相交况故知。
临流心送远，立岸语移时。
旅馆抛吟伴，春闱订晤期。
帆风如可借，转舵莫迟迟。

众所周知，光绪九年(1883)是廖平一生学术发展的关键一年，“是年说经始分别今古”，[③]为廖平经学初变之始。那么，初变为什么会发生在这一年呢？此前大多数研究者都偏好从廖平自身的思想发展中去寻找原因，[④]这种解释进路固然有其合理性，但是也存在缺陷，即过度地偏向于内因的审视，很可能遮蔽和无视一些来自外部的重要机缘，而这些外部机缘很可能是整个事件的因果链中不可缺失的重要环节。例如，廖平这次入京会试，就是触发其经学初变的不可缺失的一环。

以前有很多学者都注意到维新变法思潮的产生与滨海地域之间存在着某种联系，也就是说，维新变法的先驱往往出现在东南沿海对外贸易比较发达的地区，他们最先感受到西方文明的冲击，所以最早提出维新变法

---

① 光绪七年“十二月，与张祥龄、杨锐等数十人，为同院生翰林院庶吉士陈光明位而祭之”。(廖幼平：《廖季平年谱》，成都：巴蜀书社，1985年，第24页。)

② [清]丁树诚：《丁治棠纪行四种》，成都：四川人民出版社，1984年，第69页。

③ 廖幼平：《廖季平年谱》，成都：巴蜀书社，1985年，第28页。

④ 黄开国：《廖平评传》，南昌：百花洲文艺出版社，1993年，第58页。

的主张。但是，用这种观点很难解释的是：生活在中国西南内陆四川省的廖平，何以能为沿海一带的维新思潮提供重要的思想基础，并直接影响到康有为的《孔子改制考》和《新学伪经考》等变法著作？如果我们不否认变法思潮的产生与滨海地域之间确实存在某种关联，那么，廖平与滨海地域之关系必然纳入我们考察的范围。《上海邸送廖季平、曾笃斋之苏州》则为我们提供了考察二者关系的一个突破口。

廖平为何去苏州？此次苏州之行，《廖平年谱》只字未提，仅言："舟车南北，冥心潜索。得素王二伯诸大义。"[①]所谓"舟"应指沿长江东下至上海，再从海上进京的行程；所谓"车"应指返程时到太原谒张之洞，并见到了令德堂院长王霞举，悟出南学与北学之不同。[②] 这是否意味着被忽略掉的苏州之行无关紧要呢？笔者认为，廖平的此次苏州之行意义重大，很可能见到了俞樾。虽然目前无法了解廖氏此行的细节，但从一些文献史料中，却可以寻到蛛丝马迹。下面将相关材料胪列出来，稍加辨析：

(1) 廖平等尊经院生对俞樾的《古书疑义举例》推崇备至，此书是他们平分今古的启蒙读物，廖平好友岳森就曾提到："壬午秋（光绪八年(1882)），看俞氏《古书疑义举例》，乙酉（光绪十一年，1885）正月就馆苏坡桥，看陈氏《异义疏证》，乃知汉儒有今文古文二家之学，文既各别，义亦相悬，两京聚讼，大率在是。"[③]廖平也曾说："治经有数大例，前人未能畅发者，今当仿《古书疑义举例》，作为一书以明之。"[④]

(2)《廖平年谱》提到：光绪十六年(1890)"（廖平）由广州经上海至苏州访张祥龄"。[⑤] 张祥龄到苏州是在光绪十一年(1885)，因四川布政使易佩绅移任苏州，张祥龄与夫人曾彦应邀前往。因此，可以排除廖平与曾培（笃斋）光绪九年(1883)的苏州之行是访尊经故友张祥龄。[⑥] 另外，丁树诚在《往留录》中记录了光绪十五年(1889)三月初二，"曾笃斋同年来访。……言从苏州来，住伏魔寺，与廖季平同寓"[⑦]。可见，廖、曾二人在相同的情况下又去了一次苏州，而《廖平年谱》对此均未提及。

---

① 廖幼平：《廖季平年谱》，成都：巴蜀书社，1985 年，第 28 页。

② 廖幼平：《廖季平年谱》，成都：巴蜀书社，1985 年，第 29 页。

③ [清]岳森：《南学报廖平书》，《癸甲襄校录》卷五，光绪二十年成都尊经书局刻本。

④ 廖平：《经话甲编》卷 1，李燿仙主编：《廖平选集》上册，成都：巴蜀书社，1998 年，第 406 页。

⑤ 廖幼平：《廖季平年谱》，成都：巴蜀书社，1985 年，第 46 页。

⑥ 曾培与曾彦是否有亲戚关系，待考。曾彦，父为曾咏，字永言，号吟村，华阳人。道光甲辰进士，授户部主事，历官吉安知府，死于太平天国之乱。有《吟云仙馆诗稿》。母为左锡嘉，字韵卿，一字小云，又字浣芬，晚年别署冰如，阳湖（今江苏常州）人。左昂之女，锡璇之妹，行六。曾咏的继妻。

⑦ [清]丁树诚：《丁治棠纪行四种》，成都：四川人民出版社，1984 年，第 101 页。

(3)《廖平年谱》云:“先生在蜀时未敢自信其说,出游后见俞荫甫、王霞举以所怀疑质之,皆莫能解,胆乃益大,于湘潭之学不肯依傍。”[①]廖平初见王霞举是在光绪九年会试之后,符合“出游后”的时间序列,而俞樾又排在王霞举之前,如果廖平与俞樾初见于光绪十五年(1889)七月,[②]那么俞前王后的叙述顺序就显得紊乱而毫无章法。

(4) 蒙文通《井研廖季平师与近代今文学》曰:“(廖平)以为《王制》者孔氏删经自订一家之制,一王之法,与曲园俞氏之说出门合辙。然俞氏惟证之《春秋》,廖师则推之一切今文家说而皆准。”[③]这是指光绪十五年(1889)七月的俞、廖苏州之会,廖平后来自己说:“己丑在苏晤俞荫甫先生,极蒙奖掖,谓《学考》为不刊之书。语以已经改易,并《三传》合通事,先生不以为然曰:‘俟书成再议。’”[④]再查《今古学考》,其中有两条提及俞樾,一曰:“以《王制》主今学无据。曰:俞荫甫先生有成说矣。”[⑤]一曰:“俞荫甫先生以《王制》为《公羊》礼,其说是也。”[⑥]所引俞氏的这两条观点见于《达斋丛说·王制说》,[⑦]如果在此之前二人不曾会面,廖平何以知道这些?如果二人在《今古学考》成书之前未曾谋面,廖书既已引用俞书,又如何谈得上“出门合辙”?又,“达斋”正好是俞氏苏州“曲园”书房的名字,地点与内容相符。这些疑点均暗示光绪九年(1883)廖平的苏州之行与俞樾有关。俞樾说:“同治季年,蜀中设尊经书院,延余主讲,谢不赴。闻蜀士颇似失望。”[⑧]其中“闻蜀士颇似失望”云云,或许就是得之于廖平、曾培之口。1924年廖氏弟子蒙文通“南走吴越,博求幽异,期观同光以来经学之流变”[⑨]。这些情况都表明德清俞氏与井研廖氏在学术上有极深的渊源关系。后来,皮锡瑞《王制笺》开篇就引俞樾的《王制说》,[⑩]可谓清源正本之见。

综上所述,笔者认为,对于廖平的经学初变,不能简单片面地解释为其

---

① 廖幼平:《廖季平年谱》,成都:巴蜀书社,1985年,第46页。
② 廖幼平:《廖季平年谱》,成都:巴蜀书社,1985年,第45页。
③ 蒙文通:《经史抉原》,成都:巴蜀书社,1995年,第104页。
④ 廖平:《经话甲编》卷1,李燿仙主编:《廖平选集》上册,成都:巴蜀书社,1998年,第447页。
⑤ [清]廖平:《今古学考》,李燿仙主编:《廖平选集》上册,成都:巴蜀书社,1998年,第76页。
⑥ [清]廖平:《今古学考》,李燿仙主编:《廖平选集》上册,成都:巴蜀书社,1998年,第90页。
⑦ [清]俞樾:《九九消夏录》,北京:中华书局,1995年,第326页。
⑧ [清]俞樾:《春在堂诗编》卷19《前诗意有未尽,再成一律》,《续修四库全书》第1551册,上海:上海古籍出版社,2002年,第588页。
⑨ 蒙文通:《经学抉原》,成都:巴蜀书社,1995年,第47页
⑩ 王锦民:《〈王制笺〉校笺》,北京:华夏出版社,2005年,第9页。

内在思想发展的结果，而应当看到他的“说经分今古”的思想是在会试途中，与江苏、山西等地学者互动、对比、交流中逐渐形成的。还有廖平在上海骤然接触到西方文化所受到的思想刺激，远比长期生活在沿海一带的变法者来得更剧烈，这使得廖平的今文经学比这些变法者更激进，更具有颠覆性。例如，俞樾已率先悟到《王制》是孔子素王之制，多处与《公羊》相合，但是，当廖平提出“三传合通”的激进思想时，俞樾就不以为然了。康有为对廖平经学的反应在开始也与俞樾相似，初读《今古学考》，“谬引为知己”，但读到二变讲“尊今”的《知圣篇》时，则“斥为好名骛外，轻变前说，急当焚毁”。再到后来，康有为接受了廖氏学说，“两心相协，谈论移晷”，[1]其说又促使康变成了维新变法中最激进的人物。这些情况都是我们在探讨廖平经学初变时不能忽视的。

[1] 廖平：《经话甲编》卷1，李耀仙主编：《廖平选集》上册，成都：巴蜀书社，1998年，第447页。

第五章　尊经学术与“蜀学”意识的觉醒

如果说“观近代中国书院发展史，就是一部中国近代史”[①]，那么，一部尊经书院史，就是近代巴蜀文化的缩影。尊经书院建院的二十八年间，正是中国社会剧烈变革的历史时期。从太平天国的动荡和英法联军的浩劫中惊醒的清王朝，上上下下都在呼吁和盼望着帝国的“中兴”。但是，结果却不如人愿，边疆形势每况愈下，社会危机日渐加深，而变革的呼声也随之日益高涨。四川虽然僻处西南一隅，但文化渊源上和整个中国早已同气连枝，是构成“中国”的一个重要部分。如，《禹贡》九州中的“梁州”、《牧誓》中的“庸、蜀”、《春秋》中的“盟蜀”，都昭示着四川与中国的这种血脉联系。在尊经院生的课艺中，我们也经常发现这样一些题目：《〈禹贡〉梁州疆域考》[②]、《〈牧誓〉称庸、蜀等国，与〈诗·江汉〉皆指梁、荆考》[③]、《庸、蜀、羌、髳、微、卢、彭、濮会孟津道里考》[④]，难道这仅仅是单纯的名物训诂吗？与其说这是为考据而考据，毋宁说这体现了尊经学人的一种现实关怀：思考和审视巴蜀在中国的历史地位、意义和作用。

第一节　伍、廖之争

光绪十二年(1886)春，王闿运回湘潭，五月，川督丁宝桢病死于任上，安徽庐江刘秉璋继任，王闿运自觉政治上失去靠山，遂不再至蜀。尊经书院山长由锦江书院山长伍肇龄兼任。伍肇龄兼任尊经山长大约是在光绪十二年(1886)的下半年，掌教之初，地位极不稳固，威胁来自两个方面：

---

① 罗立：《书院的改革与近代化》，朱汉民编：《中国书院》第四辑，湖南教育出版社2002年，第347页。

② [清]伍肇龄编：《尊经书院二集》卷1，光绪十七年尊经书局刻本。

③ 廖平：《尊经日课题目》(甲午夏季)，《六译馆丛书》，1921年四川存古书局刊本。

④ [清]王闿运编：《尊经书院初集》卷1，光绪十一年尊经书局刻本。

一是川督刘秉璋的打压。《蜀海丛谈》记载：“某岁川督某欲易先生讲席，先生夷然不以为意。时宰相李文忠公鸿章，张文达公之万，皆先生丁未同榜翰林，同致川督某公一电云：‘老友嵩生，品高望重。齿暮家贫，诸冀垂青。’先生讲席，缘此复定。”[①]此处的川督就是刘秉璋，光绪十二年(1886)五月至光绪二十年(1894)十月任四川总督，与伍肇龄任尊经山长的时间大致相当。

二是尊经院生的轻视。据《苌楚斋随笔》“伍肇龄掌教事”条记载：

> 先文庄公(刘秉璋)督川时，太史(伍肇龄)正主尊经书院讲席，相处甚欢，九年未易。……后有某年四月[②]，太史仓猝至督署辞馆，称文庄公问其故。太史曰：“诸生不服教，欲驱我走，我已年老，欲让贤者也。”先文庄公谓曰：“我忝任川督，川中人民，皆似我家子弟。况尊经书院关聘，须由总督出名，院中诸生，我视之，更与我家子弟无异。设有我家子弟，要驱先生，我能答应乎。此事老前辈愿让，我却不能同意。今日请回，明日我到院中，告诫诸生。”次日，先文庄公到尊经书院答拜，诸生环而听者，几于全数皆来。先文庄公大声，以此意告太史，并指窗外诸生，亦厉声以此意告之。诸生闻之，相率散去。[③]

表面上看，来自两方面的危机都迅速被化解，但事实上，真正的纷争才刚刚开始。伍肇龄掌教尊经之前，主持锦江书院书12年之久。锦江书院与尊经书院虽并列为四川两大省会书院，但学术风格大相径庭。锦江崇尚明末清初以来盛行的性理之学，对这种学说从正面评价可以说是“熔铸百家”，从负面评价也可说是“杂糅牵引”，它将儒家的性命、道家的符箓、佛家的果报合而为一，虽然气象恢弘，但多经不起推敲。尊经书院的创建初衷恰恰是对当时蜀地这种性理之学的反动，它所提倡的“古学”以经学为宗、以礼学立论，与试图摆脱经学束缚的性理之学格格不入。伍肇龄到院后，授意襄校王万震推行锦江学风[④]，遭到昔日尊经弟子的抵制。据《廖季平

---

① 周询：《蜀海丛谈》，成都：巴蜀书社，1986年，第238页。按：相传清制，每年八月祭孔庙，主祭者为督抚。但成都当时惯例却是由伍肇龄主祭。新任总督刘秉璋欲取而代之，扬言要先罢其山长之职。伍氏连忙写信向同年李鸿章求援。李鸿章亲笔书对联一副赠伍肇龄：“天下翰林皆后进；蜀中佳士半门生。”上款称“崧生吾兄”，下款称“弟李鸿章”。事遂解。

② 疑是光绪十三年四月。

③ [清]刘声木：《苌楚斋随笔续笔三笔四笔五笔》上册，北京：中华书局，1998年，第39页。

④ 王万震，字复东，生平不详，事见廖幼平：《廖季平年谱》，成都：巴蜀书社，1985年，第43页。又宋育仁《〈里昂见闻杂记〉感言》曰：“吾昔著有《经世财政学》，乡人王万震愿承转布于蜀人。不意乃为所干没，蜀人无见此书者。”见《(四川)国学月刊》第18期，1923年，第29页。

年谱》:光绪十三年(1887)二月二十九日,“王万震堂课不用廖平所拟题目,又欲出宋学题,廖平偕刘子雄力争得止。”翌日,“刘子雄、邹增祜来访,因言堂课出题之谬。廖平言伍最服江西陈溥[①]。陈乃袄人,著书多妄诞,托于宋学而杂以左道。邹言其曾谋反,有案可稽,伍刻其所批书甚多。”[②]廖平等人所言不诬,可与《湘绮楼日记》光绪五年三月廿三日的记载互相印证:“伍嵩生来久谈,泛及修练事,云有戴生年甚少,能内养也。又言陈广敷事。”[③]这些记载不仅反映了伍肇龄的兴趣和品味与槐轩学派并无本质的不同,同时也体现出伍氏掌教以后,尊经学术由“江浙派”与“湖湘派”之争,转向了伍肇龄的理学与廖平的经学之争,这是一场蜀学内部的纷争。

从伍肇龄所编《尊经书院二集》开始,尊经书院出现了宋学的课艺题,如《格物论》、《朱陆异同聚讼久矣,折衷孟子学术归一在乎能辨说》,还有两道变相的宋学题《拟潘正叔安身论》、《荀子积微论》[④],类似这样的题目在《蜀秀集》、《尊经书院初集》中是根本不可能被选入的。虽然仅仅是四道题,但这是尊经书院史上一次重要的学术嬗变,它意味着从张之洞、王闿运以来一直坚持的汉学路线开始动摇。

当然,这次学术的嬗变与蜀中政治的变迁是密不可分的。据《廖季平年谱》:“新任学政高赓恩喜宋学与伍肇龄合,不以廖平新说为是。伍新刻《近思录》,高为作序,痛诋汉学有:‘寖树藩篱,操末忘本,世儒之蠹’等语,盖指廖平也。”[⑤]

高赓恩,字曦亭,又字熙亭、熙庭,顺天府宁河县(今天津市宁河县)人。光绪二年(1876)丙子恩科二甲第100名进士,为翰林院庶吉士,授编修。光绪十三年(1887)四月至十四年八月任四川学政。回京后,为上书房行走,历迁至洗马,外任陕安道。二十五年(1899)四月,保庆帝溥俊立,以徐桐荐,特擢四品京堂,值弘德殿,授溥俊读。二十七年(1901),溥俊废,赓恩亦乞休去。后为陕西存古学堂堂长。[⑥]

---

① 新城陈溥(1805—1858),字广敷,伯仁太史之子,石士侍郎之诸孙,年三十余。泛览百家,为诸陈冠。诗文亦有卓荦之概,然自率资性,未见真实工力。([清]包世臣:《艺舟双楫·答陈伯游(方海)书》,《艺林名著丛刊》,北京:中国书店,1983年,第56页。)

② 廖幼平:《廖季平年谱》,成都:巴蜀书社,1985年,第41页。

③ [清]王闿运:《湘绮楼日记》,长沙:岳麓书社,1996年,第765页。

④ [清]伍肇龄编:《尊经书院二集》卷4、卷5、卷7,光绪十七年尊经书局刻本。

⑤ 廖幼平:《廖季平年谱》,成都:巴蜀书社,1985年,第42页。

⑥ 以上高赓恩生平综合了以下三种资料:费行简:《近代名人小传》,《清代传纪丛刊》第202册,周骏富辑,台北:台湾明文书局,1986年,第14页。钱实甫:《清代职官年表》第4册,北京:中华书局,1980年,第2747页;江庆柏:《清朝进士题名录》中册,北京:中华书局,2007年,第1121页。

高赓恩任四川学政时间虽短，却为蜀学做了一件正本清源的大事——编撰《蜀学编》。《蜀学编》，一名《蜀贤事略》，原是尊经院生方守道、童煦章的两篇课艺，高赓恩在此基础上略作增补，与院长伍肇龄商订成书。从体裁上看，《蜀学编》是一部“蒐集先哲言行，考订学术”的学案，思想倾向上，以冯从吾《关学编》、汤斌《洛学编》、魏一鳌、尹会一《北学编》为圭臬，尤其在选人标准上比照《北学编》，“皆择其心术、学术不诡于正者”[①]，故司马相如、谯周、苏洵等皆不得入选，而唐代只选仲子陵一人。

《蜀学编》这种遴选的标准显然不是尊经学术的旧有风格，于是，在锦江理学派的刺激下，昔日的尊经弟子开始反击。胡昭曦先生注意到：“在编纂《蜀学编》、构建蜀学学统的同时，尊经书院的师生也在经学典籍整理研究方面开展工作，以建立经学和蜀学新的学术体系。”[②]这就是廖平的《十八经注疏》计划：“予创为今、古二派，以复西京之旧，欲集同人之力，统著《十八经注疏》，(《今文尚书》、《齐诗》、《鲁诗》、《韩诗》、《戴礼》、《仪礼记》、《公羊》、《穀梁》、《孝经》、《论语》。《古文尚书》、《周官》、《毛诗》、《左传》、《仪礼经》、《孝经》、《论语》、《戴礼》。《易》学不在此数。)以成蜀学。”[③]

由“江浙派”与“湖湘派”在尊经的更迭所引起的古文经学与今文经学之争，这时也接近尾声，“尊今抑古”开始成为尊经弟子们的共识，这就是廖平《二变记》所言的：“盖当时分教尊经，与同学二三百人，朝夕研究，折群言而定一尊。”[④]而且，宋学的强制推行并不能彻底阻断廖平经学在尊经书院的继续传播，据《廖季平年谱》，光绪十三年(1887)四月二十九日，“尊经书院仍由廖平分经出题，所出有《尧典》、《禹贡》，多周以后制度”[⑤]。

2018年，在整理四川大学历史学系资料室典藏部收藏线装书的过程中，整理者发现了一册残抄本题《蜀学四变记》。原书共分四卷，今残存目次、廖平自记、卷一、卷二以及卷三之前七页。该抄本正文的抄成时间在民国元年(1912)至三年(1914)二月之间。该书的主要内容有关廖平经学思想的前四变，其体例是依据廖平经学四变的顺序“条列旧文”，从而使读者了解其各阶段的代表观点。《蜀学四变记》抄本的残存内容与现已失传的丙午本《经学四变记》存在不少相通之处，可能是以后者为底本的一种尚未

① [清]高赓恩：《蜀学编凡例》，《蜀学编》，光绪二十七年锦江书院刻本。

② 胡昭曦：《振兴近代蜀学的尊经书院》，《蜀学》第3辑，成都：巴蜀书社，2008年，第10页。

③ 廖平：《今古学考》卷下，李燿仙主编：《廖平选集》上册，成都：巴蜀书社，1998年，第89页。

④ 廖平：《四益馆经学四变记》，《廖平选集》上册，李燿仙主编，成都：巴蜀书社，1998年，第548页。

⑤ 廖幼平：《廖季平年谱》，成都：巴蜀书社，1985年，第42页。

抄定的摘编本。《蜀学四变记》引用了不少廖平著作及其相关论著，其中还保存了一些《廖平全集》《廖平著述考》未见的佚文、佚目。另外，整理者注意到："抄本书题中的'蜀学'非指广义的四川学术，实际指代的乃是廖平的经学思想。"[①]这与1925年蒙文通先生在《议蜀学》中以廖平之经学代表近代"蜀学"的表述是一致的。[②] 此外，李学勤先生也认为："晚清以来，有两个地方的学术研究很有影响，即川学和湘学，廖平是川学的代表之一。"[③]可见，将廖平经学视为蜀学（川学），是后来一些学人的共识。而《蜀学四变记》的形成时间早在民国元年（1912）至三年（1914），这进一步丰富了我们对于这种"蜀学论"的认识。抄本改题《经学四变记》为《蜀学四变记》的原因与清末民初四川学术勃兴，"蜀学"自觉的背景密不可分[④]，而廖平是尊经学人中最早具有这种强烈的"蜀学"自觉意识的人之一。

其实，无论是伍肇龄的理学派，还是廖平的经学派，都是蜀学内部的嬗变。从对立到融合，两派各自吸新吐故、取长补短，在学术上都发生了一些微妙的变化。《近代名人小传》曰："赓恩初游徐桐门，治宋五子书，既被命督川学，到之日，试尊经书院，诸生多湘绮弟子，学皆专门，造诣深博，览卷惊曰：'不图边方多才乃尔！吾腹俭，且为所笑矣。'遂昕夕攻注疏、四史、说文等书。及还朝，同官皆称其博。"[⑤]

廖平则越来越背离尊经书院推崇的许郑之学，转而提出他的"非常异议可怪之论"。王树枏曰："（廖平）始以《周礼》、《王制》分今古学，言虽创造，尚能自圆其说。其后学说屡变，愈变愈支离穿凿，至五变、六变，益怪诞不可言状。（谓《诗》十五国风皆虚设，并无其国，假此以喻今英、法、德、美诸国而言，他皆类此。）叛道离经，名为尊经，实则诬圣。"[⑥]又如，向楚曰："自平三传同出子夏之说出（谓左丘明实无其人，即启予商之变文，明与商、羊、梁同音，左丘明启予，左丘失明，则子夏丧明事，复推本罗氏卜、穀叠韵，

---

① 徐阳：《四川大学历史文化学院数据室藏〈蜀学四变记〉残钞本考述》，《蜀学》（第17辑），成都：西南交通大学出版社，2020年，第267页。

② 蒙文通：《议蜀学》第1册，《蒙文通全集》，成都：巴蜀书社，2015年，第228—230页。郑可经跋《尊经书院课艺目录》云及"使前约克成，煌煌蜀学，自成一家"，亦以廖平经学学派代表"蜀学"。参见《国学荟编》1915年第7期，第23页。

③ 李学勤：《清代学术的几个问题》，刘东主编：《中国学术》第2期，北京：商务印书馆，2001年，第236页。

④ 王东杰：《地方认同与学术自觉：清末民初的"蜀学"论》，《四川大学学报》（哲学社会科学版），2010年第6期，第34—50页。

⑤ 费行简：《近代名人小传》，周骏富辑：《清代传纪丛刊》第202册，台北：台湾明文书局，1986年，第14页。

⑥ 王树枏：《陶庐老人随年录》，北京：中华书局，2007年，第94页。

公、穀双声，商、羊、梁叠韵之说，断为《左》《公》《穀》皆子夏所传）。为提学使者所辱，斥为穿凿附会……至今有余叹焉。”[①]再如，钱锺书曰：“江庸《趋庭随笔》记廖季平说《论语》‘法语之言，能无从乎？改之为贵’为‘法文比英文难学，孔子知学法文’。……龌龊曲士，而旁魄论都，漫汗谈瀛，己齿乍启而人齿已冷矣。”[②]以上对廖平众口一词的批评，很像张之洞当年斥刘沅“文昌教”“鄙俚拉杂，有如病狂”，殊不知这原本就是蜀地学术的旧途径。张之洞似乎早已预见到有这一天，故对廖平每以“风疾马良，去道愈远”相诫[③]。而光绪十三年（1887），当尊经同学刘子雄一读到廖平《续今古学考》，便发现“不似经生语”[④]，可谓一叶知秋矣。

第二节　维新运动中的尊经学人

一、刘岳云短暂的掌教期

随着维新运动的兴起，光绪二十二年（1897）五月，清廷开始着手改造旧式书院。[⑤] 二十多年前尚属新兴省会书院的尊经书院，转眼之间就变成了被改造的对象。此时正值刘岳云掌教时期。

刘岳云（1849—1917），字佛青，一字佛卿，号震庵，别号呰窳道人，江苏宝应（今江苏省扬州市宝应县）人。刘元浩之子，与刘宝楠次子刘恭冕为族兄弟。光绪五年（1879）举人，光绪十二年（1886）丙戌科二甲第49名进士。授户部主事，累迁郎中，官浙江绍兴府知府时，年已六十。刘岳云承家学累世之传，又受业成蓉镜之门，为高足弟子。其著书以经证经，不为支离破碎，于训诂、声音、典制、名物、天算、舆地之学，无不精研。同时，他还钻研西学，曾师从当时的历算名家吴嘉善、李善兰，以及英国的傅兰雅。著有《光绪会计表》、《矿政辑略》、《农曹案汇》、《算学十三种》、《格物中法》、《食

① 向楚：《廖平》，廖幼平：《廖季平年谱》，成都：巴蜀书社，1985年，第129页。

② 钱锺书：《钱锺书手稿集·容安馆札记》第3册，北京：商务印书馆，2003年，第2500页。

③ 廖幼平：《廖季平年谱》，成都：巴蜀书社，1985年，第23页。

④ 廖幼平：《廖季平年谱》，成都：巴蜀书社，1985年，第42页。

⑤ 参阅《刑部左侍郎李端棻奏请推广学校折》、《总理衙门议复左侍郎推广学校折》、《山西巡抚胡聘之请变通书院章程折》、《礼部议复整顿各省书院折》。（陈谷嘉，邓洪波主编：《中国书院史资料》下册，杭州：浙江教育出版社，1998年，第1980—1989页。）

旧德斋杂著》等。[①]

刘岳云受聘尊经山长的时间不晚于光绪二十二年(1896)十月[②],具体原因不详。据《沈曾植年谱长编》,他从光绪十二年(1886)中进士以后,直至光绪二十年(1894)甲午战争前夕大多数时间都在京师,随潘祖荫、李文田、沈曾植等诗酒唱和,过从甚密,是个清流。从甲午战争至庚子之乱的数年间,《沈曾植年谱长编》对其只字未提,到光绪二十六年(1900)九月、十月,沈曾植才在家书中两次提到他:"刘佛青在此(武昌)屡谒制军(张之洞)未见,甚窘。""刘佛青尚在此,屡谒香老(张之洞)未见。"[③]刘岳云掌教尊经的时日正好在中间缺失的这数年之中。下面依据现有的一些材料,对刘岳云与尊经书院的瓜葛作一推测。

刘岳云是尊经历代山长中唯一一位被收入《清儒学案》的人,他出身宝应刘氏经学世家,又师从成孺,精通天算、舆地之学,但思想上属于守旧派,与当时的维新派多有扞格。早在光绪十四年(1888)和十六年(1890)在京之日,他就分别与康有为和廖平结下恩怨:"粤人某介同岁生黄编修欲一见,峻拒之,告潘文勤、李文诚资遣使出都。文勤薨,其说乃诪张为患。蜀人某以公羊解乞文勤序言,文勤属公,公指斥其误,不为假借之辞。"[④]这里的"粤人某"就是康有为,"蜀人某"就是廖平。前一事指光绪十四年(1888)九月,康有为第一次向光绪皇帝上书,"时公卿中潘文勤公(祖荫)、常熟翁师傅(同龢)、徐桐有时名,以书陈大计而责之,京师哗然。值祖陵山崩千余丈,乃发愤上书万言,极言时危,请及时变法,黄仲弢编修(绍箕)、沈子培刑部(曾植)、屠梅君侍御(仁守),实左右其事"[⑤]。后一事指光绪十六年(1890),潘祖荫为廖平《大统春秋公羊补证》作的序,此序今尚存于《六译馆丛书》中,为刘岳云代笔。

刘岳云受聘尊经山长,可能与清廷整顿和改造书院的相关政策有关。

---

① 以上刘岳云生平综合了以下三种资料:南京师范大学古文献整理研究所编:《江苏艺文志·扬州卷》下册,江苏人民出版社1995年,第1057页;《清儒学案》卷106,徐世昌等编纂,中华书局2008年,第4231页;章梫:《清故资政大夫浙江绍兴知府刘公墓志铭》,闵尔昌:《碑传集补》卷53;张明悟:《刘岳云的"西学中源"论及其构建的科学知识体系——〈格物中法〉初探》,《自然科学史研究》2012年第2期,第152—166页。

② 刘岳云《四川尊经书院讲义》前有小序,落款为"丙申十月宝应刘岳云识",据此推测。见[清]刘岳云:《四川尊经书院讲义》,清光绪二十二年(1896)尊经书局刻本。

③ 许全胜:《沈曾植年谱长编》,北京:中华书局,2007年,第233页、第234页。

④ 章梫:《清故资政大夫浙江绍兴知府刘公墓志铭》,闵尔昌纂录:《碑传集补》卷53,台北:文海出版社,1973年。

⑤ 刘梦溪主编、朱维铮编校:《中国现代学术经典·康有为卷》,石家庄:河北教育出版社,1996年,第828页。

据光绪二十二年(1896)九月《礼部议复整顿各省书院折》的要求:“整顿书院约有三端:一曰定课程。宋胡援教授湖州,以经义、治事分为两斋,法最称善。宜仿其意分类为六:曰经学,经说、讲义、训诂附焉;曰史学,时务附焉;曰掌故之学,洋务、条约、税则附焉;曰舆地之学,测量、图绘附焉;曰算学,格致、制造附焉;曰译学,各国语言文字附焉。”①这就是说只通经史之学的人已经不能完全符合时代的需要了,书院山长最好由一位既通经史,又通舆地、算学或译学的人充任,尤其是尊经这种全省之冠的省会书院,更是要严格遵照礼部的规定执行。另据清光绪二十四年(1898)四川学政吴庆坻《通饬各府厅州县变通书院章程札》:“访延名师,必须人品学问士林推服,或熟于朝章国故,或明于天算格致。本地无人,即访求外省有声望者,来主讲席,不得瞻徇情面,或致名实不符。旧时山长如能胜任者,自可仍旧;其或谦让未遑,必以造就人才为重,不肯自贻素食之讥。”②由此推测,掌教尊经书院九年之久的伍肇龄不通时务经济,不明天算格致,已不符合当时书院改革的要求,而刘岳云“通《周礼》,精算术”,王懿荣曾聘其授国子诸生数学,或许川督鹿传霖已风闻其名,故特地聘其主持尊经书院。③

上述推测,可以从刘岳云编选的《尊经书院课艺三集》中获得一些旁证。《尊经三集》共八卷,前三卷为经史类课艺,后三卷为辞章类课艺,其中没有一篇院长刘岳云本人的程作,第四卷是关于时务的四篇策问。刘氏的程作全部集中在第五卷的算学课艺,共十三道算学题,他本人的程作就有三道:

(1)《海岛算经》内“望清渊白石”一题,试以术求其事否,并绘图。

(2) 今有式:

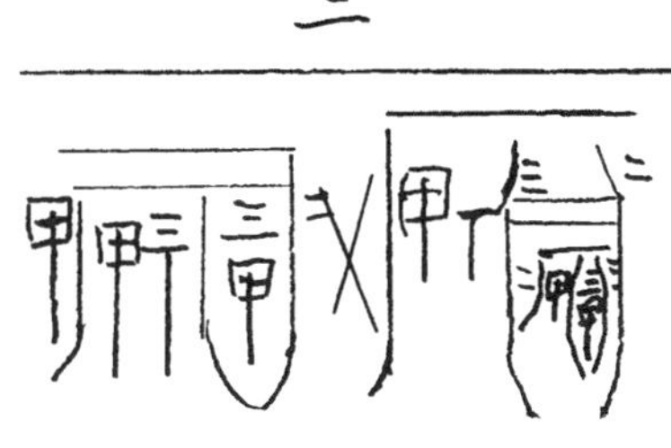

,求化得式。

(3) 假如买桃七枚,杏四枚,李十一枚,梅十枚,少钱一百二十文;

---

① 佚名:《礼部议复整顿各省书院折》,陈谷嘉,邓洪波主编:《中国书院史资料》下册,杭州:浙江教育出版社,1998年,第1989页。

② 陈谷嘉、邓洪波主编:《中国书院史资料》下册,杭州:浙江教育出版社,1998年,第2483页。

③ 费行简:《近代名人小传》,周骏富辑:《清代传纪丛刊》第202册,台北:台湾明文书局,1986年,第354页。

买桃三枚，杏二枚，李四枚，梅五枚，多钱六十三文；买桃五枚，杏八枚，李六枚，梅三枚，少钱五文；买桃九枚，杏四枚，李七枚，梅二枚，钱适足。问现持钱若干？及桃杏李梅每枚价若干？[①]

严格来讲，这些算学题并非新学，相反，还是极其陈旧的古学。第一题出自三国刘徽的《海岛算经》，是检验勾股定理的几何题；第二题依据元李冶《测圆海镜》而来；第三题是简单的五元一次方程组，从《九章算术》得来。这些题目符合当时清廷“西学中源”、“复古维新”的教育方针，如《总署议覆御史胡孚宸请筹书局折》曰：

近世学者往往避实骛虚，舍难就易，视西人一技之长、一能之擅，或斥为异学，或诧为新奇，不知西人之学无不以算学为隐括，西算之三角与中算之勾股理无异同，《周髀经》曰：圜出于方。又曰：方数为典，以方出圜言圜之不可御而驭之以方，西人三角八线之法，实基于此。馀若天学、化学、气学、光学、电学、重学、矿学、兵学、法学、声学、医学、文字、制造等学，皆见中国载籍，试取《管》、《墨》、《关》、《列》、《淮南》诸书以类求之，根原具在，可知西学者，中国固有之学，西人踵而行之，所谓“礼失求诸野”耳！[②]

可能是由于与廖平等尊经旧人的宿怨爆发[③]，也可能是“光绪乙未年，势不比从前”[④]，骆成骧新中状元，蜀中士人声威大振，不屑再将尊经大权让与外省人，刘岳云最后“以争礼数不合去”[⑤]。虽然在尊经掌教仅仅一年左右，但刘氏在这段时期刻书颇多，共计八种：《食旧德斋杂著》二卷、《四川尊经书院讲义》二卷、《测圆海镜通释》四卷、《算学丛话》一卷、《喻利算法》一卷、《律赋选读》二卷、《食旧德斋赋钞》、《尊经书院课艺三集》八卷。[⑥] 其中，《四川尊经书院讲义》大致能看出刘岳云与尊经学人“礼数不合”的原因。《四川尊经书院讲义》前有小序，刘岳云自谓：

成都尊经书院其肄业生，皆学使者择优训省，故为人才荟萃之所。

① 刘岳云编：《尊经书院课艺三集》，光绪二十三年尊经书局刊。

② 《渝报》第1册，光绪二十三年十月上旬，重庆府城白象街《渝报》馆刊，四川省图书馆藏。

③ 1900年，刘岳云在武昌屡谒张之洞未见，可能也与此事有关。另，章梫《清故资政大夫浙江绍兴知府刘公墓志铭》对刘氏掌教尊经这段经历只字未提，也可见当年积怨之深。

④ 按：四川民谚，见李朝正：《明清巴蜀文化论稿》，成都：四川大学出版社，1997年，第231页。

⑤ 费行简：《近代名人小传》，周骏富辑：《清代传纪丛刊》第202册，台北：台湾明文书局，1986年，第354页。

⑥ 依据南京师范大学古文献整理研究所编：《江苏艺文志·扬州卷》下册，南京：江苏人民出版社，1995年，第1057页；黄海明：《概述四川尊经书院的刻书》，《四川大学学报》(哲学社会科学版)，1992年第4期，第105页。

于经师家法，学之大要，诸生尤愿闻焉。院中旧规每十日一升讲堂，辄为解说。又恐听之不审也。裒录成帙，付之梓人，俾得日日览之。庶几有进于道者乎？[①]

从讲义内容来看，刘氏所谓“经师家法，学之大要”，其实是宋学的讲法。例如，论“书院之设即古人庠序遗意”曰：

孟子论三代之学，而结之曰皆所以明人伦也。人伦明于上，小民亲于下。然则学者入书院，所以明人伦也。子夏曰：“贤贤易色；事父母，能竭其力，事君，能致其身；与朋友交，言而有信。虽曰未学，吾必谓之学矣。”能尽伦则未学可谓之学，不能尽伦则虽学谓之未学可也。[②]

“能尽伦则未学可谓之学，不能尽伦则虽学谓之未学可也”之言，是陆王心学重“尊德性”而轻“道问学”的路数，与尊经重视经史根柢之学的传统不合。

二、宋育仁掌教时期

刘岳云卸任后，尊经山长一职由川督鹿传霖聘请奉旨回川办理四川矿务商务的翰林院检讨宋育仁兼任。宋育仁（1858—1931），字芸子，号问琴阁主，四川富顺（今四川省自贡市富顺县）人。光绪二年（1876）入尊经书院，详见第四章第二节。光绪五年（1879）举人，光绪十二年（1886）丙戌科三甲第46名进士，授翰林院检讨，十七年（1891）任广西乡试副考官，二十年（1894）出使欧洲，任驻英法意比四国使馆参赞。二十一年（1895）参加“强学会”。翌年回川办理矿务商务，创办《渝报》，二十三年（1897）掌尊经书院。辛亥后任国史馆纂修，民国五年（1916）任成都国学院院长兼四川通志局总纂。著有《问琴阁丛书》等。

宋育仁掌教的时间，从光绪二十三年（1897）三月至光绪二十四年（1898）八月，这段时间是尊经书院盛极而衰的转折点。关于这一时期宋育仁的事迹，见于当时人日记、书信中的有两处，一处是丁树诚《晋省记》光绪二十三年（1897）四月二十日：

（宋育仁）去岁回籍，奉旨办四川商务，鹿制军（鹿传霖）延主此院，可谓得人！见面谈时务。叩所办事宜？云：“商务十余门，惟蜡务理有头绪，余务尚劳提挈；订有《为学广业条规》，中分道、教、政、艺四门。大意在合古今一贯，中外一体，以我法，驭彼法，专求实用，勿托空言，

① ［清］刘岳云：《四川尊经书院讲义》，清光绪二十二年尊经书局刻本。

② ［清］刘岳云：《四川尊经书院讲义》，清光绪二十二年尊经书局刻本。

以此集思广益,冀稍挽时弊,不徒作尊经课程也。"①

另一处是光绪二十五(1899)年三月四日《吴庆坻与沈曾植书》:

一年之中,朝局之更,时事之棘,无可复言。蜀中一隅,外人眈逐久矣,而其实尚可有为。上年大足之案②,无事自扰,今虽粗定,而多方要挟,殆非所堪,即仅偿款,已不可支,矧商矿诸务,将一网打尽。芸子苦心经营,竭用阻力,原欲抵制外人,助之者无人,挤之者数辈,此后蜀将不可为矣。以学校事言之,蜀实多才,可与言学,鄙人忝窃提学,愧不称职,适芸子同年主讲尊经,方议创学会,弟一见即从臾成之。按试所到,亦以兹事劝导,颇有从者。方幸旧日闒沓之习可以渐祛,更进之以义理之学,不至见异而思迁。乃自八月以后,学会停罢,试章复旧,振兴之机一阻。芸子尊经一席,弟欲留之,而主者已别聘主讲③,通省才彦太半聚此院中,然不能不视院长风气为转移,而振兴之机又一阻。④

上述两则史料比较清楚地交代了宋育仁回川的原委、掌教的经过。起初,宋育仁奉旨回川办理矿务商务,主要是为了遏制列强通过长江沿线对四川的经济侵略,故办事处先设在重庆。不久,川督鹿传霖延聘其掌教尊经,《渝报》仍然从光绪二十三年(1897)十月办到二十四年(1898)二月,宋育仁此时早已到尊经书院。《渝报》停刊和创办《蜀学报》,主要原因是光绪二十四年(1898)三月杨锐在北京四川会馆成立蜀学会,为了与杨锐遥相呼应,宋育仁、廖平、吴之英等人在成都组织了蜀学会。故《蜀学报》从戊戌闰三月办到七月下旬,是四川"百日维新"的一个组成部分,而《渝报》是宋回川办矿务商务的一个举措。

由于正值维新运动如火如荼之际,宋育仁任山长的这段时间,尊经书院上上下下笼罩在一股变法维新的气氛中。除了在院中添设经济课⑤,讲求时务之外,宋育仁、廖平、吴之英等人依托尊经书院,创办蜀学会、《蜀学报》,以学、会、报一体的方式宣传维新变法思想。⑥ 宋育仁还从上海等地

---

① [清]丁树诚:《丁治棠纪行四种》卷4《晋省记》,成都:四川人民出版社,1984年,第153页。

② 按:指1898年7月第三次大足教案。

③ 主者应指满人奎俊。

④ 许全胜:《沈曾植年谱长编》,北京:中华书局,2007年,第214页。

⑤ 陈谷嘉,邓洪波主编:《中国书院史资料》下册,杭州:浙江教育出版社,1998年,第2483页。

⑥ 《蜀学报章程》表述学、会、报三者的关系:"报局与学会相表里,学会与书院相经纬,分为三事,联为一气。书院原有堂课佳卷选刊之例,今立学会,不全属书院之人,主于互相讨论,自当与课程有别,今订会内学友论撰,由主会评阅,佳者由报局酬奖登报,书院课卷佳者,由书院送学会参论,交报局发刻,书院已有课奖,报局不另酬奖。学会开讲,报局随即出报。"(《蜀学报》第一册,光绪二十四年闰三月望日尊经书局发行。)

采购回大批西学书籍，共计书 103 种，共 1040 本，舆图 3 部，共 18 张。[①]（详见附录四）例如，英国李提摩太《时事新论》、博那《四裔编年表》、马恳西《泰西新史揽要》、白尔捺《井矿工程》、赫士《声学揭要》、《光学揭要》、蒲陆山《化学分原》、白尔格《汽机新制》、美国惠顿《万国公法》、代那《金石识别》、日本冈本监辅《万国史记》等等。这一大量采购西书的举措，可能与四川学政吴庆坻的变法主张有一定的关系，清光绪二十四年（1898）吴庆坻《通饬各府厅州县变通书院章程札》提出：“购置图籍。各书院有书者少，应筹巨款，购备各种图书，俾来学之士，有所观览。……天文、算学各书。次上海、天津、广东译印西书。门类名目繁多，只宜择要先购。图则首重舆地，以近日湖南所出，东洋铜版印成者为最详。上海旧时石印各地图，亦须备览。购齐之后，存储书院，依照尊经书院章程，专设收掌书籍一人，妥为经理。如经费充足，更须购买仪器，以为习天算者考镜之资。”[②]光绪二十五年（1899），俞樾《致吴庆坻》：“蜀中本人文渊薮，文翁之遗化犹存，杨马之流风未歇，执事振而起之，扶持正学，杜绝莠言，想南皮不得专美于前矣。”[③]可视为对吴在四川兴学的肯定。

跟刘岳云以《九章算术》、《海岛算经》、《测圆海镜》冒充新学相比，宋育仁对新学的引介可谓向前迈出了一大步。但宋育仁的新学也存在对中西政治制度简单“格义”的问题。他出使欧洲所著的《采风记》，并非要介绍和引进西方制度，相反，却是回来鼓吹“西国之政，多近《周礼》”。皮锡瑞《经学通论》谓：“今人作《泰西采风记》、《周礼政要》，谓西法与《周礼》暗合。”[④]指的就是宋育仁和孙诒让，而宋育仁的《采风记》尚比孙诒让的《周礼政要》要早好几年。故秦嵩年《哀怨集序》评价宋育仁“谈新政最早，治经术最深”[⑤]。宋育仁认为：“《春秋》经世，先王之志，实万国之公法，即万世之公法。如会盟、朝聘、侵伐、平乱、行成、存亡、继绝、国等、使臣爵等、会盟班次，无事不备，无义不精，此类皆西书公法所斤斤聚讼，讫无定论者。”[⑥]如果不读这些话，我们很难理解宋育仁在《渝报》上长篇累牍连载《公法总论》

---

① “关于清查宋院长购书种部的来往文件”，光绪二十九年（1903）五月十二日，四川高等学堂档案 212，四川大学档案馆藏。

② 陈谷嘉、邓洪波主编：《中国书院史资料》下册，杭州：浙江教育出版社，1998 年，第 2483 页。

③ ［清］俞樾：《俞樾函札辑证》下册，张燕婴整理，南京：凤凰出版社，2014 年，第 458 页。

④ ［清］皮锡瑞：《经学通论》三《三礼》，北京：中华书局，1954 年，第 60 页。

⑤ 秦嵩年：《哀怨集序》，宋育仁：《哀怨集》，宣统二年刻本。

⑥ 宋育仁：《采风记》卷 5，光绪二十三年丁酉夏四月刻本。

的真实语境。[①] 与宋育仁一起创办《渝报》的一个退职官吏巴县人潘清荫在《经史之学与西学相为贯通说》一文中认为："苟明中土之旧规，即可无诧欧州之殊俗，又况失官而学在四夷，且可参彼之有馀，以佐吾之不逮乎？"[②]

事实上，从改良主义和维新运动兴起以来，在如何对待西学的问题上，不仅仅是宋育仁，尊经书院的许多代表人物，如杨锐、廖平、骆成骧、吴之英等，所持观点都是相近的，一方面他们赞成变法、主张维新，另一方面他们都不主张西化，而是希望通过"中体西用"、"旧瓶装新酒"的方式实现社会改良。有学者认为，既提倡"学习西方的'格致'、'公法律例'，但也不抛弃忠君和违背'孔子经训'的儒家学说，表现了维新派的两面性和蜀学会的局限性"[③]。吴玉章也认为，尊经学人的"思想在维新派中最为保守"。[④] 例如，吴之英在《蜀学会报初开述义》中说：

> 然则会何以购西书报，何以采西说？曰：此所以尊周孔也。窥鸠巢者，非欲化鸠，怒其夺他巢而据之也。探虎穴者，非欲化虎，将欲得其子而缚之归也。句践不履吴王之庭，不能老之甬东；康成不入何君之室，不能操其戈以伐之也。英与宋君、廖君之纪纲斯会者，此意也。不惟英与宋君廖君之意，会中人意也。会中人意即蜀中人意也。亦即中国人士积久欲发之意也。[⑤]

这段话表明，当时尊经书院的主要代表人物从中国文化本位的立场出发追求维新，向西方学习只是"窥鸠巢"、"探虎穴"的权宜之计。在"尊周孔"与"采西说"的张力之下，产生了近代蜀学"复古维新"话语模式。例如，宋育仁《复古即维新论》曰："今天下竞言变法，不必言变法也，修政而已；天下竞言学西，不必言学西也，论治而已；天下竞言维新，不必言维新也，复古而已。"[⑥]又如，廖平《改文从质说》从经学的角度诠释中西古今问题，他认为今之泰西诸国"考其政治法令，其得者颇有合于古之圣人，至其礼教风俗，则与中国如水火黑白之相反"，这正是"极古今中外之变而求一与文（中学）相对相反之质"。[⑦]

正如光绪二十二年（1896）七月，孙家鼐在《议复开办京师大学堂折》所言："以中学为主，西学为辅；中学为体，西学为用。中学有未备者，以西学

---

① [英]罗伯村著，[英]傅兰雅、六合汪振声合译：《公法总论》，光绪二十三年慎记书庄印行。

② 《渝报》第2册，光绪二十三年十月中旬，渝报馆发行。

③ 王绿萍：《四川近代新闻史》，成都：四川大学出版社，2007年，第58页。

④ 吴玉章：《辛亥革命》，北京：人民出版社，1969年，第40页。

⑤ 《蜀学报》第1册，光绪二十四年闰三月望日，尊经书局发行。

⑥ 《渝报》第1册，光绪二十三年十月上旬，渝报馆发行。

⑦ 《蜀学报》第2册，光绪二十四年闰四月上旬，尊经书局发行。

补之；中学有失传者，以西学还之。以中学包罗西学，不能以西学凌驾中学。”[①]这些思想观点，在维新运动时期看起来是天经地义的，但是，到新文化运动时期却不足为训了。冯友兰批评廖平之学，说：“实为中国哲学史中经学时代之结束。……中国与西洋交通后，政治社会经济学术各方面，皆起根本的变化。此西来之新事物，其初中国人仍以之附会于经学，仍欲以此绝新之酒，装于旧瓶之内。……其牵引比附，有许多可笑之处。牵引比附而至于可笑，是即旧瓶已扩大至极而破裂之象也。”[②]这段话代表了新文化运动的学术价值取向，这种取向背后是文化观念的决绝和断裂，而尊经学术虽几经嬗变，但整体上仍是传统的延续。尊经书院及其所开启的近代蜀学一直试图秉承1874年张之洞等人创建尊经书院时的设想，试图再现文翁遣蜀士入长安受经的古意，试图恢复随王闿运习《礼》时切身体会的等级秩序。然而，此后的中国发生了翻天覆地的变化，从戊戌变法，到保路运动、辛亥革命、新文化运动，一路走来，与尊经书院的学术理念渐行渐远。

第三节　近代蜀学进程中的矛盾及其化解

一、近代蜀学的一个内在矛盾

近代蜀学的兴起，有两个主要源头：一个是尊经书院，一个是锦江书院。锦江书院创建于康熙四十三年(1704)，是清代四川地位最高、资格最老的省会书院。尊经书院创建于光绪元年(1875)，是一座新兴的省会书院，受到总督、学政的大力支持，重金外聘师资，招收优质生源。两座书院同在一条街(今四川省成都市文庙前街和文庙西街)，进入光绪朝后又遇到相同的历史窗口期，更重要的是两院精英荟萃，人才济济，正所谓“蜀士三万，而院额百名”[③]，到这里来读书的都是全省百里挑一的高材生。所以有“尊经锦江，考全蜀而为隽”的说法[④]。这一说法始于光绪六年(1881)岁末，尊经书院山长王闿运在书院大门上悬挂的一副集句联：“考四海而为

---

① 孙家鼐：《议复开办京师大学堂折》(光绪二十二年七月)，中国史学会主编：《中国近代史料丛刊·戊戌变法》第2册，上海：神州国光社，1953年，第425页。

② 冯友兰：《中国哲学史》下册，上海：华东师范大学出版社，2001年，第343页。

③ (清)王祖源：《尊经书院初集序》，(清)王闿运编：《尊经书院初集》，光绪十一年尊经书局刻本。

④ 《刘光第集》编辑组：《刘光第集》，北京：中华书局，1986年，第49页。

隽;纬群龙之所经。”①上联出自左思《蜀都赋》,下联出自班固《幽通赋》,两句合起来的意思是说:尊经书院的这群学生堪称四海之内最卓越的人才,我们要用尽所有精力培养和造就这群人中龙凤。“考四海而为隽”的说法显然太夸张,有王婆卖瓜之嫌。三年以后,刘光第把“四海”改为“全蜀”,才算实事求是、名副其实。十一年后,“尊经锦江,考全蜀而为隽”的说法也得到了朝廷的认可。光绪二十年(1894)十一月,御赐尊经书院匾额“风同齐鲁”,御赐锦江书院匾额“大雅修明”,②表彰两院对振兴四川文教事业做出的杰出贡献。

但是,由于锦江、尊经两院创建背景和办学宗旨不同,从一开始就形成了风格迥异的学风。锦江书院始建于康熙四十三年(1704),是传统的官办书院。由于地处西南省会,又得到官方的扶持,决定了它的主要职能是承担地方科举教育。八股文“空疏浅陋,贻害学人”、“剽窃揣摩、败坏心术”的弊端,也使锦江书院在清末废科举的过程中饱受诟病。但是,锦江书院并非没有值得称道的学术,清代的蜀中大儒张晋生、彭端淑、顾汝修等曾相继掌教锦江书院,培养了“锦江六杰”李调元、何明礼、张翯、姜锡嘏、孟邵、张邦伸等人材,形成了自己的一套学术风格。这套学风偏重性理之学,原属于宋学的范畴,后来又与蜀地民间流行的思想杂糅在一起,形成了儒家的性命、道家的符箓、佛家的果报三教合一、贯通于《易》的形态。但清代自乾嘉以后,主流的学术风气发生了汉学转向,逐渐与锦江书院的学风大相径庭。

一般认为,由于清代汉学盛行于江苏、安徽、浙江等地,四川僻处西南一隅,距离太远,没有学术互动,故未预流。但是,抛开地域的因素,仍能看出蜀地学风与乾嘉汉学的脱节不是偶然的。例如,锦江书院的创建以“文翁兴学”为号召,在内在传统的赓续上,既未继承古已有之的文翁石室的金石传统,也未对石室讲堂的历代金石遗物进行收集、修复。同时,清代金石研究和访碑活动盛行,张澍、何绍基等金石大家在四川任官时,对蜀地的碑刻都有考察和研究,但对蜀地的学风并未产生多大的影响。其结果是锦江书院的学术与清代的考据学、传统的金石学都脱节了。尽管我们可以将这种脱节归因于明末清初战乱对石室文物古迹的严重破坏,直至嘉庆十九年(1814),“成都知府李尧栋仿古制,建石室于讲堂后”③,才看到一点恢复旧

---

① [清]王闿运:《湘绮楼日记》,长沙:岳麓书社,1996年,第976页。

② 林志茂等修、汪全相纂:《(民国)简阳县志》卷4,1927年铅印本。

③ 成都市地方志编纂委员会、四川大学历史地理研究所整理:《成都旧志·通志类》第16册,成都:成都时代出版社,2007年,第749页。

观的端倪。但是，这也仅仅是一种形式上的仿古，并未深入到思想学术领域。而理学才是以锦江书院为代表的蜀地学风的特质。

从清初开始，四川地方学术就与清代理学源渊深厚，例如，新繁费密受知于北方理学的宗师孙奇逢，射洪杨甲仁与关学的李二曲交游，还有达州唐甄的《潜书》在思想倾向上也接近浙派理学家黄宗羲的《明夷待访录》。徐仁甫先生早已注意到：“清代经学极盛，正续《皇清经解》共收录了一百三十五人的著作、三百九十八部书。但是没有一个四川人。”[①]直到乾嘉汉学鼎盛的时期，四川学人很少预流。这一点从编撰于咸丰八年（1858）的《锦江书院纪略》中所反映出的考据学、金石学的缺失，也可以得到证明。[②] 此时，以锦江书院为代表的四川地方学术与清代乾嘉汉学的学术主流差距逐渐拉大，被慢慢边缘化了。

同光之际，尊经书院创建，“以通经学古课蜀士”[③]，才在真正意义上将四川的学术文化导入全国性的学术潮流中。尊经书院是清朝后期出现的一种新型省级书院，与之同类型的书院还有广州学海堂、杭州诂经精舍、上海龙门书院、江阴南菁书院、武昌经心书院、长沙校经堂等，都是晚清著名的书院。这一批书院创建的初衷是以经史之学去挽救沦为科举附庸的书院事业。尊经书院与这批新型书院的共同点是传授“古学”。所谓“古学”，指科举功令文字如策论、律赋、经义、八股文、试帖诗以外的经史之学。因为科举应试文体是时尚流行的文体，称为“时文”，经史之学与时文相对，故称“古学”。又因为科举时文空疏浅陋，经史之学则偏重考据实证，比时文切实有用，所以经史之学又称“实学”。尊经书院的创建者张之洞在《尊经书院记》中开宗明义，提出要“以通经学古课蜀士”，所以尊经书院规定“不试时文及试帖诗”，“所课为经、史、小学、辞章，尤重通经”。[④] 令人意想不到的是，“不课时文”的尊经书院反而在科举考试中大获全胜，培养出杨锐、廖平、宋育仁、吴之英、岳森、胡从简、刘子雄、张祥龄、戴光等一大批人才。所以，尊经书院的名气逐渐超过了锦江书院，成为近代蜀学的重镇。但是，尊经学术却有一个致命的缺陷，它以“绍先哲，起蜀学”为号召，但最初聘请

---

① 徐仁甫：《廖季平经学思想的衍化》，中国人民政治协商会议四川省委员会文史资料研究委编：《四川文史资料选辑》第 28 辑，成都：四川人民出版社，1984 年，第 11 页。

② 李晓宇：《从〈讲堂帖〉看〈锦江书院纪略〉编纂的得失》，成都市地方志编纂委员会办公室编：《志苑集林》（2021. 下），成都：四川人民出版社，2021 年，第 91 页。

③ ［清］张之洞：《创建尊经书院记》，《张之洞诗文集》，上海：上海古籍出版社，2008 年，第 226 页。

④ ［清］张之洞：《创建尊经书院记》，《张之洞诗文集》，上海：上海古籍出版社，2008 年，第 226 页。

的山长、主讲都是江浙一带的学术名流，光绪四年（1878）刊刻的《蜀秀集》，内容全是文字训诂、版本目录之学，“识者称为‘江浙派’”[①]。后来王闿运入蜀掌教，又以“湖湘派”的经世学风取代了“江浙派”考据学风。无论是“江浙派”的考据之学，还是“湖湘派”的经世之学，其实都是外来的学术，并不是四川固有的学术传统。从这个意义上说，尊经书院“起蜀学”的口号，可谓是“挂羊头，卖狗肉”，无法令蜀人完全信服。

由上可知，在近代蜀学形成的初期，面临一个两难困境：一方面，锦江书院偏重性理之学，以理学为宗旨，是清代蜀学固有的传统，但乾嘉以后逐渐式微；另一方面，尊经书院偏重经史之学，推行乾嘉汉学的治学方法，但学统来自江浙、湖湘一带，属于鸠占鹊巢，得不到本地人的认同。汪辟疆《近代诗派与地域》认为：“张广雅督学川中，以雅正导其先路，王湘绮讲学尊经，以绮靡振其宗风，风声所树，沾溉靡涯。惟蜀中诗派，自有其渊源可寻，广雅、湘绮虽启迪之，蜀人未能尽弃其所学而学之也。”[②]这里虽然说的是诗学，但将其扩充到经史辞章之学，似乎也不为过。预流的诉求与自我学术认同的冲突，是近代蜀学在形成阶段出现的主要矛盾，它严重妨碍了蜀学发展的进程。如何克服和超越这对矛盾，是近代蜀学兴起要面临的重大理论问题。

二、化解蜀学内在矛盾的三次契机

近代蜀学形成初期面临的两难困境，最终经过一系列复杂的演化而得以解决，在这一系列演化中，有三件事起了至关重要的作用，决定了近代蜀学的走向。第一件是光绪十二年（1886），锦江书院山长伍肇龄兼任尊经书院山长；第二件是光绪二十一年（1895），曾先后肄业于锦江、尊经两院的骆成骧状元及第；第三件是光绪二十四年（1898）戊戌政变，锦江肄业的刘光第和尊经肄业的杨锐同时殉难。这三件事看似毫不相关，实际却是以锦江、尊经两大书院代表的蜀地学风从博弈走向整合、从分歧走向认同的关键环节，为形成近代蜀学的风格奠定了基础。

光绪十二年（1886）春，王闿运回湘潭，不再至蜀。尊经书院山长由锦江书院山长伍肇龄兼任，这是尊经书院创办以来，第一次由川籍人士担任山长。伍氏一生对近代蜀学的贡献颇大，除培养了大批蜀学人才之外，最大的贡献要数利用兼掌锦江、尊经的机会，对两院的学风进行了重新的整

① 廖幼平：《廖季平年谱》，成都：巴蜀书社，1985年，第19页。

② 汪辟疆：《汪辟疆说近代诗》，上海：上海古籍出版社，2001年，第46页。

合。从伍肇龄所编《尊经书院二集》开始，尊经书院出现了带有锦江书院学风的理学课艺题。此外，他还参与了《蜀学编》的编撰，系统梳理了历代蜀学人物的生平及其学术，探求蜀学源流，构建蜀学学统；纠正了尊经学风重考据、轻性理的偏颇，对近代蜀学的形成产生了重要影响。

伍肇龄以个人威望整合锦江、尊经两院学风的尝试，后来遭到以廖平为首的主张汉学的尊经院生的抵制，并未完全贯彻。至光绪二十一年(1895)，骆成骧状元及第，为锦江、尊经的学术整合提供了新的契机。

骆成骧(1865—1926)，字公骕，四川资州(今四川省内江市资中县)人。最初肄业于锦江书院，后转入尊经书院，即所谓“调院生”。光绪十九年(1893)举人，光绪二十一年(1895)乙未科状元。骆成骧中状元是清末轰动川省的大事，独一无二的殊荣使他成为全川瞩目的楷模。由于骆成骧先后肄业锦江、尊经的求学经历，使他成为两院共同崇拜的偶像。刘光第在致刘庆堂的家书中说：“今科吾川忽得状元骆成骧，对策直言，皇上特拔第一，川运似将转矣。自明杨升庵先生之后，实已三百八十四年。亦可谓稀矣。”[①]骆成骧新中状元，增强了川人的自豪感和自信心，当时四川民间流传着“光绪乙未年，势不比从前”的谚语[②]，可见蜀中士人扬眉吐气、声威大振。随即尊经书院就发生了驱除江苏籍山长刘岳云的事件，表明长期受“江浙派”汉学影响的尊经书院学术主体性觉醒，开始排斥省外来的学术名流。据吴玉章回忆：由于骆成骧主张变法维新，“从前的尊经书院是最尊崇汉学的，现在却大讲其‘新学’了”[③]。

尽管骆成骧中状元后，蜀中一时人心振奋，蜀学主体意识空前高涨，锦江和尊经两院也增加了不少学术共识。但人们很快就意识到，明清两代江浙的状元多如牛毛，而川省三四百年间才出了一个状元。若以科第而论，蜀学永远无法望其项背。那么，蜀学的特色何在？正在此时，如火如荼的戊戌变法运动为近代蜀学的确立提供了一次千载难逢的良机。

戊戌变法运动开始以后，各省争相开风气之先，各种宣传维新变法的学会、报刊如雨后春笋一般创办起来。川省也不甘落后，光绪二十四年(1898)春，由川籍京官刘光第、杨锐率先发起“蜀学会”。成都的锦江书院、尊经书院也笼罩在一片维新变法的气氛中。与北京的刘光第、杨锐遥相响应，成都的宋育仁、廖平、吴之英等人依托尊经书院，也创办了“蜀学会”、

---

① 《刘光第集》编辑组：《刘光第集》，北京：中华书局，1986年，第49页。

② 李朝正：《明清巴蜀文化论稿》，成都：四川大学出版社，1997年，第231页。

③ 吴玉章：《辛亥革命》，北京：人民出版社，1969年，第40页。

《蜀学报》,以学、会、报一体的方式宣传维新变法思想。尽管当年八月,慈禧太后发动政变,随即杀害谭嗣同、杨锐、刘光第、林旭、杨深秀、康文仁等“六君子”,戊戌变法宣告失败。“蜀学会”也随之解散,《蜀学报》被焚毁。但是,维新运动的社会影响并未就此消失,“戊戌六君子”反而成为激发思想启蒙、推动社会进步、促进人民觉醒的重要符号象征。状元再多也改变不了国家的落后和耻辱,但“六君子”却为国家的文明进步杀身成仁,厥功至伟。“六君子”中,湖南、广东、山西、福建四省各有一人,而四川一省却独占两席。这对于川人的意义非同一般。一省一地的文教昌明,不仅取决于科举功名,更取决于是否有推动文明创新、引领时代风气。例如,《华阳国志》曰:“汉征八士,蜀有四焉。”又如“唐宋八大家”中的“三苏”,都是以此为川省赢得了在国人心目中的声誉。所以,刘光第和杨锐的杀身成仁,把川省的思想文化水平推到了时代的前列,成为近代蜀学进程中的标志性事件。又由于省内人望很高的乔树楠、赵熙、徐炯等人都对刘光第极其推崇[①],进一步提升了刘光第在蜀学中的地位。1924 年,甘大文在《“新蜀学”史观》中,视刘光第为蜀学承先启后的枢纽人物,曰:“若求其制行谨严,而岿然不愧为人师者,其惟刘裴村(光第)先生乎?”[②]另据张学渊先生口述,80 年代后期,蜀学名宿赖高翔先生欲作《晚清四川文献征略》,拟定了一个175 人的名录,收录的人物自戊戌六君子中的川籍刘光第、杨锐二人始,迄于 20 世纪 40 年代末。赖先生的断代自刘、杨二人开始,可谓眼光独到,实际上代表了老一辈蜀中学人对“近代蜀学”正式确立的理解和认识。

三、刘光第与近代蜀学的宋学倾向

张之洞说过:“古来世运之明晦,人才之盛衰,其表在政,其里在学。”[③]学术与政治休戚相关、血脉相连。从狭义上讲,戊戌变法虽然是一场政治运动,但支撑这一政治运动的却是背后的学术思想。作为“戊戌六君子”之一的刘光第,其学术思想不仅反映在维新变法的政治实践中,更深刻影响到近代蜀学的价值取向。

在近代蜀学发端的两大重镇中,锦江书院主张理学,尊经书院主张汉学,但在两院的学术竞争中,锦江书院一直处于弱势。尊经书院在其创办

---

① 徐炯:《霁园随笔》,《大成会丛录》总 35 期,1935 年,第 15 页;朱寄尧:《四川近百年诗话》,北京:中华书局,第 124 页。

② 甘大文:《“新蜀学”史观:为重庆商务日报十周年纪念作》,《重庆商务日报十周年纪念刊》,1924 年,第 4 页。

③ [清]张之洞著,李凤仙评注:《劝学篇》,北京:华夏出版社,2002 年,第 2 页。

的二十八年间，成材甚众，名人辈出。民国初年，四川社会声望最高的“五老七贤”，尊经书院肄业的学生就占一半以上。而锦江书院可与尊经抗衡的只有一个刘光第，其学术倾向、治学方法、诗文风格，都与尊经学风迥异，却能独树一帜，成为公认的蜀学名家。刘光第是锦江书院的一枝独秀，锦江书院若没有他，可以说是无人支撑门面。

刘光第携弟弟刘光筑入锦江书院求学在光绪七年(1881)，[①]正值伍肇龄掌教锦江书院之时。刘光第的学术思想比较集中地体现于《武昌书赠陈瀫臣》《书赠唐晋渊》两篇文章。首先是《武昌书赠陈瀫臣》中对尊经书院汉学的批判。刘光第指出，尊经高材生“惟心知向学，不求乎实用，拘文牵义，摘句而寻章，按格而就局，唾拾乾嘉以来余习，侈然方谓所据乃千秋之业”[②]。意谓尊经院生虽然资质较高、聪明好学，但所学皆为寻章摘句的考据之学，耗费时间精力，却毫无实用价值。他们敝帚自珍，以为撰写的是可以藏之名山的传世之作，其实不过是捡拾乾嘉学派的唾余，毫无学术创新。接下来，刘光第又剖析了川省学术长期落后的原因：“川省朴学绝数百年矣。国朝师学相承最盛，又以僻远，风气不得开，又由五方来杂处，无一线文献，汉、唐、宋、明之踪迹，渺不可追。本朝士夫道德经济文章，又不足薰炙而使之奋。近今人材，中外咸以川省为殿。”[③]意谓清代四川学术长期滞后，考据学未能预流，是因为地处偏僻的西南，与乾嘉考据学大师没有师承关系。又因为四川是一个移民社会，没有世家的文化传承，历史上曾经辉煌灿烂的巴蜀文化都消亡了。清朝以外族入主中原，没有能力振兴四川的文教事业。综合以上原因，最终导致了川省人才匮乏，在全国范围内都是垫底的。

刘光第又在《书赠唐晋渊》一文阐述了自己的学术宗旨：

> “六经”，群书之扃钥；《四子》，“六经”之权衡也。此外当先读者，则莫如宋五子书，而朱子又集大成者。以朱子为入道之基，犹以《四子》为入德之门。由《四子》入，而群经有所折衷；由朱子入，不惟可款周(敦颐)、程(颢、颐)、张(载)、邵(雍)之关，其后之有见于《四子》也，亦倍亲切。[④]

刘光第认为，“六经”是各类书籍的关键所在，《四书》又是衡量“六经”的标准，是必须熟读的。除此之外，北宋五子周敦颐、程颢、程颐、张载、邵

① 刘海声：《刘光第其人其事》，北京：中国文史出版社，2007年，第12页。

② 《刘光第集》编辑组：《刘光第集》，北京：中华书局，1986年，第49页。

③ 《刘光第集》编辑组：《刘光第集》，北京：中华书局，1986年，第50页。

④ 《刘光第集》编辑组：《刘光第集》，北京：中华书局，1986年，第50页。

雍的书最重要，而南宋朱熹是五子思想的集大成者。以朱子的思想作为道学的基础，犹如以《四书》作为道德修养的入门书。以《四书》入门，可以调和儒家经典的分歧；以朱子入门，不仅可入五子之门，还可以增进对《四书》的理解。

我们如果将张之洞《书目答问》中所阐述的治学方法与刘光第的进行比较，不难发现二者的根本差别。张之洞说：

> 由小学入经学者，其经学可信；由经学入史学者，其史学可信；由经学、史学入理学者，其理学可信；以经学、史学兼词章者，其词章有用；以经学、史学兼经济者，其经济成就远大。①

张之洞提倡的治学路径是汉学的方法，主张先从考据学入手治经学，经义可确凿无误；再将考据学治经的方法用在治史上，史学也可以确凿无误；在此基础上，再研究理学，义理也能做到确凿无误。以经过严格考证的经学、史学来写文章，有理有据，言之有物，文章才有价值。以经过严格考证的经学、史学来经邦济世、治理天下，才能取得卓越的成就。

究竟应该以义理还是考据作为治学的根本？这是刘光第和张之洞的根本分歧所在，同时也是宋学与汉学的根本分歧所在。刘光第认为："主敬存诚以为本，而为学之要，作人之方，上以肩圣贤道统之传，下以开宇宙太平之福。"②意思是说，内心恭敬虔诚，学会道德自律，才是为学做人的第一要务，向上可以接续儒家的道统，向下可以打开太平的局面。由此可以看出，刘光第的学术主张是"先立乎其大者"，先培养高尚的品格，树立远大的志向，再学习各种文化知识，并应用到实际中。所以，他把不识大体的考据学家和文人视为"龌龊之辈、华藻之徒"。当然，从汉学主张实事求是的角度来看，刘光第的主张也是陈义过高、不切实际，非常人所能企及。

这场汉宋之争最终改变了近代蜀学的进程，从某种意义上说，近代蜀学的根基就是建立在对锦江书院的宋学和尊经书院的汉学的优化整合与价值超越之上的。进入民国以后，蜀学内部的基本共识就是汉宋兼综，各不偏废。这一点在民国时期的蜀学代表人物刘咸炘、蒙文通、唐迪风、谢无量等人身上表现得最为明显。其中，蜀学所包含的宋学倾向又通过蒙文通和唐迪风影响了唐君毅，开出港台新儒家这一派，至今仍对中国现代思想界产生着影响。追溯这条学脉的源流，近代蜀学进程中的刘光第是不可忽

---

① ［清］张之洞编撰、范希曾补正、孙文泱增订：《增订书目答问补正》，北京：中华书局，2011年，第570页。

② 《刘光第集》编辑组：《刘光第集》，北京：中华书局，1986年，第50页。

视的重要一环。

第四节　尊经学术的基本特色

从尊经学术的起源来看，它是江浙考据学风移植到西南边陲的产物。同光之际流寓四川的一批外省籍官宦名士，他们以江浙派学术为主导，考察巴蜀地区的文化史迹，将"巴蜀"作为一个特定的研究区域。例如，钱保塘《涪州石鱼题刻》对重庆白鹤梁遗址的早期研究，王懿荣对成都万佛寺南朝造像的早期发掘，以及张澍对大足石刻宝顶山造像的早期研究等。但是尊经院生对江南的学术传统并非简单接受，他们很快就学会了使用江南考据的方法重写巴蜀的历史。从光绪四年(1878)至光绪十二年(1886)，四川总督丁宝桢礼聘王闿运入蜀掌教尊经书院，引入湖湘经世学风，取代了"江浙派"考据学风。在这一时期关于"巴蜀文化"的认同发生了重大转向，"巴蜀文化"的内涵从对巴蜀史地名物的考据，转为蜀地、蜀人、蜀学三位一体的身份自觉。这种成为四川"本地人"身份自觉，在维新运动中基本完成和定型。概括而言，尊经书院的特色有以下三个方面：

1. *以治学门径为法*

古人云："授人以鱼，不如授人以渔。"尊经书院的经史之学最重治学方法的传授。早在创建之初，张之洞就为四川的学子们编写了两本重要的学术入门参考书：《书目答问》和《輶轩语》。《輶轩语》分"语行"、"语学"、"语文"三篇，着重讲治学的方法，寓规劝于说教，官学气比较浓厚，其学术价值和社会影响远不如《书目答问》。

《书目答问》是一本目录学著作，这本分门别类开列了 2200 种图书及其版本的长长的书单，表面上看平淡无奇，但实际上却是一本学术奇书，它不仅为初学者"指示治学门径，同时也清晰勾勒了清代学术的概貌。……这本书成书以后不久，就在全国各地以多种版本流传，风靡一时，几乎达到读书人家置一编的程度。近现代诸多学者，均直接间接地受到该书的影响"①。四川总督吴棠读过书稿，赞曰："此乃真为书，士皆学以律己，从此天下太平矣。"梁启超也回忆："启超本乡人，瞢不知学，年十一游坊间，得张南皮师之《輶轩语》、《书目答问》，归而读之，始知天地间有所谓学问者。"②

① 范希曾编：《书目答问补正》，南京：江苏古籍出版社，2000 年，"前言"第 1 页。

② 张建安：《张之洞传奇》，北京：中国人民大学出版社，2003 年，第 35 页。

1939年8月，著名学者刘节在成都访书，仍以得到一本蜀刻《书目答问》为幸事。[①] 如果从学术价值这方面来说，恐怕只有邵懿辰《四库简明目录标注》、莫友芝《郘亭知见传本书目》、孙殿起《贩书偶记》堪与《书目答问》比肩。上述三种目录学著作或许比《书目答问》专业性更强一些，但都比《书目答问》晚出，而且在为初学者指示治学门径这一点上，远不如《书目答问》简捷明了。

光绪元年(1875)，《书目答问》初刻于尊经书院[②]，毫无疑问，这对于刚刚建成的尊经书院来说，是一次千载难逢的机遇，新生们比全国任何地方的学者都早一步读到此书。这一醇正、便捷的治学门径，使长期处于落后之中的四川学术终于抢到了一次先机，为此后尊经学术的迅速崛起奠定了牢固的基础。例如，今天通行的范希曾《书目答问补正》中，经部有蒙文通1930年的按语十二条[③]，是对范希曾补正的补正。由此可见，尊经后学在书目文献方面的实力已遥遥领先于全国其他地方。

2. *以地方文化为常*

尊经书院对近代中国的学术文化产生过深远的影响，尤其在经学、文学两方面，震动一时，成就巨大。但是，“维桑与梓，必恭敬止”，作为一所地方性的省会书院，尊经书院在学术上最大的特色乃是对四川本地历史文化的研究和整理。下面将尊经课艺中四川地域文化相关的内容列表显示：

表5-1　尊经课艺中的巴蜀历史文化题目表

类别	题目	作者	出处
经学	《牧誓》称庸、蜀等国，与《诗·江汉》皆指梁、荆考(周公主徐、荆、扬，召公主梁州分陕，与《书》同)		尊经日课题目(甲午夏季)
	庸、蜀、羌、髳、微、卢、彭、濮会孟津道里考	戴光	《初集》卷一
	《禹贡》梁州疆域考(上下篇)	戴光	《二集》卷一

① 刘节：《成都之行》(一九三九年日记·十)，《万象》第十卷第六期，2008年6月，第78页。

② 黄海明：《概述四川尊经书院的刻书》，《四川大学学报》(哲学社会科学版)，1992年第4期，第103页。

③ 赵灿鹏：《蒙文通先生〈书目答问补正〉案语拾遗》，四川大学历史文化学院编：《蒙文通先生诞辰110周年纪念文集》，北京：线装书局，2005年，第397页。

（续　表）

类别	题目	作者	出处
	拟四川尊经书院释奠仪	岳森	《癸甲襄校录》卷二
	《春秋》见经五十六卒正国名分州考（雍州不见国，王臣旧采也。青州见一州牧、七卒正、二十一连帅、一常叙附庸。梁、冀、兖、徐、荆、扬、豫各连州牧见七国，王后、二伯与夷狄附庸不在此列。当就经义推考之，如梁州则梁、巴、庸、鄀、崇、夔，荆则随、江、黄、沈、胡、麇、蓼是也）		尊经书院堂课题（甲午四月）
	释蜀（《春秋经》“会蜀”、“盟蜀”无间事，两见蜀，明蜀非一地。会蜀在鲁境，盟蜀地在梁州，会蜀乃约蜀之盟，非一时事。诸侯背晋，与楚畏晋，知因二蜀同名，托以在鲁，如城下之盟，不得已者。连书其事以起匿名，以言秦知在梁州）		尊经书院堂课题（甲午四月）
	蜀中易学先师小传（商瞿始来氏终）		尊经八月堂课题目（二十五日）（光绪二十一年）
	蜀中马（司马相如）、扬（扬雄）为小学之祖说		尊经书院十月课题
史学	蜀中先贤传		尊经书院日课题目
	蜀贤事略（欲肄业诸生蒐集先哲言行，考订学术也）	傅守中、童煦章	《蜀学编・凡例》
	李太白为蜀人考（仿柳子厚晋问）		尊经书院堂课题（甲午三月）
	辑录晁（公武）、陈（振孙）、马（端临）三家所收蜀中先哲遗书（并钞叙跋）		尊经书院日课题目
	辑录蜀中先贤文集（隋以前用严氏目录）		尊经书院日课题目
	辑录《四库提要》中蜀中先哲遗书		尊经书院日课题目
	蜀中先哲易经书目提要（四库无者补之，有者再加考证）		尊经八月堂课题目（二十五日）（光绪二十一年）

（续 表）

类别	题目	作者	出处
	拟四川艺文志	吴福连	《初集》卷九
	校《魏鹤山集》		尊经书院日课题目
	蜀本考		尊经书院日课题目
	蜀本中国考	戴光	《二集》卷八
	三巴考	戴光	《二集》卷八
	乐山县沿革考（宜详考古地志书）		尊经书院堂课题（甲午三月）
	井研县沿革考		尊经书院堂课题（甲午三月）
	汉唐成都故城考	岳森、邓杲	《初集》卷十
	唐通土番道路考	苏兆奎	《三集》卷三
	南宋蜀中财赋考（《系年要录》、《朝野杂记》言之甚详，再参考史籍）		尊经堂课题目（乙未四月）
文学	峨眉山赋	毛瀚丰	《蜀秀集》卷六
	剑阁赋	邓宗岳、杨锐	《蜀秀集》卷七
	夔门铭	邓镕、苏兆奎	《三集》卷六
	浣花草堂赋	杨锐、彭毓嵩、毛瀚丰等	《蜀秀集》卷七
	方响洞赋	王荫槐	《蜀秀集》卷七
	峡江櫂歌	傅崇渠、方守道	《三集》卷八
	观江涨	邹庆先、杨桢	《二集》卷七
	登石门最高顶	范溶、杨锐	《蜀秀集》卷八
	春江濯锦城	周宝清	《初集》卷十
	锦水泛舟	周凤翔	《二集》卷七
	三月三日浣花溪修禊序	邓敏修	《蜀秀集》卷五
	拟请祀峨眉山神奏	刘子雄、周宝清	《初集》卷十一
	拟岷阳二帝庙碑	胡延	《初集》卷十二

（续　表）

类别	题目	作者	出处
	巫山神女祠碑铭	王闿运、吴昌基、张祥龄	《初集》卷十二
	重修青羊宫前殿碑(要切题，忌钞袭旧作陈言)		尊经堂课题目(甲午五月)
	梓潼县文昌庙碑	吴之英	《初集》卷十二
	拟塗山夏禹庙铭	严宾虞、张正馨	《二集》卷八
	灌县杨四将军庙碑文	刘子雄	《二集》卷八
	拟王子安益州夫子庙碑	彭毓嵩、杨锐、毛瀚丰	《蜀秀集》卷五
	吹角壩新得汉建安六年残刻碑歌	毛瀚丰	《蜀秀集》卷八
	汉昭烈帝惠陵神弦曲	岳嗣仪	《蜀秀集》卷八
	万县重修张桓侯庙碑	周玉标	《三集》卷六
	瀼西谒杜少陵祠堂	骆兴德	《蜀秀集》卷八
	绵竹重修宋岳武穆王庙碑		尊经书院十月课题
	蜀碑诗	邓镕、杨桢	《三集》卷八
	成都览古诗	岳森	《初集》卷十一
	蜀都怀古	罗元黼	《二集》卷七
	蜀中十二楼诗(张仪楼、越王楼、逍遥楼、万卷楼、筹边楼、怀忠楼、四望楼、万丈楼、王氏书楼、荔支楼、南定楼、玉音楼)	毛瀚丰、张孝楷、岳嗣仪等	《蜀秀集》卷八
	巴蜀药品赞	崔映棠、闵玺、戴光等	《初集》卷十二
	蜀问	杨锐	《蜀秀集》卷五
	蜀问(词。小学、赋、刻书、受经、立学画像)		尊经书院堂课题(甲午三月)
	蜀对	杨庆昶、邓镕	《三集》卷六
	易学在蜀赋(并序。各家宗旨书名附于注中，务求详备不限韵)		尊经八月堂课题目(二十五日)(光绪二十一年)

（续 表）

类别	题目	作者	出处
	五丁力士开山赋	王荫槐	《蜀秀集》卷七
	李太守斩蛟	欧阳世麟、杨桢	《二集》卷七
	文翁论	何鹏霄、冯江	《二集》卷七
	汉武帝通西南夷赋	邓镕、周玉标、刘英伟	《蜀秀集》卷七
	蜀中循吏赞	毛瀚丰、邱晋成	《蜀秀集》卷五
	诸葛铜鼓赋	张镜堂、陈芬	《蜀秀集》卷七
	杜子美《遭田父泥饮美严中丞》赋	邓鹤翔	《三集》卷七
	前后蜀辩亡论	吴之英	《初集》卷十二
	前蜀杂事诗	杨锐、张祥龄、范溶等	《蜀秀集》卷九
	后蜀杂事诗	杨锐、张祥龄、范溶等	《蜀秀集》卷九
	拟宋史富弼文彦博传赞		尊经五月堂课
	东坡赋	任国铨	《蜀秀集》卷六
	东坡以檀香观音像寿子由赋	郑云瑞	《蜀秀集》卷七
	重葺鹤山书台祀魏文靖文	邹增祜	《二集》卷八
	论蜀诗绝句	邱晋成、范溶、傅世洵、毛瀚丰	《蜀秀集》卷八
	拟陈寿上诸葛丞相文集表		尊经五月堂课
	拟庾子山上益州柱国赵王二首		尊经五月堂课
	拟杨炯三峡三首（广溪、巫、西陵）		尊经五月堂课
	拟杜工部封西岳赋	范溶、戴孟恂、唐棣华、周道洽、张骧	《蜀秀集》卷六

（续 表）

类别	题目	作者	出处
	拟杜工部打鱼歌	张书绅、毛瀚丰	《蜀秀集》卷八
	拟杜工部登楼	邹宣律、胡焕章	《蜀秀集》卷八
	拟杜工部返照	萧启湘	《蜀秀集》卷八
	读杜少陵五律和作（初月、归燕、促织、萤火、蒹葭、苦竹、除架、废畦、蕃剑、铜瓶）	谭宗浚、曾培、张肇文等	《蜀秀集》卷八
	拟苏东坡书韩幹牧马图	丁树诚	《蜀秀集》卷八
	拟苏东坡百步洪	任国铨	《蜀秀集》卷八
	拟苏东坡海市	萧启湘、胡焕章	《蜀秀集》卷八
时事	拟王湘潭雨夜闻笛（仿王昌龄箜篌引）		尊经八月堂课题目（二十五日）（光绪二十一年）
	庚辰十月十三夜书事	岳森	《初集》卷十
	拟送易司使援台湾诗	岳森	《初集》卷十
	机器局诗	丁宝桢	《初集》卷十一
	和机器局诗	王闿运、谢质、王昌麟	《初集》卷十一
	川东校旗诗	周宝清	《初集》卷十一
	拟送尊经书院举贡入都诗	杨桢	《三集》卷八
	川省赡贫保庶议	岳森	《癸甲襄校录》卷五，注：崧方伯月课
	御法夷策	岳森	《癸甲襄校录》卷五，注：黄太守月课，光绪甲申年作。
	四川省多矿，详见于《会典事例》。如何视堃泥沙石辨识矿苗？如何测浅深宽广周知矿界？如何凿石之劳？如何得洩水之便？如何使镕炼甚精？如何转般极捷？如何计每日之功程？如何券异时之赢利？事隶农政，学本其人，儒者通经致用，倘亦肄业及之？其悉举以对。	康受嘉	《三集》卷四

综观上表，尊经书院对巴蜀经史之学的研究，经学上偏重古蜀地理的考证，以及蜀地经学的师承。史学的成就主要集中在对蜀中先贤事迹、著述的收集整理，巴蜀史地的考证等。但是，尊经书院对巴蜀经史的关注和重视，并不是意图将巴蜀文化孤立于整个中国文化的，相反，四川虽然僻处西南一隅，但文化渊源上和整个中国早已同气连枝，是构成“中国”的一个重要部分。如，《禹贡》九州中的“梁州”、《牧誓》中的“庸、蜀”、《春秋》中的“盟蜀”，都昭示着四川与中国的这种血脉联系。在尊经院生的课艺中，有这样一些题目：《〈禹贡〉梁州疆域考》[①]、《〈牧誓〉称庸、蜀等国，与〈诗·江汉〉皆指梁、荆考》[②]、《庸、蜀、羌、髳、微、卢、彭、濮会孟津道里考》[③]、《蜀本中国考》[④]，都体现了尊经学人的文化观。尊经书院对四川地域文化的研究，成果众多，内容则囊括了“国学”的各个方面，包括经学、史学、文学等。文学主要分三类：一是对蜀地山川、名胜的歌颂；二是对四川历史文化的归纳总结，对历史名人事迹的评论；三是对蜀地文学经典的拟作。此外，尚有部分与现实有关的内容，如四川社会、实业、政论等，体现了尊经院生的淑世情怀。

3. 以中西会通为权

孟子曰：“执中无权，犹执一也。”因时制宜、通权达变是尊经书院经史教育的又一特色。尊经书院建院的二十八年间，正处在中国社会遭遇“数千年来未有之变局”[⑤]之际，作为一座讲求传统经史之学的书院，如何应对和吸收西方传入的“新学”，是对尊经教育的一场严峻的考验。尤其是到了尊经书院的后期，正值维新运动如火如荼之际，中西文化的冲突与融合达到了前所未有的激烈程度。为了适应维新变法的要求，院中添设了经济课[⑥]，讲求时务。山长宋育仁又从上海等地采购回大批西学书籍，共计书103种，共1040本，舆图3部，共18张。[⑦] 但是，这些西方“新学”与传统的经史“实学”如何才能构建为一个一以贯之的知识整体，而不至于出现不同知识体系的生硬摩擦或前后断裂？针对这一问题，与宋育仁交往密切的巴

① [清]伍肇龄编：《尊经书院二集》卷1，光绪十七年尊经书局刻本。

② 廖平：《尊经日课题目》(甲午夏季)，《六译馆丛书》，1921年四川存古书局刊本。

③ [清]王闿运编：《尊经书院初集》卷1，光绪十一年尊经书局刻本。

④ [清]伍肇龄编：《尊经书院二集》卷8，光绪十七年尊经书局刻本。

⑤ [清]李鸿章：《筹议海防折》(同治十三年十一月初二日)，[清]李鸿章著：《李鸿章全集》第2册，海口：海南出版社，1997年，第825页。

⑥ 陈谷嘉、邓洪波主编：《中国书院史资料》下册，杭州：浙江教育出版社，1998年，第2483页。

⑦ “关于清查宋院长购书种部的来往文件”，光绪二十九年(1903)五月十二日，四川高等学堂档案212，四川大学档案馆藏。

县人潘清荫撰写了有名的《经史之学与西学相为贯通说》。潘清荫从“识字”、“习算”、“绘图”、“立表”、“述政”五个方面论证了中学与西学在内容和方法上相通，最后他主张：

> 因《春秋》书明“予夺”而知《万国公法》有由立，因《周官》询及众庶而知上下议院有由开，因《王制》“元子入学”而知贵胄充伍之非屈尊，因《虞书》“金作赎刑”而知辠人罚锾之非典法，因《史记》之传《货殖》而知商务之足以强国，因《汉纪》之述“代田”而知农事之实可利民，因《唐书》之志“天方”而知景教之自能贸俗，因《宋史》之立“交、会”而知银行之堪以通币。凡若此类，苟明中土之旧规，即可无诧欧州之殊俗。又况失官而学在四夷，且可参彼之有馀，以佐吾之不逮乎？然则研经读史者，所宜学尽实功，治期实用，不存自是之见，克收观善之益。如前所举诸门之学，毋论当轴变法与否，皆为经世者所莫能外。若夫沈溺帖括之文，其体裁骫敝，不必采源经史，其制又为西学所无，而父若师仍恪奉为造士育贤之准，中之不竞于西，其不以此欤？[①]

由此可见，传统的经史之学不但没有束缚尊经学人的思想，相反，长期的经史教育培养了他们宽广的视野，使他们学会了在比较和会通中“温故而知新”，有效促进了西学在四川地区的传播。

① 《渝报》第 2 册（光绪二十三年十月中旬），渝报馆发行，四川省图书馆藏。

第六章　尊经传统的延续与近代蜀学的展开

尊经书院建成以后，随着学政、山长的进退和时局的推移，尊经的学风屡屡转变。但是正如汪辟疆所言："蜀中诗派，自有其渊源可寻，广雅、湘绮虽启迪之，蜀人未能尽弃其所学而学之也。"①此言虽是论蜀诗，却未尝不可以借以论蜀学。从伍肇龄等人对蜀学学统的自觉建构，到廖平将自己的经学视为新"蜀学"，尊经学术已日臻成熟。尤其是到了维新变法时期，杨锐、宋育仁等在京、蓉两地创立蜀学会，互相呼应，与当时各地域学术流派，如湘学会、粤学会、桂学会、闽学会、浙学会、陕学会、苏学会等分庭抗礼，近代蜀学的发展可谓达到了一个高潮。维新运动虽然以失败而告终，蜀学会、《蜀学报》等也旋即废止。但是，尊经传统仍以各种形式被延续和保存下来，在延续和保存的过程中，开出了近代蜀学的几条重要分支。

第一节　尊经书院的裁并

戊戌变法失败后，尊经书院开始走向衰落。关于最后两任山长罗光烈、杜翰藩的生平事迹非常少，现仅就管见所及，略述于下：

罗光烈，字扬廷，什邡县马井人。光绪壬戌(1882)举人，丙戌(1886)二甲第36名进士，选翰林院庶吉士，戊子(1888)散馆，己丑(1889)授编修。曾执教于京师大学堂，后受聘为四川尊经书院山长，精于算术，曾著有《几何学发微》。工书法，亦精翰墨。文章精警，深思雄健，不苟作，亦不常作，未见文集篇什。②

杜翰藩，字嗣笠，一作诗笠，万县举人。光绪十一年(1885)拔贡，考取八旗官学教习，未甘外任。光绪二十二年(1896)任温江教谕。二十八年

① 汪辟疆:《近代诗派与地域》,《汪辟疆说近代诗》,上海古籍出版社2001年,第46页。

② 李朝正:《清代四川进士征略》,成都:四川大学出版社,1986年,第163页。

(1902)改江西知县，事实上并未成行，大约在1901—1902年期间，出任尊经书院院长，善书工吟咏，有《笠盦诗钞》。[①] 著名学者龚道耕即其得意门生。吴之英有长诗《寄杜翰藩》一首，曰："杜君削弱资娟腻，丽采莹莹函深邃。时激真气动眉妩，肃爽逼人有侠意。家著夔门旧精庐，峡云深处拥藏书。"可一窥杜翰藩的面貌和性格。吴诗又曰："偶谭时务泪沾衣，西学今是旧学非。"[②]说明了新旧交替之时，传统读书人的无奈处境，同时也隐喻了尊经书院在近代文化转型中所处的困境。

导致尊经书院没落的主要原因是科举制度的衰亡，以及新式教育的兴起。据民国《渠县志》：

> 光绪戊戌政变前后，两诏罢制艺代以经义、策论、时务如故，及史传、碑志、箴铭、诸韵语。然初试、覆试命题，州、县、府院试寖至盈蚀互殊，寻废武试，罢科举，兴学堂，统系取四级制。京师大学堂以下，省会立高等学堂，道、府、州、县立中学堂，州、县、城、镇、乡分立高等、初等小学堂，若以师资缺乏，分立优级、初级师范学堂，乃至大学专门教育、军事教育，如天津北洋大学堂，京省农工商业、医学、药学、法律、政治各高等、中等学堂，福建江南各水师学堂，各地武备学堂、讲武堂，陆军大、中、小学堂，保定军官学堂，同文馆、广方言馆、方言学堂，以及各级职业教育、女子教育，并以官费派遣欧、美、日本各国留学生，莫不应时兴作。而川中科、岁两试，往昔资以贡调会城尊经书院者，最后又移作省会官学堂收录矣。[③]

由于兴办新式学堂，需要筹措大量的经费，旧式书院已无力再继续维持，所以，尊经书院被迫改作四川省城大学堂。

据光绪二十八年四月十九日(1902年5月26日)四川总督奎俊《筹办大学堂折》：

> 窃维：兴学植才，实今日匡济时艰之本，必当克日观成，第各省情形容有不同，创办之初，规制不能不有所损益。蜀中介在僻远，风气未开，为学之士，求其留心根底，不为寻行数墨所拘者，尚不乏人。若夫交涉之纷繁，外洋之政学，则概乎未有所闻，非如江、浙、闽、粤等省多士，目染耳儒，致力较易也。省垣旧有尊经书院，专课经文策论，由学政选列高等生员送院肄业，于中国学问颇有可观。又前督臣鹿传霖任

---

① 徐仁甫：《振兴蜀学人才辈出的尊经书院》，《四川文史资料选辑》第35辑，中国人民政治协商会议四川省委员会文史资料研究委编，成都：四川人民出版社，1985年，第9页。

② 吴洪武等校注：《吴之英诗文集》，成都：四川大学出版社，2008年，第81页、第82页。

③ 杨维中修、钟正懋纂：《(民国)渠县志》卷3《教育志中》，1925年铅印本。

内，创设中西学堂，以算学、英法文分门教授，数年以来，尽有通晓天算及英法文字语言者，今拟即将尊经书院作为四川省城大学堂，而以中西学堂并入其内，庶中西两种学问均有涉猎。初级之人可为后来各生先导，仍拟依照山东章程，暂定额数三百名，作为备斋，合新旧学生一律严行甄选，派委总办道员一员，专管学堂事务。所有应聘教习、监督以及详细学规、课程，均由奴才会商学臣，督饬司道等，参酌东省章程，认真举办。期于实事求是，不许稍涉虚浮。应需常年经费，核实预计，约银四万六七千两，除尊经书院、中西学堂旧有经费一万六千两外，尚短三万两。拟于盐务中设法提凑，以济要需。其尊经书院原有房舍窄少不敷，现又添建楼房三百余间，并置备器具床几等件，需银二万余两；又购买中西书籍、仪器，一切需银七千余两，共二万七千余两，暂由藩库筹拔。近日川南、川东各府厅州县，亦多就地筹款，或就向日书院改建学堂。二三年之后，大学堂诸生，即已稍有溥通之学，而各属中小学堂，又复有毕业学生申送到省，当再续筹款项，添设正斋、专斋，以次建立藏书楼、译书局、博物院，以观大成而资讲习。当此库储奇绌，固不敢擅事虚糜，而事关学校要需，亦何敢自隘规模，贻讥弇陋。据该司道等会详请奏前来，除批饬遵办外，所有改设省城大学堂大略情形，谨会同四川学政臣吴郁生恭折具陈。伏乞皇太后、皇上圣鉴训示。[①]

奎俊的奏折详尽说明了兴办新式学堂的困难，以及裁撤归并尊经书院的原委。光绪二十八年新正十二日(1902 年 2 月 19 日)，在伍肇龄写给文龙的一封信中提到："锦江一切仍旧，惟尊经仿学堂改章，一切事宜，尚待李仁宇太守自东洋回再定。吴学使不日出省按试，不及共窗也。"[②]信中提到李仁宇即李立元(1859—1923)，字仁宇，号筼孙，贵州开阳人。光绪十六年(1840)恩科进士，以知府指分四川。川督奎俊因其熟悉中外约章，令他提调洋务局事。因兴办注务人才缺乏，他向奎俊建议"选派聪秀之士留学日本"。李立元被任命为四川留日学生监督，选定四川第一批留日学生 22 人，于光绪二十七年(1901)八月中旬一同前往日本，[③]所以信中有"尚待李仁宇太守自东洋回再定"之语。吴学使即当时的四川学政吴庆坻。从伍肇龄的信中透露出川省最初仅计划将尊经书院改学堂，仍保留锦江书院作为

① 陈谷嘉、邓洪波主编：《中国书院史资料》下册，杭州：浙江教育出版社，1998 年，第 2053 页。

② [清]伍肇龄：《致文海云》，成都华文堂收藏"巴蜀近代名人书札"。

③ 参见乐山市委员会文史资料委员会编：《乐山文史资料》第 12 辑《辛亥革命专辑》，1991 年，第 145 页。

科举应试的学校，因为此时科举尚未废除。

但是，奏折刚呈给朝廷，当年七月，奎俊就解职离川，由岑春煊继任四川总督。因此，岑春煊成为最后终结尊经书院和锦江书院的人。光绪二十八年十二月二十九日(1903 年 1 月 27 日)，川督岑春煊下令裁撤尊经书院与锦江书院，据档案记载，裁撤的原因是创办高等学堂、聘主东西教习、东洋留学等教育开支耗费巨大，库帑奇绌，“万不得已惟有遵改书院为学堂之谕旨”，即将尊经和锦江书院裁撤，“以其所有经费概并入高等学堂”。[①] 此后，岑春煊聘胡峻担任四川高等学堂总理(后称监督)，全面负责尊经书院的改建事宜。

胡峻(1870—1909)，字雨岚，号贞庵，华阳人。17 岁考取秀才，光绪十七年(1891)举人。光绪二十一年(1895)乙未科(1895)二甲第 58 名进士，并参与康有为的“公车上书”。旋选翰林院庶吉士，居京期间，参与“蜀学会”活动，主张变法图强。散馆后，授翰林院编修。因父丧归籍守制，恰逢岑春煊接任四川总督。岑诚聘胡峻担任四川高等学堂总理(后称监督)。因改书院为学堂无成规可循，旋东渡日本，考察学制，历数月归国，又在北京详考京师大学堂规制，采购图书和教具。回到成都后，与新任四川总督锡良密切合作，利用尊经书院的旧房舍，征用与书院毗连的石犀寺予以改建，增建了教室、自修室和实验室。四川高等学堂于光绪三十年(1904)春开学。因既担任高等学堂监督，又筹办川汉铁路事宜，积累成疾，宣统元年(1909)病逝于任，终年 40 岁。著有《苍霞阁日记》。[②] 关于胡峻生平事迹，还可参阅林思进《清翰林院编修胡君墓表》[③]。

胡峻去世后，接任高等学堂总理一职的是尊经院生周凤翔。周凤翔(1860—1927)，原名周翱，榜名周翔，字紫庭，号嗣芬。以廪生入院，为优等生，《尊经书院二集》中保存了他的多篇课艺。光绪十七年(1891)举人，旋中光绪十八年(1892)壬辰科二甲第 128 名进士。选翰林院庶吉士，十九年(1893)散馆，转大理院评事，任刑部员外郎。赴日本考查学务，回川任东文学堂监督，经川督锡良奏派赴日本任留学师范生监督。胡峻去世后，充任通省师范学堂监督、高等学堂总理。辛亥保路运动中，奔走于官绅之间，对于四川反正，做了一定的贡献。[④] 入民国，任省四川学务公所议长、教育总

---

① 《关于裁撤锦江书院并将其经费、田产租谷移交高等学堂应用的函》，光绪二十八年十二月二十九日(1903 年 1 月 27 日)，四川高等学堂档案 165，四川大学档案馆藏。

② 顾明远主编：《历代教育名人志》，武汉：湖北教育出版社，2004 年，第 350 页

③ 林思进：《清翰林院编修胡君墓表》，《国立四川大学季刊》1935 年第 1 期，第 253 页。

④ 李朝正：《清代四川进士征略》，成都：四川大学出版社，1986 年，第 152 页。

会会长、国立成都高等师范学校校长、四川省通志局纂修。[①]

明治三十七年(1904),日本人山川早水受聘为四川高等学堂日文教习,他的游记《巴蜀》记录了尊经书院裁并后不久,四川教育界新旧交替之际,令人伤感的一幕:

> 光绪初年,张之洞任四川学政,为蜀生作了《𬨎轩语》以及《四川省城尊经书院记》,以鼓励学习。那已经过去了三十多年,城中还是没有保存有好书。不仅如此,如今连能证明张氏曾经有所提倡学习的痕迹都找不到了,不能不感到意外。[②]

大约又过了二十年,蜀地文人林思进作《成都大学移入尊经故院感事题篇》:

> 大乱尚无纪,生人涂炭中。
> 向来弦诵区,满目凄蒿蓬。
> 剥极理一复,百六开阳穷。
> 居然置五馆,都讲来雍容。
> 巍巍尊经阁,涂塈隆新功。
> 俯仰五十年,谁嗣卢江翁。
> 张王不再兴,(南皮张文襄、湘潭王壬甫)蜀学俄遂空。
> 广德及傑休,四裔交华风。
> 独资片席坐,金玉振群聋。
> 麟精不泯灭,天下道为公。
> 喟然叹礼殿,马队方遗通。(府学礼殿近复为兵子所据)[③]

第二节　书院传统在四川的后续发展

尊经书院和锦江书院虽然没有逃过裁撤的厄运,但它们在清末培养出一大批精通经史、谙熟诗文的旧学人才,使四川近代教育、学术出现了前所未有的繁荣局面。尽管“欧风横扇,国学销沉”,在西学的冲击之下,旧学明显失势,大量川籍学生东渡日本,学习政法、史地、经济等西学,传统的经史辞章之学遭到冷落和摒弃。但是,仍有一些蜀学耆旧不忍心看着中国固有

① 《近代巴蜀诗钞》编委会编:《近代巴蜀诗钞》上册,成都:巴蜀书社,2005年,第635页。

② [日]山川早水:《巴蜀旧影——一百年前一个日本人眼中的巴蜀风情》,成都:四川人民出版社,2005年,第96页。

③ 林思进著,刘君惠、王文才等编:《清寂堂集》,成都:巴蜀书社,1989年,第43—44页。

的文化从此沦亡，出于保存国粹的目的，提议创建四川存古学堂[①]。

存古学堂是清季官方在“新教育”体系中尝试保存国粹的主要形式。[②] 光绪三十三年(1907)，湖广总督张之洞率先改武昌经心书院为存古学堂，此后湖北、安徽、江苏、陕西、广东、四川、甘肃、山东等省相继创办了存古学堂。1911 年清政府颁布《存古堂章程》，在学制方面另成系统，不与新式学堂学制相同。一般认为，存古学堂是清朝官方“悔改”此前趋新办学、裁撤书院的补过之举。

四川存古学堂创办于 1910 年 5 月。初由尊经院生华阳范溶、绵阳陈纬、成都顾印愚、乐山王兆涵等投牒于四川学政赵启霖，请仿照张之洞在湖北武昌设立存古学堂的成例，在成都建四川存古学堂。在赵启霖的帮助下，这一提议很快得到了川督赵尔巽的支持，不久学堂建立。学堂校址选在成都城南清一等昭勇侯陕甘总督忠武公杨遇春的故宅(今成都十六中)。经众人公推，谢无量出任存古学堂首任监督(校长)。学生则由提学司通饬全省，“选求文理素优之生徒，备文申送，严加甄考”，名额为 100 名。[③] 其师资大部分来自裁撤的尊经、锦江书院主讲和院生，吴之英、伍肇龄等尊经、锦江的旧人都认为四川存古学堂继承的是尊经、锦江书院的学脉。[④] 但是，与尊经书院崇尚汉学有所不同的是，存古学堂特别强调理学，与锦江书院相近。但它其实是锦江书院的理学与尊经书院的汉学会通后的结果。从存古学堂的课程设置来看，包括经学、史学、词章、理学、算学、地理等课程，并不只偏向理学，倒是更像锦江、尊经书院的课程集合。其实，从光绪后期开始，尊经和锦江院生在学术上一般都持守汉宋兼综、各不偏废的路子。例如，尊经书院也产生过一位四川著名的理学家徐炯，1918 年，在四川国学专门学校(存古学堂是其前身)任伦理学教员。[⑤] 又如，尊经书院廖平的弟子蒙文通也非常重视宋学。据唐君毅回忆：“吾年十三始就读重庆

---

① 以下“存古学堂”内容，主要参考罗志田《温故知新：民间的古学复兴与官方的存古学堂》(《国家与学术：清末民初关于“国学”的思想论争》，北京：生活·读书·新知三联书店，2003 年，第 83 页)、郭书愚《四川存古学堂的兴办进程》(《近代史研究》，2008 年 2 期，第 83 页)、郭勇、张丽萍《四川存古学堂及四川国学学校考略》(《蜀学》第 3 辑，巴蜀书社 2008 年，第 29 页)。

② 郭书愚：《四川存古学堂的兴办进程》，《近代史研究》，2008 年 2 期，第 83 页。

③ 郭勇、张丽萍：《四川存古学堂及四川国学学校考略》，《蜀学》第 3 辑，成都：巴蜀书社，2008 年，第 29 页。

④ 吴之英：《王护院许将尊经锦江书刻移存古书院启》，吴洪武等校注：《吴之英诗文集》，成都：四川大学出版社，2008 年，第 287 页。

⑤ 郭勇、张丽萍：《四川存古学堂及四川国学学校考略》，《蜀学》第 3 辑，成都：巴蜀书社，2008 年，第 36 页。

联中。其第一年之国文即由吾父(唐迪风)讲授,以老庄孔孟之文为教材,第二年国文则蒙文通先生更为讲授宋明儒学之义,吾父遂购孙夏峰《理学宗传》一书,供吾自学之资。"[①]唐君毅之父唐迪风推崇宋明理学,据称"直截透辟近象山,艰苦实践近二曲",被时辈誉为"蜀学之正"。[②]

辛亥革命后,四川省政府首创国学院,以研究国学、弘扬国粹为宗旨,并计划整理地方文献,同时以存古学堂为基础成立四川国学学校。1918年8月更名为"四川国学专门学校",是为公立四川大学中国文学院的前身。1944年,为四川学子未能升入大学者继续读书提供方便,东北大学文学院教授丁山、高亨、孔德联合四川大学教授蒙文通在三台创建草堂书院,后正式定名为"草堂国学专科学校"。抗战胜利后,东北大学迁回沈阳。1945年9月12日,再次更名为"私立尊经国学专科学校"。《私立尊经国学专科学校公函》:"本校校董会为促进校务起见,经推张表方、李剑鸣两先生任正副董事长,蒙文通先生任校长,并经一致议决,将学校名称改为'私立尊经国学专科学校',前此之草堂国学专科学校名义即行废止。"[③]1947年,尊经国学专科学校迁至成都金牛坝。1949年12月,成都解放后,学校停办,在校学生转入华西协和大学和四川大学相关系科学习。

罗志田教授指出:"实际上,川人对所谓'国学'的看重,在清末民初可能是全国独一无二的。清末有十多个省办了存古学堂,有些在辛亥前就被本省的谘议局废止了,其余也都在民国代清之后被中央政府明令停办了;独四川不仅不废止,且想尽办法抵制教育部指令,转换各种名目,以'国学'的名义将其保持下来,直接与今天的四川大学衔接。"[④]从近代蜀学的发展来看,"存古学堂"的意义不仅仅在于保存国粹,更在于传承四川省会书院的学术精神。它在近代社会新旧转型的节点上,不但没有使书院精神黯然销沉,反而承上启下,造就了蒙文通、向宗鲁等新一代蜀学传人,使蜀学文脉相承、薪火相传,继续向前发展,最终在现代学术领域牢牢地占据了一席之地。这样的"转型"历程在全国众多存古学堂中恐怕是绝无仅有的,他省的存古学堂到宣统年间就陆续停办,四川存古学堂却延续下来,还自行扩招,后来又能适应民国教育的各类章程,不断提高学校的层级,从专门学校

① 四川大学历史文化学院编:《蒙文通先生诞辰110周年纪念文集》,北京:线装书局,2005年,第416页。

② 李山、张重岗、王来宁:《现代新儒家传》,济南:山东人民出版社,2002年,第379页。

③ 蒙文通:《1945年私立尊经国学专科学校改名公函》,刘世礼主编:《小城大学:东北大学在三台》,成都:巴蜀书社,2018年,第134页。

④ 罗志田:《巴蜀文化的一些特色——第一届两岸历史文化研习营结束致辞》,《社会科学研究》2011年第6期,第187页。

到大专进而大学，体现出相当独特的走向。这与清末四川两大省会书院所奠定的基础是分不开的。

清末书院改制之后，有一个值得注意的现象，即进入民国以后，又有很多人重新开始致力于恢复书院制度，例如，马一浮在乐山创建复性书院、李源澄在灌县创建灵岩书院、张东荪在广州创建的学海书院、章太炎在苏州办国学讲习会、毛泽东与何叔衡在长沙创办湖南自修大学等。这些书院教育的提倡者，有的缘于对过往书院生活的怀念，有的缘于对新式学校教育的不满，而有的则试图把传统书院教育与近代学校教育结合起来，让二者取长补短，相得益彰。

1921 年 8 月，毛泽东与何叔衡等人创办湖南自修大学。据说这是毛泽东青年时期的一大夙愿。[①] 作为早年改造中国社会的一次重要实践，毛泽东不仅担任了自修大学的教务主任，还亲自撰写了《湖南自修大学组织大纲》和《湖南自修大学创立宣言》。《组织大纲》开宗明义地提出了"采取古代书院与现代学校二者之长，取自动的方法，研究各种学术，以期发明真理造就人才，使文化普及于平民，术学周流于社会"的教育主张。[②] 随后，他又在《湖南自修大学创立宣言》一文中进一步阐述了他的这一教育主张，他说："自修大学之所以为一种新制，就是取古代书院的形式，纳入现代学校的内容，而为适合人性，便利研究的一种特别组织。"[③]

无独有偶，1935 年张东荪在广州创建学海书院，招聘启示上介绍该院创办宗旨曰："盖鉴于复兴民族之前提，必须有健全人才。而现在大学教育下之多数学生，其专门学问既不足以称专家，其一般知识又不足世用以接物，顾不能供给国家社会之需要。该院目的首重在培养一班学行并茂、常识丰足之人才，可为社会上之中坚份子。至欲达此目的，该院认为非将学与行及学与学打成一片不可。故在教育方法上亦自有其新理想，简言之即一方面采用各国先儒办理书院之遗规，一方面参以英国大学教育之优点，务使师生之间关系极密，俾收精神熏陶之效。"[④]

对此，周书舲在《书院制度之研究》中有更精炼的概括，他说："书院有书院之优点，如自动学习，实事求是。学校亦有学校之优点，如整齐划一，

① 中共中央文献研究室编：《毛泽东传（1893—1949）》，北京：中央文献出版社，1996 年，第 79 页。

② 中共中央文献研究室编：《毛泽东年谱（1893—1949）》上卷，北京：人民出版社，1993 年，第 99 页。

③ 毛泽东：《湖南自修大学创立宣言》，陈谷嘉、邓洪波编：《中国书院史资料》下册，杭州：浙江教育出版社，1998 年，第 2591 页。

④ 佚名：《书院制度之复活》，《浙江图书馆馆刊》，1935 年第 4 卷第 5 期，第 1 页。

量时计功。取所长而弃所短，寓书院精神，于学校形式之中，其结果当更善良。”[①]中国近代教育的转型，试图综合书院与学校两种教育模式的优点，但在这一转型过程中，由传统书院过渡到现代大学的成功案例并不多，由锦江书院和尊经书院合并转型而来的四川大学即是其中的成功典范之一。

第三节　尊经后学与近代蜀学的展开

尊经书院在经史、辞章方面取得了巨大的成就，培养出一大批精通经史、谙熟诗文的国学人才，使得近代蜀学盛极一时。但是，在清末新旧交替的时代变革中，尊经书院的学术和教育也经受着空前的考验和挑战。费正清《东亚的近代化改革》指出：“从 1898 年到 1914 年这段时期，人们可以看到日本在中国的历史进程中的重大影响。”[②]尊经书院乃至近代蜀学的后续发展也未能脱离这一历史进程，许多尊经学人和他们的弟子也卷入到这场大规模的出洋留学运动中。

张之洞《劝学篇》曰：“出洋一年胜于读西书五年，……入外国学堂一年胜于中国学堂三年。……至游学之国，西洋不如东洋，一、路近省费，可多遣。一、去华近，易考察。一、东文近于中文，易通晓。一、西学甚繁，凡西学不切要者东人已删节而酌改之。中、东情势风俗相近，易仿行，事半功倍，无过于此。”[③]

张之洞的主张预示着传统的书院教育开始让位于出洋留学，留学生的社会地位也逐渐超过科举出身的读书人，到后来，“其重视的程度使留学不但对一个人在官场的晋升有好处，而且最后成了晋升的关键性的条件”[④]。在清政府的公开鼓励和支持下，大量中国学生东渡日本，学习政法、经济、军事等新学，而传统的经史辞章之学开始遭到冷落和摒弃。对于四川地方教育来说，随着锦江、尊经两大书院的裁撤，留学日本成为学子们一条比较理想的出路，于是出现了一股留学日本潮。在这股留学潮中，一批尊经书院昔日的院生开始崭露头角，例如，吴虞、邓镕、张澜、吴玉章等。他们的登

---

① 周书舲：《书院制度之研究》，《师大月刊》，1932 年第 1 期，第 21 页。

② [美]费正清、刘广京编：《剑桥中国晚清史（1800—1911）》下卷，北京：中国社会科学出版社，1985 年，第 342 页。

③ [清]张之洞：《劝学篇》，上海：上海书店出版社，2002 年，第 38 页

④ [美]费正清、刘广京编：《剑桥中国晚清史（1800—1911）》下卷，北京：中国社会科学出版社，1985 年，第 341 页。

台亮相，使近代蜀学的面貌又为之一变。

一、易俗趋新的骆成骧

骆成骧（1865—1926），字公骕，四川资中人。幼肄业于锦江书院，后转入尊经书院，得到王闿运赏识。光绪十九年（1893）举人，光绪二十一年（1895）乙未科状元。《亦佳庐小品》载其在院中轶事："骆成骧为诸生时，与射洪谢泰来，同肄业成都尊经书院，均苦贫，每以膏火寄家用，而勉忍穷愁。一日，泰来慨然书一联之上句曰：'至穷无非讨口。''讨口'，川中方言谓乞食也。嘱成骧对之。成骧乃书'不死总要出头'作对。后成骧掇大魁，官至山西提学使，泰来亦于甲午捷乡试，以知县官陕西。成骧家开肉铺，比状元报至，乃歇业。谑者谓放下屠刀。"[①]骆成骧出仕后，曾任京师大学堂（北京大学前身）提调官、山西提学使等职。1912 年被推举为四川省临时省议会议长。1914 年王闿运任国史馆馆长，应邀去北京襄助其事。不久回四川。1916 年撰文反对袁世凯称帝。晚年致力于桑梓的教育事业，历任四川法政学校、成都高等师范学校教职，并参与筹组四川大学。著有《清漪楼遗稿》。

骆成骧是四川社会近代化转型中的一个枢纽人物，他一生至少有两次扭转了四川地区的社会文化风气。一次是 1895 年中状元，推动了"新学"在四川的传播；另一次是 1906 年官费派往日本留学，显示了留学的出路优于科举。

清代二百六十八年中，骆成骧是四川考取的唯一一个状元，独一无二的殊荣使他一时成为全川瞩目的楷模。据吴玉章回忆："四川虽然僻处西南，但变法维新的思想也极为流行。当时四川有这样一个传说：乙未科殿试的时候，清帝光绪要大家不拘陈例，直言无讳。骆成骧就根据这个精神投机取巧，他写的殿试对策不仅摭拾了一些变法维新的词句，而且还打破了以往对策文章的规格。光绪帝一看，认定是康有为写的，便把他点为状元。等到打开密封，才知道写这篇文章的并不是广东的康有为而是四川的骆成骧。骆成骧中状元的传说，助长了'新学'在四川的流行。不但那些真正热心于维新的志士较前更为积极了，就是那般追逐利禄之徒从此也不得不学点新东西，以便猎取功名富贵。从前的尊经书院是最尊崇汉学的，现在却大讲其'新学'了。"[②]

---

① 徐一士：《亦佳庐小品》，北京：中华书局，2009 年，第 16 页。

② 吴玉章：《辛亥革命》，北京：人民出版社，1969 年，第 40 页。

光绪二十四年(1898)春,骆成骧又与杨锐等同乡在京创设“蜀学堂”,讲习新学。同年夏,调任京师大学堂提调,[①]更是执新学之牛耳。由于骆成骧是四川唯一的状元,他的言行举止对川人具有极强的示范效应,所以,他的新学倾向使得“新学”在四川更利于被传播和接受。

光绪三十二年(1906),骆成骧得官费资遣日本习法政,在学习期间与留学诸友译十六国宪法条文,汇编为《宪法议院法渊鉴》,又辑《议院法》。虽然,这是一次带有公派考察性质的留学,是清政府为预备立宪做的一项准备工作,但是,对于四川人来说,骆成骧以状元的身份游学日本,赋予了日本留学一种比科举更崇高的地位。在骆成骧的表率和示范下,蜀中学子纷纷效仿。《成都通览》中列举了一份长长的“东洋留学生姓名”名单,其中不乏昔日的尊经院生,如,“邓镕守遐,法政大学”、“黄德章子宣,东京帝国大学”、“吴虞又陵,法政大学”[②]。其中,黄德章,宣统元年(1909)以游学进士第一名授翰林院编修。邓镕毕业回国,应学部留学生试,以骈文答卷,轰动一时。[③] 这种集新学与旧学于一身的人才,基本上达到了维新运动的理想状态,但是,这样的人毕竟是凤毛麟角,更多的留日学生带回来的则是狂飙突进的革命思想。这恐怕是善于趋新的骆成骧万万没有想到的。

二、从邹容排满到吴虞反孔

在趋新的时代潮流下,尊经后学一分为三:一派是政治上的激进主义者,如邹容、吴玉章等;一派是文化上的激进主义者,如吴虞等;最后一派是政治和文化上均相对比较温和的渐进主义者,如蒙文通、李源澄等。以下择要论述三派的异同:

邹容(1885—1905),原名绍陶,又名桂文,字蔚丹,一字威丹,留学日本时改名邹容,重庆巴县人。年十二,诵“九经”、《史记》、《汉书》。光绪二十五年(1899),从华阳吕翼文学。二十八年(1902)七月,赴日本留学。翌年四月,回上海,从章炳麟习国学,著《革命军》。同年,因《苏报》案被捕,光绪三十一年(1905)二月二十九日死于狱中。[④]

从邹容的生平简历可以看出,他在日本留学的时间非常短,几乎不可

---

① 官振维:《骆成骧》,任一民主编:《四川近现代人物传》第 2 辑,成都:四川省社会科学出版社,1986 年,第 102 页。

② 傅崇矩:《成都通览》,成都:成都时代出版社,2006 年,第 68 页。

③ 周一良:《毕竟是书生》,北京:北京十月文艺出版社,1998 年,第 18 页。

④ 以上邹容生平综合了以下两种资料:冯小琴:《邹容评传》,邹容著:《革命军》,北京:华夏出版社,2002 年,第 61 页;王晓波主编:《清代蜀人著述总目》,成都:四川大学出版社,2009 年,第 219 页。

能学到多少实质性的新学，正如马里乌斯·詹森所言："日本在许多方面为加强留学生的民族意识做了工作"，在日本发生的"学生运动充当了培养中国民族主义的温床"。[①] 如果对照稍后一段时间尊经院生吴玉章在日本的经历，就不难理解邹容《革命军》中的激进思想与中国留学生留学日本之间的因果联系。据吴玉章回忆：

> 1904 年 2 月，当锦辉馆的会上发出拒俄学生会的签名时，我和我的二哥毫不犹豫地立刻签了名，但我们的那位老友黄芝及随从他的几人却不肯签名，而且对我们签名非常不满。他既比我们年长，又比我们有地位（他在 1902 年考上了"优贡"），而我们又几乎是由他带领出来的，因此他便隐然是我们的家长一样。这位"家长"当时很崇拜康梁（他因此以后也成了立宪派），只赞成作点"文明的改良"，怎么能允许他的"家人"去参加轰轰烈烈的革命运动呢？不过，我们既已参加，他也无可如何。于是他便写信回家，说我们不听从他的意见，参加了革命。这一下可了不起，我的亲友们听到这个消息，即大为惊扰，说什么参加了革命，纵不掉头，怕也永世回不了家。[②]

这里提到的就是后来导致"苏报案"的"拒俄运动"。由此可以看出，在日本当时的那种氛围和形势下，中国留学生们已经发生了明显的分化。两年前，在尊经书院里尚是同窗挚友的吴氏兄弟与黄芝，因拒俄问题的政治分歧而分道扬镳。激进的吴氏兄弟成为革命派，而相对保守的黄芝则成为立宪派。

但是，日本的环境仅仅是中国本土由来已久的排满思潮的一剂烈性催化剂，它加速了反清运动的进程，而这一思潮的源头却在中国本土。

戊戌变法前后的四川社会文化氛围是邹容排满思想形成的一个重要源头。章太炎《邹容传》曰："容稍长，从成都吕翼文学。与人言，指天画地，非尧、舜，薄周、孔，无所避。翼文惧，摈之。"[③]这一时期，正是维新运动之后不久，变法书刊以及宋育仁等创办的《渝报》、《蜀学报》在川内已广为流传。邹容作为一个十四五岁的少年，能有如此激进的举动，实与当时生活的环境密切相关，而邹容师从的吕翼文也并非如章太炎所说的那么顽固守旧。

吕翼文（？—1906），字雪堂，四川华阳（今四川省成都市）人。王闿运

---

① ［美］费正清、刘广京编：《剑桥中国晚清史（1800—1911）》下卷，北京：中国社会科学出版社，1985 年，第 347 页、第 349 页。

② 吴玉章：《辛亥革命》，北京：人民出版社，1969 年，第 56 页。

③ 章太炎：《章太炎全集》第 4 册，上海：上海人民出版社，1985 年，第 215 页。

时期，以附生入尊经书院肄业。《尊经书院初集》收录其课艺三篇。后王闿运离蜀，掌教船山书院，吕翼文从蜀入湘，追随王闿运就学于船山书院，系王氏的两院弟子。[①] 光绪二十三年（1897）举人，归蜀后，任江北书院山长。光绪三十一年（1905）在成都独力撰《九经朴学报》。著有《说文理董》《王氏礼经笺疏》。后人收集残稿，编为《雪堂残稿》行世。

表面上看，邹容的这位业师是个老学究，但是他还有另外一面，《中国书院辞典》广安“紫金精舍”条记载：

> 清光绪二十五年（1899）著名学者蒲殿俊、顾鳌创建。推胡峻为舍长，礼聘名士吕翼文、彭光弼、张澜等富有革新思想、有真才实学者为教员。仿宋胡瑗分“经义”、“治事”诸斋教学，按学生程度、志趣升堂授课。广授经史词章，兼习时务、舆地及博物，宣讲“西学新书”，力矫旧书院陋规及八股制艺，与邑中甘棠、培文等书院迥然对立。[②]

可见吕翼文也并非食古不化之士，相反，对新学持有一种开明的态度。当然，这与尊经书院长期的熏陶有直接的关联。在吴玉章的回忆中，还提到尊经院生与满人藩台斗争的故事[③]，可证尊经排满的风气早已有之。所以，后来赵尔巽说：“四川学风，向来就太嚣张，这都由于办学诸君，没有忠君爱国宗旨，所以养成。”[④]恐怕是确有所指。此外，章太炎曰：“容既明习国史，学于翼文，复通晓《说文》部居，疾异族如仇雠。乃草《革命军》以摈满洲。”[⑤]将向吕翼文求学与疾异族如仇雠两件事连在一起写，看似无关，其实大有深意。

因此，邹容排满，发萌于川内求学之时，因在日本受进一步的催化而激变为狂飙突进的民族主义，迎合了当时社会革命的舆论宣传。邹容在政治上虽然激进，但在文化上仍然显得保守，他的革命诉求仅限于排满独立，而没有动摇儒家文化的根基。尊经后学中，在文化上表现出激进倾向的代表人物是吴虞。

吴虞（1872—1949），字又陵，号不丘生。光绪十七年（1891）入尊经书院，从吴之英习诗文，与廖平私交甚笃。光绪三十一年（1905）赴日，入东京法政大学，三十三年（1907）回川任教。1910 年，因家庭纠纷，受到迫害。

---

① 李赫亚：《王闿运与晚清书院教育》，北京：光明日报出版社，2007 年，第 251 页。

② 季啸风主编：《中国书院辞典》，杭州：浙江教育出版社，1996 年，第 291 页。

③ 吴玉章：《辛亥革命》，北京：人民出版社，1969 年，第 25 页。按：疑即《湘绮楼日记》光绪五年三月廿四日程藩台一事的讹传。

④ 李劼人：《监督刘士志先生》，曾智中、尤德彦编：《李劼人说成都》，成都：四川文艺出版社，2007 年，第 225 页。

⑤ 章太炎：《章太炎全集》第 4 册，上海：上海人民出版社，1985 年，第 216 页。

“五四”前后，在《新青年》发表系列文章，大胆抨击封建礼教，被胡适称为“只手打孔家店的老英雄”[①]。1921年赴北京，先后在北京大学、北京师范大学、南方大学京校、中国大学、北京学院任教。1925年回成都，任成都大学、四川大学教授。1933年退隐，贫病以终。著述由今人收集整理为《吴虞集》、《吴虞日记》。

吴虞与邹容都有日本留学的经历，都倾向激进的社会变革，这与当时日本社会风气的催化作用有很大关系。所不同的是，吴虞在文化上的反孔比邹容在政治上的排满触及的层面更深广，影响力更持久。如果今天重新审视吴虞的反叛思想的成因，除了日本游学获取新知、家庭纠纷的激化等因素，还应该将廖平的影响纳入考察视野。无论私交还是受学，吴虞和廖平的契合程度都很深。1910年，吴虞因写《家庭苦趣》而倍受社会舆论谴责时，起初对廖平有些误会，但廖平很快就表示出对他的支持和理解。[②]1913年，袁世凯尊孔时，廖平又关心爱护他，告诫他勿触时忌。[③] 从吴虞的《爱智庐随笔》、《哭廖季平前辈》、《六译老人遗像赞》，也能看出他对廖平的敬爱之情。其中《哭廖季平前辈》的“门庭自辟心疑古，胆识冲天智过师”两句[④]，恐怕是吴、廖二人思想性格最契合之处。考二人生平学术，一个欲在思想学术上“自作主人”，故一生学说六变而不止；一个欲在社会生活中“自作主人”，故一生适情任性，放浪不拘。从某种意义上说，吴虞是廖平经学真正的实践者，他把廖平经学中“尊今抑古”的精神转移到社会批判中来，主张以新道德取代旧道德，完成了尊经学术与“新文化运动”的合流。故钱基博曰：“五十年来学风之变，其机发自湘之王闿运，由湘而蜀(廖氏)，由蜀而粤(康有为、梁启超)，而皖(胡适、陈独秀)，以汇合于蜀(吴虞)。”[⑤]

三、由儒入佛的刘复礼

从晚清蜀学到民国蜀学，一直存在一个缺失的环节：四川近代佛学是如何产生的？尊经学人的著作中几乎没有谈佛学的，但是，民国时期，尊经后学蒙文通、李源澄，以及唐迪风等人，为何突然从四川跑到支那内学院从

---

① 胡适：《〈吴虞文录〉序》，欧阳哲生编：《胡适文集》第2册，北京：北京大学出版社，1998年，第610页。

② 《吴虞日记》1911年11月17日、1912年1月13日。见邓盈星等：《吴虞思想研究》，成都：四川教育出版社，1996年，第318页、第319页。

③ 吴虞：《吴虞集》，成都：四川人民出版社，1985年，第378页。

④ 吴虞：《吴虞集》，成都：四川人民出版社，1985年，第378页。

⑤ 钱基博：《中国现代文学史》，刘梦溪主编：《中国现代学术经典·钱基博卷》，石家庄：河北教育出版社，1996年，第78页。

欧阳渐学佛，而事前没有任何征兆？他们对佛学的兴趣来自何处？要解开这个谜团，须从刘复礼其人其事讲起。唐振彬《刘洙源先生传略》曰：

刘洙源(1875—1952)，名复礼，四川中江县人。博通六艺，邃于经史。晚于廖、宋，入尊经书院，以师礼事廖季平、宋芸子，承西汉师法而独有创见。旋入京师大学深造，毕业留校任教。学成不仕，归蓉讲学，自办离明书院。历任四川高级师范学校、成都大学、四川大学教授。先生博综深究，对秦汉古文，马融不同于贾逵，贾逵不同于刘歆，而郑玄之流，又与其师马融相悖者列举疏证，辨其得失。复就西汉伏生、欧阳夏侯学说可查考者，搜集整理，匡救补缺，予以阐发，刊正经文，疏通古注，于是真古文三十三篇之大谊，诸生可得而闻。

"春秋三传"，同主诠经。《春秋左氏传》出于孔壁，为古文家所本，今文家根本不言左氏。先生治《春秋》，言《公羊》，本王闿运，嗣亦说《左传》，兼攻《穀梁》，以"春秋三传"同主诠经，说《左氏》尤为赅备，于此见先生学兼今古，是通儒也。

先生治经说理，皆有师法，不为阮氏解经所囿。大义微言，渊源西京，不为章句之学，扬弃谶纬之言。博研训诂声音，以及典章制度之学，旁征博引以校许郑之经注。故先生之治经也，治一经而综观群经，遍及注疏，互相参证，综其全而核之，比较今古，以求正义。且复通经史、求考据，以史证经，以经治史。故能贯通经术政事文章于一炉而有新义，可谓深通今古之通儒。①

尽管唐振彬的这篇传略对刘复礼的学问推崇备至，但是，尚不足以概括刘氏生平全部学术。刘复礼是尊经院生中一个非常特别的人物。据《蜀学开会记》，光绪二十四年(1898)三月初一日，蜀学会开会，他和杨赞襄、吕典桢同为蜀学会载笔，并在会议上有一句发言："《诗·雨无正》云：'胡不相畏，不畏于天？'是敬身当奉天，与天主之说相混。"②仅从这一句发言，就已能看出他对宗教的偏好。又据《沈曾植年谱长编》，他与沈曾植、郑孝胥、王秉恩、缪荃孙、朱祖谋、陈衍、王国维等有交往。③ 除此之外，他还是林纾弟子，在《林氏弟子表》中排名第二。④ 林纾《送刘洙源赴岭南序》曰："有君子

① 徐仁甫：《振兴蜀学人才辈出的尊经书院》，中国人民政治协商会议四川省委员会文史资料研究委编：《四川文史资料选辑》第35辑，成都：四川人民出版社，1985年，第9页。

② 佚名编：《学会讲义》，《蜀学报》第1册，尊经书局光绪二十四年闰三月望日，四川省图书馆藏。

③ 许全胜：《沈曾植年谱长编》，北京：中华书局，2007年，第476页。

④ 朱义胄：《林氏弟子表》，上海：世界书局，1949年，第2页。

人者，曰刘洙源复礼，充然其容，蔼然其言，……曾入大学从先生受西史，今治三礼，师事石遗先生。”[①]则刘复礼又曾是陈衍弟子。

尤其重要的是，刘复礼是开启四川近代佛学的枢纽人物。释演本《佛法要领·序》云：“自清季迄今，百有余年间，四川出生两圣者：一大儒刘止唐，一菩萨刘洙源。”作为菩萨的刘复礼与作为尊经弟子的刘复礼迥然不同，其弟子金弘恕《刘洙源先生略历》云：

> 先生名复礼，字洙源，别号离明。年七十三。四川中江籍。前清拔贡，北京经科大学毕业，长文学、通三礼。历任四川高级师范、成都大学、四川大学文学教授。栖心竺典，澹泊自处。创办成都佛学社，独任讲筵十余载，归向者甚多。寻退隐深山，时应邻邑之请，讲说不绝。先生早岁精唯识，曾著《唯识学纲要》数万言，海潮音社刊行之。晚耽禅悦，不喜著作，只存讲稿数篇，门第子辗转传钞，得之者如获至宝。[②]

此段《略历》若与唐振彬《刘洙源先生传略》对照，方能一览刘复礼生平思想之概貌。刘复礼由儒入佛，经学、佛法兼通，自云：

> 吾平生无师，而先学经学。经学重师法，不杂乱。吾用其法，以读性相两宗之书，以治台贤两家之学。后入禅宗，门庭不紊，遂于无师中得师。[③]

总的来说，“禅教合一”是刘复礼佛学的基本特点。由唯识学入门，而通过禅门获得证悟，这是刘洙源大概的修行路径。所以在《佛法要领》序三中有这样的评价：“宗门教下尽彰本来”。四川近现代佛教界，颇有一些有影响的人物，除刘复礼以外，还有袁焕仙、王恩洋、唐仲容、本光法师等。袁焕仙、本光法师是典型的禅宗修行者，王恩洋、唐仲容则是纯粹的唯识宗学者。刘洙源则既有唯识的教理之基础，也有禅宗的行持，乃至华严、净土等宗派特质，在其身上都有一定体现。

刘复礼交游极广、声望极高，又历任四川高级师范学校、成都大学、四川大学教授，达二十年之久，至民国二十年(1931)辞职，入山修道。而蒙文通、李源澄、唐迪风等也活跃于这一时期，他们最初对于佛学的兴趣，极有可能来自刘复礼的影响。

四、由经入史的蒙文通

在尊经书院廖平一系的传人中，蒙文通是一个具有典型意义的人物。

---

① 林纾：《畏庐续集》，上海：商务印书馆，1927 年，第 24 页。

② 鲜成、王家葵编：《刘洙源集》，成都：巴蜀书社，2018 年，第 232 页。

③ 鲜成、王家葵编：《刘洙源集》，成都：巴蜀书社，2018 年，第 155 页。

他的重要之处在于：他不但避免了廖平经学从现代学术范式转型中淘汰出局，相反，他还让廖平经学凤凰涅槃，在现代学术领域牢牢地占据了一席之地。这种志业惟大智慧、大定力者才能办到。

前文已经谈到，以尊经书院为代表的近代蜀学本是晚清"复古维新"、"中体西用"两大保守思潮的产物，新文化运动提出的"打倒孔家店"、"旧瓶不能装新酒"等口号，实际上都是针对这两大保守思潮而来的。当新文化运动的矛头指向四川之际，吴虞被誉为"只手打孔家店的老英雄"，[①]而廖平则被贬为"经学最后之壁垒"，其经学被称为"牵引比附而至于可笑，是即旧瓶已扩大至极而破裂之象也"。[②] 在这岌岌可危的形势下，蜀学何去何从，成为摆在廖平一系学者面前的一个严峻问题。

蒙文通对问题的判断相当清醒，他首先意识到，是从"四部"到"七科"的现代学术范式转换在根本上动摇了经学的根基："自清末改制以来，昔学校之经学一科遂分裂而入于数科，以《易》入哲学，《诗》入文学，《尚书》、《春秋》、《礼》入史学，原本宏伟独特之经学遂至若存若亡，殆妄以西方学术之分类衡量中国学术，而不顾经学在民族文化中之巨大力量、巨大成就之故也。"[③]

随着现代学术范式的逐步确立，"七科之学"开始影响中国人的知识结构和生活方式的方方面面。但是，在其确立之初，根基并不稳固，新旧文化的冲突异常纷扰。这些纷扰既是新学产生成长的阵痛，又是旧学浴火重生的机会。蒙文通有效地抓住了这机会，参与了当时许多重大的文化与学术论争，如《儒学政治思想之发展》、《从社会制度及政治制度论〈周官〉成书年代》、《对殷周社会研究提供的材料和问题》集中探讨"井田制有无之争"，《漆雕之儒考》回应胡适的"《说儒》之争"，《中国禅学考》回应胡适的"禅宗史之争"，《唯识新罗学》介入熊十力与支那内学院的"《新唯识论》之争"，《论墨学源流与儒墨汇合》则是马克思主义与中国传统文化相结合的早期探索与尝试。通过这些论争，蒙文通把近代蜀学的血脉融入到中国现代学术正在成长的肌体中，并转化成为其难以分割的组成部分。程千帆一针见血地指出："他（蒙文通）是把廖季平那些稀奇古怪的想法用现代学术加以

① 胡适：《〈吴虞文录〉序》，欧阳哲生编：《胡适文集》第 2 册，北京：北京大学出版社 1998 年，第 610 页。

② 冯友兰：《中国哲学史》下册，上海：华东师范大学出版社，2001 年，第 343 页。

③ 蒙文通：《论经学遗稿三篇》，《经史抉原》，成都：巴蜀书社，1995 年，第 150 页。

表现出来的。"[1]这句评价极其到位。而这原本也是廖平经学的精神所在，刘师培早就指出："季平虽附会周章太甚，然能使群经连环固结，首尾相衔，成一科学，未易可轻也。"[2]这恐怕就是尊经廖平一系的学术成功转型，至今仍充满生命力的奥秘所在。

除了蒙文通，还有一些尊经后学在这一方面做得比较出色。如廖平的关门弟子"蜀学后劲"李源澄，1945 年在成都都江堰灵岩山中创办灵岩书院，所著《经学通论》、《诸子概论》、《秦汉史》等，皆欲使传统经、史、子学成一圆通的科学体系。

在从"四部"到"七科"的中国现代学术转型过程中，廖平一系的学术也发生了重大的变化。张之洞曰："由经学入史学者，其史学可信"[3]，在"四部"学术体系中，经学是史学的前提，如果经学废，则史学也废。但是，现代学科体系中废除了经科，将传统经学的内容并入哲学、史学、文学各系。"由经入史"不再是个别学者治学方法或学术兴趣的转移，而是现代学制的刚性要求。在清末民初新旧学制的转型中，史学如何脱离传统经学而独立？是经学家和旧史家必须面对的问题。作为经学大师廖平的弟子，我们完全有理由相信，蒙文通最初的愿望是成为一个经学家，即使在他进入"新史学"的领域之后，他可能仍然没有放弃捍卫和拯救经学的初衷。但是，在与新史学的不断磨合中，蒙文通的论著被纳入现代学术的框架中进行重新整合，成为新知识系统中的一部分。在这样的知识系统中，经学的地位其实已变得无足轻重了。

---

① 程千帆：《桑榆忆往》，《程千帆全集》第 15 卷，石家庄：河北教育出版社，2001 年，第 131 页。

② 南桂馨：《刘申叔遗书序》，刘师培：《刘申叔遗书》上册，南京：江苏古籍出版社，1997 年，第 32 页。

③ 范希曾编：《书目答问补正》，上海：上海古籍出版社，1983 年，第 344 页。

结语:绸缪中华风雨际,砥柱西南天地间

清代后期,一批新兴的省会书院相继创建,其创建的初衷是以经史之学去挽救沦为科举附庸的书院事业,实现重振世道人心的目的。创建者着意推古求新,繁荣学术,培养人才,潜移默化之间,对中国近代社会转型产生了巨大的影响。其中具有代表性的几所书院是广州学海堂、杭诂经精舍、上海龙门书院,江阴南菁书院、武昌经心书院、长沙校经堂、成都尊经书院。在这些新兴省会书院中,只有成都尊经书院僻处西南一隅,远离当时文化教育的发达地区,然而,在其创办的二十八年间,成材甚众,名人辈出,不仅成为四川地区新旧交割的重要一环,而且折射出中国近代化的发展轨迹。一些重要的近现代人物,如杨锐、廖平、宋育仁、吴虞、张澜、吴玉章等,都曾在这所书院肄业,同时一些重大历史事件,如维新变法、保路运动、辛亥革命、新文化运动等,也有这所书院的师生们组织和参与其中。从某种意义上说,一部尊经书院的历史就是一部中国近代史的缩影。

一、动荡的同光政局与尊经书院的创建

历时十三年之久的太平天国战乱,不仅给晚清社会经济造成了巨大的破坏,同时,也开启了一番新世局。在朝廷,辛酉政变打破了统治集团的政治格局,内政外交重新调整,权力利益重新分配。一些与肃顺过从甚密的人物受到政治牵连,被扣上"肃顺奸党"的罪名,仕途中断,返回原籍。其中就包括后来尊经书院的两位著名山长王闿运和伍肇龄。在地方,湘军、淮军的实力派人物受到倚重,独当一面,成为推动经世之学兴起的重要媒介。从地域学术的消长来看,人文鼎盛的江浙一带惨遭兵燹,元气大伤,不少世家望族的后裔流寓内地,为偏远的四川地区注入了一股江浙学术的新风。另一方面,不少川籍将领在战乱中立下军功,他们凭借这些军事、政治上的资本,为川省换来大量的学额。随着学额激增,人才培养的规模也随之扩大,客观上要求创办高水平的学校,扭转士林风气,提升川省的文教质量。这些新的动向为尊经书院的创建提供了难得的契机。

同治十三年(1874)四月，兴文县(今四川省宜宾市兴文县)在籍侍郎薛焕代表全省士绅投牒于四川总督吴棠、学政张之洞，请建书院，以通经学古教育蜀士。薛焕出身蜀中望族，历任苏州知府、江苏巡抚。咸同之际，因在上海组织洋枪队镇压太平天国和办理通商事务，他与李鸿章交往密切，并结为姻亲，他的两个女儿分别嫁给了李鸿章的兄长李瀚章的两个儿子。

薛焕以自己显赫的身份和地位倡议修建书院，立即得到四川总督和学政的积极响应。他们联名上奏，请建书院，最后得到朝廷许可。书院于光绪元年(1875)春正式落成，院址设在成都文庙西街石犀寺西面。书院最初拟名“受经书院”，用西汉文翁派遣蜀士张叔等十八人至长安受“七经”的典故，表达了创建者意图效法文翁兴学，重振蜀学的愿望。这一愿望也就是张之洞在《四川省城尊经书院记》中归纳的“绍先哲，起蜀学”六字建院宗旨。[①] 不久，因为有人指出受经应该在京师，外省不可用“受经”字样，于是更名为“尊经书院”。

尊经书院创建伊始，即向当时一些学术名流发出了热情的邀请，希望他们前来出任山长或主讲。这些名流包括俞樾、张文虎、李慈铭、王闿运等，但都因各种各样的原因，未能成行。在此期间，学政张之洞为尊经书院的创建付出了大量的心血。他不仅为书院制订学规章程、购置图书、开设书局，还编写了著名的学术入门书籍《书目答问》和《輶轩语》。此外，他还慧眼识英才，选拔杨锐、廖平、张祥龄、彭毓嵩、毛瀚丰等青年才俊就读尊经书院，号称“尊经五少年”。张之洞之于尊经书院，虽无山长之名，却有山长之实，而且他以学政的身份入川兴学，被誉为“文翁再世”也不为过。

尊经书院实际的首任山长是薛焕，但是，他在山长任上的时间非常短暂。尊经书院建成的当年八月，他就离任赴云南协助亲家李瀚章处理“马嘉理事件”去了。“马嘉理事件”以次年七月签订的中英《烟台条约》告终。按照《烟台条约》的规定，英国人可以开辟印藏交通，这对于川藏地区的边疆安全构成了严重的威胁。光绪二年(1876)九月，湘军大员丁宝桢出任四川总督，准备经营西藏，应对英、法、俄等列强的侵犯。为此，丁宝桢特地从湖南请来了精通“帝王之学”和“纵横之术”的王闿运为其出谋划策。“强收豪杰作才人”的王闿运自视甚高，不愿屈居幕府，于是丁宝桢重金聘请王闿运出任尊经书院山长，以此作为权宜的安置。王闿运掌教尊经书院长达七年，在他的精心培养下，产生了一大批四川近代史上重量级的人物，使蜀学

① [清]张之洞：《创建尊经书院记》，张之洞著：《张之洞诗文集》，上海：上海古籍出版社，2008年，第226页。

名声大噪。尊经院生张祥龄论近代蜀学的兴起，认为："吾蜀学术思想，实启于南皮（张之洞），成于湘潭（王闿运）。"①

二、尊经学术与尊经学人

尊经书院的创建，在理念上以"文翁兴学"为指向，但在实际操作层面上，则模仿诂经精舍、学海堂的章程、制度，在学术倾向上也偏重乾嘉汉学。这种倾向从尊经书院最初向江浙一带的俞樾、张文虎、李慈铭等人发出邀请就已反映出来。俞樾等人因故未至，继而又聘浙江海宁钱保塘和嘉兴钱宝宣为主讲。二钱都有汉学的家学渊源，尤其是钱宝宣，乃浙江名士钱仪吉之子，因太平天国之乱举家流寓蜀中。正是二钱将尊经书院早期的学风引上了江浙派的路数，光绪四年（1878）尊经书院刊刻的第一本课艺集《蜀秀集》，"所刊皆二钱之教，识者称为江浙派"②。

光绪初年，朝廷有江浙派和湖湘派两大对立的政治集团，四川总督丁宝桢是湖湘派官员的代表，经常带头与大学士翁同龢为首的江浙派势力较量。在丁宝桢主政的四川，"江浙派"自然不受欢迎，浙江籍的二钱因此遭到排挤，而尊经书院的学风也随着政治斗争的变化转向了经世致用的"湖湘派"。

王闿运入川执掌尊经书院，是尊经学术的转折点。与江浙派重考据、辞章不同，王闿运继承了湖湘派自嘉道以来"以礼经世"的学风。关于王闿运精通礼学，《世载堂杂忆》之《近代学者轶事》有一段有趣的记载："王壬秋最精《仪礼》之学，平生不谈《仪礼》，人有以《仪礼》问者，王曰：'未尝学问也。'黄季刚曰：'王壬老善匿其所长，如拳棒教师，留下最后一手。'"③然而，黄侃所言，也不尽然，王闿运的《仪礼》之学在尊经书院的教学中其实有大量的展现，并未留下一手。《湘绮楼日记》中留下不少王闿运与尊经弟子们一起研讨《仪礼》，并操练释奠礼及饮酒礼的记录。由于王闿运对礼学的重视，尊经书院的礼学大盛。如果将王闿运所编的《尊经书院初集》与《蜀秀集》比较，不难发现，尊经初期编撰的《蜀秀集》中，关于三《礼》的课艺题目仅4道，而《尊经书院初集》则有26道之多。在王闿运的影响下，尊经院生廖平治《公羊》、《穀梁》、《小戴礼记》，戴光治《尚书》，胡从简治"三礼"，他们或精于《春秋》，或长于礼制，与诂经精舍、南菁书院、学海堂等推崇训诂

① 东方文化事业总委员会编：《续修四库全书总目提要》（稿本），济南：齐鲁书社，2006年版，第254页。

② 廖幼平：《廖季平年谱》，成都：巴蜀书社，1985年版，第19页。

③ [清]刘成禺：《世载堂杂忆》，沈阳：辽宁教育出版社，1997年，第247页。

考据的治学风格大相径庭。其中，廖平所著的《今古学考》，以礼制区分汉代今、古文经学，与顾炎武发现古音、阎若璩证伪《古文尚书》，并称清代学术的“三大发明”。后来，廖平的学说又直接影响到康有为作《新学伪经考》，成为维新变法的重要思想来源，同时在思想文化上，也开启了中国近现代疑古思潮的大门。

张之洞说过：“古来世运之明晦，人才之盛衰，其表在政，其理在学。”①学术与政治休戚相关、血脉相连。尊经学术由考据辞章转向经世致用，培养出来的人才在政治、军事方面的建树十分可观。例如，光绪十一年(1885)，院生孙鸿勋在广东任州判，协助张之洞收降刘永福黑旗军。光绪二十年(1894)，院生宋育仁出使欧洲，任驻英法意比四国使馆参赞。适逢甲午战事起，宋育仁潜谋购英国水师，乘虚直捣日本京都，后因中日和议已成而作罢。特别值得一提的是，晚清两大政治运动(“维新运动”、“保路运动”)的发动者和中坚力量大多出自尊经书院，除了众所周知的“戊戌六君子”之一的杨锐、位居“早期改良主义者”之首的宋育仁，还有，邮传部参议、督办川汉铁路事宜的李稷勋、川汉铁路公司总理曾培、川汉铁路公司股东会副会长张澜、四川通省师范学堂监督周凤翔等，皆是尊经书院的学生。他们关心国事、积极参政的意识，与尊经书院的经世学风是分不开的。

三、尊经书院的裁并与尊经传统的延续

由于科举制度的废除，以及新式教育的兴起，尊经书院在戊戌变法失败后开始走向衰落。清政府为了兴办新式学堂，需要筹措大量的经费，而旧式书院已无力再继续维持下去。光绪二十八年十二月二十九日(1903年1月27日)，四川总督岑春煊下令裁撤尊经书院。据档案记载，裁辙的原因是创办高等学堂、聘请洋人教习、东洋留学等教育开支耗费巨大，库帑奇绌，“万不得已惟有遵改书院为学堂之谕旨”，将尊经书院裁撤，“以其所有经费概并入高等学堂”。②

明治三十七年(1904)，日本人山川早水受聘为四川高等学堂日文教习，他在游记《巴蜀》中记录了尊经书院裁撤后的情况，认为“如今连能证明张氏曾经有所提倡学习的痕迹都找不到了，不能不感到意外。”③然而，山

① [清]张之洞著、李凤仙评注：《劝学篇》，北京：华夏出版社，2002年，第2页。

② 《关于裁撤锦江书院并将其经费、田产租谷移交高等学堂应用的函》，光绪二十八年十二月二十九日(1903年1月27日)，四川高等学堂档案165，四川大学档案馆藏。

③ [日]山川早水：《巴蜀旧影——一百年前一个日本人眼中的巴蜀风情》，成都：四川人民出版社，2005年，第96页。

川早水的观察并不准确。尊经书院虽然没有逃过裁撤的厄运,但是尊经的传统仍然在延续。1910 年,尊经院生范溶、陈纬、顾印愚、王兆涵等投牒于四川学政赵启霖,请仿照张之洞在湖北武昌设立存古学堂的成例,在成都建四川存古学堂。在赵启霖的帮助下,这一提议很快得到了川督赵尔巽的支持,不久学堂建立。其师资大部分来自裁撤的尊经书院主讲和优秀院生,吴之英、伍肇龄等尊经学人都视四川存古学堂为尊经书院的学脉传承。辛亥革命后,四川省政府首创国学院,以研究国学、弘扬国粹为宗旨,并计划整理地方文献,同时以存古学堂为基础成立四川国学学校。1918 年 8 月更名为"四川国学专门学校",这是公立四川大学中国文学院的前身,至今四川大学的文史学科仍保留着尊经书院的传统和底蕴。

此外,尊经书院建院二十八年间,造就人才无数,他们散布于各地,仅成都一地,民国初年社会声望最高的"五老七贤"中,尊经书院肄业者就占一半以上。其中,尊经院生骆成骧是清代二百六十八年中,四川唯一的状元,随后他以状元的身份留学日本,引介西方思想文化,推动了"新学"在中国的传播。尊经书院建院二十八年间,正是中国社会剧烈变革的历史时期,不少尊经院生及其后学投身到时代的激流中。《革命军》的作者邹容,师从尊经高材生吕翼文,其激昂的文字和激进的革新思想由此启蒙。在新文化运动中被誉为"只手打孔家店的老英雄"的吴虞也是尊经院生,师从吴之英和廖平。他把廖平经学中"尊今抑古"的精神转移到社会批判中来,主张以新道德取代旧道德,完成了尊经学术与"新文化运动"的合流。钱基博认为:"五十年来学风之变,其机发自湘之王闿运,由湘而蜀(廖氏),由蜀而粤(康有为、梁启超),而皖(胡适、陈独秀),以汇合于蜀(吴虞)。"[①]廖平的另一位弟子蒙文通由经学入史学,实现了传统经学向现代学术的转型。程千帆指出:"他(蒙文通)是把廖季平那些稀奇古怪的想法用现代学术加以表现出来的。"[②]

由此,我们可以毫不夸张地说,尊经学术的终点,其实也是中国现代学术的起点。它传承旧学,融会新知,承载着巴蜀文化转型的诸多要素,推动了中国近代化的进程,是中国近世思想文化的象征和典范之一。

---

① 钱基博:《中国现代文学史》,刘梦溪主编:《中国现代学术经典·钱基博卷》,石家庄:河北教育出版社,1996 年,第 78 页。

② 程千帆:《桑榆忆往》,《程千帆全集》第 15 卷,石家庄:河北教育出版社,2001 年,第 131 页。

附录一:尊经书院大事年表

同治十三年甲戌(1874)

二月,薛焕来成都谒见总督吴棠、学政张之洞,议修尊经书院。

四月,兴文在籍侍郎薛焕偕通省荐绅先生十五人,投牒于总督吴棠、学政张之洞,请建书院,以通经学古课蜀士。

七月十八日,总督吴棠上折《奏为四川绅民公请捐建尊经书院并刊刻经史事》。

光绪元年乙亥(1875)

春,尊经书院成。择府县高材生百人,肄业其中。

四月,吴棠向各属州县下令,按每粮一两捐银二钱收取尊经书院捐款,限本年八月以前解清。

八月,尊经书院首任山长薛焕被朝廷派往云南协助李瀚章处理"马嘉理事件",主讲钱保塘和钱宝宣权主尊经书院事务。

九月,张之洞撰《 輶轩语》、《书目答问》。

十二月十九日(1876 年 1 月 15 日),总督吴棠病免,翌年病逝。

光绪二年丙子(1876)

三月,张之洞按试眉州(今四川省眉山市),召尊经书院高材生毛瀚丰、杨锐、范溶从行读书。

八月,谭宗浚编修任四川学政。

八月二十日,廖平、岳森入尊经书院肄业。是时尊经同学有汉州张祥龄(子馥)、华阳范溶(玉宾)、绵竹杨锐(叔峤)、仁寿毛瀚丰(霍西)、同里杨桢(敬斋)、崇庆杨永清、成都岳嗣仪(凤吾)、华阳顾印愚(印伯)、成都焦鼎铭(佩箴)、富顺宋育仁(芸子)、邛州宁湘、江津戴孟恂(挚如)、宜宾陈光明(朗轩)、成都曾培(笃斋)等。

九月，丁宝桢任四川总督。

十一月，张之洞任满，调文渊阁校理。临行前撰《创建尊经书院记》。尊经院生送至新都，与张之洞饯于桂湖而别。

光绪三年丁丑(1877)

正月初六，张之洞在绵竹致信谭宗浚，盛赞“尊经五少年”(杨锐、廖登廷、张祥龄、彭毓嵩、毛瀚丰)。是月，学政谭宗浚至院，问院中研精覃思之士，杨永清举廖平及杨锐数人以对。

光绪四年戊寅(1878)

十二月二十七日，王闿运入川。翌年，掌教尊经书院，

光绪五年己卯(1879)

二月，王闿运至院后，院生喜于得师，勇于改辙，宵昕不辍，蒸蒸向上。

五月，开设尊经书局。

九月八日，乡试放榜。全院二十一人中正榜，副榜二人。院生廖平、宋育仁、周道洽、曾培、任国铨、丁树诚、陈常、吴昌基、江淑、顾印愚、陈光鼐、周伯显、苏世瑜、张问惺、孙彦成、邓宗岳等皆为是科举人。

九月三十日，王闿运率书院新举游二仙庵，题诸举人名于壁上。闿运诗曰:“澄潭积寒碧，修竹悦秋阴。良游多欣遇，嘉会眷云林。”极一时之盛。

十月十六日，《蜀秀集》刻成。《蜀秀集》是学政谭宗浚集尊经诸生三年以来课艺及下车观风超等卷，刊为八卷。所刊皆二钱之教，识者称为“江浙派”。谭宗浚《尊经书院十六少年歌》约作于此后不久，“十六少年”除“尊经五少年”外，又添入范溶、傅世洵、邱晋成、张肇文、任国铨、周道洽、宋育仁、曾培、吴昌基、顾印愚、戴孟恂等十一人。

十一月十六日，王闿运归湘潭，院生送者相属，至江口始还。

十二月中旬，学政谭宗浚任满离川，陈懋侯继任。

光绪六年庚辰(1880)

春，庚辰科会试，院生毛澂、陈光明中进士。廖平赴京应礼部试，不第。在京之日，张之洞尝引《创建尊经书院记》中的“适越而面太行，马愈良者去愈远”一语诫廖平:“风疾马良，去道愈远。”

二月初三日，丁治棠在京谒张之洞，张问及乡贯及川内事暨尊经院条规甚悉。

三月十五日，王闿运复从湘潭携其妾六云，女帉、滋、茙、纨，子代丰，来川。

四月十二日，成都县令祈雨时，院生杨永澍冲道，与皂隶发生口角，受辱于市。其兄杨永清不服，率尊经同学大闹县堂。

八月十日，王闿运开始在院中与诸生演释奠礼及饮酒礼。

十月，斋长吴昌基病逝，王闿运称其“好学深思，孔静幽默”。

十二月二十三日，王闿运题院联：“考四海而为隽；纬群龙之所经。”

光绪七年辛巳(1881)

二月十日，院生张祥龄与杨锐不和者四年，同学皆以为不解之怨，王闿运释奠以后，张、杨置酒修好。

四月八日，朱逌然任四川学政。廖平曰：“朱肯夫先生立课亦重章句。”

八月，王闿运次子王代丰病死于夔州，尊经院生闻讯多有失声痛哭者。

十月廿五日，王闿运携眷返湘潭。王去后，尊经由监院薛华墀(丹庭)主持，并仍由钱宝宣代讲席。

十二月，杨锐、廖平、张祥龄等数十人祭奠同院生翰林院庶吉士陈光明。

光绪八年壬午(1882)

正月，尊经院生入京会试，途中，廖平和曾培有苏州之行。

十二月廿七日，湖广道差邵积诚任四川学政。

是年，学政朱逌然谋为尊经置教习，访于钱宝宣，钱首举宋育仁，称曰：“其为人有不以三公易其介之操。”

光绪九年癸未(1883)

春，廖平赴北京会试不第。廖平会试后谒张之洞于太原，见到令德堂院长王霞举，乃悟南学北学之差异。是年，“舟车南北，冥心潜索，得素王二伯诸大义”，说经始分别今古。

五月十六日，王闿运第三次入川。

冬，钱宝宣卒。

光绪十年甲申(1884)

二月十二日，王闿运携帉、茙二女返湘。五月二日，复携二女至成都。

五月十五日，骆成骧由锦江书院调入尊经书院肄业。

光绪十一年乙酉(1885)

三月,王闿运《尊经书院初集》编成。

八月丁卯,盛炳纬编修任四川学政。

九月,乡试放榜,尊经院生中举者甚众。院中立《四川尊经书院举贡题名碑》,刻50名举贡生员的里籍、姓名字号和年龄,王闿运碑序中感叹"公车将行,几群空矣"。

是年,廖平尝与江瀚(叔海)"约集于草堂,别墅主人张子苾。当时各有徒众,定难解纷,每至达旦连日"。

是年,院生孙鸿勋在广东任州判,助张之洞收降刘永福黑旗军,以劳绩代理广东防城县知县。

光绪十二年丙戌(1886)

春,丙戌科会试,院生罗光烈、杨琮典、尹殿飏、宋育仁、张骧中进士。

是年春,王闿运归湘潭,不再至蜀。尊经书院山长由锦江书院山长伍肇龄兼代。

五月七日(6月8日),丁宝桢死,谥文诚。刘秉璋任四川总督。

六月,廖平《今古学考》成,约尊经同人撰《王制义证》。

光绪十三年丁亥(1887)

二月,廖平至成都,在尊经书院阅卷,同阅卷者富顺王万震(复东)。廖平见山长伍肇龄,议复朱肯夫学使旧章,设分教,不考课,以著书作季课,并中膏火。

二月二十九日,王万震堂课不用廖平所拟题目,又欲出宋学题,廖平偕刘子雄力争得止。三十日,刘子雄、邹增祜来访,因言堂课出题之谬。廖平言伍最服江西陈溥。陈乃祆人,著书多妄诞,托于宋学而杂以左道。邹言其曾谋反,有案可稽,伍刻其所批书甚多。

四月四日,盛炳纬忧免,高赓恩编修任四川学政。高赓恩喜宋学与伍肇龄合,不以廖平新说为是。伍新刻《近思录》,高为作序,痛诋汉学有"寖树藩篱,操末忘本,世儒之蠹"等语,盖指廖平也。

是年,廖平欲集同人之力,统著《十八经注疏》,(《今文尚书》、《齐诗》、《鲁诗》、《韩诗》、《戴礼》、《仪礼记》、《公羊》、《穀梁》、《孝经》、《论语》。《古文尚书》、《周官》、《毛诗》、《左传》、《仪礼经》、《孝经》、《论语》、《戴礼》。《易》学不在此数)以成蜀学。

光绪十四年戊子(1888)

七月，廖平过成都，与吴之英论学于尊经，时吴任灌县教谕。

八月，朱善祥编修任四川学政。

是年，考入京师南学的院生岳森、尹殿飏、江淑、王銲堂、周伯显等人，名噪一时。尤其是岳森，充南学斋长，经学杂艺，倾动公卿。《成均校士录》刻他的著述成集，并被推荐为八旗官学校习。

是年，《蜀学编》由尊经书局刻印。

光绪十五年己丑(1889)

二月，己丑科会试，院生曾光岷、李滋然中进士。此时适逢大挑之年，在京的尊经院生在安徽馆团拜，齐聚一堂。

七月以后，康有为、黄绍宪访廖平于广州广雅书院，廖平以《知圣篇》、《辟刘篇》示之。后廖平与康有为会面于广州城南安徽会馆，两人相协，谈论移晷，于是康尽弃前学。

十月十七日，院生刘子雄卒于北京。

是年，总督刘秉璋重建崇丽阁(今成都望江楼公园)，向全省名士征文，院生戴光撰《崇丽阁记》，独被采用，名噪一时。《崇丽阁记》收入《尊经书院二集》卷八。

光绪十六年庚寅(1890)

春，庚寅恩科会试，院生廖平、曾培中进士。廖平本于上一年会试中式，因磨勘，是年补殿试后方成进士。

秋，廖平偕宋育仁由京返川，途中闻江瀚得俞樾书云："康有为《新学伪经考》已成书，盖即本先生之《辟刘编》而失其宗旨。"康说粗豪狂恣，书既出，天下震动。

是年，罗纶入成都尊经书院肄业。

光绪十七年辛卯(1891)

四月，廖平移居尊经书院，时山长仍为伍肇龄兼，陈观浔同任襄校。

八月壬辰，瞿鸿禨翰讲学任四川学政。

是年，《尊经书院课艺二集》编成，伍肇龄阅选，岳森参订。

是年，吴虞入尊经书院，从吴之英习诗文。

光绪十八年壬辰(1892)

正月初一,吴玉章随二哥吴永锟入读尊经书院。

春,壬辰科会试,院生周凤翔、胡从简、甘作赓中进士。

三月,廖平至成都买书,见尊经书院已非昔比,至有“聚赌内室,放马讲堂”者。廖平言于学政瞿鸿禨加以整顿,颇有复兴之象,然亦以此遭忌。

光绪十九年癸巳(1893)

正月,因尊经有朋党之争,廖平愤而辞襄校一职,荐岳森继任。

冬,尊经襄校吴之英、岳森均去职,川督刘秉璋仍札委廖平继任。

光绪二十年甲午(1894)

春,甲午恩科会试,院生范溶、叶大可、周宝清、张祥龄、谢质中进士。

三月,廖平赴成都任尊经襄校。五月,返嘉定。

八月,吴树棻任四川学政。

八月,朝廷查处《新学伪经考》,时任广东某县知县的院生李滋然冒天下之大不韪,保全了康有为。

十月二十二日(11 月 19 日),刘秉璋因重庆教案罢职。

是年,张祥龄、范溶、叶大可等皆作庶吉士。廖平致张之洞书曰:“五少年中初有木天之人,大为同辈之光。”

是年,光绪皇帝钦颁御书匾额“石室重开”,悬挂尊经书院。自张之洞倡兴蜀学以来,历二十年,至是始获朝廷褒美。

是年,院生宋育仁出使欧洲,任驻英法意比四国使馆参赞。适逢甲午战事起,宋育仁潜谋购英国水师,乘虚直捣日本京都,因中日和议成,作罢。

光绪二十一年乙未(1895)

春,乙未科会试,院生邹增祜、戴光中进士。殿试,院生骆成骧状元及第,蜀士声威大振,流传“光绪乙未年,势不比从前”的民谚。

三月二十二日(4 月 16 日),鹿传霖任四川总督。

光绪二十二年丙申(1896)

是年,宝应刘岳云为尊经书院山长,主要讲授天算、格致。

是年,吴鼎昌入尊经书院肄业。

光绪二十三年丁酉(1897)

春，宋育仁奉旨回川办理矿务商务，兼任尊经书院山长，院中添设经济加课，讲求时务。

八月，吴庆坻编修任四川学政。是月，刘岳云编选的《尊经书院课艺三集》开雕。

冬，钱保塘卒。

是年，宋育仁从上海等地采购回大批西学书籍。

光绪二十四年戊戌(1898)

春，戊戌科会试，院生李稷勋、郑钟灵中进士，其中李稷勋为传胪(二甲第1名)。

三月初一，蜀学会开会。尊经书院师生衣冠齐集尊经阁前释奠先师，礼毕更衣就三公祠，列坐会讲。

闰三月，《蜀学报》创刊。宋育仁、廖平、吴之英等人依托尊经书院，创办蜀学会、《蜀学报》，以学、会、报一体的方式宣传维新变法思想。

五月二十四日，奎俊出任四川总督。

七月二十日，院生杨锐与刘光弟、林旭、谭嗣同均加四品卿衔，在军机章京上行走，参预新政。

八月，戊戌政变，慈禧太后杀谭嗣同、杨锐、刘光弟、林旭、杨深秀、康文仁。蜀学会解散，《蜀学报》被焚。

光绪二十五年己亥(1899)

三月四日，学政吴庆坻致书沈曾植，叙述戊戌政变后尊经书院的情况，言："通省才彦太半聚此院中，然不能不视院长风气为转移，而振兴之机又一阻。"

是年，邹容入吕翼文门下学习。

光绪二十六年庚子(1900)

九月，吴郁生任四川学政。

是年，罗光烈任尊经书院山长。

光绪二十七年辛丑(1901)

是年，杜翰藩任尊经书院山长。

光绪二十八年壬寅(1902)

四月十九日(5 月 26 日),四川总督奎俊上《筹办大学堂折》,请求将尊经书院作为四川省城大学堂。

七月,满人奎俊解职,岑春煊继任四川总督。

是年,张澜入尊经书院。

光绪二十九年癸卯(1903)

十二月二十九日(1 月 27 日),川督岑春煊下令裁辙尊经书院与锦江书院,以其所有经费并入高等学堂。

附录二：《四川省城尊经书院记》汇校

［说明］张之洞《四川省城尊经书院记》是研究尊经书院历史的第一手文献，经常被研究者引用到。但是，这篇记有多种版本，文字各有异同，却很少被研究者注意到。有鉴于此，这里将目前所见到的各种版本作一汇校，辨析文字，校勘异同，希望得到一个可资为据的文本。汇校本以四川省图书馆藏拓本为底本（简称"拓本"），参与汇校的有四种版本：(1)光绪十九年日照尹琳基刻本（简称"刻本"）；(2)由宋育仁后人徐明先生提供的家藏手钞本（简称"钞本"）；(3)河北人民出版社1998年版《张之洞全集》中的文本（简称"全集本"）；(4)上海古籍出版社2008年版《张之洞诗文集》中的文本（简称"文集本"）。

四川省城尊经书院记[①]

同治十三年四月，兴文薛侍郎偕通省荐绅先生十五人，投牒于总督、学政，请建书院，以通经学古课蜀士。光绪元年春，书院成，择诸生百人肄业其中。督部盱眙吴公与薛侍郎使之洞议其章程。事属草创，未能画一，有所商略，或未施行。比之洞将受代，始草具其稿，商榷定议[②]。诸生屡以记为请，曰："砻石三年矣。"乃进诸生而语之曰："奚以记为哉！诸荐绅之公牒、吴公之奏牍缘起备具，是即记矣，不劳复出也。若夫建置书院之本义与学术教条之大端，愿得与诸生说之。"

诸生问曰："先生之与台司诸公及诸乡先生创为此举，何意也？"曰："若

① 整理本、文集本标题作《创建尊经书院记》，其余皆作《四川省城尊经书院记》。其规律是，凡出自拓本的都叫《四川省城尊经书院记》，出自张之洞集的都叫《创建尊经书院记》。疑张之洞的稿本上原名为《创建尊经书院记》，尊经书院刻碑时改为《四川省城尊经书院记》。

② "榷"，文集本作"搉"。

意谓何?”或对曰:“振恤寒士。”曰:“噫,何见之左也[①]! 使者,教士之官,非振贫之官也。全蜀学生三万人,院额百人,振百人,遗三万,何益? 月费岁止数十金,即益以膏火,未见能起其贫也。”(如为振贫,则筹钜款增广锦江书院膏火数百名足矣。[②])“然则何为?”曰:“为读书。”“读书何用?”曰:“成人材。蜀才之盛旧矣,汉之郭(即犍为文学)、张、马、扬,经之宗也;宋之二王(当、偁)、二李(焘、心传)、史、范,史之良也;其余唐之陈、李,宋之五苏、范、虞,元之虞,明之杨,气节、经济、文章之渊薮也。方今圣上敦崇经学,祀汉太尉、南阁祭酒许公于学宫[③],试卷经策空疏者,磨勘有罚[④]。使者奉宣德意,诚欲诸生绍先哲,起蜀学。然岁、科两试能进退去取其所已然[⑤],不能补益其所未至,批抹不能详,发落不能尽,仅校之,非教之也。于是乎议立书院,分府拔尤[⑥],各郡皆与,视其学大小、人多少以为等,延师购书,分业程课。学成而归,各以倡导其乡里后进,展转流衍再传,而后全蜀皆通博之士、致用之材也。语云:‘一人学战,教成十人;万人学战,教成三军。’[⑦]操约而施博,此使者及诸公之本志也[⑧]。”说“本议”第一[⑨]。

诸生问曰:“先生之本意既得闻矣。学者之要如何?”曰:“在定志。适越而面太行,马愈良者去愈远,徘徊于歧路者[⑩],日行不能十里。入院者为学问也,非为膏火也。掩卷而自考,果能解乎? 逾月而自省,学有进乎? 出接同舍,归而发愤,我有以胜于人乎?《学海堂》之三集、《诂经精舍文钞》之三编,皆书院诸生所为也,何渠不若彼乎? 勿以一课之高下为喜怒,勿蒙昧钞撮、假借儌幸以自欺[⑪]。时不再至,师不常得,何所闻而来,何所见而去,是可愧也[⑫],亦可悔也[⑬]。慎无徒以调院高材生之目,招人弹射也。”说“定志”第二。

诸生问曰:“志在读书矣,宜读何书?”曰:“在择术。”“宜择何术?”曰:

① “见”,钞本作“则”。
② “钜”,整理本作“巨”。
③ “公”,刻本、钞本、整理本、文集本、《四川尊经书院举贡题名碑》所留残字俱作“君”。
④ “勘”,钞本误作“堪”。
⑤ “已”,钞本作“以”。
⑥ “尤”,整理本作“优”。
⑦ 按,语出《吴子》。
⑧ “志”,钞本、整理本、文集本俱作“意”。
⑨ “议”,刻本、钞本、整理本、文集本俱作“义”。
⑩ “徘徊”,刻本、整理本、文集本俱作“裵回”。
⑪ “儌”,整理本、文集本作“侥”。
⑫ “可”,钞本误作“何”。
⑬ “亦”,整理本、文集本作“抑”。

“无定。经史、小学、舆地、推步、算术、经济、诗、古文辞,皆学也。无所不通者,代不数人。高材或兼二三,专门精求其一,性有所近,志有所存,择而为之,期于必成。非博不通,非专不精。”说“择术”第三。[或谓宜分经学(小学属焉)①、史学(舆地属焉)②、经济(国朝掌故属焉)③、算学(天算属焉)④、词章为五门⑤,各延一师,弟子各执一业。其法良善,顾经费太钜⑥,不能办也,姑俟异日。⑦]

诸生问曰:“术听人择,何为必通经乎?”曰:“有本。《大学》曰‘物有本末’,《论语》曰‘本立而道生’。圣贤通天下事理,言之谓之本,学人因谓之根柢⑧。凡学之根柢必在经史,读群书之根柢在通经⑨,读史之根柢亦在通经。(或曰:“史与经何与?不知。”“史学要领在‘三史’⑩,不通经学、小学,未有能通‘三史’者也。”)通经之根柢在通小学,此万古不废之理也。不通小学,其解经皆燕说也;不通经学,其读史不能读表、志也;不通经史,其词章之训诂多不安,事实多不审,虽富于词,必俭于理。(不通小学,亦未有能尽通《文选》者也⑪。)故凡为士,必知经学、小学⑫。综此两端,其在笃嗜神悟,欲以此名家著述者⑬,终身由之而不尽。若夫约而求之,治《说文》者,知六书义例之区分⑭、篆隶递变之次第⑮、经传文字通借之常例、古今音韵之异同,足以治经矣⑯。治经学者,知训诂之本义、群经之要指、经师授受之源流、儒先传注异同长短之大端,足以折中群籍矣。即此数要,先正老师,其说已备,其书俱存。(《辅轩语》、《书目答问》举之已详。)稍求之深者,治《说文》三年,治经学七年,通计十年,不为多也;求之浅者,治《说文》一年,治经三年,通计四年,益不难也。苟有其本,以为一切学术,沛然谁能御

① “经学”,刻本作“经学为一门”。
② “史学”,刻本作“史学为一门”。
③ “经济”,刻本作“经济为一门”。
④ “算学”,刻本作“算学为一门”。
⑤ “五”,刻本作“一”。
⑥ “钜”,整理本作“巨”。
⑦ 整理本、文集本此后有“算学难得师,省城有韩君紫汀精此,可以问业。”其余各本皆无此句。
⑧ “学”,钞本误作“俗”。
⑨ “在通经”,钞本作“重在通经”。
⑩ “在”,钞本作“有”。
⑪ “能尽”,钞本作“尽能”。
⑫ “知”,钞本作“通”。
⑬ “著”,刻本、整理本作“箸”。
⑭ “书”,钞本误作“经”。
⑮ “第”,整理本作“弟”。
⑯ “治”,钞本误作“置”。

之？要其终也，归于有用。天下人材出于学[①]，学不得不先求诸经，治经之方不得不先求诸汉学，其势然、其序然也。人各有能、有不能，性各有近、有不近，如谓强人人为经生博士，而尽废此外之学术，何为更以史论、诗文课之哉！"说"务本"第四。

诸生问曰："经学、小学之书繁而难纪，异同蜂起，为之奈何？"曰："有要。使者所撰《辅轩语》、《书目答问》言之矣。犹恐其繁，更约言之。经学必先求之《学海堂经解》[②]，小学必先求诸段注《说文》[③]，史学必先求诸'三史'，总计一切学术必先求诸《四库提要》，以此为主，以余为辅，不由此入，必无所得。"说"知要"第五。［督部吴公初议，入院者人给"五经"一、《释文》一、《史记》一、《文选》一、《史记合评》一。如经费能办，可著为法。更有《国语》、《国策》、《两汉》、《三国》、《说文》（必须兼《检字》）[④]、《历代帝王年表》、《简明目录》，皆成都有版，价值亦廉，诸生亦须置之[⑤]。］

诸生问曰："既知要矣[⑥]，如何而后有效？"曰："在定课。人立日记一册，记每日看书之数，某书第几卷起，第几卷止。记其所疑，记其所得，无疑无得不可强。书不贵多，贵真过目；不贵猛，贵有恒；不贵涉猎，贵深思；不贵议论，贵校勘考订；不贵强记，贵能解（能解自能记[⑦]，不解自不记）；不贵创新解，贵通旧说；不贵更端，贵终卷。（大略书三种，《说文》一、《提要》一，其余或经或史一，各看若干页。使者置有《提要》三部，犹恐不能周，各择一类分看可也。）监院督之，山长旬而阅之，叩诘而考验之。一课不中程者罚月费[⑧]，二课戒饬，三课屏之院外。"说"定课"第六。

诸生问曰："有依课计功而无所得者，何也？"曰："不用心之咎也。平日嬉娱，临课而搜索枵腹[⑨]，日日课试无益也。翻书钞撮，姑以塞责，检之不能得，读之不能句，摘之不得其起止。钞考据之书，不能辨其孰为引证语[⑩]，孰为自下语也。钞记事之书，不能瞭然此事之原委也[⑪]。如此则钞之

---

① "材"，整理本作"才"。
② "之"，刻本、钞本、整理本、文集本俱作"诸"。
③ "诸"，钞本作"之"。
④ "必须兼《检字》"，刻本无此句。
⑤ 此句刻本、钞本、整理本、文集本俱作"诸生节衣缩食亦须置之"。
⑥ "既"，钞本作"即"。
⑦ "自"，刻本、整理本俱作"方"。
⑧ "不"，钞本误作"一"。
⑨ "索"，钞本误作"率"。
⑩ "辨"，钞本作"办"。
⑪ "能"，各本皆无。"瞭"，钞本作"暸"，整理本作"了"。

而仍忘[1],引之而不解,虽日日钞书无益也。作为文章,以剿袭为逸,以储材为劳,读近人浅俗之文则喜,古集费神思则厌,甘仰屋以课虚,不肯学古而乞灵,虽日日为词章,无益也。用心之状,古书虽奥,必求其通。不能通者,考之群书,勿病其繁,问之同学,不以为耻。文章纵苦涩[2],勿因人纵蹈摹古之讥,勿染时俗之习,如此而不效,未之有也。"说"用心"第七。

诸生问曰:"用心而以为苦,何也?"曰:"信之不坚,中作而辍。古书多简,古训多迂[3],古事多隐,陋则多怪,厌则生疑,畏难则思遁[4],已不信矣。凡民难与虑始,而可与乐成。为古学,为高文,忌者谤之,俗浅者讥之,专利禄、求捷获者笑之,挟私见者攻之,不为摇夺者尟矣[5]。夫使者亦何为焦心劳力,而设为难行难效、有害无益之事以困蜀人哉?野人食芹而甘,遂欲公之众人[6],同嗜者试之,异趣者听之,必能行古书,信师说,信使者之不欺。虽或犹豫,姑降心抑志,勉而行之。行之三年,果无可好,弃去未为晚也。使者诚谫陋,顾所撰《𬨎轩语》、《书目答问》两编,开发初学,论卑易行,如能笃信而择用之,虽暂无师,必有所得矣。如并此浅易者,百言而百不信,虽许、郑在左,程、朱在右,将益骇而苦之矣,亦何益哉?"说"笃信"第八。

诸生问曰:"此可以祛不学之弊矣[7]。近世学者多生门户之弊,奈何?"曰:"学术有门径,学人无党援。汉学,学也;宋学,亦学也;经济、词章以下,皆学也,不必嗜甘而忌辛也[8]。(《𬨎轩语》言之已详。)大要读书宗汉学,制行宗宋学。汉学岂无所失[9],然宗之则空疏蔑古之弊除矣。宋学非无所病,然宗之则可以寡过矣。至其所短,前人攻之,我心知之。学人贵通[10],其论事理也,贵心安,争之而于已无益,排之而究不能胜,不如其已也。"诸生问曰:"然则何以不课性理?"曰:"宋学贵躬行,不贵虚谈,在山长表率之、范围之,非所能课也。(后所说"慎习"、"尊师"云云,即宋学也。)使者于两家有所慕而无所党,不惟汉、宋两家不偏废,其余一切学术亦不可废。若入院者抱一而自足,是此而非彼,误矣。不入院者执一以相攻,更大误矣。"说

① "忘",钞本作"妄"。
② "涩",刻本、整理本俱作"澀"。
③ "训",钞本作"诂"。
④ "遁",钞本误作"循"。
⑤ "尟",整理本、文集本作"鲜"。
⑥ "公",钞本作"攻"。
⑦ "弊",刻本、整理本、文集本作"病"。
⑧ "嗜",钞本作"试"。
⑨ "岂",钞本作"且"。
⑩ "学",钞本作"俗"。

"息争"第九。(用汉学之师法,虽兼采诸儒之说,亦汉学也。守宋学之准绳,虽不谈性理,亦宋学也。汉学师法止于实事求是,宋学准绳止于严辨义利[①],无深谈也。)

诸生问曰:"争端息矣,犹有虑乎?"曰:"虑在不尊师。无师功半,有师功倍。既来主讲,必有所长。虚心请业,听言则记,勿窘其疏,勿抵其隙,勿妄生辨难[②],勿以教督下考而不悦。同舍诸生复加切磋,学优勿吝,考下勿妬[③],勿嬉谈废日,勿狎侮。经史繁重者,一人翻之则畏难而自废,同力检之则易得。疑义难解者,独坐冥思则窒,诘难推求、谈谐趣妙则通。此友之益,亦师之亚。"说"尊师"第十。

诸生问曰:"学如是足矣?"曰:"不然。不求进功,先求寡过,今天下之书院,不溺于积习者罕矣。人多则哤,课无定程则逸,师不能用官法则玩。嬉游博簺、结党造言、干与讼事、讪谤主讲,品既败矣,学庸有成乎!有蹈此者,监院以闻,屏惩不宥,斋长与有责焉。昔者湖学弟子,行路皆识,令人敬爱,不亦美乎?"说"慎习"第十一。

诸生问曰:"为弟子之道,敬闻命矣。然山长之教法不可知也,奈何?"曰:"有良师来,其道可拟议而豫知也。书院非试场,月课非考试,此教未成者,非考已成者,非善诱不可。初学穷经,未知所从,凭臆妄说无益,不辨纯驳[④]、任意钞撮亦无益。每课发题,经解题必出先儒已有确解定论者,使之疏证,以觇其悟。(疏证者[⑤],比类引书以征实。)或旧解两歧者,使之自决,以觇其断。先检元书,宣示诸生,使其领解,然后下笔。(总须其书为院内所有者。)主讲既评其卷,指其乖合通塞,必为书一确解,张于讲堂。史论发题,论史事勿论一人,重考辨不重空论[⑥]。(发题取诸正史各志及《通鉴》、《纪事本末》、《通典》、《通考》之属。)诗赋杂文多令拟古,示以元作,使之考其义法[⑦],摹其气格。如是则课一解即通一经义也,课一论即知一史案也,课一诗文即熟古人一诗文也。此非如科目有去取,不可令其射覆以窘之也。"说"善诱"第十二。(今年使者限诸生将《说文》依六书分类,欲其将《说文》通阅一过也。令其将《归方合评史记》以五色笔照临,欲其将《史记》通

① "辨",钞本作"办"。
② "辨",钞本作"办"。
③ "妬",刻本、整理本作"妒"。
④ "辨",钞本作"办"。
⑤ "疏",钞本作"书"。
⑥ "辨",钞本作"办"。
⑦ "义",钞本作"气"。

阅五过也。令其先阅《四库提要·经部》为其中,或考核著书人之本末[①],或核勘版本,或议论他事,不专诂经,可以开发性灵也,此亦诱之而已。其法未必尽于此,其意或可采而用之。)

山长与诸生五日一会于讲堂[②],监院呈日记,山长摘其所习之书而问之[③],以验其有得与否。阅日记毕,与之讲说,问难不禁、所记不实者罚之,前所讲授不能覆答者罚之[④],甚者夏楚之。假归,视远近为限,逾限不至者除其名,到日候阙再补。说"程功"第十三[⑤]。(每月官课后始到者,不得领月费。)

既惩其惰,更惜其力[⑥],月止二课(官课一、斋课一),课止四题(经解一、史论一、杂文与赋为一、诗一。赋与杂文不并出,杂文或骈或散,惟宜[⑦]。),可减不可增,四日缴卷,必有余力,乃可读书。若思而不学,精力劳惫,无益而有害,非教士之本意也。说"惜力"第十四。

调院之外,投考者不禁,核其籍贯、学册,其人之有无及真伪,羼入外省人者,责监院。(投考多空名,积习如此。)收录须少严[⑧],宜由山长面试一次,以备参检其文理、字迹也。三课不入二百名内者,除其名。每课膏火百名,住院者常居十之七,投考者无过十之三。若投考过众,佳卷过多,亦无过十之五,不使夺其膏火以给其用。说"恤私"第十五。(凡给月费膏火,监院册其名,加山长图记。乃以请于盐道,盐道亦书其名。举其数,揭示于院门外。)

凡为山长,不可懦也,牖导必宽,约束必严。山长主之,监院佐之,斋长承之,各衙门督之。败习者、邪说谬论者、名虽著录而不奉课程者有罚,轻者罚月费[⑨],重者夏楚,再重者屏逐,再重者既逐出,监院仍禀提学注劣,甚至褫黜[⑩]。院门至戌则键闭,无名籍者不得容一人入居于院。院设斋长四人,以助钤束、稽程课,增其月费,以学优年长者充之。由学院选用,无过不更易,阙则请命而更补之,监院不得私派,不得以钱物琐俗事委斋长。有犯

① "著",刻本、整理本作"箸"。
② "山长",刻本作"院长"。
③ "山长",刻本作"院长"。"问之",钞本作"习问之"。
④ "覆",整理本作"复"。
⑤ "程",钞本误作"成"。
⑥ "更",整理本、文集本作"又"。"惜",钞本作"习"。
⑦ "惟",钞本作"为"。
⑧ "少",整理本作"稍"。
⑨ "罚",钞本误作"发"。
⑩ "黜",钞本作"除"。

教条者，监院、斋长不以闻，轻则记过，甚则更易。说“约束”第十六。

书院所储之书，监院有籍。（除官发外，使者捐置二百余部[①]。）二人掌之，增其月费。凡书必责掌书者题其前额，违者罚。不如此，不能检、不能读也。岁一更，不得留，不得用本城人，为其居于外，也不得借出院。掌书须择晓事者，不可滥，尤不可吝也。若遗失，勒限领书者借觅钞补，不能补者罚，掌书者无罪。其罚卷多者每函一月月费，卷少者每部皆以一函论，尤精秘者酌增。若罪掌书则固闭不出，罚过重则人不敢领[②]，失书犹可，束书不得读，不可也。说“书籍”第十七。[③]（局刻书版藏于院者，印售时视纸料定价三等，刊播宣示[④]。若经费充足，凡切要同看之书，院中须各置十许部，若注疏、经解、正史、《通鉴》、《提要》、《说文》、《玉篇》、《广韵》及考据家最著之书[⑤]，周秦诸子、大家文集之属，虽费数千金，其效甚钜[⑥]，不足靳也，姑俟异日。正史即坊本亦可。）

诸生问曰：“不课时文，何也？”曰：“无庸也。世人应试而不好学，根柢日薄，而《四书》文日益不振。明诏使乡会场加意经策，而下无以应，故为此以养其原，以补其不足。若《四书》文大小场用之，各郡县书院课之，诸生无不习者[⑦]，今复课之，赘也。且月增《四书》文一课，时日精力不能胜也。”诸生曰：“如此得不与科名相妨乎？”曰：“不然。根柢深而不工词章者尟矣[⑧]，工一切诗、古文辞而不能为举业者抑又希矣。[⑨] 其于时文有相资也，无相害也，或自为之可也，或应他书院课为之可也，岂禁之哉？况乎策论、诗赋，便考古也；课卷用白折，习书法也。由选拔以至廷试，未有不视古学楷法为进退者也。时文固所习，又益之以诸条，其为科名计，抑亦周矣。”说“释疑”第十八。

凡十八条，使者所以为蜀士计者如此。后有山长与夫大吏、学使主持此事者，视可用者采之，未备者补之。若遽不能得师，师或怠于教，诸生自为之，莫余禁也。法不善，虽立不行，法虽善，久而亦变。先王不能得之于后贤，况官师乎？其行之而坚与不坚，效与不效，非所敢知也[⑩]。夫蜀之当

---

① “除官发外，使者捐置二百余部。”刻本无此句。

② “不”，钞本误作“莫”。

③ “书籍”，一本作“惜书”。

④ “局刻书版藏于院者，印售时视纸料定价三等，刊播宣示。”刻本无此句。

⑤ “最著”，钞本作“撮要”。

⑥ “钜”，整理本作“巨”。

⑦ “诸生无不习者”，钞本作“诸无习者”。

⑧ “尟”，整理本、文集本作“鲜”。

⑨ “诗古文辞”，钞本作“诗文古词”。

⑩ “非所敢知也”，文集本作“非所敢知之”。

务,不独学也;学之宜修,不独蜀也。在府言府,在库言库,使者之职也[①]。揖诸生而退,遂书问答之语以为记。光绪二年十一月,提督四川学政、侍读衔翰林院编修张之洞撰[②]。

① “夫蜀之当务,不独学也;学之宜修,不独蜀也。在府言府,在库言库,使者之职也。”此两句刻本无。

② 刻本无“侍读衔”三字。

附录三:尊经院生征略

[说明]《尊经院生征略》搜罗各种文献资料中提到的尊经院生姓名生平,考订核实,汇为一编。排列顺序以籍贯为主,入院先后为次,年龄再次,后附其人在院期间的著作和诗文。其中,大部分院生小传为综合《蜀秀集》、《尊经书院初集》(以下略作《初集》)、《尊经书院二集》(以下略作《二集》)、《尊经书院课艺三集》(以下略作《三集》),以及王晓波《清代蜀人著述总目》(成都:四川大学出版社,2009年)、李朝正《清代四川进士征略》(成都:四川大学出版社,1986年)、《近代巴蜀诗钞》(成都:巴蜀书社,2005年)等材料而成,删改之处繁多,除特殊情况,不再一一注明。除上述七种书之外引用的文献资料,皆注明出处。

一、成绵龙茂道

(一) 成都府

1. 成都县(今四川省成都市)

方守道,字廉史。光绪初年,以附生调入尊经书院,卒于光绪二十七年(1901)之前,科名止于廪生。《蜀秀集》、《尊经初集》、《二集》、《三集》均载其名,据此推测,其在院时间至少20年。曾参校《唐诗选》[①],其所辑课艺《蜀贤事略》,被选为《蜀学编》的底稿,学政高赓恩称其"书法谨严,多合《关学》、《洛学》、《北学》诸编之例"[②]。

著作一部:

《蜀学编》两卷,成都方守道初辑,宁河高赓恩覆辑,邛州伍肇龄同订,成都尊经书局光绪十四年刊本

诗一首:

---

① 黄海明:《概述四川尊经书院的刻书》,《四川大学学报(哲学社会科学版)》1992年第4期,第108页。

② [清]高赓恩:《蜀学编·凡例》,光绪二十七年锦江书院刻本。

峡江櫂歌(《三集》卷八)

文十一篇：

浣花草堂赋(《蜀秀集》卷七)

秋镫赋(《初集》卷十)

拟传鹟觚历九秋篇(《初集》卷十)

月日不蒙说(《二集》卷三)

内夫人嫡妾例考(《二集》卷三)

是月再月丙戌再日例说(《二集》卷三)

北杏之会城濮之战齐晋称爵说(《二集》卷三)

春秋成而乱臣贼子惧论(《二集》卷五)

拟班孟坚幽通赋(《二集》卷六)

江干打鱼歌(《二集》卷七)

拟陈孔璋为袁绍檄豫州文(《三集》卷六)

张骧，疑字棣生[①]。约光绪五年(1879)至光绪十一年(1885)在院，初为廪生，光绪九年(1883)举人，十二年(1886)丙戌科三甲第93名进士，与宋育仁同榜。光绪十八年(1892)至二十年(1894)调任山东昌邑县署知县。二十六年(1900)年复返贵州，署都匀县知县。三十年(1904)年任毕节县知县。宣统元年(1909)复回任都匀县知县。庚戌年(1910)升黎平府同知。

诗一首：

读唐书乐府十八首(崖州贬)(《蜀秀集》卷八)

文四篇：

读后汉书虞诩传书后(《蜀秀集》卷四)

拟杜工部封西岳赋(《蜀秀集》卷六)

王会图赋(《蜀秀集》卷七)

盘庚三篇先后说(《初集》卷一)

陈观浔，字友生，一字西生，约光绪十一年(1885)前在院，光绪五年(1879)正月廿九日曾拜见王闿运。[②]《湘绮楼日记》六月十二日又有“陈生友生送蒸盆”的记录。[③] 光绪十一年(1885)举人，主芙蓉书院。光绪十七年(1891)四月，任尊经襄校。[④] 著有《敏求斋遗书》、《敏求斋咏物诗(附咏

① 疑即丁治棠《往留录》中提到的“京官三同年”之“张棣生”。([清]丁树诚：《丁治棠纪行四种》，成都：四川人民出版社，1984年，第117页。)

② [清]王闿运：《湘绮楼日记》，长沙：岳麓书社，1996年，第736页。

③ [清]王闿运：《湘绮楼日记》，长沙：岳麓书社，1996年，第806页。

④ 廖幼平：《廖季平年谱》，成都：巴蜀书社，1985年，第47页。

史诗)》。

文十篇:

瓜桃李皆加木解(《初集》卷二)

杂佩赠问报解(并考杂佩为何物今所传形制始自何时)(《初集》卷二)

朝堂狐裘考(《初集》卷二)

朱裳考(《初集》卷二)

羔羊燕飨礼无明文说(《初集》卷二)

曾孙解(《初集》卷二)

社祭时制考(《初集》卷三)

九拜所用考(《初集》卷三)

爵弁纯衣皮弁素积与惟言爵弁皮弁服同异考(《初集》卷四)

什议(《初集》卷十一)

焦鼎铭,字佩箴,附生,约光绪五年(1879)前后在院。与杨锐、廖平、宋育仁等为同学。[①] 光绪五年(1879)二月七日曾拜见王闿运[②]。

诗二首:

蜀中十二楼诗(逍遥楼、玉音楼)(《蜀秀集》卷八)

文一篇:

拟宋玉钓赋(《蜀秀集》卷六)

严遨(1855—1918),字雁峰,别号贲园居士。陕西渭南人,后定居成都。约光绪五年(1879)前后在院。与王闿运、廖平等交情深厚,《湘绮楼日记》多处记载王闿运教其作诗,可与廖平《贲园诗钞序》互相印证。严氏后来成为著名藏书家和刻书家,一生聚书十一万卷,并筑贲园图书库以藏之。曾校刻《关中金石记》、《毛西河四种》、《明四子诗集》、《戴东原文集》、《医学初阶》等多种古籍。著有《贲园诗钞》。廖平有《文学处士严君家传》。

周道洽(1854—?),字润民。其名"道洽"典出《华阳国志》卷十:"道洽化迁,我实西鲁。"祖籍广东梅县,与周道鸿为兄弟。入院时为附生,后为副贡,名见《四川尊经书院举贡题名碑》。后为南充教谕。以经学见长,谭宗浚《尊经书院十六少年歌》称其"濂溪经学穷微幽,远媲孟喜兼施雠。"

文十七篇:

其浸颍湛解(《蜀秀集》卷一)

牺尊象尊考(《蜀秀集》卷一)

---

① 廖幼平:《廖季平年谱》,成都:巴蜀书社,1985年,第18页。

② [清]王闿运:《湘绮楼日记》,长沙:岳麓书社,1996年,第740页。

庙制兄弟同昭穆辨(《蜀秀集》卷一)

拟杜工部封西岳赋(《蜀秀集》卷六)

绿衣褖衣辨(《初集》卷二)

充耳素青黄考(并考瑱与充耳同异)(《初集》卷二)

权舆解(《初集》卷八)

尔雅新义(释诂篇)(《初集》卷八)

孔魄哉延虚无之言间也(名读引证)(《初集》卷八)

毗刘暴乐解(《初集》卷八)

坎律铨旳聿诠以何为是(《初集》卷八)

玄孙以下有称高祖以上宜何称说(《初集》卷八)

艸木虫鸟兽同名同意说(《初集》卷八)

释苹萍蓱薲(上中下三篇)(《初集》卷八)

猋藨芀苇魄芀葭华其萌虇渝芛皇华荣句读种类解(《初集》卷八)

蘮蒘实解(《初集》卷八)

什议(《初集》卷十一)

周道鸿,生平不详。与兄弟周道洽同入尊经书院,后任锦江书院监院,英籍作家韩素音的曾祖父,参见《四川成都周氏支祠族谱》。

曾培(1850—?),字松生,号笃斋。入院时为附生,光绪五年(1879)举人。光绪八年(1882),曾与廖平同至苏州。[①] 光绪十六年(1890)庚寅恩科会试第三甲146名进士。授兵部主事,旋外放,光绪二十六年(1900)任山东潍县知县,二十七年(1901)调乐安县署知县,其县境内奸狡之徒敛迹,匪盗亦不敢抢掠,治政有声。宣统中,任川汉铁路公司总理。[②] 入民国后,为成都五老七贤之一。

诗十二首:

读杜少陵五律和作(归燕、促织、萤火、废畦、蕃剑、铜瓶)(《蜀秀集》卷八)

蜀中十二楼诗(张仪楼、越王楼、怀忠楼、荔支楼)(《蜀秀集》卷八)

前蜀杂事诗(《蜀秀集》卷九)

后蜀杂事诗(《蜀秀集》卷九)

文一篇:

缁布冠考(《初集》卷四)

---

① [清]丁树诚:《丁治棠纪行四种》,成都:四川人民出版社,1984年,第69页。

② 廖幼平:《廖季平年谱》,成都:巴蜀书社,1985年,第70页。

曾鉴(1857—?),字奂如,生平不详。名见《四川尊经书院举贡题名碑》。

蔡伯陶,字玉成,生平不详。名见《四川尊经书院举贡题名碑》,但未标注年龄,疑似光绪十一年(1885)九月前已经过世。

陈文垣,约光绪十一年(1885)至十七年(1891)在院。《蜀秀集》录其岁考文章一篇,署"成都新生",疑其时尚未入院,至光绪十一年(1885)方以增生入院,约十七年(1891)前后为廪生。民国时,为四川国学专门学校词章教员。①

文三篇:

左氏为大官赋(《蜀秀集》卷七)

神思(拟文心雕龙体论诗)(《初集》卷十二)

拟班孟坚幽通赋(《二集》卷六)

岳嗣仪,字凤吾,岳飞二十四世孙,川陕总督岳钟琪后人。约光绪五年(1879)在院,为附生,与杨锐、廖平、宋育仁等为同学。② 尊经书院建院之初首批翻刻的相台岳氏本《古注五经》,可能与其有关。后袭轻车都尉世职,官参将,任国史馆协修兼秘书。《益州书画录》称其善绘,工书,曾培盛称其诗。

诗四首:

汉昭烈帝惠陵神弦曲(《蜀秀集》卷八)

蜀中十二楼诗(逍遥楼、万卷楼、王氏书楼)(《蜀秀集》卷八)

岳嗣儒,岳嗣仪之弟,生平不详。约光绪五年(1879)前后在院,为附生。

诗一首:

红叶(《蜀秀集》卷八)

岳嗣佺(?—1905),字尧仙,岳嗣仪之弟。《湘绮楼日记》光绪五年(1879)八月一日记其刲肱疗母,王闿运作教表彰,并送银十两,以示奖励③。后为廖平弟子。廖平曾命其辑录《四库提要》中谈诗法的文字,名曰《提要诗话》。④ 甲午战争后,岳嗣佺反对割台,与易顺鼎等两次赴台,帮助

① 郭勇、张丽萍:《四川存古学堂及四川国学学校考略》,《蜀学》第3辑,成都:巴蜀书社,2008年,第35页。

② 廖幼平:《廖季平年谱》,成都:巴蜀书社,1985年,第18页。

③ [清]王闿运:《湘绮楼日记》,长沙:岳麓书社,1996年,第821页。

④ 廖平:《赍园诗钞序》,傅德岷等主编:《巴蜀人文天下盛:近代巴蜀散文选读》,北京:中国文史出版社,2004年,第686页。

台湾义军。[①] 逝于光绪三十一年（1905）八九月间，王闿运有《挽岳尧仙联》："笃孝允家风，官薄未能偿一桂；送君如昨日，客游犹及奠生刍。"[②]

胡延（1860—1904），字长木，一字长太，号砚孙，约光绪十一年（1885）前在院，《兰福堂诗集》自言年二十，师从王闿运治经。初为廪生，光绪十一年（1885）优贡，十二年（1886）朝考得官。十四年（1888）入晋司抚幕奏牍，又兼司三局事。二十二年（1896）春，自绛县任调入抚幕，仍兼领局事。二十七年（1901）夏，权署凤邠盐法道，后官江南粮储道，病殁于姑苏。胡氏长于诗词，著有《兰福堂诗集》、《苾刍馆词集》、《长安宫词》。

诗二首：

春水词（《初集》卷十一）

巴蜀药品赞（《初集》卷十二）

文五篇：

硕人美人解（《初集》卷二）

缉熙解（《初集》卷二）

亦右文母解（《初集》卷二）

鲁郊禘时月考（《初集》卷六）

拟岷阳二帝庙碑（《初集》卷十二）

周宝清，约光绪十年（1885）前后在院。王闿运弟子。《湘绮楼日记》光绪十年（1884）正月十五日，"周宝清引二王生来。"[③]初为廪生，光绪十七年（1891）举人，光绪二十年（1894）甲午恩科三甲第 12 名进士。选翰林院庶吉士，光绪二十二年（1896）散馆，二十三年（1897）授职编修。

诗二首：

春江濯锦城（《初集》卷十）

川东校旗诗（《初集》卷十一）

文五篇：

硕人美人解（《初集》卷二）

周公宇居常许考（《初集》卷二）

拟补陆士衡豪士赋（《初集》卷十）

拟请祀峨眉山神奏（《初集》卷十一）

代太常博士答刘歆移书（《初集》卷十一）

---

① ［清］易顺鼎：《盾墨拾余》卷 14，光绪二十二年琴志楼丛书本。

② ［清］王闿运：《湘绮楼日记》，长沙：岳麓书社，1996 年，第 2680 页。

③ ［清］王闿运：《湘绮楼日记》，长沙：岳麓书社，1996 年，第 1300 页。

严宾虞，生平不详，约光绪十七年(1891)前以廪生入院。

文二篇：

拟潘正叔安身论(《二集》卷七)

拟涂山夏禹庙铭(《二集》卷八)

严士濬，生平不详，约光绪十七年(1891)前以廪生入院。

文一篇：

春秋列国唯晋用夏正说(《二集》卷三)

李成焯，生平不详，约光绪十七年(1891)前以附生入院。

文一篇：

张居正论(《二集》卷七)

杨光垌，生平不详，约光绪十七年(1891)前以廪生入院。

文二篇：

考工记车制名目图说(《二集》卷二)

拟班孟坚幽通赋(《二集》卷六)

缪宗瀚，生平不详，廪生，约光绪十七年(1891)前后在院。

文一篇：

拟庾子慎书品序(《二集》卷八)

蔡国栋，生平不详，廪生，约光绪十七年(1891)前后在院。

文一篇：

孔融论(《二集》卷七)

王颂爚，字伯启，岳森弟子，约光绪二十年(1894)前后在院。生平不详，名列《癸甲襄校录·校刊弟子姓氏》。

吴荣辉，字子谦，岳森弟子，约光绪二十年(1894)前后在院。生平不详，名列《癸甲襄校录·校刊弟子姓氏》。《蛾术轩箧存善本书录》著录其稿本《田制通考》一卷、《经说》一卷，题"尊经书院日课"，署"法政学员截取直隶州州判吴荣辉敬呈"。为光绪三十四年(1908)沈曾植主政安徽时，吴荣辉为求赏识，录以进呈的。王欣夫评价吴荣辉"浮沉下僚，世无知者。仅留此残编，若存若没，斯可悯矣。"①

文八篇：

田制通考

毛诗双声叠韵为反切之原说

六书音韵表书后

① 王欣夫：《蛾术轩箧存善本书录》，上海：上海古籍出版社，2002年，第32页。

班书艺文志孝经尔雅同家说

苴蜀解

反正为乏说

释打

释龛

李春荣，字文该，岳森弟子，约光绪二十年（1894）前后在院。生平不详，名列《癸甲襄校录·校刊弟子姓氏》。

沈孝达，字兰陔，岳森弟子，约光绪二十年（1894）前后在院。生平不详，名列《癸甲襄校录·校刊弟子姓氏》。

周开炳，字鼎臣，岳森弟子，约光绪二十年（1894）前后在院。生平不详，名列《癸甲襄校录·校刊弟子姓氏》。

郑炽昌，字保东，岳森弟子，约光绪二十年（1894）前后在院。生平不详，名列《癸甲襄校录·校刊弟子姓氏》。

董应荣，字焕然，岳森弟子，约光绪二十年（1894）前后在院。生平不详，名列《癸甲襄校录·校刊弟子姓氏》。

周玉标，字景卿，生平不详，约光绪十年（1884）至二十三年（1897）在院。《湘绮楼日记》光绪十年（1884）六月廿九日："院生屈大谟初云失银，既又不还饭钱，周玉标诋其诈鄙，遂至相打。余以为风气大坏，令斋长治之，因追前事，咎王绳生作俑，询其饭钱，犹有牵扯，复为戴光所乘。高材多愚诈，如乱丝不可理也。"七月一日，"复将周玉标罚金，屈大谟扑教，以杜嚚陵"。①

文三篇：

万县重修张桓侯庙碑（《三集》卷六）

讨青蝇檄（《三集》卷六）

汉武帝通西域赋（《三集》卷七）

邓镕（1872—1932），原字寿遐，后字守瑕，号忍堪居士，又号拙园，室名荃察馀斋。同治十一年（1872）生。约光绪二十年（1894）前后在院。王闿运再传弟子。光绪二十三年（1897）丁酉科优贡。后留学日本，入明治大学法律科。毕业归国，应学部留学生试，以骈文答卷，轰动一时②，授内阁中书，与林思进同官友善。1912 年 8 月中旬，因蒲殿俊等川籍议员辞职，四川省议会补选邓镕为临时参议院议员。有议员提出，邓镕现为内务部某科

① ［清］王闿运：《湘绮楼日记》，长沙：岳麓书社，1996 年，第 1349 页、第 1350 页。

② 周一良：《毕竟是书生》，北京：北京十月文艺出版社，1998 年，第 18 页。

科长，依法行政官不得兼任议员。议长宣布，根据《参议院法》第5条关于“现任行政职员及现任司法职员”不得为参议员的规定，致电四川省议会，说明其对邓镕的选举无效。[①] 1913年被选为众议院议员。国会解散后，归里寓居，12月任政治会议议员。1914年3月，任约法会议议员，5月任参政院参政。1916年第一次恢复国会时，复为众议院议员。1917年1月，任临时参议院议员，被国民党人视为亲日的“安福系”军阀政客集团成员。[②] 1922年第二次恢复国会时，仍任众议院议员。[③] 1932年还蜀，卒于乡里。著有《荃察馀斋诗文存》。吴虞《邓寿遐〈灯赋〉序》、《邓守瑕〈荃察余斋诗文存〉序》论其诗赋，兼及尊经书院一些掌故。[④] 另外，邓氏有一女名邓懿，1938年嫁北京大学周一良教授。

诗二首：

蜀碑诗(《三集》卷八)

读刘舍人集感题(注：提及院中往事)(见《荃察馀斋诗存》，《近代巴蜀诗钞》第904页)

文六篇：

拟陈孔璋为袁绍檄豫州文(《三集》卷六)

拟萧大圜言志(《三集》卷六)

蜀对(《三集》卷六)

夔门铭(《三集》卷六)

汉武帝通西域赋(《三集》卷七)

督学吴使君颂(《荃察馀斋骈体文存》)

2. 华阳县(今四川省成都市)

范溶(1852—1910)，字玉宾。尊经书院最早的高材生之一，尊经十六少年之一。初从成都武谦学，后得张之洞指授。光绪元年(1875)以廪生入院。光绪二年(1876)三月，张之洞按试眉州(今四川省眉山市)，召其从行读书，“亲与讲论，使研经学”。光绪十四年(1888)优贡，十七年(1891)举人，二十年(1894)甲午会试二甲第59名进士，选庶吉士，未散馆即授福建平和县知县，不乐为知县，旋请调任他职，复派去山西接济灾民事竣，改湖北任职，委以道员。宣统元年(1909)引见出京，行至武昌，忽发恶病，死于

① 参阅李学智：《北京临时参议院的遵法、护法与违法》，张宪文主编：《民国研究》(第13、14辑)，北京：社会科学文献出版社，2008年。

② 《安福世系表之说明》，《民国日报》1919年9月15日。

③ 徐友春主编：《民国人物大辞典》，石家庄：河北人民出版社，1991年，第1494页。

④ 赵清、郑城编：《吴虞集》，成都：四川人民出版社，1985年，第45页、第140页。

途中。工书法,楷书本精善,自认为久不递意,则一概为之弃去,专工北碑,字体凝重,笔势稳健。张之洞《四川省城尊经书院记》楷书碑文即出自其手,张之洞《登眉州三苏祠云屿楼》称赞"范生书画有苏意"。谭宗浚《尊经书院十六少年歌》称"范君渊雅文藻优,长离宛宛升云游"。著有《扶云阁集》。民国《华阳县志》有传。

诗十五首:

读谢康乐游览诗拟作八首(晚出西谢堂、登池上楼、游赤石进帆海、石壁精舍还湖中作、登石门最高顶、从斤竹岭越涧溪行)(《蜀秀集》卷八)

拟李长吉十二月乐词(正月、二月、五月、八月、十一月)(《蜀秀集》卷八)

论蜀诗绝句(《蜀秀集》卷八)

前蜀杂事诗(《蜀秀集》卷九)

后蜀杂事诗(《蜀秀集》卷九)

拟阮籍咏怀诗十七首(《二集》卷七)

文七篇:

拟荀子蚕赋(《蜀秀集》卷六)

拟荀子箴赋(《蜀秀集》卷六)

拟杜工部封西岳赋(《蜀秀集》卷六)

霜赋(《初集》卷十)

恭拟孝贞显皇后挽词(《初集》卷十一)

拟养生论(《初集》卷十二)

拟文心雕龙明诗(《初集》卷十二)

顾印愚(1855—1913),字印伯,又字华园、蔗孙,号所持。塞向翁,别署楚雨堂、双玉龛。先世为浙江嵊县顾港人,迁居上虞。高祖顾洪客游成都,遂定居于此。父守壬,官河南西华县知县,顾印愚生于该县官署。童年始归华阳。光绪十一年(1885)九月前在院,与杨锐、廖平、宋育仁等为同学。[①] 颇受张之洞、谭宗浚赏识,谭氏《尊经书院十六少年歌》曾以三国顾雍相譬,称"东吴文学春华抽,若琢瑚簋铿琳璆"。初为附生,光绪五年(1879)举人,光绪十一年(1885)贡生,名见《四川尊经书院举贡题名碑》。后多次入京会试,久试不第。在京期间,结交陈三立、梁鼎芬、易顺鼎、文廷式等,有文名。官洪雅县训导,后张之洞为湖广总督,延入幕府,曾任湖北汉阳知县、武昌通判等职。拙于仕宦而工诗,书法尤著名。辛亥鼎革,奉母

① 廖幼平:《廖季平年谱》,成都:巴蜀书社,1985年,第18页。

隐居，病殁于北京。顾与陈衍相交甚厚，《石遗室诗话》有多处提及。门人宁乡程康（程千帆之父）为刻《成都顾先生诗集》十卷，另著有《安酒意斋诗草》、《安酒意斋尺牍》、《玉差些剩八种》等。

诗一首：

红叶（《蜀秀集》卷八）

杨勋，字策卿，生平不详。名见《四川尊经书院举贡题名碑》，但未标注年龄，疑光绪十一年（1885）九月前已经过世。

邹履和（1852—1913），字元辨。原籍邹县，迁高安，高祖一辈入华阳籍。张之洞督学时，补弟子员，调尊经书院肄业。《湘绮楼日记》光绪五年（1879）闰三月初一："朝食时，邹生元辨来，因留共食。元辨云有杨次公者，名玉书，欲来相见。"[①]后以贫废学，入张之洞幕二十余年。辛亥革命后居上海两年，1913 年逝于湖北途中。廖平有《清湖北劝业道邹君墓志铭》。

龚开晋，廪生，生平不详。约光绪五年（1879）前后在院。

诗二首：

红叶（《蜀秀集》卷八）

读晋书小乐府（《蜀秀集》卷八）

张孝楷，字盟苏。约光绪五年（1879）前后以廪生入院。谭宗浚《将解任留别蜀中士子八首》之六曰："清河（张孝楷）齿较长，考订笺虫鱼。"可见其年龄较长，擅长考据。曾校《蜀典》。[②] 主讲钱宝宣称赞他"有深湛之思"[③]。据《湘绮楼日记》，光绪六年八月十二日，院中行乡饮酒礼，张孝楷与杨炳烈酒狂骂坐，"一堂愕眙，牌示责之：'本日试行乡饮酒礼，华阳廪生张、秀山附生杨，傲很不恭，敢于犯纪。本应除名褫革，念大学有三移之义，且系试行，姑降为附课，并罚月费奖银一月，即日移出书院，俟改过后再议。'"[④]

诗六首：

蜀中十二楼诗（张仪楼、越王楼、逍遥楼、万卷楼、四望楼、南定楼）（《蜀秀集》卷八）

文二篇：

说文假借例说（《蜀秀集》卷三）

---

① ［清］王闿运：《湘绮楼日记》，长沙：岳麓书社，1996 年，第 768 页。

② 黄海明：《概述四川尊经书院的刻书》，《四川大学学报（哲学社会科学版）》1992 年第 4 期，第 108 页。

③ ［清］缪荃孙编：《艺风堂友朋书札》下册，上海：上海古籍出版社，1981 年，第 722 页。

④ ［清］王闿运：《湘绮楼日记》，长沙：岳麓书社，1996 年，第 941 页。

五代疆域论(《蜀秀集》卷四)

刘澄,生平不详,附生,约光绪初至五年(1879)前后在院。

诗二首:

蜀中十二楼诗(南定楼、玉音楼)(《蜀秀集》卷八)

傅世炜(?—1908),字桐澄。傅世洵之兄。傅家世代习武,祖傅崐做过重庆镇总兵。以二品荫生入京考,用光禄寺署正。光绪十一年(1885)顺天乡试中举,其会试朱卷"受知师"一栏有"钱兰坡夫子,浙江海昌,咸丰己未科举人,四川候补知县,前主讲尊经书院"[①],钱兰坡即钱保塘,而傅氏姓名却不见《四川尊经书院举贡题名碑》,原因待考。光绪十五年(1889)进士,授编修。任凤翔知府,调任西安。光绪二十七年(1901),两宫西幸,傅办事得力,擢叙道员,分直隶用。曾为光绪诊脉看病。宣统初年病逝。事迹见民国《华阳县志》卷十六。

傅世洵(?—1883),字仲戡。傅世炜之弟。与杨锐、廖平、宋育仁等为同学。[②] 初为附生,光绪八年(1882)优贡,同年中举人,次年卒。名见《四川尊经书院举贡题名碑》,但未标注年龄,表示已去世。民国《华阳县志》说他"尝肄业尊经书院,见赏于王闿运。精思撰述,昼夜不肯休,亦以是致疾。所著书有《易礼证》一卷"。谭宗浚《尊经书院十六少年歌》称其"鹑觚之孙内衍修,笃志坟典兼索邱,问事不休贾长头"。见民国《华阳县志》卷十六"傅世炜"条附。

诗一首:

论蜀诗绝句(《蜀秀集》卷八)

文六篇:

尔雅舍人注考(《蜀秀集》卷二)

郑君笺诗多用韩易毛说(《蜀秀集》卷二)

洪氏隶释补释(《蜀秀集》卷三)

秦郡县考(《蜀秀集》卷四)

不速客三人解(《初集》卷一)

履错然解(《初集》卷一)

马生,生平不详。曾由鲁詹引荐于王闿运,见《湘绮楼日记》光绪五年(1879)正月二十九。[③]

---

① 顾廷龙主编:《清代朱卷集成》第66册,台北:成文出版社,1992年,第426页。

② 廖幼平:《廖季平年谱》,成都:巴蜀书社,1985年,第18页。

③ [清]王闿运:《湘绮楼日记》,长沙:岳麓书社,1996年,第736页。

龙启弟，生平不详。曾由总兵陈云卿引荐于王闿运，见《湘绮楼日记》光绪五年（1879）二月初一。[①]

曾光岷，字蜀才。江西吉安知府、安庆府署知府曾咏之子，曾懿的三弟。[②] 光绪五年（1879）前后在院。光绪五年（1879）三月八日，王闿运做客曾氏庄时作陪。[③] 光绪十四年（1888）举人，光绪十五年（1889）己丑科二甲第124名进士，选翰林院庶吉士，光绪十七年（1891）散馆，旋调他任，壬辰（1892）授刑部贵州司主事。

李永镇（1860—?），字恺人。约光绪九年（1883）前后在院，曾以砚为贽，从王闿运学诗。[④] 光绪十四年（1888）举人，知安徽池州府。民国《华阳县志》有载。著有《负园诗存》，卷末署庚戌，知其1910年尚在世。

刘泽溥，广东韶州知府刘汉章曾孙，原为刘汉章孙刘炳的侄儿，刘炳卒无子，以泽溥为后。约光绪九年（1883）前后在院。光绪九年（1883）七月廿五日，曾设酒普准堂，宴请王闿运。[⑤] 光绪十一年（1885）顺天乡试举人，年二十七卒。著有《泛梗集》、《知蘖轩诗》各二卷，今不存。事见民国《华阳县志》卷十四“刘汉章”条附。

颜缉祜，字伯勤，一字伯秦，颜楷之父，尹昌衡岳父。王闿运弟子，一说为院外生。光绪十一年（1885）举人，官河南新郑县知县。

吕翼文（？—1906），字雪堂，约光绪十年（1885）前后以附生入院，为王闿运高足。《湘绮楼日记》光绪十年（1885）十月七日，乡试发榜，“院生当取者皆取，独遗一吕翼文耳。”[⑥]大有惋惜之意。后王闿运离蜀，掌教船山书院，吕翼文从蜀入湘，追随王闿运就学于船山书院，系王氏的两院弟子。[⑦] 岳森《南学报廖季平第二书》评价曰：“故人吕雪棠（堂）者，潜心九渊，振衣千仞，于老兄之外，为弟第一畏友也。”[⑧]光绪二十三年（1897）举人。归蜀后，任江北书院山长，邹容为其弟子。光绪三十一年（1905）在成都独力撰《九经朴学报》。著有《说文理董》《王氏礼经笺疏》。后人收集残稿，编为《雪堂残稿》行世。光绪《内江县志》卷十四、民国《华阳县志》卷十六有传。

文三篇：

---

① ［清］王闿运：《湘绮楼日记》，长沙：岳麓书社，1996年，第737页。

② 王延梯：《中国古代女作家集》，济南：山东大学出版社，1999年，第1251页。

③ ［清］王闿运：《湘绮楼日记》，长沙：岳麓书社，1996年，第758页。

④ ［清］王闿运：《湘绮楼日记》，长沙：岳麓书社，1996年，第1264页。

⑤ ［清］王闿运：《湘绮楼日记》，长沙：岳麓书社，1996年，第1239页。

⑥ ［清］王闿运：《湘绮楼日记》，长沙：岳麓书社，1996年，第1371页。

⑦ 李赫亚：《王闿运与晚清书院教育》，北京：光明日报出版社，2007年，第251页。

⑧ ［清］岳森：《癸甲襄校录》卷5，光绪二十年成都尊经书局刻本。

长子言未去解（并考大夫适庶子服制同异）（《初集》卷四）

嗣君即位当冠议（子幼未能朝王当冠否未冠当即位否）（《初集》卷六）

表记章训义（《初集》卷七）

洪尔振，廪生，生平不详，约光绪十一年（1885）前后在院。

文一篇：

簾赋（《初集》卷十）

冯江，字星吉。约光绪十七年（1891）前后在院，初为附生，光绪二十三年（1897）举人，任云南平彝县知县，甫四月，卒于官。著有《写定楼遗稿》。民国《华阳县志》卷十六有载。

文一篇：

文翁论（《二集》卷七）

罗长钰，生平不详，疑即《蜀秀集》中的附生罗长玥。约光绪十七年（1891）前后在院。初为廪生，光绪十九年（1893）举人。与其兄长镛、兄子春祎同时中举，一时传为佳话。民国《华阳县志》卷二十三有载。

文三篇：

尔雅释诂例证（《二集》卷四）

篆文承用古籀说（《二集》卷五）

重文再见考（有同同部之正文，有同他部之正文，有同部之重文，俱宜说而列之）（《二集》卷五）

徐炯（1862—1936），字子休，号霁园、蜕翁，成都五老七贤之一。约光绪十七年（1891）前后以廪生入院，为尊经书局覆校《汉官七种》[1]。光绪十九年举人，两上春官不售，返川办学，毕生从事教育事业。曾应陕西布政使樊增祥之邀，率陕西省首批留学生赴日。由日返川，主办四川通省师范和附属小学，被选为四川教育会会长。深蓄兴邦拨乱之志，崇尚儒教，提倡国学，主张学以致用，是川内理学的代表人物。1918 年，在四川国学专门学校任伦理学教员。[2] 著有《霁园诗钞》、《霁园随笔》。民国《华阳县志》卷十六有载。

文一篇：

书平原君传后（《二集》卷八）

周泽致，字旭臣。岳森弟子，约光绪二十年（1894）前后在院。生平不

① 黄海明：《概述四川尊经书院的刻书》，《四川大学学报（哲学社会科学版）》1992 年第 4 期，第 108 页。

② 郭勇、张丽萍：《四川存古学堂及四川国学学校考略》，《蜀学》第 3 辑，成都：巴蜀书社，2008 年，第 36 页。

详，名列《癸甲襄校录·校刊弟子姓氏》。

段森，字宝书。岳森弟子，约光绪二十年(1894)前后在院。生平不详，名列《癸甲襄校录·校刊弟子姓氏》。

赵毓筠，字竹君。岳森弟子，约光绪二十年(1894)前后在院。生平不详，名列《癸甲襄校录·校刊弟子姓氏》。

康佑年，字少传。岳森弟子，约光绪二十年(1894)前后在院。生平不详，名列《癸甲襄校录·校刊弟子姓氏》。

孔庆馀，字宝之。附生，约光绪二十三年(1897)秋在院。

文一篇：

五大洲赋(《三集》卷七)

苏兆奎(？—1938)，字凤冈。以附生入院，光绪二十三(1897)举人，光绪三十年(1904)恩科三甲第140名进士。选翰林皖庶吉士，改授知县，分发湖南，历任宜章、零陵知县。辛亥(1911)回川，入民国后署川东道尹。工书法，善词赋，亦精于考据之学，凡金石篆刻，经史子集，音韵训诂，皆别有见地。据《吴虞日记》1938年8月12日记载："苏凤冈去世，年六十四。"①

文七篇：

周公居东申汪中说(《三集》卷一)

历代优崇词臣考(《三集》卷三)

历代海舶互市考(《三集》卷三)

唐通土番道路考(《三集》卷三)

宋童贯约金攻辽史嵩之约元攻金论(《三集》卷三)

夔门铭(《三集》卷六)

讨青蝇檄(《三集》卷六)

唐文焕，字伯华。附生，生平不详，约光绪二十三年(1897)前后在院。

文一篇：

宋童贯约金攻辽史嵩之约元攻金论(《三集》卷三)

冯骧(1865—1932)，字健程。清末入尊经书院，曾任四川师范学堂选科教员四川省政府教育科科员。

赵濬，字孔昭。以高材调尊经书院肄业。光绪七年(1881)至八年(1882)，曾与廖平切磋小学。② 后入鲍超军幕府，老于江宁。著有《怀人诗》等，今不存，民国《华阳县志》卷十六有载。

---

① 吴虞：《吴虞日记》下册，成都：四川人民出版社，1986年，第778页。

② 廖幼平：《廖季平年谱》，成都：巴蜀书社，1985年，第24页。

王芝,字子石。曾就读于尊经书院。光绪中尝出游南北,又游历南洋、新加坡诸岛。民国《华阳县志》卷十六有载。

钟汝霖,生平不详。附生,曾作尊经斋长,光绪二十四年(1898)前后在院。戊戌三月参加蜀学会,见《蜀学开会记》。

吴鼎昌(1884—1950),字达铨,又作达全、达泉,笔名前溪。出生于绥定府(今四川省达州市),原籍浙江吴兴县。父吴赞廷在绥定府为官十余年,辞官后在华阳购置田地房产。光绪二十二年(1896),吴鼎昌入尊经书院,并考取华阳县秀才。1903 年,官费留学日本,在东京高等商业学校学习①,并加入同盟会。1910 年回国参加廷试,考中翰林院检讨,执教于北京法政学堂。后跻身官场,任中日合办本溪湖铁矿局总办、江西大清银行总办。1912 年以后,历任中国银行正监督、袁世凯造币厂监督、中国银行总裁、天津金城银行董事长、盐业银行总经理、内政部次长兼天津造币厂厂长。1922 年 1 月,任盐业、金城、中南、大陆四行储蓄会主任,成为金融集团的首脑。1926 年盘购天津《大公报》,自任社长,并兼《国闻周报》社及国闻通讯社社长,又组织《大公报》新记公司。他将《大公报》办成中国第一流的报纸。1926 年 7 月至 1937 年,先后任国民政府财政委员会委员、国民经济建设运动总委员会委员、全国钢铁厂监察委员会主任委员、农本局理事长、中国国货联合营业公司董事长、国民政府实业部部长兼国民政府军事委员会第四部部长等职。1937 年 11 月至 1944 年 12 月,任贵州省政府主席、滇黔绥靖公署副主任、贵州全省保安司令。1945 年 1 月离黔,先后任国民政府文官长兼国民党中央设计局秘书长、总统府秘书长等。吴鼎昌在任秘书长期间,向蒋介石建议,请毛泽东到重庆来,而且三封电报均由吴起草。1948 年年底在《大公报》上登出启事,声明辞去《大公报》新记的董事。1949 年 1 月去职,赴香港做寓公。1950 年 8 月病逝。他在毛泽东圈定的 43 名国民党战犯中排名第 17 位。著有《赣宁战祸之原因》、《中国经济政策》、《花溪闲笔》等。②

3. 双流县(今四川省成都市双流区)

刘咸荥(1858—1949),字豫波,别号豫叟,室名静娱(豫)楼,刘沅之孙,刘桂文之子,与堂弟刘咸焌、刘咸炘并称“双流三刘”。光绪二十三年(1897)拔贡,曾任内阁中书。清末任四川省咨议局议员,四川省参议员,成

① 傅崇矩:《成都通览》,成都:成都时代出版社,2006 年,第 69 页。

② 参阅董磊明:《战犯沉浮:毛泽东圈定的 43 名国民党战犯》上册,北京:中国检察出版社,1994 年,第 349 页。

都五老七贤之一。并曾先后任教于尊经书院、游学预备学堂、通省师范学堂、四川高等学堂、成都大学、华西协和大学。精诗文，书法遒劲飘逸，学黄庭坚。著有《静娱楼诗文存》等。集中《尊经同学集于存古学舍作重九宴》、《寿廖君季平同学》二首可证其曾肄业于尊经书院。民国《双流县志》卷二有载。

诗二首：

尊经同学集于存古学舍作重九会(《近代巴蜀诗钞》第610页)

寿廖季下同学(《近代巴蜀诗钞》第610页)

4. 新繁县(今四川省成都市新都区)

周煜南，字克生，自号沱滨遗老。约光绪五年(1879)至光绪八年(1882)在院，名见《四川尊经书院举贡题名碑》。初为附生，光绪八年(1882)举人，应礼部试不第，归而主讲繁江书院。年七十八卒。著有《仪礼古今文》、《五经异字》，编有《新繁文庙祭谱录》。

诗一首：

论汉碑绝句(《蜀秀集》卷八)

文一篇：

正月元旦百官诣太和殿朝贺礼成赋(《蜀秀集》卷七)

王树滋，字剑门，王闿运弟子，约光绪十一年(1885)前后在院，为增生。

文三篇：

应田县鼓解(《初集》卷二)

男女不相答拜解(《初集》卷六)

问祭宗庙用犬兔雉韭为俎实为豆实(《初集》卷六)

杨桢，字觐廷，一字敬亭。约光绪十一年(1885)至二十四年(1898)前后在院。初为廪生，光绪中为岁贡生，蜀学会创建时为尊经斋长，曾为候选训导，与廖平、吴之英、宋育仁等友善。著有《晚秀堂诗钞》，今不存。民国《新繁县志》卷一四、卷二四有载。此新繁杨桢与井研杨桢非同一人。

诗六首：

拟陆游登灌口庙东大楼观岷江雪山(《二集》卷七)

仿石鼓歌(《二集》卷七)

李太守斩蛟(《二集》卷七)

观江涨(《二集》卷七)

拟送尊经书院举贡入都诗(《三集》卷八)

蜀碑诗(《三集》卷八)

文七篇：

野麕林鹿成礼考(挚不用死何以必明言死)(《初集》卷二)

叔苴采荼薪樗解(《初集》卷二)

麟之定解(《二集》卷一)

好是稼穑解(《二集》卷一)

拟成公子安啸赋(《二集》卷六)

貉纶也解(《三集》卷一)

桂蠹赋(《三集》卷七)

李之实，字岑秋。光绪初在院，光绪二年(1876)曾参校《唐诗选》[①]。光绪十四年(1888)举人，官内阁中书，任贵州罗斛厅同知。民国《新繁县志》卷14有载。

文一篇：

孔子删诗辨(《二集》卷一)

耿树蕙，字奂青，号北庭。约光绪十七年(1891)前后在院。初为廪生，光绪二十八年(1902)举人，湖北候补知县。著有《二云仙馆诗集》，今不存。民国《新繁县志》有载。

文一篇：

拟班孟坚奕旨(《二集》卷八)

康培龙，字云从。岳森弟子，约光绪二十年(1894)前后在院。生平不详，名列《癸甲襄校录·校刊弟子姓氏》。

黄德章(？—1924)，字子宣。固体力学家黄茂光之父。约光绪二十三年(1897)前后在院，清末留学日本，习法律。1909年，以游学进士第一名授翰林院编修。1912年后，在司法界任职。

文四篇：

《缉古算经》：甲乙乡人均给“羡道”，李四香谓：据问数术文，甲当在南，乙当在北；据答问，则甲道在下，乙道在上。两者差异，不可立法。详寻其义，当以问数术文为正。其答宜云：甲乡人给高九尺，上广三丈，下广二丈四尺，袤七丈。乙县乡人给南头高九丈，北头高一十八丈，南头上广三丈，北头上广三丈六尺，下广二丈四尺，袤七丈。试证之，并绘图。(《三集》卷五)

假今句股形有自句弦交角平分股线，有自股弦交角平分句线，求句股弦各几何？用代数明之。(《三集》卷五)

---

① 黄海明：《概述四川尊经书院的刻书》，《四川大学学报(哲学社会科学版)》1992年第4期，第108页。

今有赵钱孙李四人合本，不知各出银多寡，但云四数相乘，各得二百一十万万两。又赵李相乘加钱孙相乘得二十九万两，赵孙相乘，得四十一万两。问四人各出本银几何？（《三集》卷五）

今有人出外经商，不知携本多少，但知每年获利十分之二，第一年寄回银一万两，第二年寄回银二万两，第三年寄回银三万两，第四年获利一百零五两六钱，共存银三万两。问原本若干？（《三集》卷五）

吴虞（1872—1949），字又陵，号不丘生。光绪十七年（1891）入尊经书院，从吴之英习诗文，与廖平私交甚笃。1905 年赴日，入法政大学，1907 年毕业归国，任成都县中学、嘉定府中学、官班法政教习。因家庭矛盾，被其父告到官府，被迫逃亡乡下，在此对孔孟儒学极为反感。“五四”运动前后，在《新青年》发表系列文章，大胆抨击封建礼教，被胡适称为“只手打倒孔家店的老英雄”。1921 年赴北京，先后在北京大学、北京师范大学、南方大学京校、中国大学、北京学院任教。1925 年回成都，任成都大学、四川大学教授。1933 年退隐，贫病以终。南社成员，著述今人收集整理为《吴虞集》、《吴虞日记》。

张明彝，字秉之。廪生，肄业于尊经书院，任夔州府教授。见民国《新繁县志》卷十九“张节母”条附。著有《荼斋蔗馀录》［民国三十四年（1945）四川尊经同学会铅印本］，编有《岳鄂王精忠血史》。

5. 金堂县（今四川省成都市金堂县）

何琇，字次麓。岳森弟子，约光绪二十年（1894）前后在院。生平不详，名列《癸甲襄校录·校刊弟子姓氏》。

王朝煜，字炳南。生平不详，约光绪二十三年（1897）前后在院。

文三篇：

问：《数书九章》有蕉叶田一段，中长五百七十六步，中广三十四步，不知其周，求积。几何法以长并广再自乘又十乘之为实，半广半长各半之得积，为田四十五亩一角十一步六万三千七十分步之五千二百一十三，试求此田周几何，并考所得田积合否？（《三集》卷五）

和弧较弧之两正弦相乘，等于甲乙两正弦平方之较；和弧较弧之两馀弦相乘，等于甲馀弦平方与乙正弦平方之较，试以为图说以明。（《三集》卷五）

今有天之级数式：$地\top\frac{三}{\lfloor 地^{三}}\bot\frac{五}{\lfloor 地^{五}}\top\frac{七}{\lfloor 地^{七}}\cdots\cdots=天$，试反求地之级数。（《三集》卷五）

曾直君，生平不详。尊经书院肄业。曾为流沙河先生的中学国文老师。[①]

6. 新都县(今四川省成都市新都区)

刘乾,又名祖周,字夏先。约光绪九年(1883)至十七年(1891)在院。初为附生,后升为廪生。光绪九年(1883)十二月四日,与胡念祖、哲克登额等设酒相庆,邀王闿运极饮剧谈[②]。光绪十一年(1885)前后学习大进,文名藉甚。[③]

文三篇:

九拜所用考(《初集》卷三)

五齐三酒所用及所涚表(《二集》卷二)

礼春秋祈报社稷说(《二集》卷四)

尔雅说文相表里论(《二集》卷四)

佘耕礼,字静波。岳森弟子,约光绪二十年(1894)前后在院。生平不详,名列《癸甲襄校录·校刊弟子姓氏》。

谢质,约光绪十一年(1885)前后以廪生入院。光绪乙酉(1885)举人,光绪二十年(1894)年三甲第74名进士。宣统二年(1910)任广东潮州府海阳县知县。民国《新都县志》卷四有载。

文一篇:

硕人美人解(《初集》卷二)

诗一首:

和机器局诗(《初集》卷十一)

7. 灌县(今四川省都江堰市)

王昌麟(1861—1918),字瑞徵。幼有神童之誉,光绪五年(1879)以附生入尊经书院从王闿运学。《湘绮楼日记》光绪九年(1883)六月十二日载其向王闿运问《礼记》,王闿运称赞其是"新调中之佳者"。[④] 光绪十四年(1888)举人,再试春官不第,入国子监南学,三年课绩第一。管理国子监大臣翁同龢以硕学通儒奏荐待诏,行将擢用。庚子之乱仓卒返蜀,遂绝意仕途。历任铜梁县教谕,郫县、灌县书院主讲,后执教川东师范学校、四川高等学堂,及四川国学专门学校文学史教员等。[⑤] 著有《惜斋文录》、《晴翠山

---

① 参阅流沙河:《袍哥监督政府》,《焦点·风土中国》104辑,2006年5月。

② [清]王闿运:《湘绮楼日记》,长沙:岳麓书社,1996年,第1281页。

③ [清]岳森:《次胡生荩臣初度感怀原韵》,《癸甲襄校录》卷3,光绪二十年成都尊经书局刻本。

④ [清]王闿运:《湘绮楼日记》,长沙:岳麓书社,1996年,第1227页。

⑤ 郭勇、张丽萍:《四川存古学堂及四川国学学校考略》,《蜀学》第3辑,成都:巴蜀书社,2008年,第35页。

房诗集》、《中国文学史》(又名《文学通论》、《国文讲义》)。民国《灌县志》卷十有载。

诗一首:

和机器局诗(《初集》卷十一)

湖南逢西使,寄蓉城尊经院同学饯饮诸君子(《近代巴蜀诗钞》第687页)

8. 彭县(今四川省成都市彭州市)

杨琮典,号紫琳。光绪五年(1879)九月十八日以新中院生拜见王闿运。[①] 光绪五年(1879)举人,光绪十二年(1886)丙戌科二甲第39名进士。选翰林院庶吉士,光绪十四年(1888)散馆,十五年(1889)授编修。

刘九龄,字绶仙,生平不详。名见《四川尊经书院举贡题名碑》。

都永龢,尊经上舍生,约光绪二十三年(1897)前后在院,生平不详,名列《蜀学开会记》。

尹昌衡(1884—1953),原名昌仪,学硕权,号太昭。光绪二十三年(1897)迁居成都,就读于尊经书院。1902年入四川武备学堂,毕业后保送赴日本留学。1909年毕业回国,1910年返川,任四川督练公所军事科长,后升任编译局总办,教练处会办,陆军小学堂总办。1911年11月大汉四川军政府成立,任军事部长。12月8日成都发生兵变,军政府都督蒲殿俊、副都督朱庆澜相继逃遁。成都城内一片混乱,尹昌衡急率部队连夜入城,平定了叛乱。遂被成都军政各界会议推为大汉四川军政府都督。12月22日凌晨,尹昌衡指挥所部擒获赵尔丰,将其斩首示众。1912年成、渝两军政府合并,成立四川都督府,尹昌衡任都督。同年7月,领兵西征,3个月平定康藏叛乱,改任川边经略使。后被袁世凯骗至北京,以"亏空公款"罪,处以9年徒刑。1916年袁世凯死后出狱,从此闲居。著有《止园文集》、《止园诗抄》、《经述评时》、《止园通书》等。1953年,尹病故于重庆。[②]

9. 简州(今四川省简阳市)

曾国才(1848—1918),字华臣。尊经书院肄业,光绪三十一年(1905)岁贡生,议叙州判,主讲简阳凤鸣、凤翔两书院。参与分纂光绪《简州绪志》。民国七年(1918)卒,年七十。著有《简州攀录》、《橘园聊语》、《橘园诗钞》等。民国《简阳县志》卷七有载。

---

① [清]王闿运:《湘绮楼日记》,长沙:岳麓书社,1996年,第834页。

② 参阅邱远应:《尹昌衡》,任一民主编:《四川近现代人物传》(第二辑),成都:四川省社会科学出版社,1986年,第97页。

傅崇榘(1875—1917),字樵邨,约光绪二十三年(1897)前后在院,《癸甲襄校录》列名校刊弟子,又称宋育仁为师[①],有《水难记》,刊于《蜀学报》。初为廪贡生,后候补泸州教谕,加捐道员。光绪二十六年于成都创办第一家公众阅览室,出版第一张科学性报纸《算学报》。民国二年又创办第一家民办报社。民国四年任松潘县长,后署屏山。著有《成都通览》、《川省赴会之程途》、《中国历史大地图》。民国《简阳县志》卷十三有载。

诗一首:

峡江櫂歌(《三集》卷八)

方于彬(1878—1928),原名象矩,字颉云,号觚斋。廪贡生,年十七,入尊经书院,又毕业于四川通省师范。光绪中,曾任贵阳巡警学堂提调,贵州巡抚岑春萱以功保贵州直隶州知州。辛亥后,一度入田颂尧幕府。民国归蜀,历任第一届四川省议会议员、国军二十一师秘书长、通江县征收局长、北川盐运副使。民国十七年(1928)卒。著有《觚斋诗存》等。民国《简阳县志》卷七、民国《简阳县续志》卷二有载。

10. 崇庆州(今四川省崇州市)

杨永清,一等昭勇侯陕甘总督忠武公杨遇春曾孙,闽浙总督杨国桢之孙,世袭侯爵。父为二等侍卫威肃公杨炘,咸丰十一年(1861)“蓝、李之乱”中阵亡。[②] 最迟光绪二年(1876)已在院,与杨锐、廖平、宋育仁等为同学。[③]初为廪生,光绪十一年(1885)拔贡生。光绪三年(1877)正月,学政谭宗浚至院,问院中研精覃思之士,杨永清举廖平及杨锐数人以对[④]。光绪六年(1880)四月十二日,成都县令祈雨时,其弟杨永澍冲道,与皂隶发生口角,受辱于市。杨永清不服,率尊经同学大闹县堂,吓得县令逃匿,皂隶、家丁自毁公案。[⑤] 民国《崇庆县志》卷八有载。

诗一首:

分咏胜朝遗物得乐安公主小玉印(《蜀秀集》卷八)

杨永澍,杨永清之弟,光绪六年前后在院。光绪六年(1880)四月十二日,因冲道引发尊经院生聚众哄堂事件。[⑥] 辑有《杨忠武公记事录》。

罗元黼(1856—1931),字芸裳。光绪二年(1891)前后已在院,曾参校

① 傅崇矩:《成都通览》,成都:成都时代出版社,2006 年,第 442 页。

② 余澜阁:《蜀燹死事者略传》,《清代野史》第 4 卷,成都:巴蜀书社,1998 年,第 2174 页。

③ 廖幼平:《廖季平年谱》,成都:巴蜀书社,1985 年,第 18 页。

④ 廖幼平:《廖季平年谱》,成都:巴蜀书社,1985 年,第 19 页。

⑤ [清]王闿运:《湘绮楼日记》,长沙:岳麓书社,1996 年,第 907 页。

⑥ [清]王闿运:《湘绮楼日记》,长沙:岳麓书社,1996 年,第 907 页。

《唐诗选》。[①] 初为廪生，光绪二十年(1894)优贡生，擅长于史，与长于经学的廖平、宋育仁，长于词赋的张子苾、刘子雄齐名。曾任四川高等学堂舍监，后任存古学堂教习，四川国学专门学校习字教员。[②] 并以学监之职主持存古书局，校刻蜀中文献，注疏经史要籍。著有《蜀画史稿》、《蜀中名画记续集》、《彝军纪略》等。民国《崇庆县志》卷八有载。

诗二首：

种绵行(《二集》卷七)

蜀都怀古(《二集》卷七)

文四篇：

释亿(《二集》卷一)

周公居东东征同时不同时说(《二集》卷一)

尧后为祁姓又为刘姓辨(《二集》卷三)

拟班孟坚幽通赋(《二集》卷六)

龙应铭(1862—1942)，字心宣，县城正东街人。少时从师州中宿儒舒应华，州中每考，必列前茅。后考入成都锦江书院，肄业于尊经书院。后在州城大悲寺自办求是学堂，担任堂长。宣统初，龙应铭被举赴京，选拔为孝廉方正，赐六品正途出身，外放山西大同府同知。目睹清廷丧权辱国，民不聊生，毅然辞掉官职，参加同盟会，于辛亥革命前返回成都，任府中学堂教习，俟机参加起义。1926年，应邀重返成都，在师范大学、成属联中、国学专门学校、盐道街师范、一女师等校授文字、音韵学及文学史等课程，在成都逝世。1991年版《崇庆县志》有载。

11. 新津县(今四川省成都市新津区)

胡樑，廪生，生平不详，约光绪十一年(1885)前后在院。

文一篇：

毗刘覝鬖解(《初集》卷八)

周国霖，生平不详。举人，约光绪十七年(1891)前后在院，擅长经学，朱德实论院中经生，曾举周国霖与廖平、戴光、吴之英等并列。[③]

文七篇：

六十四卦名始于何时解(《二集》卷一)

---

① 黄海明：《概述四川尊经书院的刻书》，《四川大学学报(哲学社会科学版)》1992年第4期，第108页。

② 郭勇、张丽萍：《四川存古学堂及四川国学学校考略》，《蜀学》第3辑，成都：巴蜀书社，2008年，第35页。

③ 廖幼平：《廖季平年谱》，成都：巴蜀书社，1985年，第43页。

诗始周召风终周公雅终召公说(《二集》卷一)

赓扬续也解(《二集》卷四)

跋陈氏毛诗古音考(《二集》卷五)

稻秧赋(《二集》卷六)

紫薇花赋(《二集》卷六)

五霸论(上下)(《二集》卷七)

胡从简，字敬亭。少贫困，编履得钱为活，年十九，始读书，刻苦自励，三十为邑庠生，肄业锦江书院，遍读藏书，遂通经训。张之洞督学时，试《社祭时制考》(《尊经书院初集》卷三)，拔第一。选为尊经书院上舍生，其为学融贯《礼经》、《周礼》、《大小戴礼记》，并注疏皆成诵，湘绮初至，试《朝服玄冠朝服端玄玄端袗玄所用同异制度考》(《尊经书院初集》卷四)，群士多杂纂阮氏《经解》，独从简取证《经》、《记》，曲折旁通，拔为斋长，光绪十八年(1892)壬辰三甲第23名进士。选授知县，分发湖南，官至湖南某知府。乞病归，家居考礼，竟不复出。著有《礼经考》、《礼经释例》、《周礼句读》、《大戴礼记笺》、《读礼管窥》等，累六百余万言。以夜分恒就灯下纂录，五十而瞽。费行简《近代名人小传》赞其学"蔚若继曲台(后仓)之后，张皋文(惠言)程瑶田所不能望"[①]。

文九篇：

社祭时制考(《初集》卷三)

九拜所用考(《初集》卷三)

爵弁纯衣皮弁素积与惟言爵弁皮弁服同异考(《初集》卷四)

逸诗皆删后脱误说(并考先秦以前引诗与今本名目篇章次第不同)(《二集》卷一)

仪礼冠记昏记杂入郊特牲礼记别有冠义昏义说(《二集》卷二)

释算宾主纯奇钧横缩考(《二集》卷二)

馈聘宾牢礼等差方位图考(《二集》卷二)

男子夹拜妇人不夹拜说(《二集》卷二)

祭天辨(郊、圜丘五天帝、五人帝，祭之所主、所配与祭之时日，郑王异说，各据经文列而辨之)(《二集》卷四)

胡念祖(1862—1928)，字荩臣，一字汝修。胡从简从子，岳森《次胡生荩臣初度感怀原韵·序》作新津人，《近代巴蜀诗钞》小传作富顺人。或原

① 费行简：《近代名人小传》，周骏富辑：《清代传纪丛刊》第202册，台北：台湾明文书局，1986年，第353页。

籍富顺，过继于从简，遂作新津人。廪生，约光绪十一年(1885)至二十三年(1897)在院，文名藉甚，深受襄校岳森常识。光绪中，授中宪大夫花翎三品衔郎中。清末任四川省咨议局议员[①]。著有《洞易斋遗诗》。

文七篇：

五齐三酒所用及所说表(《二集》卷二)

大侯参侯干侯去步见鹄图考(《二集》卷二)

男子夹拜妇人不夹拜说(《二集》卷二)

盟会国次例说(《二集》卷三)

七祀皆有尸考(《二集》卷四)

果行育德申王引之说(《三集》卷一)

六甲五龙相拘绞说(《三集》卷二)

童煦章，字雪苔。约光绪十七年(1891)在院，学使高赓恩曾以其课艺补方守道《蜀学编》之所未备(《蜀学编·凡例》)。

王荫椿，字醴泉。岳森弟子，约光绪二十年(1894)前后在院。生平不详，名列《癸甲襄校录·校刊弟子姓氏》。

刘钺，字秋潭。岳森弟子，约光绪二十年(1894)前后在院。生平不详，名列《癸甲襄校录·校刊弟子姓氏》。

胡鸿勋，字安澜。岳森弟子，约光绪二十年(1894)前后在院。生平不详，名列《癸甲襄校录·校刊弟子姓氏》。

12. 汉州(今四川省广汉市)

张祥龄(1853—1903)，字子馥，又字子苾(《湘绮楼日记》作"子绂")，号芝馥。初为廪生，光绪初，以拔贡身份选送尊经书院，与王闿运交情深厚，《湘绮楼日记》多处提到。在院期间，与杨锐长期不和，光绪七年，在王闿运教导下，二人置酒修好。[②] 光绪十九年(1893)举人，但是名见光绪十一年(1885)的《四川尊经书院举贡题名碑》，原因待考。光绪二十年(1894)甲午恩科三甲第17名进士。授陕西怀远县知县。光绪二十六年(1900)十二月，由怀远县知县兼长安知县，二十七年至二十九年(1901—1903)，历任大荔、南郑县知县，以久不升迁，郁郁不平，自请离任归籍。侨居江苏时，与吴中名士结词社，与俞樾交往密切。[③] 著有《前后蜀杂事诗》、《受经堂集》、《半箧秋词》、

---

① 傅崇矩：《成都通览》，成都：成都时代出版社，2006年，第444页。

② 王代功：《湘绮府君年谱》，王代功：《湘绮府君年谱》，沈云龙主编：《近代中国史料丛刊正编》第596册，台北：台湾文海出版社，1966年，第107页。

③ 张祥龄侨居江苏时，与吴中名士结词社，与俞樾交往密切，参阅钟叔河编订：《林屋山民送米图卷子》，长沙：岳麓书社，2002年，第66页。

《和珠玉词》、《词论》等。廖平有《清诰封朝议大夫张君曾恭人墓志铭》。

诗二首：

前蜀杂事诗（《蜀秀集》卷九）

后蜀杂事诗（《蜀秀集》卷九）

文十七篇：

王用亨于岐山解（《蜀秀集》卷一）

其浸颍湛解（《蜀秀集》卷一）

月令毋出九门解（《蜀秀集》卷一）

皇侃论语义疏跋（《蜀秀集》卷二）

释襄（上中下）（《蜀秀集》卷三）

秦郡县考（《蜀秀集》卷四）

问贾谊政事疏皆系救时急务，然所陈各事均可见于施行否？宜疏通而证明之。（《蜀秀集》卷四）

读晋书小乐府（《蜀秀集》卷八）

美恶同辞条说（《初集》卷五）

郑世子忽卫世子蒯聩同词辨（《初集》卷五）

皋陶执瞽瞍论（《初集》卷八）

什议（《初集》卷十一）

拟养生论（《初集》卷十二）

拟陆机演连珠十首（《初集》卷十二）

巫山神女祠碑铭（《初集》卷十二）

米沛霖，廪生，生平不详。约光绪五年（1879）前后在院。

诗七首：

读唐书乐府十八首（羊鼻公、新丰客、黄台瓜、金轮字、令公来、迎佛骨、纥干雀）（《蜀秀集》卷八）

张愔，廪生，生平不详，约光绪十七年（1891）前后在院。

文二篇：

拟庾子慎书品序（《二集》卷八）

拟崔亭伯达旨（《二集》卷八）

13. 什邡县（今四川省什邡市）

罗光烈（1861—1919），字扬廷。什邡县马井人。光绪八年（1882）举人，光绪十二年（1886）丙戌科二甲第36名进士，选翰林院庶吉士，戊子（1888）散馆，己丑（1889）授编修。曾执教于京师大学堂，光绪二十六年（1900）受聘为四川尊经书院山长，精于算术，曾著有《几何学发微》。工书法，亦精翰墨。文章精警，深思雄健，不苟作，亦不常作，未见文集篇什。

（二）龙安府（治所今四川省平武县）

1．平武县（今四川省平武县）

张化鹏，字翼臣。岳森弟子，约光绪二十年（1894）前后在院。生平不详，名列《癸甲襄校录·校刊弟子姓氏》。

高益恩，字少云。岳森弟子，约光绪二十年（1894）前后在院。生平不详，名列《癸甲襄校录·校刊弟子姓氏》。

马文勋，字麟图。岳森弟子，约光绪二十年（1894）前后在院。生平不详，名列《癸甲襄校录·校刊弟子姓氏》。

2．江油县（今四川省江油市）

龙启文，字仲昂。岳森弟子，约光绪二十年（1894）前后在院。生平不详，名列《癸甲襄校录·校刊弟子姓氏》。

3．石泉县（今四川省北川羌族自治县）

萧润森，廪生，生平不详。约光绪五年（1879）前后在院。谭宗浚《将解任留别蜀中士子八首》之六称其“僻壤生名驹”。

文二篇：

读魏书释老志书后（《蜀秀集》卷四）

炮赋（《蜀秀集》卷六）

（三）绵州直隶州

1．绵州（今四川省绵阳市）

邓宗岳，廪生，约光绪五年（1879）前后在院。光绪五年（1879）九月九日，王闿运“留邓生宗岳谈纵横之事”[①]。谭宗浚《将解任留别蜀中士子八首》之六称其有“经济储”。

诗六首：

拟韩昌黎石鼎联句（《蜀秀集》卷八）

读杜少陵五律和作（归燕、除架）（《蜀秀集》卷八）

青齐怀古（《蜀秀集》卷八）

前蜀杂事诗（《蜀秀集》卷九）

后蜀杂事诗（《蜀秀集》卷九）

文二篇：

诗赋（《蜀秀集》卷六）

剑阁赋（《蜀秀集》卷七）

---

① ［清］王闿运：《湘绮楼日记》，长沙：岳麓书社，1996年，第832页。

邓杲，廪贡，生平不详，约光绪十一年(1885)前后在院。

文三篇：

汉唐成都故城考(《初集》卷十)

拟嵇含蜡赋(《初集》卷十)

神思(拟文心雕龙体论诗)(《初集》卷十二)

孙鸿勋，疑即《湘绮楼日记》中屡次提到“孙彦成(臣)”，晚清红学家孙桐生兄子。廪生，约光绪五年(1879)至九年(1883)前后在院。光绪五年(1879)二月廿五日，孙彦成拜见王闿运，夜谈颇久，王赞其为“秀士”[①]。光绪九年(1883)六月廿三日，“孙生彦臣自绵州来见，论书院弊端及钱宝(宣)示威之意”[②]。光绪十一年(1885)，任州判，助张之洞收降刘永福黑旗军，以劳绩代理广东防城县知县。光绪十七年七月二十四日(1891.8.28)，以乖张任性，并短交代，革职。[③] 著有《蜀道难》、《自治悟言》，皆不存。民国《绵阳县志》卷九有载。

诗一首：

读杜少陵五律和作(蓄剑)(《蜀秀集》卷八)

崔映棠，约光绪五年(1879)至十一年(1885)前后在院。初为廪生，十一年(1885)选为贡生，署华阳、犍为教谕，铨授江津县教谕，又任绵阳县视学八年。著有《练心簃诗文稿》、《江津县礼俗志稿》，皆不存。曾参与编纂民国《绵阳县志》。民国《绵阳县志》卷八有载。

诗一首：

蜀中十二楼诗(逍遥楼)(《蜀秀集》卷八)

文四篇：

羔羊燕飨礼无明文说(《初集》卷二)

带制考(《初集》卷四)

恭拟孝贞显皇后挽词(《初集》卷十一)

巴蜀药品赞(《初集》卷十二)

陈纬元(1848—?)，字经畬，生平不详。名见《四川尊经书院举贡题名碑》。

2. 德阳县(今四川省德阳市)

刘子雄(1858—1889)，字健卿，一字孟雄。弱冠达名县庠，以高材得入尊经书院，受古学于王闿运。光绪十二年(1886)以优贡廷试得教职，十四

---

① [清]王闿运：《湘绮楼日记》，长沙：岳麓书社，1996年，第753页。

② [清]王闿运：《湘绮楼日记》，长沙：岳麓书社，1996年，第1230页。

③ 参阅《清实录》光绪十七年七月二十四日(1891.8.28)。

年(1888)顺天举人,十五年(1889)考授内阁中书舍人,同年十月十七日病卒于京城晋阳禅院,年仅三十二岁。著有《刘舍人遗集》,另有《古文尚书考》、《礼经表》、《宫室考补》、《穀梁凡例》,皆不存。费行简《近代名人小传》称其学"深造弗逮廖平,而通博过之"。光绪《德阳县志续编》卷九、民国《德阳县志》卷一有载。其事迹还可参阅李稽(稷)勋《刘舍人遗集·跋》、费行简《近代名人小传》。

诗十九首:

秋兴诗(《初集》卷十)

拟阮籍咏怀诗十七首(《二集》卷七)

宣德香炉歌(《二集》卷七)

文二十三篇:

九河同为逆河论(《初集》卷一)

太室烝祼祭岁礼制考(《初集》卷一)

东堂西堂考(并考执锐立侧阶所在)(《初集》卷一)

无家速狱讼解(《初集》卷二)

应田县鼓解(《初集》卷二)

墉墙壁同异考(《初集》卷四)

爵弁纯衣皮弁素积与惟言爵弁皮弁服同异考(《初集》卷四)

升歌鹿鸣与歌鹿鸣礼乐同异考(并解宵雅肄三)(《初集》卷四)

大夫士庙无夹室聘礼士有夹室解(并考夹室所在)(《初集》卷四)

玄端为上服考(《初集》卷四)

庶子不祭祖祢及终事私祭解(《初集》卷六)

褎衣禒衣与朝祭服用同异考(《初集》卷六)

表记章训义(《初集》卷七)

乡党羔裘麑裘狐裘为孔子自仕至老所服公大夫士朝服当何裘考(《初集》卷七)

感秋赋(《初集》卷十)

柚赋(《初集》卷十)

拟请祀峨眉山神奏(《初集》卷十一)

拟建武迁吕后议(并议后配北郊)(《初集》卷十一)

齐高帝梁武帝陈武帝优劣论(《初集》卷十二)

防海议(《二集》卷七)

寇准论(《二集》卷七)

书晋江统徙戎论后(《二集》卷八)

灌县杨四将军庙碑文(《二集》卷八)

3. 绵竹县(今四川省绵竹市)

杨锐(1857—1898)，字叔峤。四川绵竹人。光绪元年(1875)入尊经书院，光绪八年(1882)优贡，光绪十一年(1885)顺天乡试举人。光绪十五年(1889)考取内阁中书。光绪十七年(1891)，在两湖书院任史学教习。光绪二十一年(1895)，参加公车上书，发起强学会。光绪二十四年(1898)，在京创立蜀学会，列名保国会。并由陈宝箴密荐，得光绪帝召见，任四品衔军机章京，参预新政。戊戌政变后，与谭嗣同、刘光第等共六人同时被杀害，史称“戊戌六君子”。[①] 著有《说经堂诗草》、《杨叔峤先生诗文集》等。

诗二十三首：

咏孔雀(七律二首)(重庆市博物馆藏《杨叔峤先生会课遗墨》)

咏鹦鹉(七律二首)(重庆市博物馆藏《杨叔峤先生会课遗墨》)

读谢康乐游览诗拟作八首(晚出西谢堂、游南亭、游赤石进帆海、石壁精舍还湖中作、登石门最高顶、于南山往北山经湖中瞻眺、从斤竹岭越涧溪行)(《蜀秀集》卷八)

拟李长吉十二月乐词(正月、三月、四月、八月、九月、十一月、十二月)(《蜀秀集》卷八)

汴梁怀古(《蜀秀集》卷八)

晋阳怀古(《蜀秀集》卷八)

钱塘怀古(《蜀秀集》卷八)

闽中怀古(《蜀秀集》卷八)

粤中怀古(《蜀秀集》卷八)

红叶(《蜀秀集》卷八)

前蜀杂事诗(《蜀秀集》卷九)

后蜀杂事诗(《蜀秀集》卷九)

捣衣篇(《初集》卷十一)

文十五篇：

乾以惕无咎震以恐致福说(重庆市博物馆藏《杨叔峤先生会课遗墨》)

周公居东解(重庆市博物馆藏《杨叔峤先生会课遗墨》)

荀子法后王论(重庆市博物馆藏《杨叔峤先生会课遗墨》)

政犹蒲卢赋(重庆市博物馆藏《杨叔峤先生会课遗墨》)

---

① 参阅王夏刚：《杨锐年谱简编》，《中国古代社会与思想文化研究论集》第 1 辑，哈尔滨：黑龙江人民出版社，2004 年，第 340 页。

拟崔子玉座右铭(重庆市博物馆藏《杨叔峤先生会课遗墨》)

拟张孟阳剑阁铭(重庆市博物馆藏《杨叔峤先生会课遗墨》)

导河积石解(《蜀秀集》卷一)

其浸颍湛解(《蜀秀集》卷一)

秦汉碑篆文考(《蜀秀集》卷三)

问:贾谊政事疏皆系救时急务,然所陈各事均可见于施行否?宜疏通而证明之。(《蜀秀集》卷四)

读鹖冠子(《蜀秀集》卷五)

拟王子安益州夫子庙碑(《蜀秀集》卷五)

恭拟克复乌鲁木齐露布(《蜀秀集》卷五)

蜀问(《蜀秀集》卷五)

诗赋(《蜀秀集》卷六)

剑阁赋(《蜀秀集》卷七)

浣花草堂赋(《蜀秀集》卷七)

鱬属须属解(《初集》卷八)

听秋雨赋(《初集》卷十)

萤火赋(《初集》卷十)

拟陶渊明闲情赋(《初集》卷十)

杨庆昶,字思永,杨锐之子。约光绪二十三年(1897)前后在院。戊戌政变后,杨庆昶扶父柩出京,将光绪皇帝密诏缝在举人黄尚毅的衣领中带回四川,宣统元年(1908)呈给都察院。

文一篇:

蜀对(《三集》卷六)

刘镕,拔贡,生平不详,约光绪十一年(1885)前后在院。

文一篇:

申伯入谢考(《初集》卷二)

冯震熙,廪生,生平不详,约光绪十七年(1891)前后在院。

文一篇:

大小毛公考(《二集》卷一)

二、川东道

(一)重庆府(治所在今重庆渝中区)

1. 巴县(治今重庆渝中区)

唐棣华,廪生,生平不详,约光绪五年(1879)前后在院。

诗一首：

读谢康乐游览诗拟作八首（于南山往北山经湖中瞻眺）（《蜀秀集》卷八）

文一篇：

拟杜工部封西岳赋（《蜀秀集》卷六）

王绳生（1855—？），字芝浦，一作芝圃。初为附生，约光绪五年（1879）至光绪十一年（1885）九月前在院，拔贡，名见《四川尊经书院举贡题名碑》。光绪九年（1883）六月二十一日，王闿运有联语："王芝圃不忘师谱；戴子和其谓我何？"[①]《湘绮楼日记》光绪十年（1884）六月廿九日："院生屈大谟初云失银，既又不还饭钱，周玉标诋其诈鄙，遂至相打。余以为风气大坏，令斋长治之，因追前事，咎王绳生作俑，询其饭钱，犹有牵扯，复为戴光所乘。高材多愚诈，如乱丝不可理也。"[②]著有《春秋左氏传古义辑说长编》。

诗一首：

汴梁怀古（《蜀秀集》卷八）

杨士钦（1860—？），字辅臣，生平不详。名见《四川尊经书院举贡题名碑》。

张德柄，字叔谦，一字庶谦。岳森弟子，约光绪二十年（1894）前后在院。生平不详，名列《癸甲襄校录·校刊弟子姓氏》。

文一篇：

餐菊赋（《三集》卷七）

黄泽民，字润生，生平不详。约光绪二十三年（1897）前后在院。

文一篇：

餐菊赋（《三集》卷七）

2. 江津县（今重庆市江津区）

成伯龙，附生，生平不详，约光绪五年（1879）前后在院。

诗一首：

拟李长吉十二月乐词（十月）（《蜀秀集》卷八）

文一篇：

赤鹦鹉（《蜀秀集》卷八）

陈光明（？—1882），字朗轩。与杨锐、廖平、宋育仁等为同学。[③] 光绪

① [清]王闿运：《湘绮楼日记》，长沙：岳麓书社，1996年，第1229页。

② [清]王闿运：《湘绮楼日记》，长沙：岳麓书社，1996年，第1349页。

③ 廖幼平：《廖季平年谱》，成都：巴蜀书社，1985年，第18页。

二年(1876)举人,光绪六年(1880)庚辰科三甲第43名进士。选翰林院庶吉士,七年(1881)散馆,同年“十二月,与张祥龄、杨锐等数十人,为同院生翰林院庶吉士陈光明位而祭之”。[①] 八年(1882)授编修,旋即病逝。

戴孟恂(1851—?),字挚如,一字伯挚。约光绪五年(1879)至光绪十一年(1885)九月前在院,名见《四川尊经书院举贡题名碑》。与杨锐、廖平、宋育仁等为同学。[②] 初为廪生,后为优贡生。曾任四川国学专门学校词章教员。[③] 民国《江津县志》卷七有载。

诗八首:

读谢康乐游览诗拟作八首(晚出西谢堂、于南山往北山经湖中瞻眺、从斤竹岭越涧溪行)(《蜀秀集》卷八)

读唐书乐府十八首(天策府、黄台瓜、脱靴行)(《蜀秀集》卷八)

拟李长吉十二月乐词(三月、闰月)(《蜀秀集》卷八)

文三篇:

拟杜工部封西岳赋(《蜀秀集》卷六)

读书宜识字赋(《蜀秀集》卷七)

拟文心雕龙明诗(《初集》卷十二)

邓鹤翔,字岳皋,生平不详,约光绪二十三年(1897)前后在院。

文三篇:

拟成公绥啸赋(《三集》卷七)

杜子美遭田父泥饮美严中丞赋(《三集》卷七)

禾主人赋(《三集》卷七)

刘德萃,字雪樵。增生,善剑术,曾调住尊经书院。光绪三十年(1904)赴日,毕业于日本宏文学院师范班。归任县中学校长,后任重庆体育校校长及川东师范学校教师。著有《北游记》,今不存。民国《江津县志》卷七有载。

3. 长寿县(今重庆市长寿区)

李滋然(1836—1911),字命三,号树斋,别号采薇僧。原籍湖北麻城。父李曾白,字鲁生,黔江教谕,为太平军所杀。后石达开由黔省入川,骆秉章用其遗计于紫打地乘险擒之。[④] 李滋然身弱小,下笔为文,有精悍气,不

---

① 廖幼平:《廖季平年谱》,成都:巴蜀书社,1985年,第24页。

② 廖幼平:《廖季平年谱》,成都:巴蜀书社,1985年,第18页。

③ 郭勇、张丽萍:《四川存古学堂及四川国学学校考略》,《蜀学》第3辑,成都:巴蜀书社,2008年,第35页。

④ [清]丁治棠:《仕隐斋涉笔》,成都:四川人民出版社,1985年,第7页。

肖其人。约光绪十一年(1885)前后在院，曾参校《唐诗选》。[①] 丁树诚《往留录》、王闿运《湘绮楼日记》、廖幼平《廖季平年谱》皆载有其事。光绪十四年(1888)举人[②]，光绪十五年(1889)己丑科三甲第137名进士，历任广东电白、揭阳、顺德、文昌、东莞、曲江等县知县，赠二品，封通奉大夫。在广东期间，曾“四充广东辛卯、癸巳、甲午恩、正科乡试同考官，所取名士有梁启超、梁知鉴、李家驹、梁用弧等。癸巳乡试，粤中新学派康有为应考文章新奇出众，考官多不敢荐，滋然加批推荐，有为因而中举，执弟子礼貌甚恭”。[③] 光绪二十年(1894)，朝廷查处《新学伪经考》，李滋然冒天下之大不韪，保全了康有为。[④] 梁启超有《覆李命三书》一封，民国《长寿县志》卷六有载。

文二篇：

三易考(《二集》卷一)

春秋鲁用田赋考(《二集》卷三)

4. 永川县(今重庆市永川区)

黄秉湘(1863—?)，字楚枏，生平不详。名见《四川尊经书院举贡题名碑》。

张正馨，廪生，生平不详，约光绪十七年(1891)前后在院。

文一篇：

拟涂山夏禹庙铭(《二集》卷八)

范天杰，字俊贤。岳森弟子，约光绪二十年(1894)前后在院。生平不详，名列《癸甲襄校录·校刊弟子姓氏》。

刘英伟，字树峰，生平不详，约光绪二十三年(1897)前后在院。

文一篇：

汉武帝通西域赋(《三集》卷七)

5. 南川县(今重庆市南川区)

刘明昭，字德宣。南川育才书院山长刘先晋之子。光绪二十三年(1897)拔贡生，先后就读于尊经书院、东川书院。宣统元年廷试，举贡一等，授七品小京官、陆军部行走，升至度支部主事。民国初犹在世。民国《重修南川县志》卷八、卷十一有载。

---

① 黄海明：《概述四川尊经书院的刻书》，《四川大学学报(哲学社会科学版)》1992年第4期，第108页。

② 王树枏：《陶庐老人随年录》，北京：中华书局，2007年，第32页。

③ 四川省长寿县地方志编纂委员会编纂：《长寿县志》，成都：四川人民出版社，1997年，第1138页。

④ 马洪林：《康有为大传》，沈阳：辽宁人民出版社出版，1988年，第179页。

6. 合州(今重庆市合川区)

丁树诚(1837—1902),字至堂,号治棠。合州云门人。初入锦江书院,厌时学俗艺。被张之洞选入尊经书院肄业,因年纪较长,充任斋长,管藏书。王闿运时,擢为院都讲。光绪五年(1879)己卯举人,王闿运为其特开举人住院的先例,留住尊经书院,与廖平同任书院分教。时有"丁治棠,守其常;廖季平,出其奇"之誉。与戴子和、张石亲、彭耀卿并称"合阳四隽"(丁经、张史、戴赋、彭文)。光绪七年(1881),王闿运辞归后,丁树诚离院,任合州瑞山、合宗两书院山长,其知名弟子有光绪二十四年(1898)戊戌科恩科状元夏同龢。光绪十五年(1889)己酉大挑二等,光绪十七年(1891)辛卯实授仪陇县学训导,卒于任。一生著述丰富,汇为《仕隐斋丛著》。[①] 其孙丁禹孝编纂的《清丁文简先生年谱》,是丁树诚生平最详尽的资料。

诗五首:

拟李长吉十二月乐词(七月、十月)(《蜀秀集》卷八)

拟淮南招隐士(三首)(《初集》卷十一)

文四篇:

读书宜识字赋(《蜀秀集》卷七)

拟苏东坡书韩幹牧马图(《蜀秀集》卷八)

三妃考(《初集》卷六)

胡桃赋(《初集》卷十)

张森楷(1858—1942),字符翰,号式卿,又号端叟、石亲。合州双凤人。光绪二年(1876)入成都尊经书院学习。与丁治棠、戴子和、彭耀卿并称"合阳四隽"(丁经、张史、戴赋、彭文)。光绪六年(1880)八月,张森楷与杨炳烈酒狂骂坐,被院长王闿运黜名。张后与彭耀卿同住锦江书院,专攻史学。另一种说法是"己卯(1879)秋试,先生虽应付往考,终以落第而归。同院有素忌先生行者,以此为据而谤之。竭力搜先生之文笔言行,将先生习读典籍后提出的:'《周礼》不可信;《论语》正误各半;史书记事真伪掺混;制义之学束缚人,乡试于我只应命差事。'等等,引申出离经叛道的行为,函发院长王壬秋处。先生因之被院长除名,削弟子籍。……旋经锦江书院院长邛州人伍肇龄嵩生特许,入锦江书院就读。"[②]后人评曰:"式卿先生受王壬秋先

① 刘放皆:《丁文简先生传略》,[清]丁树诚:《丁治棠纪行四种》,成都:四川人民出版社,1984年,第190页。

② 唐唯目编:《张森楷史学遗著辑略》,重庆:西南师范大学出版社,1998年,第3页。

生‘以经证经’之教，推广及于史学，成其‘以经证史，以史证史’的治史方法，是先生独自的心得。”[①]光绪十九年(1893)举人，以四品顶戴为拣选知县。入民国，任四川总司令部参议。著述宏富，以史学见长，有《通史人表》296卷，《二十四试校勘记》337卷，《通鉴校勘记》14卷，附《胡注质疑》1卷，《历代舆地沿革表》，《形胜险要图》若干卷，《三国志音义》、《历朝履霜录》、《读史平反论》、《历史邦交录》等48部，数百万言。民国六年(1917)，受合川县知事郑贤书之请，主修民国《新修合川县志》，历时五年而成，共83卷，230余万字。为全省十部优秀县志之一。光绪二十六年(1900)，集股银两万五千两，在合州大河坝(太和镇)办桑蚕公社，引进人才，培养学生，用新法值桑、养蚕、缫丝。光绪三十四年(1908)将缫丝厂扩建为“四川第一经纬丝厂”。合州蚕种桑种遍布巴蜀，生丝行销海外，全省蚕桑亦因而迅速发展。清政府授张森楷“三等商勋”之奖励。人称“川中蚕桑之父”。关于张森楷的生平事迹，详见杨家骆《张石亲先生年谱》[②]。

彭耀卿，生平不详，尊经书院“合州四隽”之一(丁树诚经学，张森楷史学，戴光词赋，彭耀卿八股文)。后与张森楷转入锦江书院肄业。

戴光，字子光，又字子和。以廪生入院，尊经书院“合州四隽”之一(丁树诚经学，张森楷史学，戴光词赋，彭耀卿八股文)。光绪九年(1883)六月二十一日，王闿运有联语：“王芝圃不忘师谱；戴子和其谓我何？”[③]《近代名人小传》称其“文词瓌丽，追琢汉魏”。刘秉璋督四川时，重建崇丽阁，向全省名士征文，戴光撰《崇丽阁记》，独被采用，名噪一时。光绪十七年(1891)举人，二十一年(1895)乙未科三甲第113名进士，选翰林院庶吉士，二十二年(1896)散馆，二十五年(1899)外放，历任江苏六合、清河、上元知县。恩寿抚苏，通其从兄妾，中冓秽声颇著，戴光为诗讥之，寿闻大怒，劾其离经叛道，欺世盗名，革职永不叙用，归而闲居，著书自娱。家固富于资，后张之洞、端方等数荐之，终不出。治许慎《说文》、《尚书注疏》、《史记》，著《书古文考》、《书补疏》。又工书法，近王羲之、赵孟頫。[④]

文二十四篇：

问：王曰、王若曰、周公曰、周公若曰各有分别，而或加若，或不加若。

---

① 乙三：《〈民国新修合川县志〉述评》，《西南师范大学学报》(人文社会科学版)，1981年第1期，第97页。

② 唐唯目编：《张森楷史学遗著辑略》，重庆：西南师范大学出版社，1998年，第17—22页。

③ [清]王闿运：《湘绮楼日记》，长沙：岳麓书社，1996年，第1229页。

④ 费行简：《近代名人小传》，周骏富辑：《清代传纪丛刊》第202册，台北：台湾明文书局，1986年，第354页。

(《初集》卷一)

庸蜀羌髳微卢彭濮会孟津道里考(《初集》卷一)

作雒卜河朔黎水说(并考黎水所在)(《初集》卷一)

阪尹解(《初集》卷一)

梓材篇中异文训释(《初集》卷一)

说文所引古文皆尚书古文考(《初集》卷一)

燕有功与燕喜礼同事异事及所燕者为宾为苟敬考(《初集》卷二)

负版衰适形制考(《初集》卷四)

柚赋(《初集》卷十)

拟陆平原文赋(《初集》卷十)

巴蜀药品赞(《初集》卷十二)

古今榷盐利便论(《初集》卷十二)

八督箴(拟扬子云九牧)(《初集》卷十二)

织皮解(《二集》卷一)

和夷考(《二集》卷一)

禹贡梁州疆域考(上下)(《二集》卷一)

管子说与周礼同异考(《二集》卷二)

七祀皆有尸考(《二集》卷四)

铁路论(《二集》卷七)

崇丽阁记(《二集》卷八)

祀金马碧鸡文(《二集》卷八)

三巴考(《二集》卷八)

蜀本中国考(《二集》卷八)

7. 涪州(今重庆市涪陵区)

邹增祜(1857—1923),字受丞,一字吉甫。约光绪五年(1879)至十七年(1891)在院,初为增生,十五年前后为廪生,曾校《五经小学述》。[①] 光绪辛卯(1891)举人,光绪二十一年(1895)乙未科三甲第 84 名进士。签分广东,二十二年(1896)任新兴县知县,二十五年(1899)升嘉应直隶州知州,加知府衔。两次奉保循良,传旨嘉奖。平生精研汉学,贯通经史,词章典雅,做诗作文皆有法度,不同凡响。晚年尤长于医学,遂成名医,闻名川东。著有《天风海水楼诗文集》、《薏言》、《医学丛钞》,皆不存。民国《涪陵县续修

① 黄海明:《概述四川尊经书院的刻书》,《四川大学学报(哲学社会科学版)》1992 年第 4 期,第 108 页。

涪州志》卷十、卷十三有载。

诗三首：

蜀中十二楼诗(张仪楼、万丈楼)(《蜀秀集》卷八)

拟左太冲咏史(《二集》卷七)

文四篇：

读后汉书虞诩传书后(《蜀秀集》卷四)

七祀皆有尸考(《二集》卷四)

重葺鹤山书台祀魏文靖文(《二集》卷八)

《采薇僧(李滋然)集序》(1928年修《长寿县志》第769页)

陈萱荫(1860—?)，字孟慈，生平不详。名见《四川尊经书院举贡题名碑》。

8. 铜梁县(今重庆市铜梁区)

胡嗣铨，字与可，生平不详。名见《四川尊经书院举贡题名碑》。

9. 大足县(今重庆市大足区)

陈崇基，字子立。岳森弟子，约光绪二十年(1894)前后在院。生平不详，名列《癸甲襄校录·校刊弟子姓氏》。

10. 江北厅(今重庆市江北区)

刘彝，廪生，生平不详。约光绪五年(1879)前后在院。

诗一首：

读杜少陵五律和作(蓄剑)(《蜀秀集》卷八)

(二) 夔州府(治所在今重庆市奉节县)

1. 奉节县(今重庆市奉节县)

王安璧，廪生，生平不详，约光绪五年(1879)前后在院。谭宗浚《将解任留别蜀中士子八首》之六称其为"僻壤生名驹"。

诗五首：

读唐书乐府十八首(新丰客、黄台瓜、金轮字、双庙行、坏白麻)(《蜀秀集》卷八)

王斗南，生平不详。光绪五年(1879)七月十六日，王闿运曾偕其出游。[1]光绪五年(1879)十二月二十四日，丁树诚会试进京，路过奉节，派仆人至王斗南、潘庚垣家，皆不在，丁称二人"皆尊经院同学友也"。[2]

潘庚垣，生平不详。光绪五年(1879)十二月二十四日，丁树诚会试进

① [清]王闿运：《湘绮楼日记》，长沙：岳麓书社，1996年，第817页。

② [清]丁树诚：《丁治棠纪行四种》，成都：四川人民出版社，1984年，第9页。

京,路过奉节,派仆人至王斗南、潘庚垣家,皆不在,丁称二人“皆尊经院同学友也”。[①]

程墀,廪生,生平不详。约光绪十七年(1891)前后在院。

文一篇:

格物论(《二集》卷四)

2. 云阳县(今重庆市云阳县)

甘作赓,字问和。光绪初年,于省立尊经书院就学。光绪十五年(1889)举人,光绪十八年(1892)壬辰科三甲第94名进士。中试后以知县即用,签分山东,请假回籍省亲,其父病卒,遂不出仕。服阙,拟委以官,督催再三,亦不履任,以教子弟及乡人为乐事,提诱后进,善荐举人才。尤喜读《汉书》、《文选》等书。又特别喜好收藏书藉、字画,家藏经籍颇富。著有《甘氏家谱》一书传世。

3. 万县(今重庆市万州区)

谭以大(1872—1944),字直方,别号蒻园。约光绪十四年(1888)前后入院,以《说文》受知于提学朱善祥,拔为夔属之冠入学,续以《水经》、《尔雅》受知于提学瞿鸿禨。以夔属第一人食饩调院,又受知于提学吴树芬、房考唐选皋,一岁之中考拔、考优、乡试无一不售。光绪二十八(1902)举人。开办夔州学,在夔教学十余年。甲辰会试为同考赵启霖、总裁戴文恪所激赏,然不获售。入民国以后隐居不出。著有《蒻园文集》。

4. 开县(今重庆市开州区)

谢龙章,增生,生平不详,约光绪五年(1879)前后在院。谭宗浚《将解任留别蜀中士子八首》之六称其“僻壤生名驹”。

诗二首:

读唐书乐府十八首(金轮字、令公来)(《蜀秀集》卷八)

文一篇:

梁武帝论(《蜀秀集》卷四)

(三) 绥定府(治所在今四川省达州市)

1. 达县(今四川省达州市)

吴德潇(? —1900),字季清。《张文襄公事略》云:张氏在蜀“所得高才生,如杨锐、廖平、宋育仁、王光棣、王秉恩、吴德潇等,皆尊经书院受学者也。”[②]官至西安县事,与梁启超、谭嗣同、黄遵宪等人有往来,光绪二十二

① [清]丁树诚:《丁治棠纪行四种》,成都:四川人民出版社,1984年,第9页。

② 杨洪升:《缪荃孙研究》,上海:上海古籍出版社,2008年,第128页。

年(1896)创办《时务报》。光绪二十六年(1900)七月，衢州教案爆发，衢州人罗楠、周德崇等率众涌入县城，拆毁教堂，吴德潇为保护教会，和英国教师汤明心，连同子孙、幕友、家丁等数十人被害死。

王文熙，字郁南。年三十为增生，以高材生调尊经书院。宣统二年(1910)被推为县立中学校长。民国元年(1912)为绥定府司令官兼达县知事、东乡县知事，达县视学，达县公立图书馆长。复调署宣汉县知事。著有《独乐斋文集》、《静远楼诗集》。民国《达县志》卷首有载。

刘行道(1868—1910)，字士志，一字臻馗。十二岁考取秀才，调尊经书院，光绪十九年举人，曾主讲汉章书院，历任成都通省蒙养师范学堂教习、成都高等学堂教授、重庆中学教习、高等附属中学堂监督。光绪三十年(1904)创办达县中学校。后任内阁中书，充光绪实录馆协修。愤清政府腐败，与巴县杨庶堪结交，密谋革命，宣统二年(1910)卒于京师，年四十三。民国《达县志》卷五、卷一百六有载。

邓敏修，廪生，生平不详，约光绪五年(1879)前后在院。《清代蜀人著述总目》有洪雅人邓敏修，咸丰中廪生，任长宁教谕，疑非同一人。

文一篇：

三月三日浣花溪修禊序(《蜀秀集》卷五)

潘多贤，生平不详。名见《四川尊经书院举贡题名碑》。

赵舜琴，字韵初。岳森弟子，约光绪二十年(1894)前后在院。生平不详，名列《癸甲襄校录·校刊弟子姓氏》。

2. 大竹县(今四川省达州市大竹县)

杨超群，字拔生。张之洞拔为廪生，调入尊经书院肄业。民国《大竹县志》卷九有载。

(四) 忠州直隶州(治所在今重庆市忠县)

1. 忠州(今重庆市忠县)

任国铨，字篆甫，一字籑甫。约光绪五年(1879)前后在院。初为廪生，光绪五年(1879)举人。光绪五年(1879)四月六日，王闿运“为任生国铨改《史记世家列传标题姓字官爵与自序同异例说》”[①]。

诗四首：

拟苏东坡百步洪(《蜀秀集》卷八)

拟颜延之五君咏(《蜀秀集》卷八)

前蜀杂事诗(《蜀秀集》卷九)

---

① [清]王闿运：《湘绮楼日记》，长沙：岳麓书社，1996年，第780页。

后蜀杂事诗(《蜀秀集》卷九)

文四篇:

冰赋(《蜀秀集》卷六)

东坡赋(《蜀秀集》卷六)

海市赋(《蜀秀集》卷六)

史记世家列传或名或字或官爵例说(《初集》卷十)

方逢盛,附生,生平不详,约光绪五年(1879)前后在院。

文一篇:

问:贾谊政事疏皆系救时急务,然所陈各事均可见于施行否?宜疏通而证明之。(《蜀秀集》卷四)

方竹泉,生平不详。光绪五年(1879)二月二日,王闿运言:"忠州方生竹泉执贽来见,言居馆在城内,恐不能住院云云。"①

冯复轩,生平不详。丁树诚《往留录》曰:"忠州冯复轩,尊经院相识友也。"②

邓磐,字云仙。岳森弟子,约光绪二十年(1894)前后在院。生平不详,名列《癸甲襄校录·校刊弟子姓氏》。

樊学圃,字子常。岳森弟子,约光绪二十年(1894)前后在院。生平不详,名列《癸甲襄校录·校刊弟子姓氏》。

沈树楠,字韶九。忠县拔山人。忠州五属联立中学堂(现忠州中学)和拔山两所小学的创始人。体格健壮,方面大耳,为人诚恳,鲁而勤学。年幼时有良好的家庭教育,但不得志。28岁时才与弟弟沈树槐入泮(宫殿)享受朝廷补贴,住在尊经书院,颇负文望。清末变法时期,他开始钻研史地,详细掌握中外形势变化。光绪三十一年(1905),筹办忠州中学堂,次年,任忠州视学兼劝学总董,长达三年。获举孝廉方正,参加朝考列一等,出任湖北直州判。他见廷政不可为,于是辞官回乡,办忠州团防总局。不久响应革命,与吴锡三宣布独立。后到石柱办粮务。民国三年,当时忠县的长官仰慕他的贤能,选拔为研习县事的小吏,廉声颇著。解组后复任地方公益,不久辞职回家。遇到匪徒前往山中,匪首平时就听说他为人正直,不加害他,并且把他送回家。终生视《论语》为圭臬,不入党,不贪财,不沾嗜好,一心一意孝敬父母、尊敬兄长。著有《汉书揖释》及诗文,又修沈氏家谱。63岁时病死家中。儿子士灵、士骏先后到欧亚等地的大学学习。事迹见"忠

① [清]王闿运:《湘绮楼日记》,长沙:岳麓书社,1996年,第738页。

② [清]丁树诚:《丁治棠纪行四种》,成都:四川人民出版社,1984年,第107页。

州中学网站"介绍。

沈树槐,沈树楠弟,与兄同住尊经书院。事迹见"忠州中学网站"介绍。

2. 酆都县(今重庆市丰都县)

向昌仪,字凤五,岳森弟子,约光绪二十年(1894)前后在院。生平不详,名列《癸甲襄校录·校刊弟子姓氏》。

李毓栋,字松乔。岳森弟子,约光绪二十年(1894)前后在院。生平不详,名列《癸甲襄校录·校刊弟子姓氏》。

3. 梁山县(今重庆市梁平区)

李鸿钧,字稺瑛,号吟史。庠生,调尊经书院肄业,年三十八卒。著有《宝纶堂诗稿》、《感应篇试帖》,皆不存。光绪《梁山县志》卷九有载。

张曜桂,字仲山。岳森弟子,约光绪二十年(1894)前后在院。生平不详,名列《癸甲襄校录·校刊弟子姓氏》。

李星祥,字拱北。岳森弟子,约光绪二十年(1894)前后在院。生平不详,名列《癸甲襄校录·校刊弟子姓氏》。

袁伯华,字邵伯。岳森弟子,约光绪二十年(1894)前后在院。生平不详,名列《癸甲襄校录·校刊弟子姓氏》。

(五) 酉阳直隶州(治所在今重庆市酉阳土家族苗族自治县)

1. 酉阳州(今重庆市酉阳土家族苗族自治县)

陈宝,字子虞。陈常兄。后更名陈滽,《湘绮楼日记》光绪十年(1884)五月十八日:"陈生宝改名滽来见。"[①]丁树诚《往留录》:光绪十五年(1889)四月初四日,"陈子虞乃子经胞兄,为盘弟柩,特来张罗"[②]。拔贡,生平不详。约光绪十一年(1885)前后在院。

文一篇:

释高(《初集》卷八)

陈常(1855—?),一名况,字子经。陈宝弟。光绪五年(1879)举人[③],名见《四川尊经书院举贡题名碑》。光绪十五年进京会试,逝于京师。[④]

文二篇:

重修北墉议(《初集》卷十一)

巴蜀药品赞(《初集》卷十二)

陈啸(1851—?),字伯深,生平不详。名见《四川尊经书院举贡题名

---

① [清]王闿运:《湘绮楼日记》,长沙:岳麓书社,1996年,第1342页。

② [清]丁树诚:《丁治棠纪行四种》,成都:四川人民出版社,1984年,第117页。

③ [清]王闿运:《湘绮楼日记》,长沙:岳麓书社,1996年,第831页。

④ [清]丁树诚:《丁治棠纪行四种》,成都:四川人民出版社,1984年,第117页。

碑》。

陈光煦，廪生，生平不详，约光绪十一年(1885)至十七年(1891)前后在院。

文二篇：

大夫士庙无夹室聘礼士有夹室解(并考夹室所在)(《初集》卷四)

男子夹拜妇人不夹拜说(《二集》卷二)

陈宸，字子骏。幼即工诗赋，能文章。年十五为州廪生。同治六年(1867)乡试落第后，入尊经书院，住院近三十年。著有《酉阳陈氏埙篪集前集》。

田凤喈，字兆臣。岳森弟子，约光绪二十年(1894)前后在院。生平不详，名列《癸甲襄校录・校刊弟子姓氏》。

田鸿烈，字子鹤。岳森弟子，约光绪二十年(1894)前后在院。生平不详，名列《癸甲襄校录・校刊弟子姓氏》。

2. 秀山县(今重庆市秀山土家族苗族自治县)

尹殿飏，字皋卿。约光绪五年(1879)前后在院。光绪八年(1882)举人，光绪十二年(1886)丙戌科二甲第86名进士，曾任山东宁阳县知县。尹氏擅长经学，光绪十三年(1887)九月，朱德实臧否尊经书院人物，称其与廖平、吴之英并列为经生。[①] 王闿运赞其与宋育仁"并茂才德，尊经首选"[②]。光绪十五年(1889)二月十七日，丁树诚曾见到他，曰："尹皋卿太史至，着皮袍帽，盛其仪容，延入畅谈。"[③]

文五篇：

释蘖及仓庚(《初集》卷二)

诗篇题如小说(《初集》卷二)

拚制考(《初集》卷四)

寝室侧室群室下室考(《初集》卷六)

垝谓之坫解(《初集》卷八)

江俶(1850—?)，一名淑，字少淹。光绪五年(1879)举人。[④] 光绪六年(1880)二月五日，丁树诚在京师四川新馆团拜上曾见到他。[⑤] 名见《四川尊经书院举贡题名碑》。

---

① 廖幼平：《廖季平年谱》，成都：巴蜀书社，1985年，第43页。

② [清]王闿运：《笺启》，《湘绮楼诗文集》，长沙：岳麓书社，1996年，第834页。

③ [清]丁树诚：《丁治棠纪行四种》，成都：四川人民出版社，1984年，第96页。

④ [清]王闿运：《湘绮楼日记》，长沙：岳麓书社，1996年，第831页。

⑤ [清]丁树诚：《丁治棠纪行四种》，成都：四川人民出版社，1984年，第49页。

杨炳烈，生平不详。光绪五年七月十七日，曾拜见王闿运。[1]

谭焯，廪生，约光绪十七年(1891)前后在院。1918年曾任四川国学专门学校教务，兼授国文。[2]

文二篇：

易消息解(《二集》卷一)

覃怀底绩解(《二集》卷一)

李稷勋，一名稽勋，字瑶琴。光绪二十三年(1897)举人，光绪二十四年(1898)戊戌科二甲第一名进士。[3] 选翰林院庶吉士，二十五年(1899)散馆，二十六年(1900)授编修。光绪三十年(1904)以编修充会试同考官。精于衡鉴，重实学，所拔多知名士。事竣，出任邮传部参议，总督川汉铁路事宜。李稷勋善诗古文辞，曾学诗于王闿运而不囿于师说，能独自成一格，专步趋唐贤，意致深婉，得唐诗人遗风，李慈铭极为称赏。著有《甓庵诗录》四卷。工书法，字体近颜真卿，风骨清隽，为四川名书家。

易绍生，字静仙，岳森弟子，尊经斋长，约光绪二十年(1894)前后在院。生平不详，名列《癸甲襄校录·校刊弟子姓氏》、《蜀学开会记》。

易绍达，字德夫。岳森弟子，约光绪二十年(1894)前后在院。生平不详，名列《癸甲襄校录·校刊弟子姓氏》。

易绍敏，字捷三。岳森弟子，约光绪二十年(1894)前后在院。生平不详，名列《癸甲襄校录·校刊弟子姓氏》。

3. 彭水县(今重庆市彭水苗族土家族自治县)

王光棣(1851—?)，字苇唐。约光绪五年(1879)至十一年(1885)九月前在院。初为增生，后为拔贡。《湘绮楼日记》光绪七年(1881)正月十六日载："王生光棣告归彭水。"[4]名见《四川尊经书院举贡题名碑》。

文二篇：

荀卿论(《蜀秀集》卷四)

朝服玄冠朝服端玄玄端袗玄所用同异制度考(《初集》卷四)

苏世瑜，优贡，生平不详。《湘绮楼日记》光绪五年(1879)九月十四日载："彭水苏生世瑜以贡出院，闻举贡得肄业，皆还读书。"[5]

---

① [清]王闿运：《湘绮楼日记》，长沙：岳麓书社，1996年，第817页。

② 郭勇、张丽萍：《四川存古学堂及四川国学学校考略》，《蜀学》第3辑，成都：巴蜀书社，2008年，第36页。

③ 徐仁甫：《振兴蜀学人才辈出的尊经书院》，中国人民政治协商会议四川省委员会文史资料研究委编：《四川文史资料选辑》第35辑，成都：四川人民出版社，1985年，第8页。

④ [清]王闿运：《湘绮楼日记》，长沙：岳麓书社1996年，第982页。

⑤ [清]王闿运：《湘绮楼日记》，长沙：岳麓书社，1996年，第780页。

王社松,字伯宇。岳森弟子,约光绪二十年(1894)前后在院。生平不详,名列《癸甲襄校录·校刊弟子姓氏》。

(六) 石柱直隶厅(今重庆市石柱土家族自治县)

冉广俊,字章甫。岳森弟子,约光绪二十年(1894)前后在院。生平不详,名列《癸甲襄校录·校刊弟子姓氏》。疑即《湘绮楼日记》光绪七年(1881)闰七月三日提到的"石柱冉生":"石柱冉生题诗出院,余欲薄惩之,既思迂生尚未知设立书院之意,若欲诛之,必先教之。"①

三、川南永宁道

(一) 叙州府(治所在今四川省宜宾市)

1. 宜宾县(今四川省宜宾市)

彭毓嵩(1852—1911),字篯孙,一作篯生,又字豫民,别号山高。(疑与《蜀秀集》中彭毓崋为兄弟)原籍江西南昌,后迁湖北麻城县。天津知县忠愍公谢子澄婿(谢子澄事迹见《清史稿》卷四九一)。廪生,约光绪初至五年(1879)前后在院。尊经五少年之一,张之洞称其"安雅聪悟,文藻清丽,甚能深索经学、小学"。谭宗浚《尊经书院十六少年歌》称"老篯词笔雄九州,字里隐跃腾蛟虬"。海防新班先用侯选教谕。光绪十四年(1888)中试四川乡试第 6 名副榜,光绪二十年(1894)举人,选授洪雅县教谕,品端学正,士认翕然。六年俸满,保升陕西凤翔县知县。二十九年(1903)履任,政简刑清,绅民爱戴,而又事无不举,绝少敷衍废弛之习。宣统三年(1911)九月,陕西兵变中遇害,年六十二。《清史稿》卷四九六有传,又有李滋然《陕西凤翔县知县彭公父子合传》,见民国《长寿县志》卷十一。

文二篇:

拟王子安益州夫子庙碑(《蜀秀集》卷五)

浣花草堂赋(《蜀秀集》卷七)

邱晋成(1846—1908),字云驱,又字芸蕃、云帆。廪生,名见《四川尊经书院举贡题名碑》。曾作教谕,以教书为业。谭宗浚《尊经书院十六少年歌》称"邱郎静谧勤咿嚘,文学穰穰囷仓稠(典出韩愈《刘生诗》)"。著有《古苔精舍诗存》、《攀辕诗录》,参与编纂光绪《叙州府志》。

诗十九首:

读唐书乐府十八首(新丰客、黄台瓜、羽扇赋、渔阳鼓、脱靴行、令公来、击泚笏、平淮西、迎佛骨、甘露变、白马驿)(《蜀秀集》卷八)

---

① [清]王闿运:《湘绮楼日记》,长沙:岳麓书社,1996 年,第 1035 页。

拟李长吉十二月乐词（正月、二月、四月、十月）（《蜀秀集》卷八）

读浯溪中兴颂（《蜀秀集》卷八）

读杜少陵五律和作（归燕）（《蜀秀集》卷八）

论蜀诗绝句（《蜀秀集》卷八）

《王霱堂旧同学自巴县以四绝题扇寄赠，次韵奉酬》（《近代巴蜀诗钞》第330页）

文三篇：

周礼大宗伯五祀与曲礼天子祭五祀王制大夫祭五祀异同解（《蜀秀集》卷一）

蜀中循吏赞（《蜀秀集》卷五）

山川能说赋（《蜀秀集》卷七）

李德昌，字汝言。岳森弟子，约光绪二十年（1894）前后在院。生平不详，名列《癸甲襄校录·校刊弟子姓氏》。

杨骏，字会泉，生平不详。约光绪二十三年（1897）前后在院。

文三篇：

《缉古算经》：甲乙乡人均给"羡道"，李四香谓：据《问数术文》，甲当在南，乙当在北；据《答问》，则甲道在下，乙道在上。两者差异，不可立法。详寻其义，当以《问数术文为正。其答宜云：甲乡人给高九尺，上广三丈，下广二丈四尺，袤七丈。乙县乡人给南头高九丈，北头高一十八丈，南头上广三丈，北头上广三丈六尺，下广二丈四尺，袤七丈。试证之，并绘图。（《三集》卷五）

假今句股形有自句弦交角平分股线，有自股弦交角平分句线，求句股弦各几何？用代数明之。（《三集》卷五）

有明句股和有大中垂线，求城径。（《三集》卷五）

陈开炽，廪生，生平不详，约光绪十七年（1891）前后在院。

诗一首：

静海梁氏孝烈女诗（陈开炽）（《二集》卷七）

文二篇：

扑满赋（《二集》卷六）

孔融论（《二集》卷七）

2. 富顺县（今四川市自贡市富顺县）

宋育仁（1857—1931），字芸子，又字芸岩，号问琴阁主，晚号道复。约光绪二年（1876）入院，谭宗浚《尊经书院十六少年歌》称其"短宋词笔工雕搜，华熳五色垂旌旍"。后师从王闿运，与杨锐齐名，并称为"扬雄、宋玉"。

光绪五年(1879)举人,光绪十二年(1886)丙戌科三甲第46名进士,授翰林院检讨。十七年(1891)任广西乡试副考官。二十年(1894)出使英、法、意、比,充驻英二等参赞。甲午战争时,在英国密谋借款购买舰队,偷袭日本。密谋失败后,二十一年(1895)年辞差回京,进呈《采风记》,被誉为"四川睁眼看世界的第一人"。宋育仁是中国近代早期改良主义者,[1]他在京参加过"强学会"。二十二年(1896)奉旨回川办理商务,在重庆创办四川地区第一张报纸《渝报》,被称为"四川报业鼻祖"。二十三年(1897)兼任成都尊经书院山长,创立"蜀学会",创办《蜀学报》,印行《蜀学丛书》,是四川地区维新运动的主要组织者和推动者。[2] 光绪二十六年(1900)庚子事变后,由京从海道趋赴行在,分发湖北试用道。辛亥革命后,1914年受聘为国史馆纂修。1915年,因反对袁世凯称帝,主张还政于清,被递解回原籍,编管于成都。1916年以后,任四川国学院(即后来的"四川国学专门学校")院长,创办《国学月刊》,兼四川通志局总纂,编撰《四川通志》。1931年病逝于成都东山草堂(今成都三圣乡),享年74岁,私谥"文康"。著述颇多,计有《孝经正义》、《说文解字部首笺正》、《经术公理学》、《经世财政学》、《时务论》、《采风记》、《问琴阁丛书》等经史、政论、诗文数十种。事迹具佚名《宋育仁轶事》、宋维彝《宋芸子先生行状》、萧月高《宋芸子先生传》、易公度《宋育仁先生传略》、《补遗》、刘海声《宋育仁先生年谱》等。

诗八首:

拟何仲言七召(《蜀秀集》卷五)

读唐书乐府十八首(新丰客、渔阳鼓、双庙行、击泚笏、崖州贬)(《蜀秀集》卷八)

秋兴诗(《初集》卷十)

杂拟陶渊明诗(《初集》卷十)

文三篇:

礿禘禘一禘一祫解(《初集》卷六)

问:天子七庙、五庙、时祭,同日则日不足,异日则敬不专。如齐十日,则五庙、四时齐当二百日,七庙齐当二百八十日,宿视滌及次日绎,共三日,又当六十日,尤迂于事。遣官行事,又违亲之之义。其祭二祧及太庙隆于四时,祭当何时行?何以《祭统》独言春禘秋尝,不及祠烝?各考《礼》以对。

---

① 中国社会科学院近代史研究所编:《中国近代史稿》第3册,北京:人民出版社,1978年,第24页。

② 中国社会科学院近代史研究所编:《中国近代史稿》第3册,北京:人民出版社,1978年,第50页。

(《初集》卷六)

露赋(《初集》卷十)

陈崇哲,字元睿,又字子元、子沅。约光绪五年(1879)前后在院,初为廪生,光绪八年(1882)优贡,朝考二等,与院生吴之英、刘子雄、杨锐并称“英雄锐哲”[①]。十一年(1885)举人,官秀山训导。光绪十七年(1891)病逝,吴之英有《闻陈崇哲病》、《哭陈崇哲》[②]。著有《玩春荑阁诗文集》,又与简荣合编《八代文粹》220卷。民国《富顺县志》卷十一有载。

诗一首:

读唐书乐府十八首(天策府)(《蜀秀集》卷八)

郭武勋(1861—?),字翊周,生平不详。名见《四川尊经书院举贡题名碑》。

孙克勤,廪生,生平不详,约光绪十七年(1891)前后在院。

文二篇:

汉易家法皆出于纬考(各家不同,引纬证之)(《二集》卷一)

叔孙通论(《二集》卷七)

高光照,字抡九,生平不详,约光绪二十三年(1897)前后在院。

文一篇:

拟陈孔璋为袁绍檄豫州文(《三集》卷六)

3. 南溪县(今四川省宜宾市南溪区)

张问惺,字玉仑。生平不详。《湘绮楼日记》光绪五年(1879)九月十四日载:“南溪张生问惺以贡出院,闻举贡得肄业,皆还读书。”[③]该生名见《四川尊经书院举贡题名碑》,但未标注年龄,疑似光绪十一年(1885)九月前已过世。

包崇佑(1853—?),字铁孟,生平不详。似与包崇金为兄弟。名见《四川尊经书院举贡题名碑》。

包崇金(1859—?),字铁仲,生平不详。似与包崇佑为兄弟。名见《四川尊经书院举贡题名碑》。

刘代元,字伯恺,一字少甫。以廪生调尊经书院肄业。民国《南溪县志》卷五有载。

董清峻(1875—1925),字汉苍,又字平子,自号鹤后身。补廪生,调尊

---

① 邓镕:《读刘舍人集感题》,《近代巴蜀诗钞》编委会编:《近代巴蜀诗钞》上册,成都:巴蜀书社,2005年,第904页。

② 吴洪武等校注:《吴之英诗文集》,成都:四川大学出版社,2008年,第30页、第32页。

③ [清]王闿运:《湘绮楼日记》,长沙:岳麓书社,1996年,第780页。

经书院肄业。宣统初，选为四川省咨议局议员，旋援例捐内阁中书，候补安徽知县。赵尔巽慕其名，延聘入幕，任奉天警察总局会办，法政学堂监督。1914 年，山西按察使金永复聘其为总文案。后任清史馆纂修。1925 年返川途中，病殁于汉口旅舍，年五十一。著有《平子诗集》、《西湖百咏》、《鹤后身诗文集》、《罗公出处纪事》。民国《南溪县志》卷五有载。

4. 筠连县(今四川省宜宾市筠连县)

母泽贤(1864—1939)，字叙宾。尊经书院肄业，由岁贡生注选县丞，以知县用。民国中，任中学教员凡二十年。民国《续修筠连县志》卷三、卷七有载。

5. 屏山县(今四川省宜宾市屏山县)

聂培悝，生平不详，约光绪五年(1879)前后在院，初为廪生，后为贡生。光绪《叙州府志》卷三十一有载。

诗二首：

前蜀杂事诗(《蜀秀集》卷九)

后蜀杂事诗(《蜀秀集》卷九)

(二) 泸州直隶州(治所在今四川省泸州市)

1. 泸州(今四川省泸州市)

高棠，《湘绮楼日记》光绪五年(1879)九月十二日："有高棠不到院，不应课，今始来见，辞谢之。"光绪五年(1879)举人。著有《塔阴书屋诗钞》，民国《泸县志》卷四有载。疑即光绪十五年(1889)己丑科二甲 62 名进士高树、二甲 95 名进士高枬之兄，兄弟四人：高棠、高树、高枬、高楷。

高树，字蔚然，光绪十五年(1889)己丑科二甲 62 名进士。名见《四川尊经书院举贡题名碑》。

邹宣律，卓斋，晚号鹤侪。光绪初调入尊经书院肄业，初为附生，后为岁贡生。隐居十楠山馆，年七十八卒。著有《十楠山馆诗钞》，今不存。民国《泸县志》卷六有载。

诗一首：

拟杜工部登楼(《蜀秀集》卷八)

文一篇：

谢安捉蒲葵扇赋(《蜀秀集》卷七)

曾名毅，附生，生平不详，约光绪五年(1879)前后在院。

诗二首：

读唐书乐府十八首(渔阳鼓、迎佛骨)(《蜀秀集》卷八)

欧阳世麟，廪生，生平不详，约光绪十七年(1891)前后在院。

诗四首:

拟瓠子歌(《二集》卷七)

上海行(《二集》卷七)

李太守斩蛟(《二集》卷七)

万寿圣节颂(《二集》卷七)

文四篇:

拟班孟坚幽通赋(《二集》卷六)

荀子积微论(《二集》卷七)

祀金马碧鸡文(《二集》卷八)

拟崔亭伯达旨(《二集》卷八)

2. 合江县(今四川省泸州市合江县)

黄垂,治甫,一字继可。光绪十一年(1885)拔贡,受知于张之洞,调尊经书院,充高材生。掌凤仪书院四年。民国《合江县志》卷三、卷五有载。

冯檀,字香楼。廪生,调尊经书院,充高材生。民国《合江县志》卷五有载。

蒋肇龄(1841—1893),字光廷,亦字伯遐,号八霞山人。光绪元年(1875)入尊经书院,肄业后为廪贡生,光绪八年(1882)选授云南嶍峨县(今云南省峨山彝族自治县)知县,升马龙州知州。为政期间,留心洋务,探索富国强兵之策,曾考察越南、香港及东南沿海一带,也曾干谒张之洞、冯子材等显要。蒋氏入香港观风之时,香港开埠已四十余载,其诗写其市井之象云:"万里流沙攒海曲,三环烟水抱天圆。灯球电起催残日,艇屋潮平荡晚烟。"著有《八霞诗钞》。

3. 江安县(今四川省宜宾市江安县)

陈天锡(1863—1940),字子麟,号鹤仙。光绪九年(1883)应县试,以第三名考取秀才。府、院试迭得第一名,补廪。四川学使高赓恩、朱善祥多次将其试文刊发全省示范。学使瞿鸿禨调入成都尊经书院深造。光绪二十年(1894),乡试中举人。次年(1895),赴京会试。康有为倡议"公车上书",陈天锡参与其事。光绪二十四年(1898),再赴京会试,落第。复试二等,授会典馆誊录。是年,康有为在京组织保国会,陈与泸州举人罗凤翘请康代奏清帝:"变科举、兴学堂、汰营伍、裁冗官,始终如一,破格用人。"八月初六,发生"戊戌政变",陈天锡于同月二十九日仓皇离京,绕道回县匿居。光绪二十五年(1899),仍主持江安龙门书院。光绪二十九年(1903),改书院为学堂,陈续任堂长。光绪三十年(1904),再赴北京会试,落第。以原会典馆誊录,加升同知衔,分发陕西省候补知县。为陕西布政使樊增祥所赏识,先后派任“发审局”帮办、洋务局文案、后陕西石泉县知县缺出，樊即荐陈出任知县。后因得罪豪绅被调离职。陈天锡回西安后，先后被委派负责主持《秦中馆报》、《学务杂志》工作，兼任陕西省拔贡考试阅卷官，继又任陕西省《陕西通志》“人物门”分纂之职。宣统三年(1911)三月，陈天锡告病请假回县。民国元年(1912)，主持江安县劝学所。在职期间，恢复县立中学，并在县城开办县立高等小学两所，县立女校 1 所，在各乡开办高等国民学校 7 所，初等国民学校 50 余所。民国二年(1913)，参加梁启超所组之进步党，为交际课干事，见袁世凯帝制自为，不愿合作，仍返江安。后任省三中国文教师。护国之役，朱德任滇军旅长，驻防泸州、江安、南溪等地。陈天锡时与交往，诗文唱和。民国十年(1921)，县人推请主修《江安县志》。历时近一年，总纂而成《江安县志》。[①] 著有《鹤仙诗文钞》等。民国《江安县志》卷首、卷三有载。

(三) 资州直隶州(治所在今四川省内江市资中县)

1. 资州(今四川省内江市资中县)

魏天眷，廪生，生平不详，约光绪五年(1879)前后在院。

文一篇：

诗赋(《蜀秀集》卷六)

骆成骧(1865—1926)，字公骕，四川资中人。幼肄业于锦江书院，后转入尊经书院，即所谓“调院生”。得到王闿运赏识，《湘绮楼日记》光绪十年五月十五日，“骆、陈两生来贽”。[②] 疑即骆成骧与王闿运初次见面。光绪十九年(1893)举人，光绪二十一年乙未科(1895)状元。《亦佳庐小品》载其在院中轶事：“骆成骧为诸生时，与射洪谢泰来，同肄业成都尊经书院，均苦贫，每以膏火寄家用，而勉忍穷愁。一日，泰来慨然书一联之上句曰：‘至穷无非讨口。’‘讨口’，川中方言谓乞食也。嘱成骧对之。成骧乃书‘不死总要出头’作对。后成骧掇大魁，官至山西提学使，泰来亦于甲午捷乡试，以知县官陕西。成骧家开肉铺，比状元报至，乃歇业。谑者谓放下屠刀。”[③] 骆成骧出仕后，曾任京师大学堂(北京大学前身)提调官、山西提学使等职。1912 年被推举为四川省临时省议会议长。1914 年王闿运任国史馆馆长，应邀去北京襄助其事。不久回四川。1916 年撰文反对袁世凯称帝。晚年致力于桑梓的教育事业，历任四川法政学校、成都高等师范学校教职，并参

① 以上摘自“宜宾公众网”。

② [清]王闿运：《湘绮楼日记》，长沙：岳麓书社，1996 年，第 1335 页。

③ 徐一士：《亦佳庐小品》，北京：中华书局，2009 年，第 16 页。

与筹组四川大学。著有《清漪楼遗稿》。生平事迹可参阅官振维《骆成骧》[①]。

朱桂芃，廪生，生平不详，约光绪十七年(1891)前后在院。

文一篇：

春秋列国唯晋用夏正说(《二集》卷三)

吕典桢，生平不详，约光绪二十三年(1897)前后在院。曾任蜀学会载笔，名列《蜀学开会记》。

郭煊，尊经上舍生，生平不详，约光绪二十三年(1897)前后在院。曾任蜀学会载笔，名列《蜀学开会记》。

2. 资阳县(今四川省资阳市)

陈调燮，廪生，生平不详，约光绪五年(1879)前后在院。

诗二首：

前蜀杂事诗(《蜀秀集》卷九)

后蜀杂事诗(《蜀秀集》卷九)

3. 内江县(今四川省内江市)

邓文焯，蜀学会治事，生平不详，名列《蜀学开会记》。

文一篇：

《训诂与译言相表里说》，《渝报》第十二册，1898 年 3 月(光绪二十四年二月中旬)。

4. 仁寿县(今四川省眉山市仁寿县)

毛澂(1843—1906)，原名毛席丰，[②]疑似入尊经书院后，为避免与同学毛瀚丰名字混淆，登第后改名毛澂。[③] 字叔云，又作蜀云、蔌畇、澍云、叔耘，号稚澥。光绪二年(1876)举人，六年(1880)庚辰三甲第 19 名进士，历任山东定陶、历城、泰安知县，光绪三十二年(1906)卒于滕县任所。为官清正，有政绩。博览群书，长于经史，早负文誉。吴宓说："吾乡乔树楠、毛叔云两先达，在尊经齐名，为张文襄所激赏，当时有'蜀两生'之称。"[④]一生著述甚多，今仅存《稚澥诗集》，他如《群经通解》、《三礼博议》、《秦蜀山川险要记》、《齐鲁地名今释》、《治河心要》等，皆已散失。毛澂诗集中有《苏祠新楼

---

① 任一民主编：《四川近现代人物传》第 2 辑，成都：四川省社会科学出版社，1986 年，第 101 页。

② 与清末高等工业学校休学之简州毛席丰(霈霖)非同一人。简州毛席丰，见傅崇矩：《成都通览》，成都：成都时代出版社，2006 年，第 71 页。

③ 鲁小俊、刘妍：《〈清代人物生卒年表〉四川尊经院生补正——兼探〈四川尊经书院举贡题名碑〉中的官年》，《蜀学》第 17 辑，成都：西南交通大学出版社，2020 年，第 240 页。

④ 吴宓著，吴学昭整理：《吴宓诗话》，北京：商务印书馆，2005 年，第 264 页。

呈南皮夫子兼柬玉宾、叔峤二君》、《三月二十一夜南皮夫子招饮水际竹边亭》两首，可与张之洞《登眉州三苏祠云屿楼》互相参证，是为尊经书院教育方面最早的史料。

毛瀚丰(1849—?)，字鹤西，又作霍畦、霍西。尊经五少年之一，谭宗浚《尊经书院十六少年歌》称其“小毛词翰扬马俦，如驾青翰凌沧洲，珊瑙炫耀珠巩浮”。光绪三年(1877)尊经书院刻的段玉裁《说文解字注》，校字者：卷一至五为井研廖登廷(即廖平)；卷六至十为华阳张孝楷；卷十一至十三为绵竹杨锐；卷十四至十五及《六书音韵表》为仁寿毛瀚丰。光绪五年(1879)优贡，官至云南普洱知府。名见《四川尊经书院举贡题名碑》。

诗十六首：

拟韩昌黎石鼎联句(《蜀秀集》卷八)

拟李长吉十二月乐词(三月、五月、六月、九月)(《蜀秀集》卷八)

拟杜工部打鱼歌(《蜀秀集》卷八)

吹角壩新得汉建安六年残刻碑歌(《蜀秀集》卷八)

汴梁怀古(《蜀秀集》卷八)

平凉怀古(《蜀秀集》卷八)

粤中怀古(《蜀秀集》卷八)

蜀中十二楼诗(张仪楼、筹边楼、怀忠楼、王氏书楼、玉音楼)(《蜀秀集》卷八)

论蜀诗绝句(《蜀秀集》卷八)

文十四篇：

《周礼》大宗伯五祀与《曲礼》天子祭五祀、《王制》大夫祭五祀异同解(《蜀秀集》卷一)

其浸颍湛解(《蜀秀集》卷一)

梁武帝论(《蜀秀集》卷四)

读史记卫青霍去病传书后(《蜀秀集》卷四)

拟王子安益州夫子庙碑(《蜀秀集》卷五)

拟柳子厚乞巧文(《蜀秀集》卷五)

蜀中循吏赞(《蜀秀集》卷五)

拟荀子云赋(《蜀秀集》卷六)

拟荀子箴赋(《蜀秀集》卷六)

拟李德裕画桐华凤扇赋(《蜀秀集》卷六)

峨眉山赋(《蜀秀集》卷六)

大理石赋(《蜀秀集》卷六)

诗赋(《蜀秀集》卷六)

浣花草堂赋(《蜀秀集》卷七)

辜增荥,字豫渠。上舍生,生平不详,约光绪二十三年(1897)前后在院。名列《蜀学开会记》。

文一篇:

鱼虞模韵转放歌戈韵再转入麻韵说(《三集》卷二)

5. 井研县(今四川省乐山市井研县)

廖登廷(1852—1932),字旭陔,又字勖斋,后改为廖平,字季平,号四益,后号四译,晚号五译、六译。井研县青阳乡盐井湾人。光绪二年八月入尊经书院肄业,受知于张之洞、王闿运。光绪五年(1879)举人,光绪十六年(1890)庚寅恩科二甲第70名进士,官龙安府学教授,署松潘教授、射洪训导。后历任九峰、艺风、凤山诸书院山长,及尊经书院襄校。戊戌变法中,任尊经书院督讲,《蜀学报》总纂。入民国,任四川军政府枢密院长,四川国学学校校长。[①] 廖平以经学名世,被后人称为"经学最后之壁垒"。著有《六译馆丛书》。

文十篇:

荥波既豬解(《蜀秀集》卷一)

士冠礼以挚见于乡大夫乡先生解(《蜀秀集》卷一)

月令毋出九门解(《蜀秀集》卷一)

廛无夫里之布解(《蜀秀集》卷一)

尔雅舍人注考(《蜀秀集》卷二)

六书说(《蜀秀集》卷三)

史记列孔子于世家论(《蜀秀集》卷四)

两汉驭匈奴论(《蜀秀集》卷四)

五代疆域论(《蜀秀集》卷四)

伯子男辞无所贬解(《初集》卷五)

杨桢,字静斋,一字敬斋。廪生。长廖平十岁,先廖平三十余年卒。与廖平同县、同塾、同补博士弟子(诸生),同调尊经书院,曾参校《唐诗选》。[②]著有《杨雪门集》、《静斋文集》、《孟子生卒考》等,皆不存。其中《周礼验推则》、《禹贡验推释例》、《史记经说补笺》三书皆廖平拟作而托名杨桢者[③],

① 参阅廖幼平:《廖季平年谱》,成都:巴蜀书社,1985年。

② 黄海明:《概述四川尊经书院的刻书》,《四川大学学报(哲学社会科学版)》1992年第4期,第108页。

③ 廖幼平:《廖季平年谱》,成都:巴蜀书社,1985年,第11页。

《清代蜀人著述总目》均列于杨桢名下，不妥。光绪《井研志》卷三五有载。尊经书院有两杨桢，井研杨桢与新繁杨桢非同一人。

文一篇：

不簔城解(《蜀秀集》卷一)

董含章，字南轩。光绪八年(1882)举人，名见《四川尊经书院举贡题名碑》。任觉罗官学教习。谭宗浚《将解任留别蜀中士子八首》之六称其“性颖悟”。著有《礼经上达下达表》、《礼三本补说》、《家语溯源》、《西法农学浅说》、《中西星象异同说》、《疑撼经订本》等，皆不存。从著述中礼学类判断，与尊经初期学术旨趣接近，应为当年院生。光绪《井研志》卷二一、卷二二有载。

胡濬源，廪生，生平不详，约光绪十七年(1891)前后在院。

文一篇：

朱陆异同聚讼久矣，折衷孟子学术归一在乎能辨说(《二集》卷五)

(四) 叙永厅(治所在今四川叙永县)

陈延铭，字敬修。岳森弟子，约光绪二十年(1894)前后在院。生平不详，名列《癸甲襄校录・校刊弟子姓氏》。

徐心泰，字阶云，生平不详。名见《四川尊经书院举贡题名碑》。

四、建昌上南道

(一) 雅州府(治所在今四川省雅安市)

1. 雅安县(今四川省雅安市)

李景复(1857—1925)，字心畲，号雅渔。光绪二十三年(1897)拔贡，肄业尊经书院，与宋育仁、骆成骧同学。民国《雅安县志》卷六有载。

刘永镇，字子静，一字梓敬。岁贡生，约光绪二十三年(1897)前后在院，曾参与校刊《蜀学编》、《读诗钞说》、《唐诗选》[①]。

诗一首：

咏豆腐(《三集》卷八)

2. 名山县(今四川省雅安市名山区)

吴之英(1857—1918)，字伯朅，号西蒙愚者、老渔。约光绪五年前后在院，光绪八年(1882)优贡。后为尊经书院都讲、锦江书院襄校。维新运动中，曾参与组织“蜀学会”，并任《蜀学报》主笔。宣统初，受聘任四川国学院

① 黄海明：《概述四川尊经书院的刻书》，《四川大学学报(哲学社会科学版)》1992 年第 4 期，第 108 页。

院正，兼经学教员。[①] 著有《寿栎庐丛书》。相关资料可参阅吴洪武等校注《吴之英诗文集》。

文十篇：

伯子男辞无所贬解（《初集》卷五）

大事有事禘烝尝时制考（并考殷周禘祫）（《初集》卷五）

盟会地邑所属国竟考（《初集》卷五）

锊鋝考（《初集》卷八）

萤火赋（《初集》卷十）

簾赋（《初集》卷十）

廿议（《初集》卷十一）

前后蜀辩亡论（《初集》卷十二）

八督箴（拟扬子云九牧）（《初集》卷十二）

梓潼县文昌庙碑（《初集》卷十二）

刘泽沅，字茝湾。廪生，约光绪十一年（1885）前后在院，王闿运弟子，年三十余卒。

文一篇：

曾孙解（《初集》卷二）

吴福连（1853—?），字梓材，生平不详。光绪十一年（1885）拔贡，名见《四川尊经书院举贡题名碑》。

著作一部：

拟四川艺文志（《初集》卷九）

文八篇：

匪其彭解（《初集》卷一）

噬肤解（《初集》卷一）

噬乾胏得金矢礼考（《初集》卷一）

锡马蕃遮解（《初集》卷一）

綦巾茹藘解（《初集》卷二）

葛屦履霜考（《初集》卷二）

郑谱例式（《初集》卷二）

騋牝骊牝解（《初集》卷八）

闵鋆，字伯鸿，号雅堂。光绪五年（1879）举人，以举人身份住院。《湘

① 郭勇、张丽萍：《四川存古学堂及四川国学学校考略》，《蜀学》第 3 辑，成都：巴蜀书社，2008 年，第 35 页。

绮楼日记》光绪六年(1880)十一月二日载:“闵生爔来见,云欲入院肄业,亦他方所难得者。其人虽经魁,经实未魁,或者已举后见闻较广乎。”[①]曾主讲芦山文明书院,襄校尊经、锦江两院,时与廖平、杨锐、范溶齐名。疑早逝,吴之英有《哭闵爔》[②]。著有《读诗证异》,今不存。民国《名山县新志》卷十三有载。

文六篇:

胡桃赋(《初集》卷十)

簾赋(《初集》卷十)

拟嵇含蜡赋(《初集》卷十)

恭拟孝贞显皇后挽词(《初集》卷十一)

什议(《初集》卷十一)

巴蜀药品赞(《初集》卷十二)

陈炳文,字紫垣,生平不详。光绪五年(1879)六月廿三日,曾送王闿运蒙顶石花茶叶六片,廿五日王闿运感其意而作《名山清茶歌》。[③]

3. 天全州(今四川省雅安市天全县)

杨赞襄,字兰泉。约光绪二十三年(1897)前后在院。曾任蜀学会载笔,名见《蜀学开会记》,后任四川国学专门学校史学教员[④]。

文一篇:

宋童贯约金攻辽史嵩之约元攻金论(《三集》卷三)

4. 清溪县(今四川省雅安市汉源县)

马世勋,字名丞。光绪十九年(1893)举人。曾以郡属经古第一名调充尊经书院高材生。民国《汉源县志·人物志上》有载。

(二)宁远府(治所在今四川省西昌市)

1. 西昌县(今四川省西昌市)

吴博文(1859—?),字约之,一字丽笙。礼州热水乡人。廖成章弟子。其“生有夙慧,受知于学使张之洞,以高材生调入尊经书院肄业。”受知于王闿运,光绪五年(1879)十月十一日,曾向王闿运请教絬衣长短右袂之说。[⑤]《初集》评价其文章“意颇倜傥,词亦瑰玮”。光绪十一年(1885)拔贡,名见

---

① [清]王闿运:《湘绮楼日记》,长沙:岳麓书社,1996年,第964页。

② 吴洪武等校注:《吴之英诗文集》,成都:四川大学出版社,2008年,第32页。

③ [清]王闿运:《湘绮楼日记》,长沙:岳麓书社,1996年,第810页、第811页。

④ 郭勇、张丽萍:《四川存古学堂及四川国学学校考略》,《蜀学》第3辑,成都:巴蜀书社,2008年,第36页。

⑤ [清]王闿运:《湘绮楼日记》,长沙:岳麓书社,1996年,第843页。

《四川尊经书院举贡题名碑》。民国《西昌县志》卷七、卷十有载。

文三篇：

季叔子叔孟子弟子考（《初集》卷八）

禹八年三过门其家门所在考（《初集》卷八）

拟谢庄上搜才表（《初集》卷十一）

吴光源，字清渠，吴博文侄，王闿运弟子，约光绪十一年（1885）前后在院，初为附生，后为廪生，任尊经斋长，善治《公羊春秋》。著有《西南夷本末》。民国《西昌县志》卷十有载。

诗一首：

拟沈约八咏之望秋月（《初集》卷十一）

文六篇：

应田县鼓解（《初集》卷二）

玄端为上服考（《初集》卷四）

问：天子七庙、五庙、时祭，同日则日不足，异日则敬不专。如齐十日，则五庙、四时齐当二百日，七庙齐当二百八十日，宿视滌及次日绎，共三日，又当六十日，尤迂于事。遣官行事，又违亲之之义。其祭二祧及太庙隆于四时，祭当何时行？何以《祭统》独言春禘秋尝，不及祠烝？各考《礼》以对。（《初集》卷六）

褎衣禒衣与朝祭服用同异考（吴光源）（《初集》卷六）

问："子绝四"为绝意、必、固、我？为绝毋意、毋必、毋固、毋我？（《初集》卷七）

不彻姜食解（《初集》卷七）

袁先裕，字大皆。岳森弟子，约光绪二十年（1894）前后在院。生平不详，名列《癸甲襄校录·校刊弟子姓氏》。

2. 会理州（今四川省凉山彝族自治州会理县）

康受嘉，字子猷，生平不详，约光绪二十三年（1897）前后在院。

文一篇：

四川省多矿，详见于《会典事例》。如何视塗泥沙石，辨识矿苗？如何测浅深宽广？周知矿界，如何省凿石之劳？如何得洩水之便？如何使镕炼甚精？如何转般极捷？如何计每日之功程？如何券异时之赢利？事隶农政，学本其人，儒者通经致用，倘亦肄业及之，其悉举以对。（《三集》卷四）

3. 盐源县（今四川省凉山彝族自治州盐源县）

颜汝玉，字琢庵，颜启芳长子。颜启芳，道光二十九年（1849）拔贡生，朝考二等，有《读说文》一卷。汝玉入盐源学籍，约光绪五年（1879）前后以增生入院，光绪十一年(1885)拔贡生。主讲泸峰书院。晚年为省立第二师范等校国文教员。年七十四卒。民国《西昌县志》卷七、卷十有载。

诗二首：

前蜀杂事诗(《蜀秀集》卷九)

后蜀杂事诗(《蜀秀集》卷九)

刘希弟，字友于。岳森弟子，约光绪二十年(1894)前后在院。生平不详，名列《癸甲襄校录·校刊弟子姓氏》。

(三) 嘉定府(治所在今四川省乐山市)

1. 乐山县(今四川省乐山市)

张肇文，字梓亭，廪生，约光绪五年(1879)前后在院。擅长书法，谭宗浚《尊经书院十六少年歌》称其“清河才调万斛舟，余事笔札追鹄繇”，以书法大家梁鹄、锺繇相譬。

诗七首：

读杜少陵五律和作(归燕、苦竹)(《蜀秀集》卷八)

豫章怀古(《蜀秀集》卷八)

闽中怀古(《蜀秀集》卷八)

蜀中十二楼诗(南定楼)(《蜀秀集》卷八)

前蜀杂事诗(《蜀秀集》卷九)

后蜀杂事诗(《蜀秀集》卷九)

文三篇：

读魏书释老志书后(《蜀秀集》卷四)

拟王子渊圣主得贤臣颂(《蜀秀集》卷五)

读书宜识字赋(《蜀秀集》卷七)

谢世瑄，字碧岑，又字璧成、壁臣。岳森弟子，约光绪二十年(1894)前后在院，光绪二十三年(1897)拔贡，任绥德直隶州知州。年六十五卒。著有《松桂堂集句诗》、《谢碧岑半园尺牍初集》等，曾参与编纂民国《乐山县志》。民国《乐山县志》卷一、卷八、卷九有载。

文三篇：

原学：顾亭林与人书曰：目击时趋方知治乱之关，必在人心，风俗而所以转移人心，整顿风俗则教化纪纲为不可阙，以亭林之言观今之时势，所谓教化纪纲其道安在？(《三集》卷四)

问：通商以来西方政治不难周知其立国之本何在？用人之道何从？分职设官如何？止贪墨俗庬言杂如何止梗顽家少工多何以足食利，微税重何以保民属岛置官何以无尾大之患？越国鄙远何以无域内之忧？计口抽丁是否有征戍之苦？论婚无灼是否有怨旷之伤？债日增或曰将成积弱钞币日益或曰终成暗亏，火器加精，互有伤亡，何尝无敌于天下？市场加广，互有赢利，何尝独擅夫利权？凡此各端，求其明证，无为道途耳食之论，致蹈沟犹瞀儒之讥。（《三集》卷四）

通商条约颇有与公法不合者试条举之。（《三集》卷四）

2. 夹江县（今四川市乐山市夹江县）

干端生，清末入尊经书院，后毕业于四川高等学堂。民国三十四年（1945），省教育厅征集各县乡土教材，他将自己所收集的夹江文献整理选编为《夹江县乡土志略》二卷，于民国三十七年（1948）石印。

3. 犍为县（今四川省犍为市）

吴廷佐，字崧岩。约光绪五年（1879）前后在院，初为廪生，光绪十九年（1893）岁贡，民国《犍为县志》卷六、卷七有载。谭宗浚《将解任留别蜀中士子八首》之六称其兄弟孝友。

诗三首：

汴梁怀古（《蜀秀集》卷八）

前蜀杂事诗（《蜀秀集》卷九）

后蜀杂事诗（《蜀秀集》卷九）

文四篇：

读鹖冠子（《蜀秀集》卷五）

拟王子渊圣主得贤臣颂（《蜀秀集》卷五）

炮赋（《蜀秀集》卷六）

读书宜识字赋（《蜀秀集》卷七）

吴廷俊，字筱岩，廷佐弟。约光绪五年（1879）前后在院，初为廪生，光绪二十四年（1898）岁贡，民国《犍为县志》卷六、卷七有载。谭宗浚《将解任留别蜀中士子八首》之六称其兄弟孝友。

吴廷傅，字湘岩，廷佐弟。约光绪五年（1879）前后在院，初为廪生，光绪二十六年（1900）岁贡，民国《犍为县志》卷六、卷七有载。谭宗浚《将解任留别蜀中士子八首》之六称其兄弟孝友。

吴昌基，字圣俞，廷佐从子。初为廪生，后以副贡驻院，为尊经斋长。谭宗浚《尊经书院十六少年歌》称“延陵门内交唱酬，如彼荣郁兼谈彪，振辔词囿扶轮辀。”并赞其父子均有词藻。光绪六年（1880）十月间病逝，王闿运称其“好学深思，孔静幽默”[①]。另外，吴氏名见《四川尊经书院举贡题名

① ［清］王闿运：《湘绮楼日记》，长沙：岳麓书社，1996年，第959页。

碑》,未标注年龄,说明此时已故。

文三篇:

炮赋(《蜀秀集》卷六)

欧冶子铸剑赋(《蜀秀集》卷七)

巫山神女祠碑铭(《初集》卷十二)

罗荃(1858—?),字石溪,生平不详。名见《四川尊经书院举贡题名碑》。

万正常(1862—1942),字子纲。尊经书院肄业,光绪十七年(1891)举人,主讲通材书院,又聘入龙池书院讲授。曾入京为地方审判厅推事。入民国后,回乡任犍为小学、中学各校校长近二十年。著有《潜叟先生诗集》。

4. 荣县(今四川省自贡市荣县)

林芝兰(1859—?),字香溥,生平不详。拔贡,名见《四川尊经书院举贡题名碑》。

文二篇:

五齐三酒所用及所说表(《二集》卷二)

七祀皆有尸考(《二集》卷四)

陈怀珠,字知三。生平不详,约光绪二十三年(1897)前后在院。

文一篇:

六甲五龙相拘绞说(《三集》卷二)

黄茂,字书年,吴玉章的侄叔。光绪八年(1882)举人。尊经书院肄业,曾受王闿运器重,于声韵训诂之学,饶有心得。中举后,以小学经学提倡后进,开荣县风气之先。吴庆坻任学政时,以品端学粹上报朝廷,奖给六品衔,官屏山县教谕。历署成都、华阳、郫县教谕。任旭川书院山长。1913—1914年任荣县中学校长。卒年59岁。[①]

黄芝(1861—1950),字书云,后更名黄觉。吴玉章的侄叔黄茂二弟。光绪十八年(1892)与吴玉章一同就读尊经书院。光绪二十八年(1902)优贡[②]。光绪二十九年(1903)与吴玉章一同留学日本。因崇拜康梁,主张改良、立宪,而与主张革命的吴玉章分道扬镳。从日本弘文师范留学归国后,撰《舆地韵言》,以韵语形式介绍五大洲、世界各国都城、中国京城和十八行省。后任平武县教谕。宣统三年(1911)任绵竹知县。民国初创办荣县好

① 中国人民政治协商会议四川省荣县委员会编:《乡贤名士》,成都:西南交通大学出版社,2020年,第149—150页。

② 吴玉章:《辛亥革命》,北京:人民出版社,1969年,第57页。

中学并任校长。1924年任荣县佛学社社长、中国佛教会四川省荣县分会会长。1934年创办《荣县佛学月刊》，以宣扬佛教、挽救人心、改良风俗为宗旨。他编译有《新谈天》、著有《舆地韵言》《觉园笔记》。[①]

吴永锟（？—1915），号紫光。吴玉章二哥，光绪十八年（1892）正月初一，携吴玉章入读尊经书院。1903年携吴玉章留学日本。吴玉章等参加二次革命，讨袁失败。1915年9月，吴永锟对国家、个人前途皆绝望，在荣县家中书房内悬梁自尽。[②]

吴永珊（1878—1966），字树人，号玉章。光绪十八年（1892）正月初一，随仲兄吴永锟到成都，入读尊经书院。结识黄芝、吴虞等人。[③] 是年夏，吴母曹氏辞世，兄弟二人离院奔丧。光绪二十九年（1903）留学日本，并参加同盟会。光绪三十三年（1907）在东京办《四川》杂志。1911年在荣县起义，宣布独立。后到重庆参加蜀军政府工作。1913年留学法国。“五四”运动期间到上海、广州组织支持学生反帝爱国的宣传活动，后回四川设立留法勤工俭学分会。1926年参加泸顺起义。1927年参加南昌起义，后赴苏联学习。1938年作为中共代表出席国民参政会。1939年赴延安任鲁艺及延安大学校长。建国后任中国人民大学校长、中国文字改革委员会主任等职。著有《辛亥革命》、《吴玉章诗选》等。

5. 威远县（今四川内江市威远县）

王荫槐，又名纪常，字苏铭，号植卿，一作植青。约光绪初年以廪生入院。尊经院中八景之一的“北碑王熟”即指“王植青惯写北魏碑”[④]。钱宝宣称赞其擅长“杂作”[⑤]，谭宗浚《将解任留别蜀中士子八首》之六亦曰：“刘（承稷）王（荫槐）笔札擅。”[⑥]光绪五年（1879）四月十八日，曾拜见王闿运，王闿运曰：“王生荫槐甚疏放，颇欲言王余照之事，未尽其词。其云官盐本少架子大，不能放帐，又不补平不除包，故不如商之利，语颇近理。”[⑦]光绪五年（1879）优贡，十一年（1885）举人，十二年（1886）进士。历任翰林院编修、国史馆协修、则例馆纂修、会典馆协修。丁树诚《往留录》记光绪十五年

---

① 中国人民政治协商会议四川省荣县委员会编：《乡贤名士》，成都：西南交通大学出版社，2020年，第150页。

② 刘文耀、杨世元编：《吴玉章年谱》，成都：四川人民出版社，1998年，第58页。

③ 刘文耀、杨世元编：《吴玉章年谱》，成都：四川人民出版社，1998年，第3页。

④ ［清］丁治棠：《仕隐斋涉笔》，成都：四川人民出版社，1985年，第173页。

⑤ ［清］缪荃孙编：《艺风堂友朋书札》下册，上海：上海古籍出版社，1981年，第722页。

⑥ ［清］谭宗浚：《荔村草堂诗钞》卷8，《续修四库全书》第1564册，上海：上海古籍出版社，2002年，第260页。

⑦ ［清］王闿运：《湘绮楼日记》，长沙：岳麓书社，1996年，第786页。

四月初四日在京的川籍己卯同年团拜，称其与毛瀚丰、熊际昌皆优贡北榜同年。[①]《晋省记》记光绪二十三年（1879）四月二十日，尊经书院院长宋育仁告诉丁树诚："王植青编修，去岁亦在京下世。"[②]

文二篇：

方响洞赋（《蜀秀集》卷七）

五丁力士开山赋（《蜀秀集》卷七）

邹庆先，举人，生平不详。约光绪初至光绪十七年（1891）前后在院，曾参校《唐诗选》。[③]

诗二首：

秦良玉锦袍歌（《二集》卷七）

观江涨（《二集》卷七）

邹祜先，字衡甫。岳森弟子，约光绪二十年（1894）前后在院。生平不详，名列《癸甲襄校录·校刊弟子姓氏》。

（四）眉州直隶州（治所在今四川省眉山市）

1. 眉州（治今四川眉山市）

张士达，廪生，生平不详，约光绪十一年（1885）前后在院。

文一篇：

拟谢庄上搜才表（《初集》卷十一）

郑云瑞，附生，生平不详，约光绪五年（1879）前后在院。

文二篇：

浣花草堂赋（《蜀秀集》卷七）

东坡以檀香观音像寿子由赋（《蜀秀集》卷七）

焦炳瀛，字少海，生平不详。名见《四川尊经书院举贡题名碑》。

王文员，字灼郛，生平不详。名见《四川尊经书院举贡题名碑》。

2. 彭山县（今四川省眉山市彭山区）

周凤翔（1860—1927），原名周翱，榜名周翔，字紫庭，号嗣芬。以廪生入院，为优等生。光绪十七年（1891）举人，旋中光绪十八年壬辰科二甲第128名进士。选翰林院庶吉士，光绪十九年散馆，转大理院评事，任刑部员外郎。赴日本考查学务，回川任东文学堂监督，经川督锡良奏派赴日本任留学师范生监督。胡峻去世后，充任通省师范学堂监督、高等学堂总理。

---

① ［清］丁树诚：《丁治棠纪行四种》，成都：四川人民出版社，1984年，第117页。

② ［清］丁树诚：《丁治棠纪行四种》，成都：四川人民出版社，1984年，第153页。

③ 黄海明：《概述四川尊经书院的刻书》，《四川大学学报（哲学社会科学版）》1992年第4期，第108页。

辛亥保路运动中,奔走于官绅之间,对于四川反正,做了一定的贡献。入民国,任省四川学务公所议长、教育总会会长、国立成都高等师范学校校长、四川省通志局纂修。

诗四首:

咏菊(《二集》卷七)

锦水泛舟(《二集》卷七)

秦良玉锦袍歌(《二集》卷七)

李太守斩蛟(《二集》卷七)

文三篇

拟班孟坚幽通赋(《二集》卷六)

春阴赋(《二集》卷六)

书平原君传后(《二集》卷八)

3. 青神县(今四川省眉山市青神县)

邵从煾(1871—1949),一作邵从恩,字铭叔,一字明叔。光绪二十三年(1897)贡生,后入京师大学堂肄业,光绪二十六年(1900)回川,光绪二十八年(1902)举人,光绪三十年(1904)甲辰恩科三甲第35名进士。光绪三十一年(1905)赴日本,入东京帝国大学习法政,在日本即参加川汉铁路改进会,归国后任法部主事。光绪三十三年(1907)任四川法政学堂监督、四川省城高等学堂教席。辛亥(1911),再赴日本考察实业,回京后闻四川保路运动事起,即星夜返川,面见赵尔丰,请求释放被捕的蒲殿俊、罗纶、张澜等人。后又东下,见端方,要求释放被捕诸人。回成都后奔走于官绅之间。赵尔丰打算将权力私授给邵从煾,邵严拒之,并请赵尔丰交印给四川咨议局议长蒲殿俊,为此事竭力奔走,邵有功于四川反正独立。反正后,出任川南宣慰使,成都兵变后,出任四川民政长。西藏事起,任尹昌衡征藏军总参议,后赴京任职法部。目睹袁世凯帝制专横,国势日危,乃长斋礼佛。抗战事起,回川,任四川省政府铨叙委员。1939年,任国民参政员,支持中国共产党的抗战主张。1946年,任政治协商会议委员,与周恩来、董必武、林伯渠、邓颖超、叶剑英等有交往,并支持党的和平民主的主张,反对国民党的一党独裁专制,反对内战。1947年5月出席南京会议,慷慨陈词,反对内战,要求实现国内和平民主,席间与蒋介石派言语冲突,突然中风,即送医院诊治,苏醒后,奋笔疾书了“内战不停我不乐”等誓言。后转机返蓉,卧病在床,一直通过地下党员王干青等与党联系。1949年,新的政治协商会议将于北平召开,周恩来同志特通过《华南报》张枫邀邵从煾转香港出席会议,以重病在身,卧床不起,回信不能出席,但政治协商会议仍有邵从煾的席位。1949年10月1日，因病逝世于成都。终年79岁。[①]

文四篇：

苗仙簏说文声读表书后(《三集》卷二)

桂未谷说文义证书后(《三集》卷二)

严景文说文声类书后(《三集》卷二)

张产惟说文谐声谱书后(《三集》卷二)

(五) 邛州直隶厅(治所在今四川省邛崃市)

1. 邛州(今四川省邛崃市)

张梓，廪生，生平不详，约光绪五年(1879)前后在院。

诗一首：

读杜少陵五律和作(废畦)(《蜀秀集》卷八)

文二篇：

读魏书释老志书后(《蜀秀集》卷四)

读书宜识字赋(《蜀秀集》卷七)

宁缃，字云若，一字荣若。约光绪五年(1879)至十一年(1885)前后在院。光绪五年(1879)二月十六日，曾向王闿运请教《唐书》廿事。[②] 初为廪生，光绪十四年(1888)举人，任丰润知县。入民国后去世。著有《魏文靖公史传考略》、《蘦芗诗存》、《蘦芗草堂文集》等，另有《周官联事表》、《邛州前贤史传辑略》、《邛州迤南山川坼界考订》，皆不存。参与编纂民国《邛崃县志》。民国《邛崃县志》卷首、卷一、卷三有载。

诗三首：

读唐书乐府十八首(金轮字、渔阳鼓、双庙行)(《蜀秀集》卷八)

文三篇：

天子诸侯朔服朝服考(《初集》卷六)

绀緅红紫考(《初集》卷七)

吉月朝服考(《初集》卷七)

黄书忠，字恕传。约光绪十一年(1885)前在院，光绪十一年(1885)拔贡。民国《邛崃县志》卷二有载。

文三篇：

---

① 李朝正：《清代四川进士征略》，成都：四川大学出版社，1986年，第125页。古直：《邵从恩》，任一民主编：《四川近现代人物传》第1辑，成都：四川省社会科学出版社，1985年，第87页。

② [清]王闿运：《湘绮楼日记》，长沙：岳麓书社，1996年，第747页。

有力如虎执辔如组解(《初集》卷二)

羔羊燕飨礼无明文说(《初集》卷二)

墉墙壁同异考(《初集》卷四)

2. 大邑县(今四川省成都市大邑县)

傅守中，约光绪五年(1879)至十七年(1891)前后在院。初为廪生，十一年(1885)前后为廪贡，光绪十四年(1888)举人，历任盐亭县训导、阆中县教谕、湖南宁远县知县。民国中，署隆昌知事。曾参纂民国《大邑县志》。民国《大邑县志》卷首、卷九、卷十三有载。

诗二首：

前蜀杂事诗(《蜀秀集》卷九)

后蜀杂事诗(《蜀秀集》卷九)

文二篇：

不彻姜食解(《初集》卷七)

绀緅红紫考(《二集》卷四)

3. 蒲江县(今四川省成都市蒲江县)

袁文卓，廪生，生平不详，约光绪十七年(1891)前后在院。

文一篇：

张居正论(《二集》卷七)

五、川北道

(一) 保宁府(治所在今四川省阆中市)

1. 阆中县(今四川省阆中市)

蒲轮召，生平不详，约光绪五年(1879)前后在院，初为廪生，光绪十一年(1885)拔贡。疑即《湘绮楼日记》光绪十年十月七日“要蒲生步至学院看发案”的“蒲生”①。民国《阆中县志》卷十九有载。

诗二首：

读杜少陵五律和作(归燕、蕃剑)(《蜀秀集》卷八)

郑钟灵(1855—1932)，又名敬先，字嵩生。约光绪十七年(1891)前后在院。光绪二十一年(1895)举人，光绪二十四年(1898)戊戌科三甲第147名进士。光绪二十八年(1902)任广西桂平县知县，后历任浙江富春知事、锦屏书院山长、保宁府公共学堂监督、保属联立中学校长等职。②

---

① [清]王闿运：《湘绮楼日记》，长沙：岳麓书社，1996年，第1371页。

② 四川省阆中市地方志编委会编：《阆中县志》，成都：四川人民出版社，1993年，第1020页。

文一篇：

书平原君传后（《二集》卷八）

何鹏霄，字云陔。廪生，约光绪十七年（1891）前后在院。民国《阆中县志》卷二十九有载。

文一篇：

文翁论（《二集》卷七）

董策宸，字子晋。岳森弟子，约光绪二十年（1894）前后在院。生平不详，名列《癸甲襄校录·校刊弟子姓氏》。

刘棫，字朴庵。岳森弟子，约光绪二十年（1894）前后在院。生平不详，名列《癸甲襄校录·校刊弟子姓氏》。

岳含璋，字玉生。岳森弟子，约光绪二十年（1894）前后在院。生平不详，名列《癸甲襄校录·校刊弟子姓氏》。

2. 南部县（今四川省南充市南部县）

刘沆，号琴舫。约光绪五年（1879）前后在院，初为廪生，光绪十一年（1885）拔贡，以词赋名。著有《琴舫文钞》，今不存。《南部县乡土志·学问》有载。

诗三首：

读杜少陵五律和作（初月、归燕、蕃剑）（《蜀秀集》卷八）

敬文光，廪生，生平不详，约光绪五年（1879）前后在院。

文一篇：

以雅以南以龠不僭解（《蜀秀集》卷一）

汪麟洲，廪生，生平不详，约光绪十七年（1891）前后在院。

文一篇：

盟会国次例说（《二集》卷三）

3. 巴州（今四川省巴中市）

余堃（1856—?），字子厚，生平不详。名见《四川尊经书院举贡题名碑》。

余晋，廪生，生平不详，约光绪十七年（1891）前后在院。

诗二首：

读杜少陵五律和作（归燕、苦竹）（《蜀秀集》卷八）

张酉阳，字远峰。岳森弟子，约光绪二十年（1894）前后在院。生平不详，名列《癸甲襄校录·校刊弟子姓氏》。

陈宏烈，字伯光。岳森弟子，约光绪二十年（1894）前后在院。生平不详，名列《癸甲襄校录·校刊弟子姓氏》。

康炳极,字雨若。岳森弟子,约光绪二十年(1894)前后在院。生平不详,名列《癸甲襄校录·校刊弟子姓氏》。

李毓棠,字荫南,生平不详,约光绪二十三年(1897)前后在院。

文一篇:

诸虑奚相解(《三集》卷一)

晏乐全,字美堂。晏阳初之父。受成都尊经书院讲求实学风气的影响,设私塾教学并培育自己的儿子。[①]

4. 通江县(今四川省巴中市通江县)

王幼怀(1847—?),字少甫,以廪生入院。生平不详。名见《四川尊经书院举贡题名碑》。

诗二首:

前蜀杂事诗(《蜀秀集》卷九)

后蜀杂事诗(《蜀秀集》卷九)

5. 南江县(今四川省巴中市南江县)

岳森,字林宗。七星山人岳凌云长子。少受知张之洞,以高材生调入尊经书院,曾参校《尊经书院二集》[②]。初为廪生,光绪十一年(1885)拔贡,十三年(1887)考入京师南学,充斋长,经学杂艺,倾动名公卿。[③] 南学肄业后又受聘为尊经襄校。丁树诚《往留录》、《晋省记》、廖幼平《廖季平年谱》多载其事。约卒于光绪二十年(1894)后的三四年间。著有《癸甲襄校录》。民国《南江县志》第二编《选举》、第三编《人士》有载。

著作一部:

《癸甲襄校录》五卷,光绪二十年成都尊经书局刻本。

诗四首:

拟送易司使援台湾诗(《初集》卷十)

秋兴诗(《初集》卷十)

庚辰十月十三夜书事(《初集》卷十)

成都览古诗(《初集》卷十一)

文十篇:

杂佩赠问报解(并考杂佩为何物今所传形制始自何时)(《初集》卷二)

---

① 赵元成:《晏阳初和他的故乡》,四川省政协文史资料委员会、巴中县政协文史资料委员会合编:《平民教育家晏阳初》,成都:四川大学出版社,1990年,第206页。

② 黄海明:《概述四川尊经书院的刻书》,《四川大学学报(哲学社会科学版)》1992年第4期,第108页。

③ [清]丁树诚:《丁治棠纪行四种》,成都:四川人民出版社,1984年,第111页。

朝堂狐裘考(《初集》卷二)

祀高宗笺改为祫与长发大禘为二祭考(《初集》卷二)

带制考(《初集》卷四)

韠制考(《初集》卷四)

寝室侧室群室下室考(《初集》卷六)

汉唐成都故城考(《初集》卷十)

萤火赋(《初集》卷十)

后汉书三十二功臣赞(《初集》卷十二)

欧阳修五代史得失论(《初集》卷十二)

李涵若,字泽珊。岳森弟子,约光绪二十年(1894)前后在院。生平不详,名列《癸甲襄校录·校刊弟子姓氏》。

岳永崇,字志墉。岳森弟子,约光绪二十年(1894)前后在院。生平不详,名列《癸甲襄校录·校刊弟子姓氏》。

岳延炳,字明斋。岳森弟子,约光绪二十年(1894)前后在院。生平不详,名列《癸甲襄校录·校刊弟子姓氏》。

岳延辅,字相源。岳森弟子,约光绪二十年(1894)前后在院。生平不详,名列《癸甲襄校录·校刊弟子姓氏》。

胡文钧,字举吾。岳森弟子,约光绪二十年(1894)前后在院。生平不详,名列《癸甲襄校录·校刊弟子姓氏》。

胡钺,字元臣。岳森弟子,约光绪二十年(1894)前后在院。生平不详,名列《癸甲襄校录·校刊弟子姓氏》。

胡镇清,字玉涵。岳森弟子,约光绪二十年(1894)前后在院。生平不详,名列《癸甲襄校录·校刊弟子姓氏》。

傅观国,字瀛宾。岳森弟子,约光绪二十年(1894)前后在院。生平不详,名列《癸甲襄校录·校刊弟子姓氏》。

熊辅周,字慕南,一字传南。岳森弟子,约光绪二十年(1894)前后在院。生平不详,名列《癸甲襄校录·校刊弟子姓氏》。曾为宣统三年(1911)新都福堂张兴龙刊医书《弄丸心法》作序。

(二)顺庆府(治所在今四川省南充市)

1. 南充县(今四川省南充市)

邹兆麟(1856—?),字星石,生平不详。名见《四川尊经书院举贡题名碑》。

张澜(1872—1955),字表方。幼年随父耕读,25 岁考取秀才,补廪生,先后执教于南充乡塾和广安紫荇书院。光绪二十八年(1902)由骆成骧推荐入尊经书院[1],二十九年(1903)选送日本东京宏文书院学习教育。留学期间,因倡议慈禧退朝,被视为大逆不道,遭清廷驻日公使押送回国。1911年被选为川汉铁路公司股东会副会长,被川督赵尔丰拘捕。大汉军政府成立,任川北宣抚使,旋任嘉陵道道尹。1917年任四川省长。1920年在南充办《民治日报》。抗战时期,被聘为国民参政会参政员。1941年参与发起中国民主同盟,任主席。1949年出席中国人民政治协商会议,当选为中央人民政府副主席。著有《张澜诗选》。[2]

2. 西充县(今四川省南充市西充县)

蒲九茎(1857—?),字嘉穀,一字芝仙。以廪生入院,生平不详。名见《四川尊经书院举贡题名碑》。光绪二十四年(1898)曾但任蜀学会治事,见是年闰三月初一日《蜀学开会记》。

文九篇:

燕有功与燕喜礼同事异事及所燕者为宾为荀敬考(《初集》卷二)

赤芾在股邪幅在下解(《初集》卷二)

社祭时制考(《初集》卷三)

升歌鹿鸣与歌鹿鸣礼乐同异考(并解宵雅肄三)(《初集》卷四)

褒衣禒衣与朝祭服用同异考(《初集》卷六)

猋藨艻苇䰠艻葭华其萌虇蕍芛皇华荣句读种类解(《初集》卷八)

九棘棘木用荆棘种类考(《初集》卷八)

翥鏄强捋种类考(《初集》卷八)

簟赋(《初集》卷十)

罗纶(1876—1930),原名晋才,字梓卿,又字梓青,号康侯。光绪十六年(1890)入成都尊经书院肄业,二十八年(1902)中举。三十一年(1905)回南充任教于顺庆府中学。三十三年(1907)到成都,在绅班法政学堂工作,在游学预备学堂任教,与张澜、徐炯等共谋革新。宣统元年(1909)任四川谘议局副议长。1911年任保路同志会副会长兼交涉部长,是保路运动的实际领导人。四川独立,任军政府招抚局长。兵变后任新军政府副都督兼招抚局长。成渝两军政府合并后,任军事参议院院长。1912年辞职,进北京任国会议员,不满袁世凯搞复辟,即离京回顺庆中学任教。1915年,袁世凯称帝,1916年3月与张澜、钟体道在顺庆(南充)举义讨袁护国,任川

---

① 茅蔚然:《中国近现代各派教育思想与教学方法简史》,成都:四川教育出版社,1987年,第132页。

② 张利源:《张澜》,任一民主编:《四川近现代人物传》第1辑,成都:四川省社会科学出版社,1985年,第81页。

北护国军参谋长。1922 年又进京任国会议员，因不满曹锟贿选，又辞职归家。1925 年为四川善后会议代表，又选为审察长。1930 年病逝。[①]

3. 仪陇县(今四川省南充市仪陇县)

黄在中，字鉴湖。岳森弟子，约光绪二十年(1894)前后在院。生平不详，名列《癸甲襄校录·校刊弟子姓氏》。

4. 广安州(今四川省广安市)

周绍暄(1856—?)，字煦笙，廪生，生平不详。约光绪五年(1879)至光绪十一年(1885)九月前在院，光绪十一年(1885)举贡，名见《四川尊经书院举贡题名碑》。光绪五年(1879)四月五日，其课卷解《诗经·齐风·著》为刺齐襄不迎王姬诗，王闿运赞其能推究。[②]

文一篇：

金樞兕觥所用考(《初集》卷二)

周雨生，拔贡，生平不详，《湘绮楼日记》光绪五年(1879)七月一日："周生雨生来销假。"[③]

胡绍棠，尊经斋长，生平不详，约光绪二十四年(1898)前后在院，名见《蜀学开会记》。

5. 岳池县(今四川省广安市岳池县)

陈钱龄(1838—1892)，字季铿。好读书，家贫，以授馆为业。张之洞为四川学使，选入尊经书院。未卒业而死。著有《斅学半斋诗草》，为同学所刊。

周尚赤，廪生，生平不详，约光绪五年(1879)前后在院。

诗二首：

蜀中十二楼诗(张仪楼、万丈楼)(《蜀秀集》卷八)

文二篇：

梁武帝论(《蜀秀集》卷四)

大理石赋(《蜀秀集》卷六)

何在清(1851—?)，字絜皆，生平不详。名见《四川尊经书院举贡题名碑》。

王宣猷，生平不详，曾在尊经书院学习，见《近代巴蜀诗钞》[④]。

---

① 何一民：《罗纶》，任一民主编：《四川近现代人物传》第 4 辑，成都：四川大学出版社，1987 年，第 104 页。

② [清]王闿运：《湘绮楼日记》，长沙：岳麓书社，1996 年，第 780 页。

③ [清]王闿运：《湘绮楼日记》，长沙：岳麓书社，1996 年，第 812 页。

④ 《近代巴蜀诗钞》编委会编：《近代巴蜀诗钞》下册，成都：巴蜀书社 2005 年，第 879 页。

（三）潼川府（治所在今四川省绵阳市三台县）

1. 三台县（今四川省绵阳市三台县）

张楚馨，廪生，生平不详，约光绪十七年（1891）前后在院。

文一篇：

叔孙通论（《二集》卷七）

唐玉书，字宝森。岳森弟子，约光绪二十年（1894）至二十三年（1897）前后在院。生平不详，名列《癸甲襄校录·校刊弟子姓氏》。

文三篇：

格物申陈澧说（《三集》卷一）

道千乘之国解（《三集》卷一）

六甲五龙相拘绞说（《三集》卷二）

孙忠瀹（1866—1926），字达泉。约光绪二十三年（1897）前后在院，为尊经斋长，名列《蜀学开会记》。光绪二十九年（1903）优贡，历任山东馆陶厘金局局长、商埠科长及师范校经学教师。民国十五年（1926）卒，年六十一。民国《三台县志》卷八、卷十九有载。

文七篇：

攫橐含解（《三集》卷一）

孔颖达正义不采甄鸾五经算术说（《三集》卷一）

王菉友说文释例书后（《三集》卷二）

严钱桥说文校议书后（《三集》卷二）

朱丰芑说文通训定声书后（《三集》卷二）

江子兰说文音韵表书后（《三集》卷二）

唐经师授受考（《三集》卷三）

萧方骏，字龙友。约光绪二十三年（1897）前在院。光绪二十三年（1897）拔贡，官山东嘉祥、济阳知县。傅增湘《宋代蜀文辑存》录有其《读宋代蜀文辑存书后》一篇。民国时任财政部国务院秘书。民国《三台县志》卷十九有载。

文一篇：

拟白香山新乐府（《三集》卷二）

2. 射洪县（今四川射洪市）

刘光谟，字文卿，刘国翼子。刘国翼著有《古本大学集诂》、《筹荒策》、《请复社仓议》、《练团保砦书》等，偏理学倾向，带经世思想，对其子或有影响。刘光谟初为廪生，约光绪五年（1879）前后在院。光绪五年（1879）二月廿六日，曾向王闿运请业。[①] 后为尊经斋长。爱谈西洋炮法，院中有“西学刘精”之誉。谭宗浚《将解任留别蜀中士子八首》之六称其有“经济储”。著有《高石斋经世迩言》、《高石斋文钞》。光绪《射洪县志》卷十一、卷十六有载。

文二篇：

三年学不至于穀不易得解(《初集》卷七)

明衣考(《初集》卷七)

谢泰来，骆成骧为诸生时，与射洪谢泰来，同肄业成都尊经书院。均苦贫，每以膏火寄家用，而勉忍穷愁。一日，泰来慨然书一联之上句曰：“至穷无非讨口。”“讨口”，川中方言谓乞食也。嘱成骧对之。成骧乃书“不死总要出头”作对。……泰来亦于甲午捷乡试，以知县官陕西。[②]

3. 盐亭县(今四川绵阳市盐亭县)

冯书，字芸生，生平不详。约光绪二十三年(1897)前后在院。

文六篇：

海岛算经内望清渊白石一题试以术求其合否，并绘图(《三集》卷五)

大弧正弦小弧正弦两方相减等于和弧较弧两正弦相乘，试以图明其理(《三集》卷五)

假令句股形有自句弦交角平分股线，有自股弦交角平分句线，求句股弦各几何？用代数明之(《三集》卷五)

今有天之级数式：$\text{地}\top\frac{\text{三}}{\text{地}^{\text{三}}}\bot\frac{\text{五}}{\text{地}^{\text{五}}}\top\frac{\text{七}}{\text{地}^{\text{七}}}\cdots\cdots=\text{天}$，试反求地之级数(《三集》卷五)

今有式：

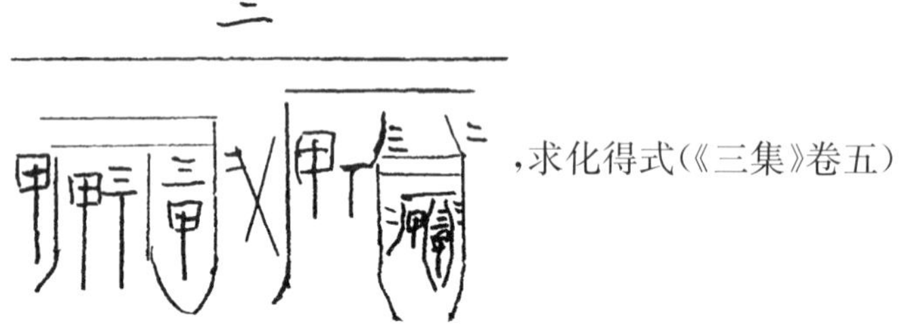

，求化得式(《三集》卷五)

今有赵钱孙李四人合本，不知各出银多寡，但云四数相乘，各得二百一十万万两，又赵李相乘加钱孙相乘得二十九万两，赵孙相乘，得四十一万两，问四人各出本银几何(《三集》卷五)

4. 中江县(今四川省德阳市中江县)

陈周藩，廪生，生平不详，约光绪五年(1879)前后在院。

---

① ［清］王闿运：《湘绮楼日记》，长沙：岳麓书社，1996年，第753页。

② 徐一士：《亦佳庐小品》，北京：中华书局，2009年，第16页。

诗一首:

读杜少陵五律和作(蒹葭)(《蜀秀集》卷八)

刘全璧(1862—?),字华亭,生平不详。名见《四川尊经书院举贡题名碑》。

彭光弼,字智平,又字季直。廪生,约光绪十七年(1891)前后在院,光绪二十年(1894)优贡,二十三年(1897)举人,官候补中书。著有《毛诗辞例表》、《公羊春秋例表》、《三礼类表》、《周官经制表》等,今皆不存。民国《中江县志》卷六、卷八有载。

文二篇:

春秋书纪凡十四事说(桓五年至庄四年)(《二集》卷三)

盟会国次例说(《二集》卷三)

汪茂元,字星如。尊经斋长,初为廪生,后为岁贡生。约光绪十七年(1891)至二十四年(1898)前后在院,曾参加蜀学会。著有《心如经说稿》、《心如文钞》、《心如诗钞》,皆不存。民国《中江县志》卷六有载。

文三篇:

馈聘宾牢礼等差方位图考(《二集》卷二)

格物申陈澧说(《三集》卷一)

宋童贯约金攻辽史嵩之约元攻金论(《三集》卷三)

刘立夫,尊经上舍生,生平不详,光绪二十四年(1898)前后在院。戊戌三月参加蜀学会,名列《蜀学开会记》。

刘复礼(1872—1950),字洙源,一字乃勋,号离明。早年入尊经书院,以师礼事廖平、宋育仁,承西汉师法而独有创见。光绪二十四年(1898)三月,蜀学会开会,曾为蜀学会载笔。宣统元年(1909)拔贡。旋入京师大学深造,与沈曾植、郑孝胥、王秉恩、缪荃孙、朱祖谋、陈衍、王国维等有交往。[①] 他还是陈衍和林纾的弟子。[②] 后归蓉讲学,自办离明书院,又历任成都大学经学教授、四川高等师范学校教授、四川大学文学教授。在讲学之余,精研佛典,创办成都佛学社,独任讲筵十余载,著有《唯识学纲要》数万言。1931 年入山修道,1948 年在绵竹祥符寺剃度出家,法号昌宗。今人编有《刘洙源集》。[③]

刘瑞麟,字子俊。生平不详,约光绪二十三年(1897)前后在院。

---

① 许全胜:《沈曾植年谱长编》,北京:中华书局,2007 年,第 476 页。

② 林纾:《畏庐续集》,上海:商务印书馆,1927 年,第 24 页。朱义胄:《林氏弟子表》,上海:世界书局,1949 年,第 2 页。

③ 鲜成、王家葵编:《刘洙源集》,成都:巴蜀书社,2018 年。

文一篇：

今有凹面铜镜面径一尺五寸，深二寸，求聚光点所在？（《三集》卷五）

5. 遂宁县（今四川省遂宁市）

张遂良，字梓屏。廪生，生平不详，约光绪五年（1879）前后在院。著有《宝恒堂稿》。民国《遂宁县志》卷五有载。

文一篇：

王会图赋（《蜀秀集》卷七）

张遇枚，字卜臣。疑为云贵川三省提督、加太子太保、武壮公张必禄的后人。道光二十一年（1841），张必禄曾在广州石门率川军抗击英军，取得赫赫战功。光绪五年（1879）六月廿七日，张遇枚曾拜见王闿运。王闿运曰："见院生一人，院外生三人。内有一人张遇故（枚），字卜臣，乃督标差官袭云骑尉者，云欲学诗。"[①]张遇枚后为太平营守备，有《登天马山远眺》一首："一塔凌云耸，地接秦关险。群山眼底收，天连楚云浮。银盘千古秀，铜城回首望。玉笔万峰秋，烟景忆扬州。"

徐冕（1868—1935），字东平。约光绪二十三年（1897）前后在院。光绪二十八年（1902）举人，二十九年（1903）二甲第105名进士。选翰林院庶吉士，光绪三十一年（1905）散馆，授吏部主事。入民国后，历任二十军军长秘书、四川边防军总司令秘书、遂宁县男中教员、师范学校教员、女中校长。[②]

诗一首：

拟白香山新乐府（《三集》卷八）

六、其他

（一）商学院生

江璜，字渭臣。寄籍犍为县（今四川省犍为市），尊经书院高材生，光绪八年（1882）商学恩贡生。民国《犍为县志》卷六、卷七有载。

张世芳，字春山，商学廪生。《湘绮楼日记》光绪九年（1883）六月十二日记载他向王闿运"问《公羊》大义及作诗文体格，坐论甚久，所问数条亦不草草。……皆新调中之佳者"[③]。

文二篇：

倪小邾娄解（《初集》卷五）

---

① ［清］王闿运：《湘绮楼日记》，长沙：岳麓书社，1996年，第811页。

② 四川省遂宁市地方志编纂委员会编：《遂宁县志》，成都：巴蜀书社，1993年，第978页。

③ ［清］王闿运：《湘绮楼日记》，长沙：岳麓书社，1996年，第1227页。

嗣君即位当冠议(子幼未能朝王当冠否未冠当即位否)(《初集》卷六)

(二)外省院生

王代丰(?—1881),字仲章,湖南湘潭(今湖南省湘潭市)人。王闿运次子,随父入川,以廪生身份住院。廖平《经话甲编》卷一曰:"王仲章者,壬秋师仲子也,开敏有智略,善承家学,为壬秋师所喜,尝语余云:欲仿郑《志》作王《志》,将师所有改易旧说者汇辑为书,为家学。《提要》未成而卒。"[①]光绪七年(1881)八月,王代丰病死于夔州,尊经院生闻讯多有失声痛哭者。[②]

著作一部:

《春秋例表》,光绪七年尊经书局刻

文二篇:

一献有牲无牲考(《初集》卷四)

大事有事禘烝尝时制考(并考殷周禘祫)(《初集》卷五)

古松,湖南浏阳(今湖南省浏阳市)人,生平不详。

文一篇(有目无文):

感秋赋(《初集》卷十)

张官向,湖南浏阳(今湖南省浏阳市)人,生平不详。

文一篇:

拟补陆士衡豪士赋(《初集》卷十)

杨树芝,生平不详,《湘绮楼日记》光绪九年(1883)九月廿七日:湖北郧阳府竹山县(今湖北省十堰市)"杨生字树芝来见"[③]。

(三)满蒙回院生

锦福,满族,调院旗生,生平不详。《湘绮楼日记》记载光绪五年(1879)十月廿四日其曾拜见王闿运。[④]

哲克登额(1855—1940),字子贞,号明轩,成都驻防镶蓝旗蒙古族人。蒙古原姓(哈喇)德特生赵尔氏,汉译姓赵,故又名赵明轩、哲明轩。约光绪五年前后以旗学拔贡入尊经书院,至光绪二十三年(1897)秋仍然在院。[⑤]丁树诚《仕隐斋涉笔》提到的"院中八景"中有一景为"满洲问道",注曰:"满

① 李燿仙主编:《廖平选集》上册,成都:巴蜀书社,1998年,第455页。

② [清]王闿运:《湘绮楼日记》,长沙:岳麓书社,1996年,第1043页。

③ [清]王闿运:《湘绮楼日记》,长沙:岳麓书社,1996年,第1261页。

④ [清]王闿运:《湘绮楼日记》,长沙:岳麓书社,1996年,第847页。

⑤ 按:《尊经书院初集》、《二集》、《三集》均有其名。

洲，谓调满城哲生（哲克登额）。”[①]光绪二十三年（1897）举人，光绪二十九年（1903）癸卯科三甲第169名进士，时已48岁。据传，在殿试时，光绪皇帝见他如此大的年纪，仍孜孜于学，老成持重，甚是感慨和赞赏。他是成都驻防旗人第一位、也是唯一的一位进士。曾任四川省古宋（今四川省宜宾市兴文县）知县。1923年，其尊经课艺《唐经师授受考》曾发表在宋育仁主编的《（四川）国学月刊》上。[②] 关于哲克登额的生平事迹，详见其孙赵泽永《蒙古族进士哲克登额》[③]。

文四篇：

郑伯克段何以知段为弟（《初集》卷五）

我小君分適庶例说（《初集》卷五）

北杏之会城濮之战齐晋称爵说（《二集》卷三）

唐经师授受考（《三集》卷三）

马辉宇，西昌（今四川省西昌市）回人。附生，生平不详。丁树诚《仕隐斋涉笔》提到的“院中八景”中有一景为“回国通经”，注曰：“回国，谓西昌马生，以回人调院也。”[④]

文一篇：

汉武帝通西南夷赋（《蜀秀集》卷七）

（四）籍贯不明的院生

毛舜琴，生平不详。《湘绮楼日记》光绪六年（1880）五月十三日，“毛生舜琴来，麓平之孙也。麓平别已廿年，死亦十八九年，不意其孙长成如此。力劝其不可作小官，当为谋一小馆，留谈久之。”[⑤]

彭元瑾，字仲山，生平不详。名见《四川尊经书院举贡题名碑》。

王圣游，约光绪十七年（1891）前后入尊经书院，从吴之英习诗文，与吴虞私交甚厚。吴虞《〈王圣游遗集〉序》曰：“圣游幼通豁，志恢奇，负性高伉，与俗谌杵，少当意者。”[⑥]约病逝于光绪二十六年（1900），吴虞《邓守瑕〈荃察余斋诗文存〉序》提到“圣游既夭天年”[⑦]。

① ［清］丁治棠：《仕隐斋涉笔》，成都：四川人民出版社，1985年，第173页。

② 宋育仁主编：《（四川）国学月刊》第20期，1923年。

③ 赵泽永：《蒙古族进士哲克登额》，政协成都市委员会文史资料委员会等编：《成都文史资料》第30辑《成都少数民族》，成都：四川人民出版社，1997年，第139—141页。

④ ［清］丁治棠：《仕隐斋涉笔》，成都：四川人民出版社，1985年，第173页。

⑤ ［清］王闿运：《湘绮楼日记》，长沙：岳麓书社，1996年，第917页。

⑥ 赵清、郑城编：《吴虞集》，成都：四川人民出版社，1985年，第3页。

⑦ 赵清、郑城编：《吴虞集》，成都：四川人民出版社，1985年，第45页、第140页。

王瑞珍，一作王瑞征[1]，生平不详。见《丁治棠纪行四种》。

王铧堂，《湘绮楼日记》作"王纬堂"，误。生平不详。光绪七年（1881）四月廿日，向王闿运询问古宫室制，王谢以未曾考。[2] 丁树诚《往留录》中提到他考入京师南学的一些情况："光绪十五年（1899）二月十七日……询王铧堂、江少淹近况，言：'俱为南学翘楚，得膏火，食用不尽。'皆尊经院友，铮铮南学者。"[3]"二月十八日，王铧堂衣冠至，言：'充南学斋长，优给月费，度支赢余，较尊经院局面开展矣。'"[4]

邓伯山，尊经斋长，生平不详。《湘绮楼日记》光绪七年（1881）五月五日提到王闿运"夜与诸生小食，言宜设果酪。邓伯山斋长从俗呼以饼饵为果子，费四千而不可食。"[5]

冯尔昌，院外生，生平不详。《湘绮楼日记》光绪五年（1879）十月廿九日："院外生冯尔昌来见。"[6]

冯华云，生平不详，《廖季平年谱》称其为冯训导之子。

刘廷亮，生平不详。《湘绮楼日记》光绪五年（1879）八月三日："院生多来为刘生廷亮求录送，刘自云妻丧倩人入场。余责以匿丧，而言者不已。乃令求监院，以廿帖药价为赂，监院允为说焉，此事极可笑又可闵也。"[7]

刘宏模，生平不详。《湘绮楼日记》光绪五年（1879）二月八日："刘生宏模引锦院五生来。"[8]

刘庚，字梦轩，生平不详，钱宝宣曾称赞其诗。[9]

刘铭鼎，字重甫。《湘绮楼日记》光绪十年（1884）一月十一日："吕生引一刘铭鼎来，云字重甫，学《尔雅》、《文选》。"[10]

叶大可（1851—?），字汝谐，生平不详。名见《四川尊经书院举贡题名碑》和《廖季平年谱》。

张映璧，生平不详。名见《四川尊经书院举贡题名碑》。

□政和（1853—?），字饮庵，生平不详。名见《四川尊经书院举贡题名

---

① 何一民：《试论尊经书院与四川士林风气的变化》，《四川师范大学学报》1991 年第 1 期，第 94 页。

② ［清］王闿运：《湘绮楼日记》，长沙：岳麓书社，1996 年，第 1013 页。

③ ［清］丁树诚：《丁治棠纪行四种》，成都：四川人民出版社，1984 年，第 96 页。

④ ［清］丁树诚：《丁治棠纪行四种》，成都：四川人民出版社，1984 年，第 96 页。

⑤ ［清］王闿运：《湘绮楼日记》，长沙：岳麓书社，1996 年，第 1016 页。

⑥ ［清］王闿运：《湘绮楼日记》，长沙：岳麓书社，1996 年，第 848 页。

⑦ ［清］王闿运：《湘绮楼日记》，长沙：岳麓书社，1996 年，第 821 页。

⑧ ［清］王闿运：《湘绮楼日记》，长沙：岳麓书社，1996 年，第 741 页。

⑨ ［清］缪荃孙编：《艺风堂友朋书札》下册，上海：上海古籍出版社，1981 年，第 722 页。

⑩ ［清］王闿运：《湘绮楼日记》，长沙：岳麓书社，1996 年，第 1298 页。

碑》。

朱德宝(《廖季平年谱》"宝"误作"实")(1857—?),字枕虹。生平不详。名见《四川尊经书院举贡题名碑》。光绪十三年(1887)九月,刘子雄与朱德宝、戴光臧否书院人物,朱论院中经生,举廖平及王光棣、尹殿飏、戴光、吕雪棠、吴之英、胡从简、周国霖、刘子雄,词章则杨锐、毛澂、胡延、戴光、周淡如、宋育仁、陈子元、范溶、吴昌基、崔映棠、刘子雄,朱亦与焉。①

牟吉三,生平不详。《湘绮楼日记》光绪五年(1879)二月十三日:"院生牟吉三、崇成锦来。"②

余柏,生平不详。《湘绮楼日记》光绪五年(1879)八月四日:"为院生余柏求遗册名,与书谭叔裕编修。"③

吴子才,生平不详。《湘绮楼日记》光绪七年(1881)四月廿六日:"改吴生子才课卷数处。"④

张可均,字和甫。《湘绮楼日记》光绪五年(1879)三月七日:"张生可均字和甫来见。"⑤谭宗浚《将解任留别蜀中士子八首》之六称其"性颖悟"。

文五篇:

公至时月例表(《初集》卷五)

国君书卒不书葬条说(《初集》卷五)

倪小邾娄解(《初集》卷五)

郑瞻佞人石恶恶人之徒说(《初集》卷五)

无大夫诸国书大夫或有传或无传说(《初集》卷五)

张百均,生平不详。《湘绮楼日记》光绪五年(1879)九月廿一日:"张生百均新调院,余诲以谦抑下人之道及难于尽言之苦。"⑥

张楷,生平不详。《湘绮楼日记》光绪五年(1879)元月廿五日:"刘庸夫言院生有张楷者,能读《公羊》,贾人子也。"⑦

李子莲,生平不详。《湘绮楼日记》光绪五年(1879)六月十九日:"院生李子莲来索斋房。"⑧

---

① 廖幼平:《廖季平年谱》,成都:巴蜀书社,1985年,第43页。

② [清]王闿运:《湘绮楼日记》,长沙:岳麓书社,1996年,第745页。

③ [清]王闿运:《湘绮楼日记》,长沙:岳麓书社,1996年,第822页。

④ [清]王闿运:《湘绮楼日记》,长沙:岳麓书社,1996年,第1014页。

⑤ [清]王闿运:《湘绮楼日记》,长沙:岳麓书社,1996年,第758页。

⑥ [清]王闿运:《湘绮楼日记》,长沙:岳麓书社,1996年,第835页。

⑦ [清]王闿运:《湘绮楼日记》,长沙:岳麓书社,1996年,第735页。

⑧ [清]王闿运:《湘绮楼日记》,长沙:岳麓书社,1996年,第809页。

李文简,生平不详。光绪五年(1879)五月廿六日,曾拜见王闿运。[①]

李岑秋,生平不详,名见《丁治棠纪行四种》。

李春霈,生平不详。《湘绮楼日记》光绪五年(1879)二月廿六日:"李生春霈送试文,为改一篇。"[②]

杨子纯,生平不详。《湘绮楼日记》光绪五年(1879)八月廿一日:"夜与院生谈科场鬼物,杨子纯云今年亲见一人,入号扑地,久之始苏,持号军软语,旋即入号,喃喃竟夜。次日将晚,闻拍案绝叫,则卷上大书'没来头'三字。"[③]

杨声溥,生平不详。《湘绮楼日记》光绪五年(1879)六月廿九日:"杨生声溥来销假。"[④]

杨鳣塘,生平不详。《湘绮楼日记》光绪五年(1879)八月七日:"谢生树楠呈友松《西夏事略》,廖季平云张孝达见一种,杨生鳣塘云或即此书也。"[⑤]

陈白完,生平不详。吴虞《邓守瑕〈荃察余斋诗文存〉序》曰:"始予(吴虞)二十岁时,常同陈白完、王圣游从蒙山吴伯竭先生游。……顾三人者,所闻于蒙山虽同,其所得则各异也。"又曰:"圣游既夭天年,白完困于作吏。"[⑥]另外,汉阳黄嗣东《谯集崇府山楼,送张雨珊归长沙,陈伯严归南昌,以采菊东篱下悠然见南山为韵,分得见字,赋呈石遗》有"蜀市无白头"一句,注曰:"陈白完太守年最少。"[⑦]与吴虞所言"白完困于作吏"可以互相印证。

陈光鼐,字容之,生平不详。《湘绮楼日记》光绪五年(1879)九月九日:"陈容之来谢。"注曰:"光鼐,此人新到。"[⑧]疑是新入院不久即中举人。光绪六年(1880)二月五日,丁树诚在京师四川新馆团拜上曾见到他。[⑨]

周宇仁,生平不详,名见《丁治棠纪行四种》。

周伯显,生平不详。光绪五年(1879)举人,《湘绮楼日记》光绪五年(1879)九月九日:"周伯显来谢。"[⑩]后以贡生考入京师南学,光绪十五年

① [清]王闿运:《湘绮楼日记》,长沙:岳麓书社,1996年,第801页。
② [清]王闿运:《湘绮楼日记》,长沙:岳麓书社,1996年,第753页。
③ [清]王闿运:《湘绮楼日记》,长沙:岳麓书社,1996年,第826页。
④ [清]王闿运:《湘绮楼日记》,长沙:岳麓书社,1996年,第812页。
⑤ [清]王闿运:《湘绮楼日记》,长沙:岳麓书社,1996年,第822页。
⑥ 赵清、郑城编:《吴虞集》,成都:四川人民出版社,1985年,第140页、第142页。
⑦ 陈衍:《石遗室诗话》卷22,张寅彭主编:《民国诗话丛编》第一册,上海:上海书店出版社,2002年,第306页。
⑧ [清]王闿运:《湘绮楼日记》,长沙:岳麓书社,1996年,第832页。
⑨ [清]丁树诚:《丁治棠纪行四种》,成都:四川人民出版社,1984年,第49页。
⑩ [清]王闿运:《湘绮楼日记》,长沙:岳麓书社,1996年,第832页。

1889 二月十七日，丁树诚《往留录》中提到他在京师南学的一些情况："周伯显同年以善书鸣。皆尊经院友，铮铮南学者。"①

周淡如，生平不详，名见《廖季平年谱》。

屈大谟，生平不详。《湘绮楼日记》光绪十年(1884)六月廿九日："院生屈大谟初云失银，既又不还饭钱，周玉标诋其诈鄙，遂至相打。余以为风气大坏，令斋长治之，因追前事，咎王绳生作俑，询其饭钱，犹有牵扯，复为戴光所乘。高材多愚诈，如乱丝不可理也。"七月一日，"复将周玉标罚金，屈大谟扑教，以杜嚣陵"。②

罗子珍，生平不详。《湘绮楼日记》光绪五年(1879)闰三月初一："罗生子珍来见，云与子重、芳畹至好，其人必荒唐人也。"③

胡健堂，生平不详，名见《丁治棠纪行四种》。

赵一琴，生平不详。《湘绮楼日记》光绪六年(1880)三月廿二日："见院生赵一琴，已革，新取附学，便送书院，亦太骤耳。"④

赵树柭，字少方，生平不详。《湘绮楼日记》光绪五年(1879)二月十五日："有赵生树柭，字少方，则沅鹊之弟，与谈颇久。"⑤

徐振补，生平不详。《湘绮楼日记》光绪五年(1879)四月五日："《诗经·齐风·著》，徐生振补以为鲁桓不迎文姜诗。"⑥

崇成绵，生平不详。《湘绮楼日记》光绪五年(1879)二月十三日："院生牟吉三、崇成锦来。"⑦

黄绍文，生平不详。《湘绮楼日记》光绪五年(1879)十月廿九日："院生黄绍文来见。"⑧

黄荔裳，生平不详。《湘绮楼日记》光绪五年(1879)二月十一日："黄荔裳教谕执贽来见，云去年曾投考院课。辞其门生之称。"⑨

谢树楠，生平不详。《湘绮楼日记》光绪五年(1879)八月七日："谢生树楠呈友松《西夏事略》，廖季平云张孝达见一种，杨生鳣塘云或即此书也。"⑩

---

① [清]丁树诚:《丁治棠纪行四种》，成都:四川人民出版社 1984 年，第 96 页。
② [清]王闿运:《湘绮楼日记》，长沙:岳麓书社，1996 年，第 1349 页、第 1350 页。
③ [清]王闿运:《湘绮楼日记》，长沙:岳麓书社，1996 年，第 768 页。
④ [清]王闿运:《湘绮楼日记》，长沙:岳麓书社，1996 年，第 902 页。
⑤ [清]王闿运:《湘绮楼日记》，长沙:岳麓书社，1996 年，第 746 页。
⑥ [清]王闿运:《湘绮楼日记》，长沙:岳麓书社，1996 年，第 780 页。
⑦ [清]王闿运:《湘绮楼日记》，长沙:岳麓书社，1996 年，第 745 页。
⑧ [清]王闿运:《湘绮楼日记》，长沙:岳麓书社，1996 年，第 848 页。
⑨ [清]王闿运:《湘绮楼日记》，长沙:岳麓书社，1996 年，第 744 页。
⑩ [清]王闿运:《湘绮楼日记》，长沙:岳麓书社，1996 年，第 822 页。

蓝寅阶,生平不详。《湘绮楼日记》光绪五年(1879)二月二十日:"院生蓝寅阶来见。眉生得拔贡,请其捉刀,齿长于余三岁。"①

蓝观亮,生平不详,《湘绮楼日记》光绪五年(1879)七月一日:"蓝生观亮来销假,已留须矣。"②应该是院中年龄超过三十岁者。

蓝香林,生平不详,丁树诚《往留录》光绪十五年(1889)三月二十八日载与蓝香林同车前往参加大挑。③

萧树三,生平不详,丁树诚《往留录》光绪十五年(1889)三月十八日:"萧为尊经院联谱友,以'八股'鸣。己酉选拔,朝考留京,北闱下第寓观善堂,磨砺以待。"④

魏西堂,生平不详,《丁治棠纪行四种》多次提到,又作"西棠",疑即"资州魏天眷"。

饶焱之,生平不详,尊经院生。曾任四川国学专门学校声韵、小学教员。⑤

陶鼎金,生平不详,尊经院生。曾任四川国学专门学校古文教员。⑥

易铭生,生平不详,尊经院生。1918年曾任四川国学专门学校仪礼教员。⑦

盛世英,生平不详,尊经院生。1918年曾任四川国学专门学校专改诗课教员。⑧

刘退溪,生平不详,尊经院生。1927年曾任公立四川大学中国文学院诸子教员。⑨

李均林,生平不详,尊经院生,曾校《五经小学述》。⑩

---

① [清]王闿运:《湘绮楼日记》,长沙:岳麓书社,1996年,第750页。

② [清]王闿运:《湘绮楼日记》,长沙:岳麓书社,1996年,第812页。

③ [清]丁树诚:《丁治棠纪行四种》,成都:四川人民出版社,1984年,第114页。

④ [清]丁树诚:《丁治棠纪行四种》,成都:四川人民出版社,1984年,第109页。

⑤ 郭勇、张丽萍:《四川存古学堂及四川国学学校考略》,《蜀学》第3辑,成都:巴蜀书社,2008年,第35页。

⑥ 郭勇、张丽萍:《四川存古学堂及四川国学学校考略》,《蜀学》第3辑,成都:巴蜀书社,2008年,第35页。

⑦ 郭勇、张丽萍:《四川存古学堂及四川国学学校考略》,《蜀学》第3辑,成都:巴蜀书社,2008年,第36页。

⑧ 郭勇、张丽萍:《四川存古学堂及四川国学学校考略》,《蜀学》第3辑,成都:巴蜀书社,2008年,第36页。

⑨ 郭勇、张丽萍:《四川存古学堂及四川国学学校考略》,《蜀学》第3辑,成都:巴蜀书社,2008年,第36页。

⑩ 黄海明:《概述四川尊经书院的刻书》,《四川大学学报(哲学社会科学版)》1992年第4期,第108页。

（五）存疑：[①]

许以谦，生平不详，谭宗浚《将解任留别蜀中士子八首》之六称其是“僻壤生名驹”。

许以藩，生平不详，谭宗浚《将解任留别蜀中士子八首》之六称其是“僻壤生名驹”。

马光宇，生平不详，谭宗浚《将解任留别蜀中士子八首》之六称其是“僻壤生名驹”。疑即马辉宇。

刘承稷，生平不详，谭宗浚《将解任留别蜀中士子八首》之六称：“刘（承稷）王（荫槐）笔札擅。”

陈锡祺，宜宾（今四川省宜宾市）人，生平不详，谭宗浚《将解任留别蜀中士子八首》之六称其与陈嘉树并美，二人应是兄弟或族人。

陈嘉树，宜宾（今四川省宜宾市）人，生平不详，谭宗浚《将解任留别蜀中士子八首》之六称其与陈锡祺并美，二人应是兄弟或族人。

周兴烈，生平不详，谭宗浚《将解任留别蜀中士子八首》之六称其与周兴谟、周兴楷并美，三人应为兄弟。

周兴谟，生平不详，谭宗浚《将解任留别蜀中士子八首》之六称其与周兴烈、周兴楷并美，三人应为兄弟。

周兴楷，生平不详，谭宗浚《将解任留别蜀中士子八首》之六称其与周兴烈、周兴谟并美，三人应为兄弟。

龚致远，生平不详，谭宗浚《将解任留别蜀中士子八首》之六称：“两龚（致道、致远）性孝友。”二人应为兄弟。

龚致道，生平不详，谭宗浚《将解任留别蜀中士子八首》之六称：“两龚（致道、致远）性孝友。”二人应为兄弟。

徐焕，成都（今四川省成都市）附生，生平不详。

诗五首：

汴梁怀古（《蜀秀集》卷八）

平凉怀古（《蜀秀集》卷八）

闽中怀古（《蜀秀集》卷八）

黔中怀古（《蜀秀集》卷八）

论汉碑绝句（《蜀秀集》卷八）

---

① 《蜀秀集》收录了一些诸生的“岁考卷”和“下车观风超等卷”，其中有些诗文的作者是尊经院生，例如焦鼎铭，《蜀秀集》卷六收录其《拟宋玉钓赋》一篇，是“岁考成都属经古卷”，卷八《蜀中十二楼诗》也收录了他的作品，是“尊经书院季课卷”，证明此人系尊经院生。类似的还有院生陈文垣。有的则无法判定其否为尊经院生。凡无法判定者，附录于后以存疑。

罗长玥,华阳(今四川省成都市)附生,生平不详,疑即《尊经书院二集》中的罗长钰,或为兄弟。

诗四首:

汴梁怀古(《蜀秀集》卷八)

青齐怀古(《蜀秀集》卷八)

晋阳怀古(《蜀秀集》卷八)

钱塘怀古(《蜀秀集》卷八)

赖耀南,华阳(今四川省成都市)附生,生平不详。

诗三首:

汴梁怀古(《蜀秀集》卷八)

平凉怀古(《蜀秀集》卷八)

滇中怀古(《蜀秀集》卷八)

袁善赓,双流(今四川省成都市双流区)附生,生平不详。

诗一首:

钱塘怀古(《蜀秀集》卷八)

刘坚,郫县(今四川省成都市郫都区)廪生,生平不详。

文一篇:

于定国论(《蜀秀集》卷四)

翁鹤年,荣昌(今重庆市荣昌区)附生,生平不详。

诗一首:

汴梁怀古(《蜀秀集》卷八)

刘昶,涪州(今重庆市涪陵区)附生,生平不详。

诗一首:

赤鹦鹉(《蜀秀集》卷八)

李世珑,南充(今四川省南充市)附生,生平不详。

诗二首:

汴梁怀古(《蜀秀集》卷八)

青齐怀古(《蜀秀集》卷八)

邓廷勋,叙州(今四川省宜宾市)附生,生平不详。

诗一首:

汴梁怀古(《蜀秀集》卷八)

彭毓崋,宜宾(今四川省宜宾市)附生,疑与彭毓嵩为兄弟。

诗一首:

豫章怀古(《蜀秀集》卷八)

张镜堂，南溪（今四川省宜宾市南溪区）附生，生平不详。

文一篇：

诸葛铜鼓赋（《蜀秀集》卷七）

陈芬，南溪（今四川省宜宾市南溪区）附生，生平不详。

诗二首：

青齐怀古（《蜀秀集》卷八）

晋阳怀古（《蜀秀集》卷八）

文一篇：

诸葛铜鼓赋（《蜀秀集》卷七）

程能箴，隆昌（今四川省内江市隆昌县）附生，生平不详。

诗一首：

汴梁怀古（《蜀秀集》卷八）

骆兴德，万县（今重庆市万州区）增生，生平不详。

诗一首：

瀼西竭杜少陵祠堂（《蜀秀集》卷八）

赵香，乐山（今四川省乐山市）增生，生平不详。

文一篇：

推十合一为士赋（《蜀秀集》卷七）

李际荣，洪雅（今四川省眉山市洪雅县）附生，生平不详。

诗一首：

汴梁怀古（《蜀秀集》卷八）

余昌勋，犍为（今四川省犍为市）廪生，生平不详。

诗一首：

汴梁怀古（《蜀秀集》卷八）

张湘，犍为（今四川省犍为市）附生，生平不详。

文一篇：

汉光武论（《蜀秀集》卷四）

廖文鸣，资州（今四川省内江市资中县）新生，生平不详。

文一篇：

谢尚泛舟牛渚闻邻舫咏诗赋（《蜀秀集》卷七）

张书绅，内江（今四川省内江市）附生，生平不详。

诗一首：

拟杜工部打鱼歌（《蜀秀集》卷八）

叶毓崑，仁寿（今四川省眉山市仁寿县）廪生，生平不详。

诗一首：

黔中怀古(《蜀秀集》卷八)

吴开南，忠州(今重庆市忠县)附生，生平不详。

文一篇：

冰赋(《蜀秀集》卷六)

余士彬，酆都(今重庆市丰都县)廪生，原为涪州人，更名藩，字筠甫，入丰都学籍。著有《竹林居集》。民国《涪陵县续修涪州志》卷十三有载。

诗一首：

闽中怀古(《蜀秀集》卷八)

田先平，酉阳(今重庆市酉阳土家族苗族自治县)附生，生平不详。

文一篇：

离骚经赋(《蜀秀集》卷七)

陈有序，酉阳(今重庆市酉阳土家族苗族自治县)廪生，生平不详。

诗一首：

菽乳(《蜀秀集》卷八)

萧启湘，纳溪(今四川省泸州市纳溪区)廪生，号芸舫。候选教谕。《国朝蜀诗续钞》卷五录有其诗。

诗二首：

拟苏东坡海市(《蜀秀集》卷八)

拟杜工部返照(《蜀秀集》卷八)

胡焕章，泸州九姓司(今四川省宜宾市兴文县)附生，生平不详。

诗二首：

拟苏东坡海市(《蜀秀集》卷八)

拟杜工部登楼(《蜀秀集》卷八)

晏家训，永宁(今四川省泸州市叙永县)廪生，生平不详。

诗一首：

咏谏果(《蜀秀集》卷八)

王秉恩，字息存，号雪澄，晚年又号华阳真逸，四川华阳(今四川省成都市)人。同治五年(1866)，王氏和荃孙同受业于汤秋史，并订交，终生往来甚密。同治十二年(1873)，王秉恩参加四川乡试，考官即张之洞，颇得赞赏，遂于是科中式。《张文襄公事略》云张氏在蜀"所得高才生，如杨锐、廖平、宋育仁、王光棣、王秉恩、吴德潇等，皆尊经书院受学者也。"①

但是，王秉恩为尊经院生，仅见于《张文襄公事略》，为一孤证，且疑点

① 佚名：《张文襄公事略》第14节"张文襄之奇才"，《中华野史·清朝卷》第4册，徐州：泰山出版社，2000年，第3583页。

不少。

第一、王秉恩自述早年经历，未提及曾肄业尊经书院。例如，“艺风京卿（缪荃孙）为余（王秉恩）五十余年成都旧友，时余为诸生，与君同受业阳湖汤秋史（汤成彦）师门下，君时即为目录版本学。丁卯［同治六年（1867）］，君寄籍华阳，中式后改归江南，吴勤惠公督川，延君入幕。吾师张文襄督学川中，君乃执贽，文襄知君熟于目录版本，命君草创《书目答问》稿。丙子岁（光绪二年（1876）），君入翰林，又从潘文勤游……癸亥（1923）中秋，华阳真逸识于海上后涪溪精舍。”①

第二、王秉恩传记未提及曾肄业尊经书院。《民国华阳县志》有王秉恩传，仅言张之洞为考官，对王有知遇之恩，未提入尊经书院。②

第三、王秉恩身份不合入院规定。王秉恩为同治十二年（1873）举人，这一年四川乡试的时间在八月，九月放榜。尊经书院开学在光绪元年（1875）春。如果王秉恩为尊经生，一定是以举人身份住院。但尊经书院第一个举人住院者为合州丁树诚，光绪五年（1879）己卯举人，王闿运为其特开举人住院的先例。

综上分析，王秉恩应该不是尊经生。

费行简，字敬仲，笔名沃邱仲子。生于1871年（一说1872年），江苏武进（江苏省常州市武进区）人［一说浙江吴兴（今浙江省湖州市吴兴区）人］，其父为骆秉章的幕僚，他根据其父的口述回忆，在民国时期曾写过《石达开在川陷敌及其被害的事实》一文。十五岁受学于尊经书院山长王闿运（但似乎未入尊经书院肄业），精于史学。民国初年黎元洪主政时期，他曾被四川省推为省代表，参与商讨组阁等事宜。《申报》上有关于他为四川总司令驻沪代表、西康屯垦使刘成勋派的报道。中年以后，长居上海。1919年，受上海犹太裔房地产大亨哈同礼遇，任仓圣明智大学教务长，曾与王国维共事，著有《观堂先生别传》（一名《观堂论礼记》）（见《王忠悫公哀挽录》，天津罗氏贻安堂1927年刻本）。1925年任北京临时参政院参政，解放后曾被聘为上海文史馆馆员，1954年9月6日（一说1955年，一说1956年尚健在）病逝于上海。

主要著述有《近代名人小传》、《当代名人小传》（以上两种见沈云龙主编《近代中国史料丛刊》，《近代名人小传》又见周骏富辑《清代传纪丛刊》第

① 《上海图书馆善本题跋选辑》史部续三“竹汀先生日记钞”条，《历史文献》第5册，第69页。又见杨洪升：《缪荃孙研究》，上海：上海古籍出版社，2008年，第128页。

② 陈法驾修、曾鉴纂：《（民国）华阳县志》卷15《人物列传》，1934年刻本。

202册)、《民国十年官僚腐败史》(中华书局，2007年版)、《淞沪御侮记》(《淞沪抗战史料丛书》第五辑)、《慈禧传信录》(崇文书局1918年版)、《徐世昌》(上海崇文书局1918年版)、《段祺瑞》(世界书局1920年版)、《湘事记》(文海出版社有限公司1988年版)等。

费行简对尊经书院的一些叙述并不完全准确。例如，《近代名人小传》“胡从简”条说胡从简在“张之洞督学时，试《周礼社制考》，拔第一，选为尊经书院上舍生。”但《蜀秀集》中，并无胡从简的名字，所谓《周礼社制考》即《社祭时制考》，见《尊经书院初集》卷三，是王闿运掌教时的一篇课艺，当时胡从简仅是一名附生。假如张之洞督学时，胡氏已拔第一，《蜀秀集》如何不载其名？既已选为上舍生，十年后王闿运编《尊经初集》，胡氏却仅为附生，似乎也不太合理。

曾彦(1857—1890)，字季硕，四川华阳(今四川省成都市)人。曾咏和左锡嘉的第五女，张祥龄之妻。光绪十一年(1885)，四川布政使易佩绅移任苏州，张祥龄、曾彦夫妇应邀前往，光绪十六年(1890)曾彦病逝于苏州。曾彦学诗于王闿运，为王闿运院外女弟子，著有《桐凤集》二卷，前有王闿运序，吴虞《重印曾季硕〈桐凤集〉序》论曾彦诗风格，兼及尊经书院一些掌故。[①] 又有《虔共室遗集》一卷，集后附其夫张祥龄撰哀逝诗一百首，前有俞樾序。[②]

曾兰(1875—1917)，字仲殊，一字纫秋，号香祖，四川华阳(今四川省成都市)人。蜀中名士曾阖君之姐。十五岁与吴虞结婚。曾兰1912年任成都《女界报》主笔，并曾在《新青年》和《小说月报》等进步刊物发表文章，积极宣传男女平等和妇女解放，是四川妇女解放运动的先驱。她能文善书，极富才华。早年从师合州戴光学篆书，后来由湘潭王闿运辅导主攻李斯和李阳冰的古篆，以二十年时间苦练《周易》中的《谦卦》，造诣甚深，人称“千载笔法留阳冰”。省内外名士纷纷向她索书，著名诗人柳亚子曾从上海寄宣纸专门请她书写“分湖归隐图”五个大字。四川大才子、书法家谢无量得其手迹并作诗相谢。曾兰四十二岁华年早逝，有《定生慧室遗稿》上下两卷传世。[③] 另外，《吴虞集》有《悼亡妻香祖诗》二十首，为吴虞悼亡之作。

---

① 赵清、郑城编：《吴虞集》，成都：四川人民出版社，1985年，第138页。

② 胡文楷：《历代妇女著作考》(增订本)，上海：上海古籍出版社，2008年，第637页。

③ 倪宗新、曾顺达：《文献名都》，成都：四川人民出版社，2001年，第47页。

附录四：尊经书院藏书目录三种

说明：藏书、祭祀、会讲为书院三大事业。尊经书院将传统书院的藏书事业发展到一个高峰。尊经院生们奉张之洞《书目答问》为指南，广泛吸收、整合当时各种思想，海纳百川，独辟蹊径。尤其是尊经学术发展到后期，其中有不少书籍超出了《书目答问》的范围，为更加完整地呈现尊经书院藏书的规模和院生们涉猎知识的广度，现将尊经书院藏书目录三种整理为附录。

一、孙心磐《川大旧藏书版修印纪》①

蜀中文风，自古称盛，蜀刻书版，闻名遐迩。川大旧藏前尊经、锦江两书院书版，均为我国最重要之国学书与蜀中名儒之宏著，书版有四万馀块，种数有百馀，年久失修。

心磐二十九年秋承乏川大图书馆职务，在峨山迁图书就绪后，即检视此项书版。

二十八年夏，以防空袭故，藏在皇城门楼下，地位潮湿且不通风，书版发生霉蛀。若不处理，必致毁烂无遗。

关系蜀中文献至为重大，乃即雇工，将书版加以煮晒。并将藏版处所，前后开设窗户，以透日光而通空气，四周铺以石灰桐炭。地位既干燥，所藏书版乃得完好。

鉴于此书版精刻各书，本馆既无馀存，坊间亦都售罄，东南各省书版，沦在敌区，此种刻版国学更乏来源。本书版之成，写校工料两费，价值至

① 此文原载《中华图书馆协会会报》1942年第十七卷第1、2期合刊，第1—3页。上世纪40年代，川大图书馆馆长孙心磐先生先后发表《川大旧藏书版修印纪》《整理川大旧藏书版记》二文，述及川大旧藏尊经、锦江两书院雕版、刷印、销售等情况，是研究尊经书院刻书、藏书的珍贵史料。《川大旧藏书版修印记》曾收录于任家乐、李禾主编《民国时期四川图书馆业概况》一书，但抄录文字有不少错谬。收录本书者为徐阳博士重新抄录的原文，凡原文有错谬之处，在错字后的[ ]中予以改正。

高。书版两面精刻成就不易，至足珍视，当妥善保存，故刻书版之亟待修补与覆印，至为切要。

因建议于本校行政会即修补此项书版与印书。经议决通过，程校长请得中央拨修补费十万元，印书费六万元，于本年春即办其事，以书板数之多，工资物价之高，乃分期修补。第一期先选最需用之书二十五种，计书版一万一千馀块。为便于工作及安全起见，迁移至外东新图书馆内，整理就架，逐一印样校勘。书版之破烂与残缺者，固需添补，往往外表尚见完整者，而实已被虫蛀空者不能印刷，为数亦至多。乃知保存书版，第一须处置通风干燥地点（直射阳光亦不宜）；第二须每年加以灭虫药料煮洗（苦炼[楝]子、烟骨头）吹干后排架，架上编记书号，版上亦刻名目与页数次序（原无此项编制，因之整理工作须用熟手），不易凌乱；第三常付印刷，既免尘积虫蛀，又广流转。

此项整理工作情形，先将所印之样张，按照原书详为校勘，字之残缺模糊者，逐一填明于样张上。将书版上破损者，用枣木或梨木镶补与原版合和。镶补价工更费，版上损毁较多者，不若重制整块新版重刻，较为合算。照原书上之字样，书印于薄纸上。刻字匠人将补整之书版，涂以米汁，趁版上米汗尚湿时，以书就需补刻之字样纸，反粘版上，以纸张既薄，且经水湿，字迹呈显纸背，虽薄纸揭去，字迹已留印于版上。

刻字匠人，乃以锐刀，将版上无墨迹之部分，按步雕去，所书之字，俱成阳文隆起。如有错误，便即挖剔，别以小块方木，插入另刻。刻补每工每日可刻数十字，新版可刻百数字。此项工匠鲐背短视，川省多系岳池籍。至于印刷亦始于春初，将修竣校勘无误之书版，采用夹江纸张，尺寸大者用对方纸，要天地头多留者用水纸。尺寸较小者，用土连纸，或二连纸，纸张虽薄，质至光洁，印刷匠右手执二刷，二刷之间，连以一柄，一刷蘸墨，拂于字上，然后覆纸版上，用干刷在其上轻捷拖过，书即印就。敏捷者每日可印二千页。以纸薄而透明，故只能印一面，第一期每种只印卅七份，印成全部书后，将印纸照鱼口折合成面，再经排工按次排列顺序，底面加以缃色封面纸及衬纸各二张，用刀切齐，用钉加眼，穿以丝线，书即成册成部。

第一期修版与印书完成，为时历半年，计修成书版三十二种，共一万一千二百七十二块；印成书二十五种，每种三十七部，共七千八百八十一册。缴呈中央分发外，并应各界之需要，订代印预约，定价悉照工料成本。于九月一个月中，预约者，每种计有三四十部，中央各部院，又需添印各十部。现预约期虽过，仍有函请续印者，尚络绎于途。现第二期修补书版，又选定二十五种，亦已开始整理修补，仍继续预约代印。今将第一期已修印之书名及第二期在修拟印之书目附列于后：

第一期修补书版及印书名目

周易王弼注　覆殿本宋岳氏版　二册　二一八张

尚书孔氏传　同右　三　二四四

礼记郑注　同右　四　四七〇

春秋左传杜注同右　一六　一二七〇

说文段注　附六书音韵　翻经韵楼本　一六　一七四四

国语　附札记五卷　五　四三〇

国策　五　四三三

方言疏证　戴震　二　一九四

輶轩语　张之洞　一　五六

明夷待访录　一　四二

史记　覆武英殿本　二六　二七八二

前汉　同右　三二　三三三八

后汉　同右　二六　二五八八

三国志　同右　一六　一五〇六

楚词章句　王逸注　二　二〇四页

楚词释　王闿运释　二　二〇八

昭明文选　一〇　一〇〇六

书目答问　张之洞　一　一二二

八代诗选　六　六二二

唐诗选　六　七三二

唐诗万首绝句选　二　一四六

全唐诗纪事　许[计]有功　一六　一三三二

宋四家词　四　一七二

曲雅　一　一四四

第二期修补书版及预约代印书目录

经典释文　附考证、孟子音义　翻拖[抱]经堂本　十二册　一一二二张

佩文诗韵　一　九八

九经三传沿革例　岳珂　一　四〇

十一经读本　二〇　一七〇八

新五代史　复武英殿本　一〇　八七六
唐鉴　范祖禹　四　三五八
廿二史札记　赵翼　一〇　九二〇
蜀语　李实　一　八八
蜀典　张澍　四　二三
东京梦华录　孟元老　一　八八页
北学编　二　一三〇
蜀学编　高赓恩　二　一五六
孙子魏武帝注　一　二六
四种合刊　管子校误、吕览辨正、庄子校补、匡误正俗　一　三六
黔语　吕[吴]振域[棫]　一　五六
天全石录、洪度集　贵阳陈氏刻本　九六
汉魏六朝百三名家集　明刊本 一〇〇　七六六四
魏鹤山文钞　附师友雅言、周礼折中[衷]　一二　一〇五八
夜雪集　王闿运　胡延写本　一　二六
左庵杂着[著]　刘师培　一　八〇
骈体文钞　一〇　一一四二
文选古词通　一　一〇四
声调三谱合刊　一　一三六
干[千]家诗　一　七〇
湘绮楼诗钞、阅后汉随笔合刊　一　二六

二、孙心磐《整理川大旧藏书版记》[①]

蜀中文风，自古称盛，蜀刻书版，遐迩闻名。本校旧藏前尊经、锦江两书院书版，均为我国最重要之国学书与蜀中名儒之宏著，书版有四万馀块，种数有百馀，年久失修，若不处理，必致毁烂无遗，关系蜀中文献至为重大。

且此书版精刻各书，本馆既无馀存，坊间亦都售罄，东南各省书版，沦在敌区，此种刻版国学更乏来源。本书版之成，写校、工料两费，价值至高。书版两面精刻，成就不易，至足珍视，当妥善保存。故刻书版之亟待修补与

① 本文原载《国立四川大学校刊》1943年第5、6期合刊，第14—15页。本文由徐阳博士据原刊抄录，与前文《川大旧藏书版修印记》内容略有重复，凡书名不见前文者，加粗字表示。凡原文有错谬之处，在错字后的[　]中予以改正。

覆印，至为切要。

因成立书版整理委员会，程前校长呈请得中央拨修补费十万元，向院长提出省参议会请省府拨十万元，办理其事。整理就架，逐一印样校勘。书版之破烂与残缺者，固需添补，往往外表尚见完整者，而实已被虫蛀空者不能印刷，为数亦至多。乃知保存书版，第一须处置通风干燥地点（直射阳光亦不宜）；第二须每年加以灭虫药料（煮洗苦炼[楝]子、烟骨头）吹干后排架，架上编记书号，版上亦刻名目与页数次序（原无此项编制，因之整理工作须用熟手），不易凌乱；第三常付印刷，既免尘积虫蛀，又广流转。

此项整理工作情形，先将所印之样张，按照原书详为校勘，字残缺模糊者，逐一填明于样张上。将书版上破损者，用枣木或梨木镶补与原版合和。镶补价工更费，版上损毁较多者，不若重制整块新版重刻，较为合宜。照原书上之字样，书印于薄纸上。刻字匠人将补整之书版，涂以米汁，趁版上米汗尚湿时，以书就需补字刻样纸，反粘版上，以纸张既薄，且经水湿，字迹呈显纸背，须薄纸揭去，字迹已留印于版上。

字匠版人，乃以锐刀，将版上无墨迹之部都[部]份[分]，按[按：此处夺一“步”字]雕去，所书之字，俱成阳文隆起。如有错误，再即为挖剔，别以小块方木，插入另版。刻补每工每日可刻数十字，新版可刻百字。此项工匠鲐背短视，川省多系岳池籍。至于印刷亦始于春初，将修竣校勘无误书版，采用夹江纸张，尺寸大者用对方纸，要天地头多留者用水纸。尺寸较小者，用土连纸，或二连纸，纸张虽薄，质至光洁。印刷匠右手执二刷，二刷之间，连以一柄，一刷蘸墨，拂于字上，然后覆纸[按：此处夺一“版”字]上，用干刷在其上轻捷拖遇[过]，书即印就。敏捷者每日可印二千百[页]。以纸薄而透明，故只能印一面。印成全部书后，装订匠将印纸照鱼口折合成页，再经排工按次排列顺序，面底加以湘[缃]色封面纸壳，内衬白纸，用刀切齐，用钉加眼，穿以丝线，书乃完成。

去年第一期修整书版廿五种，计万馀张，书亦印成。分呈中央及预约发行，颇承赞美。今黄校长请省府赞助之整理费十万元，亦已拨到。第二期又修整八种，尤以《汉魏六朝百三名家集》修补最费，计七千六百六十四面，工料肆万肆千三百元之钜，今拟预约成数后，即印刷发行。现应学者之需求，将已印存者名目，附列于后。

书　名　　每部册数

尚书孔氏传十三卷　二

今文尚书马郑注三十卷　孙星衍辑、王闿运写刊本　四

春秋左传杜注三十卷　一六
万氏十一经读本　二〇
　　诗经读本　二
　　周礼读本　二
　　仪礼读本　二
　　孝经尔雅读本　合一
读诗钞说四卷　张澍　四
周官古今举例一卷　宋育仁　一
礼经笺十七卷　王闿运　六
夏小正注一卷　王闿运　一
公羊笺十一卷　王闿运　六
公羊补正十一卷　廖平　六
公羊解诂三十论一卷续一卷再续一卷　廖平　一
左传杜注校勘一卷　贵阳陈氏刻本　一
古今学考二卷　廖平　一
说文新附考　郑珍　三
古韵通说二十卷　龙启瑞　三
三巴金石记
金史一百三十五卷　二四
辽史一百十六卷　一〇
国语补音三卷　宋祁　一
华阳[按：此处夺一"国"字]志校勘记一卷　顾观光　一
蜀梼杌二卷　张唐英　一
益部耆旧传一卷附良岳记一卷　一
陶靖节年谱一卷　一
都江堰工小传二卷　一
汉官七种　孙星衍辑　二
灵峰草堂丛书　六
　　春秋左传杜注校勘记
　　孟子外书补注
　　孟子弟子考补正
　　毛诗郑笺残本
　　陶靖节年谱
　　黔语　吴振域[棫]

天全石录

洪度集　薛涛

翰林学士集

晤[悟]兰吟

滇游草

东瀛草

东瀛文稿(以上为灵峰草堂丛书细目)

测圜海境集四卷　一

舍旅备要方　一

天全石录　贵阳陈氏刻本　一

乐律举隅　一

论语偶记　一

楚词章句　王逸注　十七卷　二

楚词释　王闿运　十一卷　二

翰林学士集　影唐卷子[子]本　贵阳陈氏刻本　一

魏鹤山文钞卅二卷　附[按:此处夺一"师"字]友雅言、周礼折哀[衷]四卷　一二

夜雪集一卷　王闿运　胡延写刻本　一

左庵长律一卷　刘师培　一

骈体文钞三十一卷　一〇

文选古词通六卷　一

唐文选残叶　落水兰亭　一

声调三谱合刊　二

今文新义　二

庄子新解　一

礼说　一

药治通义　一

三部九候篇　一

黄帝内经明堂　一

经学四五变记　一

撼龙经传订本注　一

巢氏病源　一

周礼订本　二

宋四家词十一卷　日湖渔唱三卷、白石道人歌曲四卷、花外集一卷、萍

洲渔曲谱二卷　四

唐诗万首绝句选　二

唐诗选　六

八代诗选　六

曲雅　一

三、宋院长购书清册[①]

时务大成一部二十六本【社会科学总论】

即《万国分类时务大成》四十卷,28 册,钱颐仙辑,光绪二十三年申江袖海山房书局石印本。档案略作“时务大成”,缺两册。

时务通考一部二十本【社会科学总论】

《时务通考》三十一卷,[清]杞庐主人等辑,光绪二十三年点石斋石印本。此书汇编中外通商以来有关时务之著述、论说而成。虽备科场之用,亦在宣传变法。分天算、地舆、公法、约章、使臣、税则、钱币、礼制、兵政、律例、工政、铁路、矿务、电报、邮政、农桑、商务、教务、学校、官制、议院、史学、算学、化学、电学、重学、汽学、声学、光学、测绘、医学三十一门。

时务览要一部四本

版本不详。

时事新论一部一本【社会科学总论】

即《时事新论图说》一卷,1 册,[英]李提摩太编绘,光绪二十年广学会刻本。档案略作“时事新论”。

时事类编一部四本

版本不详。

盛世危言一部九本【社会科学总论】

《盛世危言》,[清]郑观应撰。《盛世危言》的版本有 20 多种,主要有光绪十九年(1893)刊本,光绪二十年五卷本,二十一年的十四卷本《盛世危言增订新编》,二十六年八卷本《盛世危言增订新编》等。此处版本不详。

---

① “关于清查宋院长购书种部的来往文件”,光绪二十九年(1903)五月十二日,四川高等学堂档案 212,四川大学档案馆藏。光绪二十九年(1903)五月十二日,监院训导薛华墀、教谕罗彤将这批书清点造册,全部移交给四川高等学堂,用来填补尊经书院公款。宋育仁的购书单,就是由薛华墀、罗彤呈递给高等学堂总理和监堂的这份清册。本附录利用熊月之主编《晚清新学书目提要》(北京:商务印书馆,2007 年)、张晓编《近代汉译西学书目提要(明末至 1919)》(北京:北京大学出版社,2012 年)等工具书,对《四川高等学堂档案》中的这份“宋院长购书清册”所列书目的版本进行了一些初步的考证。粗体字为清单原文,【】为笔者所作的图书分类。粗体字之下为考证。

大富国策一部三本【经济】

疑即《富国策》(Fawcett's Political Economy)三册,[英]法思德(Fawcett, H.,今译亨利·福西特)著,[美]丁韪良译,汪凤藻述,光绪九年同文馆刻本。此书为西方政治经济学理论,卷一论生财,卷二论用财,卷三论交易。《增版东西学书录》曰:“其论商理、商情专主均输、平准,以几何公法的酌剂而消息之。泰西于商学一门类能阐发其公理,故其行事无往不得其平,中土自管、墨之学微,士夫未有讲求于此者,此所以弱也,欲振兴商务,非急读此种专门书讲明义理不可。是书第十章言税法,尤多要义。”《西学书目答问》曰:“是书论通商之理,谓商务裒多益寡,非通不兴,英人商务之盛蒲得力于此本。”

校邠庐抗议一部二本【社会科学总论】

《校邠庐抗议》二卷,2册,[清]冯桂芬撰。有天津广仁堂刻本、光绪十年江西刻本,上海石印本甚多。此处版本不详。《西学书目答问》曰:“是书为中人言变法之嚆矢,议多持平可采。”

庸书一部四本【社会科学总论】

《庸书》八卷,4册,[清]陈炽撰,光绪二十四年成都志古堂刻本。

经世绪言一部六本

版本不详。

自强新论一部四本

版本不详。

出使英法义比四国日记一部三本【历史】

《出使英法义比四国日记》六卷,3册,[清]薛福成撰,光绪十八年石印本。《西学书目答问》曰:“福成于光绪十六年出使作此。”

俄游类编一部七本

版本不详。

万国公法一部三本【法律】

《万国公法》(Elements of International Law)四卷,4册,[美]惠顿(Wheaton)著,[美]罗恩斯注释,[美]丁韪良等译。有光绪二十四年新学书会石印本、制造局本、同文馆本等,此处版本不详。此书为《国际法大纲》之略译本。《增版东西学书录》曰:“卷一释义明源,卷二论诸国自然之权,卷三论平时往来,卷四论交战,书成于一千八百六十三年,其后多有增修。案西国讲公法学者无虑数十百家,然皆持空理立说,专其学者名为公师,和战与夺决其一言,其权在王法之上。是本多据罗马及近时旧案,未能悉本公理,而所采又未全备,安得明斯学者考求近年各国办理之成案,取其合于公理者一一辑注,汇为一编,庶中土办理交涉得其旨要矣。”档案缺一册。

万国史记一部十本【历史】

《万国史记》十四卷,10册,[日]冈本监辅著,[日]中村正直选编,光绪二十一年上海读有用书斋刻本。此书原二十卷,改编后十四卷。《增版东西学书录》曰:“书虽甚略,然五洲各国治乱兴衰之故颇能摘抉要领,读西史者姑先从事是书,以知大略。”《西学书目答问》:“是书以二十卷包举全球数十国古今事迹,其略而弗详不问可知,且与吾华为同文之国,乃记载亦多失实,并痛诋不遗余力,尤失传信之体,本无足取,姑以译本别无全史收之。”

万国通鉴一部四本【历史】

《万国通览》(又名《历代万国史论》)五卷,首一卷,6册,[美]谢卫楼(Sheffield, D. Z.)口述,赵如光笔授,光绪八年上海基督教会刻本。《增版东西学书录》曰:“卷一东方国度,卷二西方古世代,卷三中世代,卷四近世代。所论皆教门、种族为详,各国治迹转多缺略,名曰“通鉴”太不顺矣,其图亦甚略,无足观。”档案缺两册。

万国近政一部四本【历史】

即《万国近政考略》十六卷,4册,[清]邹弢撰,光绪二十二年上海排印本。档案略作“万国近政”。

四裔编年一部四本【历史】

《四裔编年表》四卷,1册,[英]博那著,[美]林乐知、严良勋同译,李凤苞汇编,有同治十三年上海制造局刻本、光绪二十五年上海石印本。此处版本不详。此书用年表体例,以各国帝王沿革为经,记亚欧非美三十余国种族、政教、和战大局、学问政事。《增版东西学书录》曰:“自少昊四十年当西历前二千三百四十九年起,讫咸丰十一年当西历一千八百六十一年止,其中种族变迁、政学始末与夫战争大局,一一具载,颇便检阅,而舛错处亦不少,依《竹书》纪中国年代尤其巨谬。”《西学书目答问》曰:“是书间有讹谬处,然颇便检察。”档案略作“四裔编年”。

列国岁计一部六本【历史】

《列国岁计政要》十二卷,首一卷,6册,[英]麦丁富得力编,[美]林乐知译,郑昌棪笔述,光绪元年上海制造局刻本。《增版东西学书录》曰:“各国此类书或官撰、或私著,岁岁有之。是书编于同治十二年,英公使汇寄而成,篇中述欧洲各国疆域、户口、官制、教门、学校、国用、商务、兵政诸大事,虽澳洲、纽萨、威尔士、纽齐兰等地之政俗亦无不载,可谓勤矣,惜皆二十余年前陈亦,闻日本每年有译本,若由东文按年译之则甚易。”《西学书目答问》:“是书本英国公使领事出驻他国按年录寄其政府之官单编辑而成,凡各国之疆域、户口、官制、学校、教宗均资考证，而于国计、兵事、商务尤详，言西政者极要之本，惟欧美新政月异而岁不同，惜此书止于同治癸酉，后此撰辑遂无踵而译述之者，殊可惜也。”档案略作“列国岁计”。

各国约章一部四本

版本不详。

西国近事一部二十八本【社会科学总论】

即《西国近事汇编》，册数不详，癸酉，[美]金楷理译，姚棻述；甲戌、乙亥、丙子、丁丑，[美]金楷理译，蔡锡龄述；戊寅、己卯、庚辰、辛巳，[美]林乐知译，蔡锡龄、郑昌棪述，同治十二年(1873)至光绪八年(1882)上海制造局本刻本。此书由中外十余人参与编译，每年一编，介绍西国大事要闻，材料来源以编译英泰晤士报为主。梁启超《读西学书法》谓“《西国近事汇编》最为可读”。《增版东西学书录》曰：“依年翻译西国各报而成，凡各国交涉、和战、政治、法律、文学之事靡不具载，惜至壬午而止，后宜续行之。”档案略作“西国近事”，《西国近事》确有其书，但只有抄本，无刻本，此处应是《西国近事汇编》之略写，《增版东西学书录》作36册，此处疑有残缺。

泰西新史一部九本【历史】

即《泰西新史揽要》(原名《泰西近百年来大事记》)二十四卷，8册，[英]马恳西(Mackhenzie, R.，今译麦肯齐)著，[英]李提摩太译，蔡尔康笔述，光绪二十一年上海广学会刻本。此书对晚清维新运动有一定影响，以致翁同龢陪同光绪皇帝一起阅读该书。《增版东西学书录》曰：“首法事记，欧洲治乱关键也，英为泰西枢纽，故所记尤详，大旨以国为经、以事为纬，于近百年来各国变法自强之迹堪称翔实，为西史佳本。”《西学书目答问》：“是书原名《十九国大事记》，述西国近百年来变法自强之事，颇具条理。”档案略作“泰西新史”，原书共8册，档案所记多一册。

治国要务一部一本【政治】

《治国要务》1册，[英]韦廉臣著，光绪二十五年上海广学会本。《增版东西学书录》曰：“凡九章，中言林木之益，其说甚可据，惜中国未尝采用之也，末章复涉教语，可删去之。”

英法政概一部二本【历史】

《英法政概》六卷，1册，[清]刘启彤译编，光绪二十二年成都刻本。

中西纪事一部六本【历史】

《中西纪事》二十四卷，6册，[清]夏燮撰，光绪十三年上海排印本。

中俄界约一部二本【法律】

即《中俄界约斠注》七卷，2册，[清]钱恂撰，光绪二十年刻本。档案略作"中俄界约"。

通商成案一部十二本【法律】

疑即《通商约章成案类纂》三十五卷,上海排印本。档案略作"通商成案"。

生利分利之别一部一本【经济】

《生利分利之别》1册,[英]李提摩太著,蔡尔康译,光绪二十年上海广学会刻本。此书所论为生利、分利两部分。创造财富,产品分配,谓之生利,其要点有四:1.利非独力所能生,应合千百人之力以生利;2.利非现力所能生,劳动有过程,有分工;3.利宜予储人力以生,对劳动者应予育、教;4、利宜广增新法以生利,如提高劳动者素质,发展科技,提高生产能力。分利:论即生利又分利,只分利不生利,直接生利与间接生利之区别。末附《续论生利分利之别》。

西学启蒙一部十六本【自然科学丛书】

即《西学启蒙十六种》,16册,[英]艾约瑟译。有光绪十二年上海总税务司署刻本、光绪二十四年上海图书集成印书局本。此处版本不详。

西学大成一部十二本【自然科学丛书】

《西学大成》,12册,[清]王西清、卢梯青辑,光绪二十一年(1895)海醉六堂本。

续西学大成一部十六本【自然科学丛书】

《续西学大成》,16册,[清]孙家翼纂,光绪二十三年(1897)飞鸿阁排印本。

西学富强丛书一部四十八本【自然科学丛书】

《西学富强丛书》,60册,[清]张荫桓编辑,光绪二十二年(1896)鸿文书局石印本。原书共60册,档案所记缺12册。

矿务丛钞一部二十本【矿业】

《矿务丛钞》十二卷,19册,[英]士密德辑,[英]傅兰雅口译,王德均笔述,光绪二十三年上海六先书局本。原书共19册,档案所记多1册。

宝藏兴焉一部十六本【冶金】

《宝藏兴焉》(A Practical Treatise on Metallurgy)十二卷,16册,[英]费而奔(Fairbank)著,[英]傅兰雅译,徐寿笔述,光绪年间上海制造局刻本。《增版东西学书录》曰:"论金、铂、银、铜、锡、铁、铅、锌、镍、锑、铋、汞诸矿形性,各尽其理,言炼法亦极详密,中译矿学之书以此本为最要。"

井矿工程一部二本【矿业】

《井矿工程》三卷,2册,[英]白尔捺(Byrne, Oliver)辑,[英]傅兰雅译,赵元益笔述,曹钟秀绘图,上海制造局本,同治九年初版,光绪间再版。《增版东西学书录》曰:“开井、开矿所论略备,中言造自涌水井及火药拉开土石法,可与东国凿井法、开地道轰药法参证,又载中国开井二法殆行诸北方者,西人之留心可知。”

金石识别一部六本【矿物学】

《金石识别》十二卷,附英文表一卷,图二百九十八幅,6 册,[美]代那(Dana, James Dwight,今译达纳)著,[美]玛高温译,华蘅芳述,同治十一年上海制造局本。《增版东西学书录》曰:“详言地面、地壳两层各质皆归金类,甚合天然之理,所译金石家诸书以此为最有用。原本诸图别以五色,颇为醒目,惜今本改之。”《西学书目答问》:“是书于金石品类及试验矿质与熔炼分化之法论之颇详。”

工程致富论略一部八本【工业技术】

《工程致富论略》(Aid Book to Engineering Enterpise Abroad. Part1(1878))十三卷图七十六幅,8 册,[英]玛体生(Matheson, Ewing)著,[英]傅兰雅译,钟天纬笔述。光绪二十年上海制造局本。《增版东西学书录》曰:“前三卷专论工程利益及国家定律保息擅利助本,又包工查验根源工程弊端,四卷以下分论各项工程利弊、开办利益。盖以工程能使商务兴盛,英人视工程为最要事,故其商务亦独盛,书中皆就英人所作之工程立论,颇称赅备。”

考工纪要一部八本【工业技术】

《考工纪要》十七卷,附图一卷,8 册,[英]玛体生(Matheson, Ewing)著,[英]傅兰雅、钟天纬同译,光绪年间上海制造局本。《增版东西学书录》曰:“言办理各种工程器具、材料,如何立合同,如何购买,如何定尺寸成色。即《工程致富》之二集,两书相为表里,原名《制造须知》。”《西学书目答问》:“此即《工程致富》之次集,前编论办理各种工程之要务,此则专言制造需用之材料器具与夫购买机器、订立合同各事,二书俱甚精密,撰译人并同前。”档案作“考工纪要”。

铁路图考一部八本【交通运输】

《铁路图考》四卷,8 册,[清]刘启彤撰,光绪十五年上海印本。《西学书目答问》曰:“原名《星轺考辙》,坊间翻刻改名《铁路图考》。”

开地轰药一部一本【军事】

即《开地道轰药法》三卷,图一卷,2 册,[英]武备工程学堂辑,[英]傅兰雅译,汪振声述,光绪十九年上海制造局刻本。此书译自英国工程兵学校 Chatham 所著有关爆破兵使用的爆炸方法论一书。《增版东西学书录》

曰:“先论各处开道工程,后论各药及轰用法,以图明说,皆有法度。”档案略作“开地轰药”。原书2册,清末石印本1册,此处版本不详。

西艺知新一部四本【工业技术】

《西艺知新》(一名西艺须知)(A Practical Workshop Companion for Tin, Sheet Iron and Copper Plate Workers)十卷,图三百九十七幅,14册,[英]诺格德(Northcott, W. Henry)等著,[英]傅兰雅译,徐寿笔述,徐华封校,光绪四年上海制造局本。《西学书目答问》曰:“凡八种,曰《周幂知裁》、曰《匠海与规》、曰《造管之法》、曰《回特活德钢炮说》、曰《色相留真》、曰《造硫强水法》、曰《却水衣全论》、曰《回热炉法》。”原书14册,又有光绪间刻本6册,上海石印本册数不详,档案所记4册,版本不详。

格致课存一部一本【自然科学总论】

《格致课存》二卷,1册,[清]钟天纬撰,版本不详。

格致精华一部四本【自然科学总论】

《格致精华录》四卷,4册,[清]王仁俊撰,光绪二十年上海石印本。《增版东西学书录》曰:“原名《格致古微》,坊间改名《格致精华录》。”档案略作《格致精华》。

格致须知一部二十一本【自然科学丛书】

《格致须知》三集,[英]傅兰雅编译,上海格致书室光绪八—二十四年间陆续印行。《西学书目答问》曰:“初集八册,天文、地理、地志、地学、算法、化学、气学、声学各一卷;二集八册,电学、量法、画器、代数、三角、微积、曲线、重学各一卷;三集五册,力学、水学、矿学、全体、光学各一卷。浅明极便初学,第论述太略,仅资谈助,所谓门径中之门径也。”

重学一部二本【力学】

《重学》(An Elementary Treatise on Mechanics)十七卷,首一卷,2册,[英]胡威立(Whewell, William)著,[英]艾约瑟口译,李善兰笔述,有咸丰九年松江钱氏活字本,同治六年美华书馆覆刻松江钱氏刻本。此处版本不详。此书是第一部汉译力学专著,首次介绍了牛顿运动定律。

声学一部二本【声学】

《声学》[Sound 第2版(1869)]八卷,2册,[英]田大里(Tyndall, John,今译约翰·丁铎尔)著,[英]傅兰雅译,徐建寅笔述,同治十三年上海制造局初刻,光绪间再版。此书是西方声学专论传入我国最早者,该书最早引进“以太”概念,谭嗣同著《仁学》直接使用此概念。《增版东西学书录》曰:“西人论声音之理日精,此书所载半属浅说,然论发声、传声、成音、音浪颇觉透辟，中国极少新译之本，读此足以稍窥崖略。”

声学揭要一部一本【声学】

《声学揭要》一卷，1 册，[英]赫士译，朱葆琛述，光绪二十年上海益智书会本。此书译自 Elementary Treatise on physics（第 14 版），[法]阿道夫·迦诺著，共六章七十一节。《增版东西学书录》曰：“凡七十一节，所论诸声之理简浅易晓，颇便初学。”

光学一部二本【光学】

《光学》[Light.（1870）]二卷附视学诸器说一卷，2 册，[英]田大里（Tyndall, John，今译约翰·丁铎尔）著，[美]金楷理（Kryer, Carl T.）译，赵元益笔述，沈善蒸校，有光绪二年、光绪五年上海制造局本。此书分几何光学和波动光学两部分。此书是波动光学的第一部中译本，也是西方近代光学在 19 世纪的重要汉译著作。《增版东西学书录》曰：“论诸光之理已得其大较，其辨别日月恒星虹霓之光气，近译天学书中所言较密，盖新制之器愈精，其功用愈大。”

光学揭要一部一本【光学】

《光学揭要》二卷，1 册，[美]赫士译，朱葆琛述，光绪二十年上海益智书会本。此书译自 Elementary Treatise on physics（第 14 版），[法]阿道夫·迦诺著。书中介绍了德国伦琴 1895 年发现的 X 光及其用途。《增版东西学书录》曰：“西人光学新理日出不穷，然大致皆备于此，后附论然根光即近年所创照骨法，此书所说犹未完具。”

化学表一部一本【化学总论】

即《化学材料中西名目表》一卷，1 册，[英]傅兰雅编，徐寿笔述，光绪十一年上海制造局本。此书 3600 多条中英对照的化学名词及有机、无机化合物类名及术语，与现今命名出入较大。书末附中西名目字汇表。徐寿创立的化学物质译名取英文名中最重要间节，以平常字加偏旁而立新名等原则，一直沿用至今。《增版东西学书录》曰：“表成于同治九年，在江南制造局翻译《化学鉴原续编》、《补编》时所作，故为《鉴原》诸书之钤键，惟此译尚仍旧名，于近译诸书无所用处。”《西学书目答问》曰：“中西文并列，易于检察。”档案略作“化学表”。

化学分原壹部贰本【分析化学】

《化学分原》[An Introduction to Practical chemistry, Including Analysis.（1866，第 4 版）]八卷，附图五十八幅，2 册，[英]蒲陆山著，[英]傅兰雅译，徐建寅述，同治十一年上海制造局本。此书为英国化学家包曼（Bowman, J. E.）著，蒲陆山增订。此书是实验化学名著，曾多次再版。

《增版东西学书录》曰:“专言原质化分之法,为考质学最简之本,与《考质》相生法稍有出入,可以参核同异,下卷略及求数,后载金类结成表、化分表、试验各质表、预备物质细目。”

化学求数一部十四本【分析化学】

《化学求数》十五卷附求数便用表一卷,14 册,[德]富里西尼乌司著,[英]傅兰雅译,徐寿述,光绪九年上海制造局刻本。此书名《定量化学分析导论》,原书德文,由英国化学家瓦切尔(Vacher, A.)译为英文,英文名“Quantitative Chemical Analysis (1876,第七版)”。“求数”即定量。全书插图 186 幅,是当时最为详备的定量分析化学专著。《增版东西学书录》曰:“即《考质》之续编,专求轻重体积之数,或为原质所分析者则于所分各求其数,或两质合而为一者则以比例求其数与夫变换之质性、化合之形状。盖化学之理原凭求数,所求愈工,其理愈密,学者宜细心读之。后附表以折数推算原质,皆灿若列眉。”《西学书目答问》曰:“是书即《考质》续编,《考质》于各物之原质及何物聚何原质而成,缕晰条分,推阐颇详,此编于各物中求其原质之实数,以考知化合、化分之法,立论更属精密,习化学者最要之本。”

化学鉴原一部四本【化学总论】

《化学鉴原》[Principles and Applications of Chemistry (1858)]六卷图一百四十九幅,4 册,[英]韦而司(Wells, David A.)著,[英]傅兰雅译,徐寿笔述,赵元益校,同治十一年上海制造局本。此书第一次介绍了道尔顿原子论、物质不灭定律、定比定律和倍比定律。为美国广泛使用的大学教材,中译本出版后,书院和学堂使用长达三四十年之久。《增版东西学书录》曰:“其书凡四百十节,专论化成类之质,于原质论其形性取法、试法及各变化,并成何杂质,变而无垠,小而无内,皆能确言其义理,中译化学之书殆以此为善本。”

化鉴原补一部六本【化学总论】

《化学鉴原补编补》六卷附体积分剂一卷,6 册,[英]蒲陆山著,[英]傅兰雅译,徐寿笔述,光绪五年上海制造局本。《增版东西学书录》:“书刊于光绪五年,以补《鉴原》之不及,其一、二、三、四卷论非金类质,五、六卷论金质类,所论原质亦六十有四,惟较《鉴原》为详,附卷论体积分剂亦极详细。”档案略作“化鉴原补”。

化学考质一部六本【分析化学】

《化学考质》,6 册,[德]富里西尼乌司(Fresenius, Carl Remigius,今译弗累森纽斯)著,[英]傅兰雅译,徐寿述,光绪九年上海制造局本。原著为德文,本书译自英文版“Manual of Qualitative Chemical Analysis”(《定性分析化学入门》)。《增版东西学书录》曰:“书分四类,一化分功夫并器具,二化分药料并用法,三化分之质遇药料之变化,四化分各事。依类排列,其考验各物定其为何原质,所成无论简质、繁质、不知之物,条分缕析,大意与《分原》略同而加详焉。”

电学一部六本【电学】

《电学》(一名《电学大全》)十卷首一卷,6 册,[英]瑙挨德(Noad, Henry M. 今译亨利·诺德)著,[英]傅兰雅译,徐建寅笔述,光绪六年上海制造局本。《增版东西学书录》曰:“卷首总论源流,卷一论摩电学,卷二论吸铁气,卷三论生物电学,卷四论化电学,卷五论电气吸铁,卷六论吸铁气杂理,卷七论吸铁电气,卷八论热电气,卷九论电气报,卷十论电气时辰钟及诸杂法。西人电学日精,此皆十年前旧说,然中土无新译者,姑读之。”

电汽度金一部一本【化工】

即《电汽镀金略法》一卷,2 册,[英]华特(Watt, Alexander)著,[英]傅兰雅译,周郇述,光绪二年上海制造局本。另有光绪间刻本 1 册,附图。《增版东西学书录》曰:“按此法为英人司本沙与俄人约克皮同时考得,首论镀金源流,次论镀铜、镀银、镀黄铜、镀铂、镀錞等法,附录四十六款,又续附四十六款,备详节目。”档案略作“电汽度金”。

汽机图说一部一本

版本不详。

汽机发轫一部四本【动力工程】

《汽机发轫》九卷,表一卷,附图,4 册,[英]美以纳、白劳那合著,[英]伟烈亚力译,徐寿述,同治十年上海制造局本。另有光绪间刻本 4 册,附图表。《增版东西学书录》曰:“先论汽机公理,末论真理,中论机件、论行船用兵船所司事,大旨与《汽机必以》相同,此于水面所用之汽机尤加详。”《西学书目答问》:“是书多论汽机之理。”

汽机新制一部二本【动力工程】

《汽机新制》(Pocket-book of Practical Rules for the Proportions of Modern Engines and Boilers for Land and Marine Purpose. (1864))八卷,2 册,[英]白尔格(Burgh, Nicholas P.)著,[英]傅兰雅译,徐建寅述,同治十二年上海制造局本。另有光绪间刻本,2 册,有图。《增版东西学书录》曰:“书中论水陆所用各机件宏纤具载,记大小尺寸数目皆荟萃诸人制造试验之尽善者著之,然非明斯学者骤观未易悉其理,若近年改良之新法,宜另采一编以补之。”

西译兵书一部八十二本三十二种

版本不详。

兵镜类编一部十二本【军事】

《兵镜类编》四十卷,12 册,[清]李蕊编辑,光绪年间刻本。该书于正史中辑录春秋至明代军事史料,以类相从,包括将本、卓识、智术、选兵、练兵、料敌、战守等 68 类,共 1471 条。每类史料以朝代为序,每条皆有评语,唯第 40 卷《臆说十种》及《补遗》为编者手撰。《臆说十种》是古代兵法与近代军事学结合的产物。它以时事立论,针对西方殖民国家侵掠中国沿海的形势及其船坚炮利的特点,在设防、守城、练兵、攻战等方面,提出一系列主张和措施。

日本地理兵要一部六本【军事】

《日本地理兵要》十卷,8 册,[清]姚文栋撰,光绪十年铅印本。原书 8 册,档案所记缺 2 册。

代数难题一部三本【数学·代数】

即《代数难题解法》十六卷,6 册,[英]伦德(Lund, Thos)辑,[英]傅兰雅译,华蘅芳述,光绪五年、光绪九年上海制造局本。此书所解之题大半从 1879 年伦敦出版的"A Companion to Wood's Algebra"一书中辑出,增以剑桥大学的 12 次试题。《增版东西学书录》曰:"用代演草极整极简,所列之式初无删节,始终完备,此从英国算学家吴德所著代数书及冈布利智书院所考课中录出,有数法为初学思索不到者,读之极能启发人心。"原书 6 册,档案所记缺 3 册。又档案略作"代数难题"。

代微积拾级一部三本【数学·微积分】

《代微积拾级》[Elements of Analytical Geometry and of Differential and Intergral Calculus. (1850)]十八卷,3 册,[美]罗密士(Loomis, Elias)著,[英]伟烈亚力译,李善兰述,光绪年间上海制造局本。此书是解析几何、微积分传入中国的最早译本。《增版东西学书录》曰:"前九卷论代数几何,首作方程图法,自占与线以至越曲线图,说明备其圆锥曲线各款,则艾书采其原,此书竟其委。中七卷论微分、后二卷论积分微分者,一刹那中由小渐大之积也,合无数微分之全积则积分也。大抵由代数级数以求其限而推其变,列款设题,简明可读。惟十卷微分第三款三题答数及十七卷积分第六款两题答数皆有误处,华氏《笔谈》已订正之。"

邹氏遗书一部六本【数学】

《邹氏遗书》(又名《邹叔子遗书》)七种,6 册,[清]邹汉勋撰,邹世繇编,光绪九年(1883)刻本。

西算新法一部八本【数学】

即《西算新法直解》八卷,8册,[清]冯桂芬、陈旸撰,光绪二年活字本。《西学书目答问》曰:"是书因李译《代微积拾级》奥衍难读,遂取其书逐节疏解以便后学,然增解之处多未尽善。"档案略作"西算新法"。

三角数一部六本【数学・三角】

即《三角数理》(A Treatise on Plane and Spherical Trigonometry,又译《平面球面三角学》)十二卷,6册,[英]海麻士(Hymers, John)辑,[英]傅兰雅口译,华蘅芳笔述,刘彝程校算,曹撷亭绘图,光绪三年上海制造局本。《增版东西学书录》曰:"前八卷论平三角,后四卷论弧三角,大率以比例求边角而以级数究其极,法无不备,理无不赅。第六卷专论对数,有足以补《代数术》第十八卷之未备。《中西算学大成》于三角只取其第四卷各种解法,卷中尚节去其测量器诸款,盖其前数卷与《代数术》之八线数理无甚异,故不录也;弧三角各款皆不删节,惟去其十二卷之设题。"档案略作"三角数"。

筹算考释一部六本【数学】

即《古筹算考释》六卷,6册,[清]劳乃宣撰,光绪十二年刻本。档案略作"筹算考释"。

形学备旨一部二本【数学・几何】

《形学备旨》十卷首一卷,2册,[美]鲁米斯著,[美]狄考文选译,邹立文笔述,刘永锡参阅,光绪二十四年上海美华书馆本。此书版本甚多,此处版本不详。《增版东西学书录》曰:"是书挈几何之要,增以近世新得妙理,每卷末皆有习题足资参详,后数卷多用代数式解题,较几何之解说联篇累牍者简明多矣。算数之书后出为胜,理固然也。"《西学书目答问》曰:"是书与《几何原本》同而实异,盖几何兼论数,此专论形,且增有新得要题数十则,习几何者宜兼读之。"

学强恕斋笔算一部十本【数学】

《学强恕斋笔算》十卷,续一卷,10册,[清]梅启照撰,梅文堉续,光绪八年河东节署刻本。

弦切对数一部一本

版本不详。

运规约指一部一本【数学・几何】

《运规约指》(Practical Geometry)三卷,1册,[英]白起德(Burchett, Wm.)辑,[英]傅兰雅译,徐建寅述,同治九年上海制造局本。《增版东西学书录》:"几何学以作图为要,是书即节几何略有附益然,首言单行诸法,次言合形诸法,次言更面诸法,共一百三十六题,条段详明,能括形学之大纲。其第一百二十一题其法颇简,初学每不易解,如究其原因,即从《几何原本》第六卷第十五题化出,故宜参阅之。"

圆锥曲线一部一本【数学·几何】

《圆锥曲线》一卷,1 册,[美]路密司著,[美]求德生选译,刘维师笔述,光绪十九年上海美华书馆本。《增版东西学书录》曰:"是书以比例布算,条段有视艾书较详处。圆锥学之用为形学中最要,是书中本附《形学备旨》后,故题中所引诸款皆凭《形学备旨》。"

测海山房一部三十六本【数学·几何】

即《测海山房中西算学丛刻初编》27 种,36 册,[清]测海山房主人撰,光绪二十二年(1896)上海玑衡堂石印本。档案略作"测海山房"

五纬交食一部六本【天文学】

即《五纬交食捷算》八卷 6 册,[清]黄炳垕撰,有光绪四年、光绪二十年刻本。《西学书目答问》曰:"五纬四卷、交食四卷。"档案略作"五纬交食"。

测候丛谈一部二本【气象学】

《测候丛谈》四卷,2 册,[美]金楷理口译,华蘅芳笔述,赵宏绘图,光绪三年上海制造局本。此书译自《大不列颠百科全书》第 8 版"Meteorology"条。《增版东西学书录》曰:"测候之学须用两法,或志其大端,推验其变;或细推琐屑之故,有所见,按年月日纪之。是书专究天气变化、地面热度诸理,复及纤细之敌,以征其信。篇中间列图表,皆极详明。"

恒星图表一部一本【天文学】

《恒星图表》,1 册,[清]贾步纬撰,光绪间上海制造局本。

谈天一部四本【天文学】

《谈天》十八卷,附表一卷,4 册,[英]侯失勒约翰撰,[英]伟烈亚力译,李善兰述,徐建寅续述,光绪间上海制造局本。《增版东西学书录》曰:"西人谈天善求其故,故歌白尼知地球与五星皆绕日,刻白尔知五星与月之道皆为椭圜,奈端又以为皆重学之理,由是论定而中国旧说更觉无谓矣。是书专主地动及椭圜立说,非通算明测量者不能读,原本皆准伦敦经度,今改用顺天经度,计里亦改用中里,又后列诸表皆便读者。"

九数通考一部四本【数学】

《九数通考》十一卷,4 册,[清]屈曾发撰,光绪二十三年(1897)陕西味经刊书处刻本。

平圆地球图十六张【地理】

《平圆地球图》,李凤苞译。晚清《平圆地球图》有两种,一为益智书会本1幅,年代不详。一为光绪二年上海制造书局译印本2幅。档案作16张,疑购买多幅。

朝鲜地舆图一张【地理】

版本不详。

日本地舆图一张【地理】

版本不详。

一统志一部六十本【地理】

《大清一统志》五百卷,版本不详。档案略作“一统志”。

西域水道记一部八本【地理】

《西域水道记》五卷,8册,[清]徐松撰,版本不详。

黑龙江志一部二本【地理】

版本不详。

中外舆地图说集成一部二十四本【地理】

《中外舆地图说集成》一百三十卷,24册,[清]同康主人编,光绪二十年(1894)刻本。

朔方备乘一部六本【地理】

《朔方备乘》八十卷,6册,[清]何秋涛撰,光绪七年(1881)直隶原刻大字本。《西学书目答问》:“是书采辑甚富,考订尤详,曾进呈文庙御览,此其赐名也,后稿本屡经失毁,光绪初年始刻于畿辅志局,《书目答问》所收之《北徼汇编》即此书初稿。”《西学书目答问》作32册,附图表。6册者疑为上海石印本,内附李文田《札记》一卷。

慧林经音义一部五十五本【文字学】

《一切经音义》一百卷,55册,[唐]慧琳撰,版本不详。档案略作“慧林经音义”。

晋唐二十一家诗集一部二十六本【文学】

版本不详。

明三十家诗选一部八本【文学】

《明三十家诗选》,8册,[清]汪端辑,同治十二年(1873)蕴兰吟馆本。

庸庵全集一部十二本【文学】

《庸庵全集》二十一卷,12册,[清]薛福成撰,光绪年间刻本。

滂喜斋丛书一部二十四本【丛书】

《滂喜斋丛书》,50种24册,[清]潘祖荫辑,同治光绪间吴县潘氏京师刊本。子目详见《中国丛书综录》第1册第200页。

功顺堂丛书一部二十本【丛书】

《功顺堂丛书》，18 种 20 册，［清］潘祖荫辑，光绪年间吴县潘氏刊本。子目详见《中国丛书综录》第 1 册第 200 页。

华英谳案一部一本【法律】

即《华英谳案定章考》一卷，1 册，［英］哲美森著，［英］李提摩太译，蔡尔康笔述，光绪二十三年(1897)上海广学会本。《增版东西学书录》曰："西国人民寓居何国即归何国管理，天津之约因中西法律轻重不同，乃有会同讯断之名目，中国从此无管理之权，是法律不可不急修改也。是书为哲氏任副臬司时所定，即《华英会审章程》，但仅举刑律、户律大纲，未为详备。"档案略作"华英谳案"。

得历考成一部十四本

版本不详。

中西算学大成一部二十四本【数学】

《中西算学大成》一百卷，24 册，［清］陈维祺、叶耀元编，版本不详。

九章算术一部八本【数学】

版本不详。

算学启蒙一部三本【数学】

《算学启蒙》三卷，3 册，［元］朱世杰撰，罗士琳校，《观我生室汇稿》本，抽印单行本。详见《书目答问》卷三。

数度衍一部八本【数学】

《数度衍》二十四卷附一卷，8 册，［清］方中通撰，版本不详。参见《四库总目提要》卷 107。

四元玉鉴一部十本【数学】

《四元玉鉴》二十四卷，10 册，［元］朱世杰撰，版本不详。全书分二十四门、二百八十八问，所有问题都与方程式或方程组有关。介绍了朱世杰在多元高次方程组的解法——"四元术"、高阶等差级数的计算——"垛积术"以及"招差术"(有限差分)等方面的研究成果。该书受到近代数学史研究者的高度评价，认为是中国数学著作中最重要的一部，同时也是中世纪最杰出的数学著作之一。详见《书目答问》卷三。

白芙堂算书一部四十本【数学】

《白芙堂算书》二十二卷，40 册，［清］吴嘉善撰，［清］丁取忠补，光绪二十一年(1895)味经刊书处本。本书含算书 22 种：笔算一卷、九章翼、今有术一卷、分法一卷、开方一卷、平方各形术一卷、平圆各形图一卷、立方立圆术一卷、句股一卷、衰分一卷、盈不足一卷、方程一卷、平三角边角互求术一卷、弧三角术一卷、测量高远术一卷、天元一术释例一卷、天元名式释例一卷、天元一草一卷、天元问答一卷、方程天元合释一卷、四元名式释例一卷、四元草一卷、四元加减乘除释一卷。

小方壶斋舆地丛钞一部六十四本【地理】

《小方壶斋舆地丛钞》,64 册,[清]王锡祺撰,光绪十七年(1891)上海著易堂铅印本。

参考文献

一、档案报刊

[1] 中国第一历史档案馆藏:《朱批奏折》

[2] 四川省南充市档案馆藏:《清代四川南部县衙门档案》

[3] 四川大学档案馆藏:《四川高等学堂档案》

[4] 四川大学档案馆藏:《四川公立国学专门学校档案》

[5] 四川省图书馆藏:《渝报》,光绪二十三年重庆府城白象街《渝报》馆刊

[6] 四川省图书馆藏:《蜀学报》,光绪二十四年尊经书局刊

[7] 四川大学图书馆藏:《新新新闻》

[8]《申报》,台北:学生书局,1965年影印

二、古籍

(1) 经部

[1] [清]阮元校刻:《十三经注疏》,北京:中华书局,1980年

[2] 王锦民:《〈王制笺〉校笺》,北京:华夏出版社,2005年

[3] [清]王闿运:《论语训　春秋公羊传笺》,长沙:岳麓书社,2009年

[4] [清]皮锡瑞:《经学通论》,北京:中华书局,1954年

[5] 廖平、吴之英:《经学初程》,成都存古书局本1914年刻本

(2) 史部

[1] [汉]班固撰、[唐]颜师古注:《汉书》,北京:中华书局,1962年

[2] [晋]陈寿撰、[宋]裴松之注:《三国志》,北京:中华书局,1971年

[3] [唐]李百药:《北齐书》,北京:中华书局,1972年

[4] 赵尔巽等撰:《清史稿》,北京:中华书局,1977年

[5] [西汉]刘向:《战国策》,上海:上海古籍出版社,1998年

[6]《清实录》,北京:中华书局,1985年

[7] 王先谦、[清]朱寿朋撰:《东华录　东华续录》,上海:上海古籍出版社,2002年

[8] [清]朱寿朋编:《光绪朝东华录》,北京:中华书局,1958年

[9] 钱实甫:《清代职官年表》,北京:中华书局,1980 年
[10] [清]丁树诚:《丁治棠纪行四种》,成都:四川人民出版社,1984 年
[11] 宋育仁:《采风记》,光绪二十三年丁酉夏四月刻本
[12] 闵尔昌纂录:《碑传集补》,台北:文海出版社,1973 年
[13] [清]戴纶喆:《四川儒林文苑传》,1922 年刻本
[14] 余澜阁:《蜀燹死事者略传》,《清代野史》第四卷,成都:巴蜀书社,1998 年
[15] 费行简:《近代名人小传》,周骏富辑:《清代传纪丛刊》第 202 册,台北:台湾明文书局,1986 年
[16] 陈弢辑:《同治中兴京外奏议约编》,清光绪元年(1875)刊本
[17] 顾廷龙主编:《清代朱卷集成》,台北:成文出版社,1992 年
[18] 任乃强:《华阳国志校补图注》,上海:上海古籍出版社,1987 年
[19] [清]常明修、杨芳灿纂:《(嘉庆)四川通志》,清嘉庆二十一年木刻本
[20] [清]濮瑗修、周国颐纂:《(道光)安岳县志》,清道光十六年刻本
[21] [清]恩成修、刘德铨纂:《(道光)夔州府志》,清光绪十七年刻本
[22] [清]王树桐修、米绘裳纂:《(同治)续金堂县志》,清同治六年刻本
[23] [清]赵霦纂修:《(同治)大邑县志》,清同治六年刻本
[24] [清]江亦显修、黄相尧纂:《(光绪)兴文县志》,光绪十三年刻本
[25] [清]顾汝萼、袁桂芳修:《(光绪)丹棱县志》,光绪十八年刻本
[26] [清]张九章修、陈藩垣纂:《(光绪)黔江县志》,清光绪二十年刻本
[27] 陈法驾修、曾鉴纂:《(民国)华阳县志》,1934 年刻本
[28] [清]方旭修、张礼杰纂:《(光绪)蓬州志》,清光绪二十三年刻本
[29] [清]龚嘉儁修、李榕等纂:《(光绪)杭州府志》,台北:成文出版社,1974 年
[30] 陈璚等修纂:《(民国)杭州府志》,1926 年铅印本
[31] 林志茂等修、汪全相纂:《(民国)简阳县志》,1927 年铅印本
[32] 陈习删修、闵昌术纂:《(民国)新都县志》,1928 年铅印本
[33] 王铭新修、钟毓灵纂:《(民国)大邑县志》,1930 年铅印本
[34] 杨维中修、锺正懋纂:《(民国)渠县志》,1932 年铅印本
[35] 宋伯鲁、吴廷锡纂修:《(民国)续修陕西通志稿》,1934 年铅印本
[36] 李之青纂、戴朝纪纂:《(民国)郫县志》,1948 年铅印本
[37] 南京师范大学古文献整理研究所编:《江苏艺文志·扬州卷》,南京:江苏人民出版社,1995 年
[38] 四川省阆中市地方志编委会编:《阆中县志》,成都:四川人民出版社,

1993 年
[39] [清]李承熙、谭体追编:《锦江书院纪略》,咸丰八年锦江书院刻本
[40] [清]朱霞堂辑:《潜溪书院志略》,光绪三年刊本
[41] 张崟:《诂经精舍志初稿》,《文澜学报》第二卷,1936 年
[42] 《清文献通考》,清文渊阁四库全书本
[43] [清]李鸿章等:《钦定大清会典事例》,《续修四库全书》第 813 册,上海:上海古籍出版社,2002 年
[44] [清]素尔讷等纂修,霍有明、郭海文校注:《钦定学政全书校注》,武汉:武汉大学出版社,2009 年
[45] [清]江瀚:《东川书院学规》,光绪十九年刊本
[46] [宋]薛尚功撰:《宋刻宋拓〈历代钟鼎彝器款识法帖〉辑存》,北京:中华书局,2021 年
[47] 邵懿辰等:《增订四库简明目录标注》,上海:上海古籍出版社,1979 年
[48] [清]莫友芝、傅增湘:《藏园订补郘亭知见传本书目》,北京:中华书局,2009 年
[49] 范希曾编:《书目答问补正》,北京:中华书局,1983 年
[50] [清]张之洞:《中国近代学术名著丛书:书目答问二种》,北京:生活·读书·新知三联书店,1998 年
[51] [清]张之洞编撰,范希曾补正,孙文泱增订:《增订书目答问补正》,北京:中华书局,2011 年
[52] [清]张之洞著,陈居渊编,朱维铮校:《书目答问二种》,上海:中西书局,2012 年
[53] 东方文化事业总委员会编:《续修四库全书总目提要》(稿本),济南:齐鲁书社,2006 年
[54] 江庆柏:《清朝进士题名录》,北京:中华书局,2007 年
[55] 朱义胄:《林氏弟子表》,上海:世界书局,1949 年
[56] [清]俞樾:《春在堂日记　曲园日记》,孙炜整理,南京:凤凰出版社,2021 年
[57] 徐澂:《俞曲园先生年谱》,《民国丛书》第 3 编第 76 册,上海:上海书店出版社,1991 年
[58] 王代功:《湘绮府君年谱》,沈云龙主编:《近代中国史料丛刊正编》第 596 册,台北:台湾文海出版社,1966 年
[59] 丁禹孝编纂:《清丁文简先生年谱》,成都华文堂藏钞本

[60] 廖幼平:《廖季平年谱》,长沙:巴蜀书社,1985 年
[61] [清]郭嵩焘:《郭崇焘日记》,长沙:湖南人民出版社,1982 年
[62] [清]王闿运:《湘绮楼日记》,长沙:岳麓书社,1996 年
[63] [清]缪荃孙:《艺风老人日记》,北京:北京大学出版社,1986 年
[64] 吴虞:《吴虞日记》,成都:四川人民出版社,1986 年
[65] 徐珂辑:《清稗类钞》,北京:中华书局,1986 年
[66] 辜鸿鸣、孟森等著:《清代野史》,成都:巴蜀书社,1998 年
[67] 法式善等:《清秘述闻三种》,北京:中华书局,1982 年
[68] 崇彝:《道咸以来朝野杂记》,北京:北京古籍出版社,1982 年
[69] [清]丁治棠:《仕隐斋涉笔》,成都:四川人民出版社,1985 年
[70] 王树枏:《陶庐老人随年录》,北京:中华书局,2007 年
[71] [清]刘成禺:《世载堂杂忆》,沈阳:辽宁教育出版社,1997 年
[72] [清]德龄著、秦瘦鸥译:《御香缥缈录》,昆明:云南人民出版社,1980 年
[73] 徐一士:《一士类稿》,沈阳:辽宁教育出版社,1997 年
[74] 徐一士:《亦佳庐小品》,北京:中华书局,2009 年
[75] 周询:《蜀海丛谈》,成都:巴蜀书社,1986 年
[76] 黄濬:《花随人圣盦摭忆》,上海:上海书店出版社,1998 年

(3) 子部

[1] 朱杰人、严佐之、刘永翔主编:《朱子全书》,上海:上海古籍出版社、合肥:安徽教育出版社,2002 年
[2] [清]戴望:《颜氏学记》,北京:中华书局,1958 年
[3] [清]高赓恩编:《蜀学编》,光绪二十七年锦江书院刻本
[4] 徐世昌等编:《清儒学案》,北京:中华书局 2008 年
[5] [清]俞樾:《九九消夏录》,北京:中华书局,1995 年
[6] [清]薛福成:《庸盦笔记》,南京:江苏人民出版社,1983 年
[7] [清]张之洞撰、司马朝军点校:《輶轩语详注》,上海:华东师范大学出版社,2010 年
[8] [清]张之洞:《劝学篇》,上海:上海书店出版社,2002 年
[9] [清]张之洞著、李凤仙评注:《劝学篇》,北京:华夏出版社,2002 年
[10] [清]陈康祺:《郎潜纪闻初笔、二笔、三笔》,北京:中华书局,1990 年
[11] [清]王懿荣:《天壤阁杂记》,《丛书集成》初编本,上海:商务印书馆,1935—1938 年
[12] [清]吴庆坻:《蕉廊脞录》,北京:中华书局,1990 年

[13] [清]刘岳云:《四川尊经书院讲义》,清光绪二十二年尊经书局刻本
[14] [清]汪康年:《汪穰卿笔记》,北京:中华书局,2007 年
[15] [清]刘声木:《苌楚斋随笔续笔三笔四笔五笔》,北京:中华书局,1998 年
[16] [清]包世臣:《艺舟双楫》,《艺林名著丛刊》,北京:中国书店,1983 年

(4) 集部

[1] [清]爱新觉罗·玄烨:《御制文集》,文渊阁四库全书本
[2] [清]王士祯:《渔洋精华录集释》,上海:上海古籍出版社,1999 年
[3] [清]凌廷堪:《校礼堂文集》,北京:中华书局,1998 年
[4] [清]阮元:《揅经室集》,北京:中华书局,1993 年
[5] [清]陶澍:《陶澍集》,长沙:岳麓书社,1998 年
[6] 张文虎:《舒艺室诗存》,沈云龙主编:《近代中国史料丛刊正编》第 966 册,台北:台湾文海出版社,1966 年
[7] [清]陈澧:《陈澧集》,上海:上海古籍出版社,2008 年
[8] [清]吴棠:《望三益斋诗文钞》,同治甲戌成都使署刻本
[9] [清]郭嵩焘撰、梁小进主编:《郭嵩焘全集》,长沙:岳麓书社,2018 年
[10] [清]俞樾:《春在堂诗编》,《续修四库全书》第 1551 册,上海:上海古籍出版社 2002 年
[11] [清]俞樾著、张燕婴整理:《俞樾函札辑证》,南京:凤凰出版社,2014 年
[12] [清]李鸿章:《李鸿章全集》,海口:海南出版社,1997 年
[13] 马积高编:《湘绮楼诗文集》,长沙:岳麓书社 1996 年
[14] [清]钱保塘:《清风室文钞》,《丛书集成续编》第 143 册,台北:台湾新文丰出版公司,1988 年
[15] 苑书义、孙华峰、李秉新主编:《张之洞全集》,石家庄:河北人民出版社,1998 年
[16] [清]张之洞:《张之洞诗文集》,上海:上海古籍出版社,2008 年
[17] 王显春、伏大庆主编:《十三峰书屋全集注释》,成都:巴蜀书社,2021 年
[18] [清]缪荃孙:《艺风堂文漫存》,民国间艺风堂刻本
[19] [清]缪荃孙:《艺风堂文续集》,上海:上海古籍出版社,1996 年
[20] [清]缪荃孙编:《艺风堂友朋书札》,上海:上海古籍出版社,1980 年
[21] [清]王懿荣著、吕伟达主编:《王懿荣集》,济南:齐鲁书社,1999 年
[22] [清]谭宗浚:《荔村草堂诗钞》,《续修四库全书》第 1564 册,北京:上

海古籍出版社,2002 年
[23] 李耀仙主编:《廖平选集》,成都:巴蜀书社,1998 年
[24] 林纾:《畏庐续集》,上海:商务印书馆,1927 年
[25] 宋育仁:《问琴阁文录》,光绪考隽堂刻本
[26] 宋育仁:《哀怨集》,宣统二年刻本
[27] 吴洪武等校注:《吴之英诗文集》,成都:四川大学出版社,2008 年
[28] [清]刘子雄:《刘舍人遗集》,1929 年 1 月 16 日叙永郭延钞本
[29] [清]岳森:《癸甲襄校录》,光绪二十年成都尊经书局刻本
[30] 易顺鼎:《盾墨拾余》,光绪二十二年(1896)琴志楼丛书本
[31]《刘光第集》编辑组:《刘光第集》,北京:中华书局,1986 年
[32] 吴虞著,赵清、郑城编:《吴虞集》,成都:四川人民出版社,1985 年
[33] 鲜成、王家葵编:《刘洙源集》,成都:巴蜀书社,2018 年
[34] 林思进著,刘君惠、王文才等编:《清寂堂集》,成都:巴蜀书社,1989 年
[35] 王国维:《静安文集》,沈阳:辽宁教育出版社,1997 年
[36] 刘师培:《刘申叔遗书》,南京:江苏古籍出版社,1997 年
[37] 刘咸炘:《推十书》,成都:成都古籍出版社,1996 年.
[38] 傅增湘原辑、吴洪泽补辑:《宋代蜀文辑存校补》,重庆:重庆大学出版社,2014 年
[39] [清]顾嗣立编:《元诗选・初集》,北京:中华书局,1987 年
[40] [清]谭宗浚编选:《蜀秀集》卷八,光绪五年刻本
[41] [清]王闿运编:《尊经书院初集》,光绪十一年尊经书局刻本
[42] [清]伍肇龄编:《尊经书院二集》,光绪十七年尊经书局刻本
[43] [清]刘岳云编:《尊经书院课艺三集》,光绪二十三年尊经书局刊
[44] [清]佚名辑:《四川乡试朱卷》,光绪间成都刻本
[45] [清]潘衍桐辑:《两浙輶轩续录》,清光绪十七年浙江书局刻本
[46] 钟叔河编订:《林屋山民送米图卷子》,长沙:岳麓书社,2002 年
[47] 汪辟疆撰、王培军笺证:《光宣诗坛点将录笺证》,北京:中华书局,2008 年
[48] 钱仲联主编:《清诗纪事》,南京:江苏古籍出版社,1989 年

(5) 丛书

[1] 中国史学会主编:《中国近代史料丛刊・戊戌变法》,上海:神州国光社,1953 年
[2] 李勇先、高志刚主编:《蜀藏・巴蜀珍稀教育文献汇刊》,成都:成都时

代出版社，2014 年
[3] 廖平：《六译馆丛书》，1921 年四川存古书局刊本
[4] 张寅彭主编：《民国诗话丛编》，上海：上海书店出版社，2002 年

三、论著

[1] 《近代巴蜀诗钞》编委会编：《近代巴蜀诗钞》，成都：巴蜀书社，2005 年
[2] 《四川大学史稿》编审委员会编：《四川大学史稿》(第一卷)，成都：四川大学出版社，2006 年
[3] 陈登原：《国史旧闻》，北京：中华书局，2000 年
[4] 陈谷嘉、邓洪波主编：《中国书院史资料》，杭州：浙江教育出版社，1998 年
[5] 陈寅恪：《金明馆丛稿二编》，北京：生活・读书・新知三联书店，2001 年
[6] 陈寅恪：《寒柳堂集》，北京：生活・读书・新知三联书店，2001 年
[7] 陈垣：《陈垣全集》，合肥：安徽大学出版社，2009 年
[8] 陈垣：《陈垣史学论著选》，上海：上海人民出版社，1981 年
[9] 成都市文联、成都市诗词学会编：《历代诗人咏成都》，成都：四川文艺出版社，1999 年
[10] 程千帆：《程千帆全集》，石家庄：河北教育出版社，2001 年
[11] 程幸超：《中国地方行政制度史》，成都：四川人民出版社，1992 年
[12] 党跃武主编：《四川尊经书院举贡题名碑》，成都：四川大学出版社，2013 年
[13] 邓洪波：《中国书院史》，上海：东方出版中心，2006 年
[14] 邓洪波主编：《中国书院学规集成》，上海：中西书局，2011 年
[15] 邓盈星等：《吴虞思想研究》，成都：四川教育出版社，1996 年
[16] 董磊明：《战犯沉浮：毛泽东圈定的 43 名国民党战犯》，北京：中国检察出版社，1994 年
[17] 段渝主编：《刘咸炘论目录学》，上海：上海科学技术文献出版社，2008 年
[18] 冯友兰：《中国哲学史》，上海：华东师范大学出版社，2001 年
[19] 傅崇矩：《成都通览》，成都：成都时代出版社，2006 年
[20] 傅德岷等主编：《巴蜀人文天下盛：近代巴蜀散文选读》，北京：中国文史出版社，2004 年
[21] 傅斯年：《傅斯年全集》，长沙：湖南教育出版社，2003 年

[22] 龚笃清:《明代科举图鉴》,长沙:岳麓书社,2007 年
[23] 顾明远主编:《历代教育名人志》,武汉:湖北教育出版社出版,2004 年
[24] 胡文楷:《历代妇女著作考》(增订本),上海:上海古籍出版社,2008 年
[25] 胡昭曦、刘复生、粟品孝:《宋代蜀学研究》,成都:巴蜀书社,1997 年
[26] 胡昭曦:《四川书院史》,成都:四川大学出版社,2006 年
[27] 胡昭曦:《旭水斋存稿续集》,成都:四川大学出版社,2017 年
[28] 黄开国:《国学与巴蜀哲学探索》,成都:巴蜀书社,2008 年
[29] 黄开国:《廖平评传》,南昌:百花洲文艺出版社,1993 年
[30] 黄宗凯等:《宋育仁思想评传》,成都:西南交通大学出版社,2007 年
[31] 季啸风主编:《中国书院辞典》,杭州:浙江教育出版社,1996 年
[32] 乐山市委员会文史资料委员会编:《乐山文史资料》第 12 辑《辛亥革命专辑》,1991 年
[33] 雷荣广、姚乐野:《清代文书纲要》,成都:四川大学出版社,1990 年
[34] 李朝正:《明清巴蜀文化论稿》,成都:四川大学出版社,1997 年
[35] 李殿元:《从文翁石室到尊经书院》,成都:巴蜀书社,2004 年
[36] 李何林主编:《鲁迅年谱》(增订本),北京:人民文学出版社,2000 年
[37] 李赫亚:《王闿运与晚清书院教育》,北京:光明日报出版社,2007 年
[38] 李劼人:《暴风雨前》,北京:人民文学出版社,2008 年
[39] 李山、张重岗、王来宁:《现代新儒家传》,济南:山东人民出版社,2002 年
[40] 李宗吾:《厚黑大全》,北京:今日中国出版社,1997 年
[41] 林存阳:《清初三礼学》,北京:社会科学文献出版社,2002 年
[42] 林言椒、苑书义主编:《清代人物传稿》,沈阳:辽宁人民出版社,1985 年
[43] 刘复生、徐亮工、王东杰等:《近代蜀学的兴起与演变》,成都:四川大学出版社,2016 年
[44] 刘梦溪主编、朱维铮编校:《中国现代学术经典·康有为卷》,石家庄:河北教育出版社,1996 年
[45] 刘梦溪主编:《中国现代学术经典·廖平、蒙文通卷》,石家庄:河北教育出版社,1996 年
[46] 刘梦溪主编:《中国现代学术经典·钱基博卷》,石家庄:河北教育出版社,1996 年

［47］刘少虎:《经学以自治:王闿运春秋学思想研究》,北京:华夏出版社,2007年

［48］刘世礼主编:《小城大学:东北大学在三台》,成都:巴蜀书社,2018年

［49］刘文耀、杨世元编:《吴玉章年谱》,成都:四川人民出版社,1998年

［50］卢前:《卢前文史论稿》,北京:中华书局,2006年

［51］罗尔纲:《太平天国史》,北京:中华书局,1991年

［52］罗检秋:《嘉庆以来汉学传统的衍变与传承》,北京:中国人民大学出版社,2006年

［53］罗志田:《国家与学术:清末民初关于"国学"的思想论争》,北京:生活·读书·新知三联书店,2003年

［54］马洪林:《康有为大传》,沈阳:辽宁人民出版社,1988年

［55］马宗霍:《中国经学史》,《民国丛书》第2编第3册,上海:上海书店出版社,据商务印书馆1937年版影印

［56］茅蔚然:《中国近现代各派教育思想与教学方法简史》,成都:四川教育出版社,1987年

［57］蒙文通:《经史抉原》,成都:巴蜀书社,1995年

［58］蒙文通:《蒙文通全集》,成都:巴蜀书社,2015年

［59］倪宗新、曾顺达:《文献名都》,成都:四川人民出版社,2001年

［60］欧阳哲生编:《胡适文集》,北京:北京大学出版社,1998年

［61］钱穆:《学籥》,北京:九州出版社,2011年

［62］钱锺书:《钱锺书手稿集·容安馆札记》,北京:商务印书馆,2003年

［63］钱锺书:《石语》,北京:中国社会科学出版社,1996年

［64］钱锺书:《谈艺录》(补定本),北京:中华书局,1984年

［65］钱锺书:《写在人生边上;人生边上的边上;石语》,北京:生活·读书·新知三联书店,2002年

［66］任一民主编:《四川近现代人物传》第2辑,成都:四川省社会科学出版社,1986年

［67］任一民主编:《四川近现代人物传》第6辑,成都:四川大学出版社,1990年

［68］任一民主编:《四川近现代人物传》第4辑,成都:四川大学出版社,1987年

［69］任一民主编:《四川近现代人物传》第1辑,成都:四川省社会科学出版社,1985年

［70］尚小明:《清代士人游幕表》,北京:中华书局,2005年

[71] 四川百科全书编纂委员会编:《四川百科全书》,成都:四川辞书出版社,1997 年
[72] 四川大学历史文化学院编:《蒙文通先生诞辰 110 周年纪念文集》,北京:线装书局,2005 年
[73] 四川大学史稿编审委员会:《四川大学史稿》,成都:四川大学出版社,2006 年
[74] 四川省长寿县地方志编纂委员会编纂:《长寿县志》,成都:四川人民出版社,1997 年
[75] 四川省文史研究馆编:《成都城坊古迹考》,成都:成都时代出版社,2006 年
[76] 四川省政协文史资料委员会、巴中县政协文史资料委员会合编:《平民教育家晏阳初》,成都:四川大学出版社,1990 年
[77] 谭文熙:《中国物价史》,武汉:湖北人民出版社,1993 年
[78] 汤一介编:《国故新知:中国传统文化的再诠释——汤用彤先生诞辰百周年纪念论文集》,北京:北京大学出版社,1993 年
[79] 唐唯目编:《张森楷史学遗著辑略》,重庆:西南师范大学出版社,1998 年
[80] 唐振常:《半拙斋古今谈》,太原:山西教育出版社,1998 年
[81] 唐振常:《川上集》,北京:生活·读书·新知三联书店,1996 年
[82] 汪高鑫主编:《〈史学史研究〉文选:人物志卷》,北京:华夏出版社,2017 年
[83] 汪辟疆:《汪辟疆说近代诗》,上海:上海古籍出版社,2001 年
[84] 王葆心:《方志学发微》,湖北省地方志编纂委员会办公室注,湖北省地方志编纂委员会办公室,1984 年
[85] 王绿萍:《四川近代新闻史》,成都:四川大学出版社,2007 年
[86] 王森然:《近代名家评传》,北京:生活·读书·新知三联书店,1998 年
[87] 王晓波主编:《清代蜀人著述总目》,成都:四川大学出版社,2009 年
[88] 王延梯:《中国古代女作家集》,济南:山东大学出版社,1999 年
[89] 隗瀛涛主编:《四川近代史稿》,成都:四川人民出版社,1990 年
[90] 魏红翎:《成都尊经书院史》,成都:巴蜀书社,2016 年
[91] 吴剑杰编著:《张之洞年谱长编》,上海:上海交通大学出版社,2009 年
[92] 吴玉章:《辛亥革命》,北京:人民出版社,1969 年

[93] 夏君虞:《宋学概要》,上海:商务印书馆,1937 年
[94] 萧艾:《王闿运评传》,长沙:岳麓书社,1997 年
[95] 谢放:《中西体用之梦:张之洞传》,成都:四川人民出版社,2004 年
[96] 熊月之、周武主编:《圣约翰大学史》,上海:上海人民出版社,2007 年
[97] 徐友春主编:《民国人物大辞典》,石家庄:河北人民出版社,1991 年
[98] 许全胜:《沈曾植年谱长编》,北京:中华书局,2007 年
[99] 杨洪升:《缪荃孙研究》,上海:上海古籍出版社,2008 年
[100] 杨宽:《西周史》,上海:上海人民出版社 2003 年
[101] 杨学为主编:《中国考试史文献集成》,北京:高等教育出版社,2003 年
[102] 杨正泰:《明代驿站考》,上海:上海古籍出版社,2006 年
[103] 于乃仁、于希谦:《马嘉理事件始末》,德宏:德宏民族出版社,1992 年
[104] 虞万里校点:《马一浮集》,杭州:浙江古籍出版社,1996 年
[105] 曾智中、尤德彦编:《李劼人说成都》,成都:四川文艺出版社,2007 年
[106] 张建安:《张之洞传奇》,北京:中国人民大学出版社,2003 年
[107] 张剑:《莫友芝年谱长编》,北京:中华书局,2008 年
[108] 张寿安:《以礼代理:凌廷堪与清中叶儒学思想之转变》,石家庄:河北教育出版社,2001 年
[109] 张舜徽:《广校雠略》,武汉:华中师范大学出版社,2004 年
[110] 张舜徽:《清人笔记条辨》,沈阳:辽宁教育出版社,2001 年
[111] 张舜徽:《清人文集别录》,武汉:华中师范大学出版社,2004 年
[112] 张廷茂主编:《百年名校——四川大学》,成都:四川大学出版社,1996 年
[113] 张远东、熊泽文:《廖平先生年谱长编》,上海:上海书店出版社,2016 年
[114] 张正藩:《中国书院制度考略》,台北:台湾中华书局,1981 年 3 月初版
[115] 章太炎:《国学讲演录》,上海:华东师范大学出版社,1995 年
[116] 章太炎:《章太炎全集》,上海:上海人民出版社,1985 年
[117] 政协成都市委员会文史资料委员会等编:《成都文史资料》第 30 辑《成都少数民族》,成都:四川人民出版社,1997 年

[118] 支伟成:《清代朴学大师列传》,长沙:岳麓书社,1998 年
[119] 中共中央文献研究室编:《毛泽东传(1893—1949)》,北京:中央文献出版社,1996 年
[120] 中共中央文献研究室编:《毛泽东年谱(1893—1949)》上卷,北京:人民出版社,1993 年,
[121] 中国人民大学清史研究所编:《清史编年》,北京:中国人民大学出版社,2000 年
[122] 中国社会科学院近代史研究所编:《中国近代史稿》,北京:人民出版社,1978 年
[123] 中央文史研究馆编:《崇文集:中央文史研究馆馆员文选》,北京:中华书局,1999 年
[124] 周一良:《毕竟是书生》,北京:北京十月文艺出版社,1998 年
[125] 朱德裳:《三十年闻见录》,长沙:岳麓书社,1985 年
[126] 朱维铮:《求索真文明——晚清学术史论》,上海:上海古籍出版社,1996 年
[127] 邹容:《革命军》,北京:华夏出版社,2002 年
[128] (英)罗伯村著,(英)傅兰雅、六合汪振声合译:《公法总论》,光绪二十三年(1897)慎记书庄印行
[129] (法)马克·布洛赫著,张和声、程郁译:《为历史学辩护》,北京:中国人民大学出版社,2006 年
[130] (美)费正清、刘广京编:《剑桥中国晚清史(1800—1911)》,北京:中国社会科学出版社,1985 年
[131] (美)艾尔曼著、赵刚译:《从理学到朴学——中华帝国晚期思想与社会变化面面观》,南京:江苏人民出版社,1997 年
[132] (美)查尔斯·霍默·哈斯金斯著、夏继果译:《12 世纪文艺复兴》,上海:上海人民出版社,2005 年
[133] (日)山川早水:《巴蜀旧影——一百年前一个日本人眼中的巴蜀风情》,成都:四川人民出版社,2005 年
[134] (日)中野孤山著、郭举昆译:《横跨中国大陆——游蜀杂俎》,北京:中华书局,2007 年
[135] (日)竹添进一郎:《栈云峡雨日记》,北京:中华书局,2007 年

四、论文

[1] 安东强:《张之洞〈书目答问〉本意解析》,《史学月刊》2010 年第 12 期
[2] 陈德远:《丁宝桢干预杨乃武与小白菜一案》,《文史天地》2007 年第

1 期
[3] 甘蛰仙:《新蜀学史观》,《重庆商务日报十周年纪念刊》1924 年
[4] 郭书愚:《四川存古学堂的兴办进程》,《近代史研究》2008 年 2 期
[5] 郭勇、张丽萍:《四川存古学堂及四川国学学校考略》,《蜀学》第 3 辑,成都:巴蜀书社,2008 年
[6] 何一民:《试论尊经书院与四川士林风气的变化》,《四川师范大学学报》,1991 年第 1 期
[7] 胡昭曦:《振兴近代蜀学的尊经书院》,《蜀学》第 3 辑,成都:巴蜀书社,2008 年
[8] 黄海明:《概述四川尊经书院的刻书》,《四川大学学报(哲学社会科学版)》,1992 年第 4 期
[9] 黄万机:《王闿运与丁宝桢》,《贵州文史丛刊》1999 年第 2 期
[10] 黄新宪:《张之洞与尊经书院》,《教育评论》1989 年第 3 期
[11] 李晓宇:《从〈讲堂帖〉看〈锦江书院纪略〉编纂的得失》,成都市地方志编纂委员会办公室编:《志苑集林》(2021. 下),成都:四川人民出版社,2021 年
[12] 李晓宇:《王闿运受聘尊经书院史事考》,《四川大学学报》(哲学社会科学版),2008 年第 2 期
[13] 鲁小俊、刘妍:《〈清代人物生卒年表〉四川尊经院生补正——兼探〈四川尊经书院举贡题名碑〉中的官年》,《蜀学》第 17 辑,成都:西南交通大学出版社,2020 年
[14] 李学勤:《清代学术的几个问题》,刘东主编:《中国学术》第 2 期,北京:商务印书馆,2001 年
[15] 李学智:《北京临时参议院的遵法、护法与违法》,张宪文主编:《民国研究》(第 13、14 辑),北京:社会科学文献出版社,2008 年
[16] 林思进:《清翰林院编修胡君墓表》,《国立四川大学季刊》1935 年第 1 期
[17] 刘节:《成都之行》(一九三九年日记 · 十),《万象》第十卷第六期,2008 年 6 月
[18] 流沙河:《袍哥监督政府》,《焦点 · 风土中国》104 辑,2006 年 5 月
[19] 罗志田:《巴蜀文化的一些特色——第一届两岸历史文化研习营结束致辞》,《社会科学研究》2011 年第 6 期
[20] 屈守元:《〈蜀秀集〉跋》,《文史杂志》,1996 年第 5 期。
[21] 屈守元:《谈〈輶轩语〉和〈书目答问〉》,《四川师院学报》(社会科学

版),1982 年
[22] 舒大刚:《晚清“蜀学”的影响与地位》,《社会科学研究》,2007 年第 3 期
[23] 苏云峰:《尊经书院:四川大学的前身 1875～1903》,李国祁主编:《郭廷以先生百岁冥诞纪念史学论文集》,台北:台湾商务印书馆,2005 年
[24] 孙心磐:《川大旧藏书版修印纪》,《中华图书馆协会会报》1942 年第十七卷第一、二期合刊
[25] 孙心磐:《整理川大旧藏书版记》,《国立四川大学校刊》1943 年第五、六期合刊
[26] 王东杰:《地方认同与学术自觉:清末民初的“蜀学”论》,《四川大学学报》(哲学社会科学版),2010 年第 6 期
[27] 王建梁:《清代书院与汉学的互动研究》,博士学位论文,北京师范大学,2002 年
[28] 王夏刚:《杨锐年谱简编》,《中国古代社会与思想文化研究论集》第 1 辑,哈尔滨:黑龙江人民出版社,2004 年
[29] 胥端甫:《王湘绮与尊经书院》,《民主评论》,1960 年 11 卷 2 期
[30] 徐溥:《早期改良主义思想家宋育仁》,《社会科学研究》,1979 年第 5 期
[31] 徐仁甫:《廖季平经学思想的衍化》,中国人民政治协商会议四川省委员会文史资料研究委编:《四川文史资料选辑》第 28 辑,成都:四川人民出版社,1984 年
[32] 徐仁甫:《振兴蜀学人才辈出的尊经书院》,《四川文史资料选辑》第 35 辑,中国人民政治协商会议四川省委员会文史资料研究委编,成都:四川人民出版社,1985 年
[33] 徐阳:《四川大学历史文化学院数据室藏〈蜀学四变记〉残钞本考述》,《蜀学》第 17 辑,成都:西南交通大学出版社,2020 年
[34] 许伯卿:《从〈书目答问〉看张之洞的教育思想》,《江苏教育学院学报(社会科学版)》2001 年第 2 期
[35] 杨布生:《王闿运掌教尊经、船山两书院考》,《湘潭师范学院学报》1990 年第 4 期
[36] 杨濬口述,韩雁门整理:《记我父杨乃武与小白菜的冤狱》,《文史资料选辑》编辑部编:《文史资料精选》第一册,北京:中国文史出版社,1990 年

[37] 乙三:《〈民国新修合川县志〉述评》,《西南师范大学学报》(人文社会科学版),1981 年第 1 期

[38] 佚名:《书院制度之复活》,《浙江图书馆馆刊》,1935 年第 4 卷第 5 期

[39] 尤潇潇、舒大刚:《〈孙氏日记〉所见槐轩学派事迹》,《文史杂志》,2018 年第 5 期

[40] 张明悟:《刘岳云的"西学中源"论及其构建的科学知识体系——〈格物中法〉初探》,《自然科学史研究》2012 年第 2 期

[41] 张荣祥:《杨叔峤先生会课遗墨介绍》,《四川文物》,1989 年第 4 期

[42] 周书舲:《书院制度之研究》,《师大月刊》,1932 年第 1 期

[43] 朱洪举:《王湘绮诗学思想研究》,博士学位论文,华东师范大学,2007 年

[44] 朱振国、王东杰:《尊经书院与近代中国》,《光明日报》2006 年 4 月 9 日

[45] Yu Li: "Training Scholars not Politicians (Zunjing Academy and the Introduction of Han Learning to Sichuan in the Late Nineteenth Century)"(《训练学者而非政客:尊经书院与十九世纪后期汉学传入四川》), Modern Asian Studie 37, 4 (2003). Cambridge University Press

后　记

本书根据我的博士学位论文修改而成。论文的撰写始于2006年，初拟的题目是《尊经书院与中国近代的文化保守主义》，当时很有为国内流行的“文化保守主义”寻找“历史合法性”的意思。后来读到陈寅恪先生的话：“今日之谈中国古代哲学者，大抵即谈其今日自身之哲学者也。其言论愈有条理统系，则去古人学说之真相愈远。”对此深有同感，于是专注于尊经书院与近代蜀学的研究。

谢无量先生曾说：“蜀有学，先于中国。”不过，从西汉文翁兴学开始，蜀地之学，风同齐鲁，与其说“蜀有学，先于中国”，毋宁说“蜀有学，比于中国”。此后，天下治乱的形势，往往与蜀地的向背关系密切，而世运之转移，表面上看是政治的兴衰，从深层看却是学术的消长。在这个意义上，我们不妨说：“蜀有学，关乎中国。”政治上改朝换代，学术上则每转益进，至清末面对“数千年来未有之变局”，如果没有博古通今、学贯中西的大学问，社会政治恐怕也是难有变动的。百年之间，四川地区的社会政治转型由尊经书院来首倡，然而经师廖平难当其任，状元骆成骧空占鳌头，反不如“戊戌六君子”中的蜀人刘光第、杨锐以血荐轩辕。其他蜀学中人，亦志不同行、道不同术。或实业救国，或耕读传家；或克己奉公，或纵横捭阖；或尊经保教，或反儒批孔；或由经入史，或文史兼综；或考征文献，或挥麈谈玄，这大约就是古人所说的“圣人不出，其间必有命世者焉”。这些“命世者”都被称为“蜀学”，然而究竟何谓“蜀学”，却成为困扰后人的一个问题，我也时常感到疑惑。

论文撰写最初的两年，大部分时间是在四川省图书馆度过的，当时新馆尚未建成，旧馆在总府路上。每天骑自行车到省图古籍部看书，时常会遇见两个人：一位是师兄周鼎，正忙着为博士论文《“取釜铁于陶冶”：刘咸炘文化思想研究》的出版做最后的资料核对，后来此书在巴蜀书社出版，更名为《刘咸炘学术思想研究》。另一位是许文彦先生，正忙着誊抄资料卡片，后来我才知道他以一人之力，在编一部卷轶浩繁的《清词百科》。和他们两位的攀谈交流，常使我受益匪浅。

2008年，承蒙徐亮工教授和邓洪波教授奖掖后学，我的第一批成果《王闿运受聘尊经书院史事考》《尊经书院与近代蜀学的兴起》分别在《四川大学学报》和《湖南大学学报》上发表。这两篇论文在撰写过程中，得到已故的胡昭曦教授很多指点，粟品孝教授也提出过不少中肯的意见。在资料收集方面，首先得益于时任川大档案馆馆长的党跃武教授和负责档案管理的陈玉峰老师，他们为我提取相关档案提供了相当多的便利；其次是好友余志民兄百忙之中帮我从北京一档查阅到吴棠奏折的档案原件；再次是宋育仁的后人徐明先生慷慨将家传的文献资料交予我进行研究。没有他们的热心帮助，论文的撰写将难以为续。

博士论文的撰写完成于2009年。这一年，因为在四川理工学院（今四川轻化工大学）参加"纪念宋育仁诞辰150周年暨宋育仁思想学术研讨会"的机缘，见到了《宋育仁思想评传》的作者黄宗凯老师和刘菊素老师，还结识了宋育仁的外曾孙王端诚先生，与他们的交流使我加深了对宋育仁生平事迹的了解。又因为到湖南省图书馆查阅王闿运资料的机缘，成了长沙定王台书市的常客，在那里结识了述古书店的老板黎锟兄，通过他购买到一大批特价的学术书籍，从而大大开阔了眼界。此后不久，经刘世龙教授引荐，又结识了来川访学的包筠雅（Cynthia J Brokaw）教授。包教授当时正在搜集清代四川地方档案和近代报刊方面的资料，得知我研究尊经书院，于是告诉了我几条重要的资料线索。大约在这一年的八九月间，博士论文快要完成的前夕，经韦兵兄推荐，有幸与王东杰、郭书愚等老师共同参与了刘复生教授主持的国家社科基金课题"国家视野下的地方学术：近代蜀学的兴起"，撰写了其中的第二章《尊经书院与近代蜀学的嬗变》，这项课题的最终成果《近代蜀学的兴起与演变》2016年由四川大学出版社出版。

2009年年底，博士论文《尊经·疑古·趋新：四川省城尊经书院及其学术嬗变研究》提交答辩，答辩委员会由南开大学李少兵教授，四川大学刘复生、杨天宏两位教授，成都体育学院郝勤教授，以及已故的西南交通大学鲜于浩教授组成。各位专家在答辩中对我的论文提出了许多宝贵意见，在以后的历次修改中，这些意见始终是我的重要参考。

2010年毕业留校后，经常杂务缠身，反而不能像过去那样静下心来读书写作了，博士论文的修改也一度进入漫长的休眠期。当时，在学院里参加次数最多的学术活动是王东杰教授定期组织的"10—20世纪中国的社会与文化"讨论会，这个讨论会从2010年9月开始，十年之间举办了近百期。我也偶尔从博士论文中截取一些章节提交讨论会，供师友们“拍砖”之用。他们的学术批评使我意识到博士论文还需要进行多方面修改，但能看到的材料基本上都看过了，一时却又不知道该从何处入手。真可谓：文章利病能知矣，少作惭悔欲何如？

直到 2013 年，一些新材料的陆续出现，又让我看到了尊经书院研究的一丝转机。第一件是 2013 年 4 月在川大望江校区东门附近出土的《四川尊经书院举贡题名碑》。当年 10 月，党跃武馆长在川大档案馆召开了“《四川尊经书院举贡题名碑》发现座谈会”，邀请胡昭曦、刘元奎、邱沛湟等前辈专家学者前来分析研究这块碑。尽管关于这块碑的重重谜团，至今尚无定论，但是现场聆听了各位前辈学者从不同学科角度的解读，我大受启发。

第二件是一次在与淘书斋老板蒋德森先生闲聊时，他取出收购的尊经书局初刻本《輶轩语》《书目答问》展示给我看。我发现初刻本开本极大，用纸也非常厚实，首页正上方还钤有四川学政的关防大印，可以看出当时官府办尊经书院不惜血本。另外还有一套《蜀秀集》，是用尊经书局初刻本与惜分阴斋订本配成的。两相比较，初刻本无论在纸张厚度还是雕板质量上，都远远超过后来的惜分阴斋订本。两个版本配在一起，有天壤之别。后来，我在盐亭考察时，看到光绪初年建造的高院寺字库塔、太元观字库塔等，也是不惜血本，而此时正值尊经书院创办初期。由此可以看出，这一时期四川从省城到州县都在花大力气崇文重教，近代蜀学就是在这样的风气下形成的。

第三件是 2017 年暑假的某一天，与韦兵兄相约逛送仙桥古玩市场，逛完后到华文堂小坐片刻。老板陈建国先生请我们欣赏他收藏的巴蜀名人书札、手稿。其中竟有稿本《丁树诚年谱》，以及伍肇龄、胡峻等人的书札，多处提到尊经书院的相关情况，大多是此前不知道的。恰好从华文堂回来不久，2017 年国家社科基金后期资助项目就在网上公示了，我申报的《尊经书院与近代蜀学研究》也名列其中，欣喜之余，更庆幸的是这些新材料及时出现，助我打开了思路，渐渐走出了博士毕业以后对尊经书院研究的漫长的休眠期。徐中舒先生说：“今日研究历史，应重史料，方法在其次。有史料我们可想出种种方法处理之，无史料即无方法可言。”诚可谓历史研究的至理名言。

从 2017 年立项到 2021 年结项，再到本书的出版，在这段历程中，首先要感谢我的妻子邱霞持家教子，不辞劳苦，使我能全力应付各种繁忙的工作，而无后顾之忧。其次，要感谢北京纳通医疗集团董事长赵毅武先生、川大古籍所舒大刚教授的抬爱，将纳通儒学奖 2016 年度“优秀征文奖”二等奖颁发给了我。还有西南民族大学王显春教授惠赐的绝版《十三峰书屋全集》，为我的研究补充了重要的史料缺漏。再次，要感谢徐阳博士慨然应允将他发现的两种书目收入本书的附录，感谢研究生黄韵竹同学帮我推敲斟酌了本书的英文书名。还要感谢本书的责任编辑徐建新先生对本书的出版所做的无私奉献，特别是他的宽容忍耐，一次次将我从催稿的紧迫感中拯救出来，重新恢复平静的心情投入书稿的撰写和修改中。

这里必须要郑重感谢我的导师陈廷湘教授，他总是谦虚地称自己不懂书院史，在我的论文指导上没有起多少作用。事实上，在我的学术生涯中，陈老师的潜移默化对我的影响是最大的。记得五年前，曾写过《陈门问学感怀十首》，现选录其中三首，以见陈老师对我的指导、提携与厚爱：

论学
举目望西潮，峥嵘岁月迢。
百年家国乱，几部史乘昭？
文化思优劣，言行辨祸妖。
兴来谈五四，手舞并身摇。

解惑
文翁兴蜀学，近世起群英。
故老词章重，今人笔力轻。
不期风雨至，空许鬼神惊。
五载尊经史，先生助发明。

从游
川东古叙州，燊海井盐流。
梅萼来时落，湖山尽日游。
问琴声杳杳，访古事悠悠。
彻夜人不寐，茶房笑语留。

最后，我的舅公段华文先生和师公胡昭曦先生两位长者生前十分关心本书的出版，可惜他们没能等到这一天，是为莫大的遗憾。十七年来，围绕尊经书院的漫长学术苦旅，即将暂时告一段落。尊经书院的学术主要是巴蜀、湖湘、江浙三大地域学术互动整合的结果，而本篇后记最终完成于从成都到杭州参加湖南岳麓书院主办的中国书院学会 2023 年年会的旅途中，也许冥冥之中，皆有定数。

李晓宇

2023 年 11 月 9 日凌晨于杭州玉皇山庄

图书在版编目(CIP)数据

尊经书院与近代蜀学研究/李晓宇著. —上海:上海三联书店,2023.12
ISBN 978-7-5426-8209-3

Ⅰ.①尊… Ⅱ.①李… Ⅲ.①书院—教育史—研究—四川②文化史—研究—四川③巴蜀文化—研究 Ⅳ.①G649.299.71②K297.1③K872.71

中国国家版本馆 CIP 数据核字(2023)第 161779 号

尊经书院与近代蜀学研究

著　　者 / 李晓宇

责任编辑 / 徐建新
装帧设计 / 一本好书
监　　制 / 姚　军
责任校对 / 王凌霄　原梦雅　张　瑞

出版发行 / 上海三联书店
(200030)中国上海市漕溪北路 331 号 A 座 6 楼
邮　　箱 / sdxsanlian@sina.com
邮购电话 / 021-22895540
印　　刷 / 上海颛辉印刷厂有限公司

版　　次 / 2023 年 12 月第 1 版
印　　次 / 2023 年 12 月第 1 次印刷
开　　本 / 710 mm × 1000 mm　1/16
字　　数 / 400 千字
印　　张 / 24
书　　号 / ISBN 978-7-5426-8209-3/K·735
定　　价 / 98.00 元

敬启读者,如发现本书有印装质量问题,请与印刷厂联系 021-56152633